전기,

밀양 —/\/\/\→ 서울

별도의 표시가 없는 한 교육공동체 벗이 생산한 저작물은 크리에이티브 커먼즈 [저작자표시-비영리-변경금지 4.0 국제 라이선스]에 따라 이용하실 수 있습니다.
http://creativecommons.org/licenses/by-nc-nd/4.0

전기, 밀양 – 서울
밀양 탈송전탑 탈핵 운동의 이야기

ⓒ 김영희, 2024

2024년 1월 22일 처음 펴냄

글쓴이 | 김영희
편집부장 | 이진주
기획·편집 | 공현, 서경
출판자문위원 | 이상대, 박진환
표지 디자인 | 더디앤씨
제작 | 세종 PNP

펴낸이 | 김기언
펴낸곳 | 교육공동체 벗
이사장 | 조성실
사무국 | 최승훈, 이진주, 설원민, 서경, 공현
출판등록 | 제2011-000022호(2011년 1월 14일)
주소 | (03971) 서울시 마포구 성미산로 1길 30, 2층
전화 | 02-332-0712
전송 | 0505-115-0712
홈페이지 | communebut.com
카페 | cafe.daum.net/communebut

ISBN 978-89-6880-182-2 03330

밀양 탈송전탑
탈핵 운동의 이야기

전기, 밀양

서울

글 김영희

교육공동체벗

차례

들어가며 007

도시로 가는 전기 016
말해 봤자 알아듣나 027
나랏일 041
돈지랄 074
한국전력의 대응 매뉴얼 107
부서진 마을 138
일상의 폭력 172
포크레인 아래 229
국가폭력 262
즐거운 나의 집 301
밥의 무게 320
바느질과 여성 연대 338
나는 탈송전탑 탈핵 운동가다 365

일러두기

1 이 책은 2014년 가을부터 2019년까지 밀양 탈송전탑 탈핵 운동에 참여했던 주민, 활동가, 연대자와 함께 했던 구술 인터뷰 내용을 바탕으로 서술되었다.

2 인용된 구술 자료 중에는 2017년에 마을공동체 해체 관련 주제로 인터뷰를 수행한 내용이 다수 포함되어 있다.

3 인용된 구술 자료 중에는 《밀양을 듣다》(오월의 봄, 2019)와 《송전탑 뽑아줄티 소나무야 자라거라》(교육공동체 벗, 2019)에 수록되었던 자료 일부를 수정한 내용이 포함되어 있다.

4 이 책에 인용된 구술 자료 가운데 일부는 송전탑 건설 반대 운동에 참여하지 않은 주민들의 발화를 포함하고 있다.

5 이 책에 인용된 구술 자료 대부분은 밀양 주민들의 발화로 구성되었다. 밀양 주민이 아닌 발화자의 경우 저자인 질문자, 활동가, 연대자 등으로 따로 표시해 두었다. 다만 '즐거운 나의 집' 이하 항목에서는 연대자의 발언이 주를 이루고 있어 여기에서는 따로 '연대자'로 표기하지 않았다.

6 인용된 구술 자료의 일부는 구술자와의 협의 내용에 따라 삭제, 윤색하였으며 윤색의 범위는 문장의 의미가 분명하게 드러나도록 가다듬는 수준에서 이뤄졌다. 다만 구술자의 요청이 없고 문맥상 의미를 이해하기 어려운 아주 특수한 경우가 아니라면 가급적 윤색하지 않는다는 기준을 적용하였다.

7 구술 자료의 표기는 세종 표기법을 따랐으며, 표준 발음법에 벗어난 것들을 소리나는 대로 표기하되 어원을 밝히는 것이 의미 전달에 도움이 되는 경우 이를 기준으로 적용하였다. 예) 더럽어서

8 구술자들의 성명과 정확한 나이, 그 밖에 개인을 특정할 수 있는 정보는 모두 삭제하였다. 이 글에서 모든 구술 자료는 특정한 누군가의 입에서 나온 말인 동시에 '탈송전탑 탈핵 운동에 참여한 누군가의 이야기'로 기능한다. 여러 구체적인 정보로 특정할 수 있는 개인의 이야기라는 사실은 이 글에서 중요한 의미를 갖지 않으며, 특정한 누군가의 이야기로 드러날 때 오히려 '탈송전탑 탈핵 운동의 이야기'로 이 말들을 읽어 내는 데 방해가 될 수 있다고 판단하여 이와 같이 처리한 것이다.

9 구술자의 나이대는 모두 구술 당시의 나이를 기준으로 서술되었다. 인터뷰 시간과 장소 등에 대한 정보는, 이 책이 구술 자료 자체를 직접적으로 드러내는 데 목표를 두지 않았고 구술 자료의 엄밀성과 정확성을 내세우는 것에 관심을 두고 있지 않았다는 사실을 명확하게 드러내기 위해 의도적으로 삭제하였다.

10 이 책은 구술 자료를 인용했으되, 전체 내용은 구술된 말을 매개하는 저자의 위치와 영역을 분명하게 드러내는 의도 아래 서술되었다. 저자는 이 글에서 '밀양 탈송전탑 탈핵 운동'의 이야기를 들려주는 '이야기꾼'의 위치를 명확하게 드러내고자 했으며, 이 책에 수록된 '말'들이 저자에 의해 매개된 말임을 분명하게 밝히고자 하였다. 동시에 저자의 자기 장소에 대한 인식이 '이야기꾼'의 위치를 넘어서지 않도록 유의하였다.

들어가며

나는 밀양 송전탑 건설 반대 운동이 탈송전탑 탈핵 운동으로 나아간 과정의 이야기를 펼쳐 놓기 위해 이 글을 쓴다. 이야기꾼의 역할을 스스로 맡은 것은 내가 들은 이야기의 무게와 온도가 흘러넘쳐, 어딘가 깊숙한 곳에 고이 모셔 둔 항아리 안에만 담아 둘 수 없는 지경에 이르렀기 때문이다. 그럼에도 불구하고 나는 이 흘러넘친 이야기를 어떻게 풀어놓을지 오래도록 고심하고 망설였다.

나는 30년 전부터 밀양에 사는 사람들의 이야기를 듣기 시작했다. 1993년에 밀양 산내면 깊은 산골에 사는 이들을 찾아가 그들의 이야기를 듣기 시작한 이래로 어떤 때는 매달, 어떤 때는 1년에 한두 번, 어떤 때는 2~3년에 한 번 밀양의 이곳저곳을 찾아가 사람들의 이야기를 들었다. 왜 굳이 밀양이었느냐고 묻는다면 특별한 이유는 없었다. 다만 내가 처음 찾은 곳이 그곳이었고, 첫 번째 만남에서 나는 그 이야기에 매료되었다. 그리고 깊은 밤 사투리에 섞여 전해 오는 어떤 열기에 사로잡혀 30년의 시간이 흘렀다.

2012년에 밀양에서 송전탑 건설을 반대하던 이치우 어르신이 돌아가셨고 2014년 6월 11일엔 수천 명의 경찰이 투입된 행정대집행이 있었다. 이 행정대집행으로 몇 달, 몇 년을 이어 오던 천막 농성장이 흔적도 없이 사라졌고 마을과 들판, 산속 곳곳에는 765kV 송전탑이 들어섰다. 그런데 사람들은 싸움이 끝난 게 아니라 새로운 싸움이 시작되었다 말했고, 탈송전탑 운동은 탈핵 운동으로 이어졌다. 나는 2014년 가을 밀양으로 가서 탈송전탑 탈핵 운동의 이야기를 듣기 시작했다.

나는 이 운동의 역사에서 '이야기를 들은 자'의 위치에 있다. '이야기를 들은 자'는 자기도 모르는 사이에 이야기할 의무를 갖게 된다. 그리고 이 의무는 당위적 소명이나 숭고한 도덕이 아니라 오로지 말하고 싶은 갈망과 참을 수 없이 터져 나오는 이야기의 힘에서 비롯된 것이다. 아마도 말을 밀어낸 것은 내가 아니라 이야기일 것이다. 그리고 이 활화산처럼 이야기를 밀어 올리는 힘은 애초에 이 이야기를 내게 들려주었던 사람들의 '말하고자 하는 마음'에서 비롯된 것이었다.

듣겠다는 마음으로 그들 앞에 앉은 것은 나였지만 나를 여기 이야기꾼의 장소까지 이끈 것은 '말하고자 한 이들'이었다. 그러나 이야기가 나를 그대로 관통하여 여기 이 자리에 놓이게 된 것은 아니다. 이야기는 세상을 보는 나의 눈과, 그들에게 던진 나의 질문과, 그들의 이야기를 듣는 나의 귀와, 그 이야기를 해석한 나의 머리와, 이야기를 기록한 나의 손을 거쳐 이 자리에 나오게 되었다. 그래서 이 이야기는 그들의 말이면서 나의 말이고, 그들이 하고자 한 말이되 나를 통해 매개된 말이다.

30년에 가까운 시간 동안 내가 가장 열심히 해 온 일이지만 이야기를 매개한다는 것은 내게 너무 어려운 일이다. 그들 앞에 앉아 질문을 던져 말을 듣고 그들의 이야기를 풀어낸 '나'라는 존재를 지우거나 축소하면,

이 말은 내가 매개한 적이 없는 순수한 그 무엇이 되어 버린다. 이렇게 되면 나는 신처럼 이 말의 배후에 머물며 이 말을 태초에 있게 하였으되 이 말에 영향을 미친 적은 없는 절대적인 존재가 되어 버린다. 내가 매개했으면서도 마치 누구의 개입도 없는 상태의 이야기인 것처럼, 티끌만큼의 이물질도 섞이지 않은 순수 결정의 본질적인 이야기, 혹은 허공을 떠도는 원형의 말이 되어 버리는 것이다. 무엇보다 누군가로부터 들어 세상에 드러난 이야기 가운데 매개되지 않은 말은 없다.

그렇다고 해서 이야기를 매개하고 있는 나를 무작정 드러낼 수도 없다. 이야기를 매개한 자가 드러날수록 먼저 내게 말을 건넨 자의 존재가 희미해질 수도 있기 때문이다. 이야기를 매개한 나의 존재를 어느 만큼 드러내고 어느 만큼 드러내지 않을 것인가 하는 것이 지금까지 내게는 어려운 문제로 남아 있다. 이것이 원고지 수만 장에 이르는 분량의 이야기를 듣고 이를 정리해 놓고도 오래도록 세상에 내보이지 못한 이유이자 핑계다.

나는 결국 정답은 없다는 결론에 이르렀다. 그때그때 이야기를 내게 건넨 사람들과 함께 의논하여 합의한 방식대로, 혹은 상황에 따라 필요하다고 함께 판단한 형태로 이 이야기들을 세상에 내놓는 게 좋겠다는 결심에 도달했다. 그래서 이제 하나둘 내가 들은 이야기를 다른 사람들이 읽고 들을 수 있도록 세상에 내놓으려 한다. 이 책은 이와 같은 결심의 첫 번째 결과물이다.

이 책에서는 구술자의 개인 정보가 드러나지 않는다. 구술 장소와 시간, 나 이외에 그 자리에 있었던 다른 인터뷰어의 존재도 드러내지 않았다. 구술 내용 가운데 침묵의 시간이나 비언어적 상호작용, 다시 말해 말이 아닌 몸짓과 표정 등에 관한 정보도 지웠다. 이 책에 드러난 이야기들은 모두 이야기꾼으로서 나의 위치를 선명하게 드러내고 '내가 이 이야기를 쓰고 있다'는 분명한 위치 감각 속에서 쓰인 것들이다. 이 책을 쓰면서 구술자들과 내가 협의한 가장 우선적인 목표는 밀양에서 일어난 탈송전탑 탈핵 운동의 이야기를 이 운동의 과정과 역사를 모르는 사람들도 이해할 수 있도록 쉽고 분명하게 전달하는 것이었다. 이 목표를 중심으로 이야기를 드러내는 방식과 나의 서술 태도를 결정했다.

   나와 이 책에 실린 말들을 입 밖에 냈던 사람들은 모두 탈송전탑 탈핵 운동의 이야기가 과거 그 싸움에 참여했던 이들이 모여 앉아 옛 기억을 곱씹으며 회상하는 추억담이 되기를 원하지 않았다. 밀양에서 어떤 일이 벌어졌는지 알지 못하는 사람들, 희망버스를 타 본 적이 없는 사람들, 밀양에서 그런 일들이 일어났을 때 막 초등학교에 입학했을 만한 나이의 사람들이 이 이야기를 듣고 읽어 주기를 바랐다. 주민들이 내 살아생전에는 송전탑이 뽑히는 걸 보지 못할 수도 있지만 내 뒤를 잇는 사람들이 있다면 언젠간 뽑힐 거라서 이것이 절대 지는 싸움일 수 없다고 말할 때 바로 그 기대에 찬 눈빛이 가리키던 사람들, 그 사람들이 이 글을 읽고 이들의 이야기를 들었으면 좋겠다.

   나에게는 주민들과는 다른 한 가지 바람이 더 있었다. 그것은 내게 이야기를 들려준 사람들이 그 이야기를 바탕으로 쓴 이 글을 읽었으면 하는 것이었다. 구술 인터뷰를 할 때면 언제든지 내 숨길을 누르는 것이 있다. 내게 자신의 이야기를 들려준 분들이 정작 그 이야기를 듣고 쓴 글을 보지 못하거나 보지 않는다는 사실, 내게 이야기를 들려준 사람들과 그들의 이야기를 함께 나누지 못한다는 사실이 늘 얹힌 음식처럼 내 속에 걸려 있다. 그래서 이번에는 내가 그분들의 이야기를 들었듯이 내가 쓴 글을 그분들이 들을 수 있으면 어떨까 생각한다. 이야기를 읽은 사람들이 다시 자신의 목소리로 이야기를 말한 이들에게 그 이야기를 들려줄 수 있다면, 이 책이 '이야기를 듣고 말하는 연대'의 계기를 만들어 낼 수도 있을 것이다.

말할 수 있는 장소는 듣고자 하는 이들의 존재를 통해 만들어진다. 밀양 탈송전탑 탈핵 이야기를 듣고자 하는 청취의 노력이 이 이야기를 세상 밖으로 끌어낼 수 있다면 이와 같은 청취의 연대는 목소리의 연대를 통해 완성될 수 있다. 누군가의 이야기를 듣는 데 머물지 않고 그 이야기를 말하는 목소리에 자신의 목소리를 보태 누군가의 말이 고립된 장소에서 혼자만의 외침이 되지 않도록 연대하는 것이다.

민주적으로 구성된 것으로 가정되는 사회적 담론장의 경우에도 모든 사회 구성원이 그 담론장 안에 자유롭게 동등한 자격을 갖고 참여할 수 있는 것은 아니며, 담론장에 참여한 모든 사람이 동등한 수준으로 말할 권리를 갖는 것도 아니다. 한국 사회에서 처음 탈핵 이슈를 사회 전면에 내세운 힘은 '밀양 할매'들로부터 나왔다. 그러나 정작 탈핵과 원자력 발전을 둘러싼 공론장이 만들어졌을 때 그 담론장 안에 '밀양 할매'들이 말할 수 있는 장소는 존재하지 않았다.

'말할 장소'를 갖지 못한 이들의 이야기는 세상에 드러날 길이 없다. 이야기가 드러나지 않은 사람들의 삶은 사회적으로 상상되거나 가정되지 못한다. 처음부터 사회에 존재하지 않는 사람들처럼 모든 사회적 담론의 바깥에 존재하게 되는 것이다. 이야기가 없는 사람들은, 이야기를 드러내지 못하는 사람들은 사회에서 멋대로 재단한 방식의 이름과 이미지를 얻는다.

'밀양 할매'는 귀엽고 순수하며 순박하고 사랑스러운 이미지의 할머니를 가리키는 이름이 아니라 탈송전탑 탈핵 운동가이자 에너지 정의를 실천하는 활동가를 부르는 이름이다. 한국 사회에서 탈핵 운동의 역사를 기술하거나 에너지 정의와 기후 정의 실천의 역사적 과정을 구성할 때 가장 먼저 호출해야 할 이름 가운데 하나가 '밀양 할매'이기 때문이다. 이 글을 통해 '밀양 할매'라는 이름에 담긴 다양한 이야기가 세상 사람들의 귀로 흘러들어 갔으면 한다. 사람들이 상상하고 가정하는 한두 가지 이야기의 이면에는 그 상상과 가정을 뚫고 누군가의 입을 통해 직접 드러나는 수많은 '다른' 이야기들이 존재한다. 이런 '다른' 이야기들이 '말하고자 하는 입'들의 장소를 확장해 나갈 수 있다는 점에서 구술 청취가 만들어 내는 다양한 서사의 층위는 그 자체로 이야기를 통한 연대라고 할 수 있다.

이번 이야기의 연대에 임하면서 나는 주민들이 쉽게 듣거나 읽을 수 있는 글, 밀양 탈송전탑 탈핵 운동의 역사를 모르는 사람들도 쉽게 이해할 수 있는 글을 쓰고 싶었다. 그러나 나의 한계는 여전히 여실한 것이어서 다시 돌아본 글은 여전히 어렵고 군더더기가 많다. 다만 나는 이 글에 '들여다보는 자의 고통'을 담고 싶었다. 이야기를 듣는 것은 멀리서 관망하거나 팔짱 끼고 관조하는 위치에서 이루어지지 않는다. 이야기를 듣는 것은 어느 때나 누군가의 삶을 들여다보는 위치에 나 자신을 세우는 일이다.

들여다본 삶은 언제나 뒤죽박죽, 울퉁불퉁, 엉망진창이다. 한결같지도 않고 이상적이지도 않고 표면이 매끄럽지도 않다. 우리가 나누는 말은 한결같은 연대, 변함없는 신념, 흔들리지 않는 관계, 상처받지 않고 나아가는 삶의 이야기로만 채워지지 않는다. 또한 사람들의 말은 언제나 어설프고, 더듬더듬하고, 자꾸 바뀌고, 앞뒤가 맞지 않는다. 탈송전탑 탈핵 운동의 이야기도 마찬가지다. 이 이야기의 표면 역시 울퉁불퉁하고 들쑥날쑥이다.

무엇보다 지금 탈송전탑 탈핵 운동에 참여했던 이들은 지쳐 있다. 다른 그 어느 때보다도, 산속에서 밤새 농성을 할 때보다도, 행정대집행 때보다도, 어쩌면 공론화위원회 때보다도 더 가라앉아 있고 더 힘겨워하고 있다. 원자력발전소를 더 지어야 한다는 사람들이 '이것이야말로 기후위기 시대 가장 완벽한 대안'이라는 터무니없는 말을 늘어놓고, 텔레비전과 유튜브에서 정부가 만든 원전 홍보 영상이 쉴 새 없이 재생되고, 심지어 후쿠시마 원전 사고의 참혹한 기억을 깡그리 잊은 채 이제 그 오염수가 안전하다고까지 말하는 이 어처구니없는 상황 앞에서 더 목청을 높이지 못하고 오히려 주저앉아 있는 '밀양 할매'들이 있다. 한국전력이 밀양에서 벌였던 일들을 발판 삼아 홍천과 봉화 등 다른 지역에 송전탑을 세우고 있고, 원전을 유치하면 막대한 경제적 이익을 누릴 수 있다는 말을 듣고 자신들이 사는 마을에 원전을 지어 달라고 정부에 요청하는 사람들이 등장하는 것이 오늘의 현실이다. 언제가 가장 힘드냐는 질문에

'바로 지금이 가장 힘들다'고 대답하던 청도 송전탑 건설 반대 운동 참여 주민의 말이 귓가를 맴돈다.

그래서 이 글은 연구자로서의 나의 욕심보다도 내가 가장 존경하는 탈송전탑 탈핵 운동가들의 기운을 아주 조금이라도 더 북돋울 수 있다면 그것으로 충분하다는 마음에서 시작되었다. 그리고 글을 마무리한 지금 나는 이것이 또 다른 욕심임을 깨닫는다. 그래도 여전히 이 글을 듣거나 읽은 이들이 이분들의 이야기에 조금 더 귀 기울이게 된다면, 그래서 어느 때보다 더 힘든 시간을 보내는 이들이 아주 조금 더 자리를 털고 일어날 용기와 기운을 얻게 된다면 더 바랄 것이 없겠다는 생각을 한다.

세상일은 뜻대로 되지 않고, 우리가 바라는 일들 또한 우리가 살아 있는 동안 이뤄지지 않을지도 모른다. 그래도 나는 '밀양 할매'들이 생각하는 것처럼 언젠가 송전탑이 뽑힐 것이라고 믿는다. 송전탑이나 원자력발전이 우리가 살아갈 미래에 선택할 이로움이라고 생각하지 않기 때문이다. 수십 년, 혹은 백 년쯤 후에도 송전탑이 지금처럼 이 땅 위에 세워져 있을까. 나는 아무래도 그렇지 않을 것 같다. 고령의 한 밀양 주민이 말씀하신 것처럼 '내가 살았을 때 송전탑이 뽑히는 오늘을 경험하지 못할지라도' 탈송전탑 탈핵 이야기를 듣고 기억하는 이들이 있는 한 누군가가 살아갈 미래에는 송전탑이 뿌리째 뽑히는 날이 올 것이다. '밀양 할매'들은 언젠가 뽑힐 것이 다가올 미래라면 이 싸움은 결코 지는 싸움이 아니라고 말한다.

이 책에 실린 이야기를 듣는 자리에는 나 외에도 여러 사람의 자취가 있었다. 연세대학교 국어국문학과 학부생과 대학원생, 밀양 탈송전탑 탈핵 운동의 연대자들, 밀양765kV송전탑반대대책위원회의 활동가들, 그리고 지금까지 이 반대 운동에 동참하고 있는 백여 명이 넘는 주민들이 이 이야기 연대에 함께했다. 그중에는 이 운동의 현장을 떠난 사람들도 있고 세상을 떠난 주민들도 있다. 밀양 탈송전탑 탈핵 운동의 서사를 전하는 이야기꾼으로서 나의 소임은 이 사람들에 대한 감사와 그리움의 마음에 닿아 있다. 말도 안 되는 일정에 쫓기면서도 한 번도 싫은 기색 없이 연대의 마음으로 책을 만들어 주신 교육공동체 벗의 식구들에게도 말로 다 할 수 없는 감사의 마음을 전한다.

아직 한국 사회 곳곳에 송전탑과 원전에 대항해 싸우는 사람들이 있다. 또 풍력이나 화력 발전이 만들어 낸 문제에 직면해 있는 사람들도 있고, 발전소에서 일하며 산업 재해의 위험에 노출돼 있는 노동자들도 있다. 그리고 지금 이 순간에도 공항을 만들거나 군사기지를 짓거나 간척지를 만들거나 아파트를 세운다면서 사람들을 자기 삶터에서 몰아내는 움직임이 도처에 존재한다. 이들의 이야기는 모두 다르지만 또 많은 부분 겹쳐 있기도 하다. 나는 이 책의 이야기가 또 다른 이들의 이야기를 듣고자 하는 갈망 어린 발걸음으로 이어지길 소망한다. 언제나 그렇듯이 듣고자 하는 사람들의 열망이 말하고자 하는 사람들의 장소를 만든다. 이 책이 이와 같은 연대를 향한 작은 발걸음이 되길 희망한다.

2023년 12월
김영희가 밀양의 이야기를 듣고 쓰다

도시로 가는 전기

"데모하러 서울에 갔는데 마 삐까뻔쩍하이, 마 정신이 읎어. 마 대낮겉이 밝아갖고 훤-하이 그란데 마 퍼뜩 그런 생각이 들더라꼬. '아 여 이래 전기 갖다 쓸라꼬 우리 집 앞에다가 송전탑 시운(세운) 기구나'······. '느그여 전기 갖다 쓰느라고 우리 집 앞에다가 말뚝 박아 놨구나' 싶은 기 마 부아가 치미는 기라. '그라믄 전기 만드는 데든 송전탑이든 여 갖다 세우지 와 남의 땅에다 시와(세워) 놓고 이래 느그는 팡팡 에어컨 돌리고 야밤에 온 시상(세상)을 대낮겉이 밝혀 놓고 이라노 말이다', 이런 생각이 드는 기라." 여, 60대

"전기가 필요하긴 하겠죠. 근데 즈그가 서울 시내 한복판에 세우면 안 됩니까? 되는데 안 하잖아. 진짜 이 시스템 정말 잘못된 게 많더라고······.

정말 하다 보니까 이것도 알겠고 저것도 알겠고……. (중략) 바람 불면 저희는 일하고 있으면 슝-슝-슝-슝 하죠. 비 오는 날은 오오오오옹 막 우리 뇌리에 파고듭니다. 소리가 작업을 하고 있으면……. 막 미치겠다는 게 그런 거 아니겠습니까. 그래서 비만 오면 한전에 전화를 합니다. '아 미치겠다', 그럼 '아 그리 심합니까?' 그리 하더라고. 그럼 '좀 대책을 세워라' 하면 '알겠습니다' 하는데 뭐 할 수가 있습니까? (중략) '서울의 밤은 너-무 밝다'는 게……. 정말 그 이치우 어르신 돌아가시고 유한숙 어르신 돌아가시고 우리 계속 지키고 그럴 때였는데, 그때 가서 보니까 새벽 네 시가 딱 됐는데 '어, 뭐야'……. 대낮인 거예요. 대낮인 거라, 시내가 진짜. 너무 밝은 거야. 그때 서울에서 철도 노동자 집회 할 때……. 서울의 밤은 너무 밝더라꼬." 남, 50대

후쿠시마 원전 사고가 일어났을 때 원전 인근 지역에 있던 한 기자가 쓴 글에도 이와 같은 구절이 나온다. 그는 원전 사고가 발생하고 며칠이 지난 뒤 도쿄로 돌아왔는데 도쿄역에 내리자마자 휘황찬란하게 밝은 거리를 보고 '여기 이곳을 밝히기 위해 후쿠시마 같은 곳에 원자력발전소가 들어선 것'이라는 사실을 새삼스레 깨닫는다. 전기는 도쿄 사람들이 쓰지만 언제 닥칠지 모르는 돌이킬 수 없는 재난의 위험을 떠안고 사는 것은 도시에서 멀리 떨어진 농어촌 지역의 주민들이다.

기자는 이 사실을 새롭게 깨달은 후 도쿄에서 최대한 전기를 사용하지 않고 살아가는 생활을 실천한다. 그는 전기가 없어서 고단하고 남루한 일상이 아니라 전기 없이도 '우아하고 즐거운' 일상을 살아가기 위해 노

력한다. 새로운 삶의 방향으로 그를 이끈 것은 타인의 위험과 희생을 대가 삼아 거리낌 없이 전기를 사용하며 안락한 삶을 살아왔다는 죄책감이 아니라 원자력발전소 인근 지역에서 살아가는 사람들과 자신이 사회적 이웃으로 연결되어 있다는 연대감이다.

죄책감은 우리를 움츠리게 만들고 때론 나의 죄와 연결된 참혹하고 남루한 현실을 외면하게 만든다. 누군가에게 빚진 채 살아가고 있다는 생각이 들 때 죄책감이 만들어 내는 마음의 고단함을 벗어던지고자 우리는 그 빚으로부터 최대한 멀리 도망친다. 그래서 내 몫을 대신해 위험을 부담한 이들과 내가 깊이 연결되어 있다는 사실을 잊으려 하거나 애써 외면하기도 한다. 이 때문에 정작 위험을 떠안고 어디론가 떠밀린 이들이 잡아 달라 손을 내미는 순간, 혹은 들어 달라 목소리를 드러내는 순간 그 중요한 만남의 순간을 외면하고 도망친다.

그러나 아무리 도망쳐도 연결은 끊어지지 않는다. 가정용 전력보다 산업용 전력이 소비량이 월등히 높다는 사실만으로는 마음의 빚을 모두 감당하기 어렵다. 전기를 사용한 모든 산업 생산물을 하루하루 소비하며 살아가고 있기 때문이다. 오늘보다 내일, 내일보다 모레 더 많은 물건을 쓰고 더 오래 전기를 사용하며 우리는 살아간다.

자본은 애써 이 연결을 은폐한다. 우리가 이토록 연결되어 있다는 사실을 알지 못하도록 하루하루 정신없이 우리를 몰아세우고 우리는 눈앞에 닥친 일들을 겨우 해치우면서 정작 중요한 사실을 깨닫지도 못한 채 가장 큰 책임의 한 부분을 지우고 정신없이 내달린다. 그러다 문득 이 연결이 우리의 눈앞에 떠오르는 순간이 있다. 불현듯 솟아난 출현은 고개를 돌리는 작은 움직임조차 허용하지 않은 채 우리를 꽁꽁 묶어 옴짝달싹할 수 없게 만든 후 이 연결을 직시하게 만든다.

내가 입고 있는 옷을 누가 만들었는지 알지 못할 때, 내가 먹는 밥의 쌀알을 누가 농사지었는지 알지 못할 때 우리는 마음껏 쓰고 버릴 수 있다. 이 연결을 덮고 외면하고 있을 때 산업 재해나 부당 노동은 타인의 일일 뿐 나의 일이 아니다. 우리는 각자 자기 앞가림을 하고 살아야 하고, 나도 내 몫의 책임을 다하기 위해 안간힘을 쓰고 있으니 당신도 그래야 한다고 단호하게 말할 수 있다. '우리 누구나 살다 보면 불행에 직면할 수 있으니 당신에게 닥친 불행을 내게 말하지 말라, 너의 몫은 네가 감당해라' 분명하게 말할 수 있다. 이럴 때 파견 노동의 부조리함을 고발하는 노동자의 목소리나 수확된 쌀의 일정량을 정부가 구입해야 한다는 농민의 요구는 그야말로 어리광이나 생떼가 되어 버린다.

하지만 내가 쓰는 전기를 실어 나르는 송전선로 주변에 살고 있는 사람들이 누구인지, 매일같이 송전탑 아래에서 웅웅거리는 소음과 번쩍거리는 거대한 불빛을 마주하고 살아가는 사람이 누구인지 알고 나면 이것을 더 이상 생떼라고 말할 수 없게 된다. '거기'서 살고 있는 '누군가'가 이름을 가진 존재가 되고 '여기'서 살고 있는 '내'가 그의 이야기를 듣게 되는 순간 '그'와 '나' 사이에 연결된 끈이 선명하게 드러나고 '나'는 더 이상 이 끈을 외면할 수 없게 된다. '그'가 경험하는 고통과 위험이 '나'의 문제가 되는 순간 비로소 '연대'가 시작된다.

"그런데 그, 그 사실에 대해서 거의 몰랐어요. 그래서 어, 이게 어, 실질적으로 이, 여기 밀양 지역에 사시는 할머니들이 사실 실질적으로 나보다 훨씬 전기도 적, 적게 쓰고 사시는 분들, 전기가 그렇게 필요하지 않으신 분들인데, 이분들이 도심, 도심에 사는 사람들, 그리고 그런 사람들이 끌어가는 그 전깃줄로 인하여 자기 삶의 터전이 다 망가지는 거잖아요. 그래서 '누군가 내가 편히 쓰는 이 전기로 인해서 삶의 터전과 이런 것들이 다 망가지고 죽음도 불사하는 그런 일을 내가, 내가 거기에 한몫을 하고 있구나'라는 것을 알게 됐죠. 예. 그러면서 '아, 그러면 이런 일이 어, 나의 일이 될 수도 있겠구나'……. 그렇잖아요?

그리고 내가 사는 울산은 바로 원자력이 10기나 있고……. 그러면 계속 전기를 생산해 내서 전기를 끌어가려고 할 건데……. 이, 그리고, 그 전에 후쿠시마가 터졌고……. 그죠? 예. 그러니까 그 계기로 인해서 확 왔어요. 그 전에는, 저는 후쿠시마 터진 것에 대해서도 별로 그게 감흥이 안 왔거든요. 그랬는데 여, 밀양 송전탑 하면서 어, 저 원자력이 연결되고, 후쿠시마가 터졌고, 이런 것들이 다 이제 연, 연계망으로 이제 저한테 확 온 거죠. '아, 이게 지금 엄청난 일이구나, 이런 일들이'……. 예. 그전엔 저하고 이렇게 연결되는 거에 대한 생각을 못 했어요. 그냥 별개의 일이기도 하고, '뭐, 그 나라 부주의해서 그렇게 일어났겠지?' 그리고 '나하고는 별반 상관없는 일이야'……. 이렇게까지 생각한 거죠. 어, 그런데 이게, '아, 이게 나의 일이구나' 이런 거를 확 알게 되었어요. 그래서 지금 이제 탈핵을……. 또 활동까지 이제 계속 하려고 하는 거죠, 예." 여, 40대

'그'의 일이 '나'의 일이 되는 이 갑작스런 깨달음은 '나'를 실천으로

이끈다. 이제 더 이상 가만히 앉아서 일이 돌아가는 것을 지켜보고만 있을 수 없게 되는 것이다. 전기가 어디서 와서 어디로 흘러가는지 쫓아가다 보면 송전탑이나 송전선로가 지나가는 곳에 사람이 살고 있다는 것을 알게 되고, 그 전기를 만들어 내는 곳까지 따라 들어가 보면 거기에도 사람 사는 마을이 존재한다는 사실을 발견하게 된다. 이보다 더한 깨달음의 순간은 '그 전기 만드는 곳에 사는 사람들의 마을이 곧 나의 마을'이며, '나의 장소 또한 이 전기가 흘러가는 어디쯤에 존재한다'는 사실을 알아차리는 때다. '나'는 탈송전탑 탈핵 운동의 연대자인 동시에 '당사자'가 되는 것이다.

"그러다가 한번, 하필이면 이치우 어르신 돌아가신 다음 날, ○○샘(전대책위 활동가)이 서울에서 오래전부터 약속됐던 강의가 있었어요, 보리출판사에서. 그, 하기로 한 강의가 있었는데, 그때 이치우 어르신 돌아가시고 그 정신 없는 충격 속에서 ○○샘이 강의를 와야 됐었어요, 서울에. 그래갖고 저녁에, 강의를 하러 저녁에 서울에 내리는데, 서울역의 휘황찬란한 불빛을 보면서 이런 전기를 쓰기 위해서 시골의 어르신이 돌아가셨다는 이 자책감을, 깊은 회한을 가지고 강의에 오셔서 그 얘기부터 하셨죠. 그때 저는 뭐, 송전탑이 뭔지도 몰랐어요. 어르신들 송전탑 들어온다 그러는데 전봇대 들어오는 줄 알았다 그러잖아요. 저도 전봇대인 줄 알고, '송전탑이 뭐여?' 이러면서 막, 어르신 돌아가셨다는, 칠십 몇 세 노인이 분신자살 하셨다는 얘기를 하시는데 처음 들었고, 그때……." 연대자: 여, 50대 밀양 송전탑 건설 반대 운동에 연대했던 한 미디어 활동가도 밀양으로 가게 된 첫 계기를 설명하면서 '서울로 가는 전기'에 대한 이야기를 꺼냈다. 그는 미디어 쪽 일을 하던 사람도 아니었고 송전탑이 무엇인지도 모르는 사람이었지만, 자신이 쓰는 전기를 보내기 위해 송전탑을 세우는 과정에서 이에 항거한 한 농민이 죽음으로 맞섰다는 이야기를 듣고 밀양으로 가는 '희망버스'에 올랐다. 거대한 중장비 기계를 사이에 두고 건장한 용역들에 맞서는 '밀양 할매'들 옆에 서 있을 때 누군가 영상 촬영 카메라를 그의 손에 쥐어 주며 '찍지 않아도 좋으니 들고만 있으라'고 말했다. 그때 카메라는 그에게 용역들이 할머니들에게 험한 일을 벌이지 못하도록 지키는 도구였다. 그렇게 영상 촬영 장비를 손에 처음 쥐게 되었던 그는 결국 몇 년 뒤에 밀양에서의 싸움을 내용으로 하는 다큐멘터리의 감독이 되었다.

최근 몇 년 사이 기후 위기가 사회적 담론의 주요 이슈가 되고 이에 따라 대안 에너지에 대한 관심이 높아지자 한국전력이 대규모 풍력 발전 시설과 태양광 발전 시설 확장을 위한 토목 공사에 열을 올리기 시작했다. 그리고 이 발전 시설 역시 도시가 아닌 시골의 들판과 산등성이, 바다 위에 세워지고 있다. 농사를 짓던 땅을 밀어 태양광 발전을 위한 패널을 설치하고, 농민들이 생명을 키우던 땅에서 '전기 농사'를 시작했다. 산골의 마을들에 풍력 발전을 위한 대규모 풍차가 들어서고, 바다 위에도 선인장 가시처럼 빼곡하게 들어선 풍차가 쉴 새 없이 돌아가고 있다. 한편에선 나무를 베어 내고 산비탈에 세운 태양광 패널 때문에 물난리에 토사가 무너져 내리고, 다른 한편에선 풍차가 돌아가는 소음 때문에 사람도 벌도 생존의 터전을 잃었다.

　사람들이 무언가 새로운 것을 떠올릴 때 가장 먼저 생각하는 것은 '시골의 땅'이다. 소비는 줄어들지 않고 도시에서의 삶의 규모 또한 줄어들지 않는다. 점점 더 많은 전기가 필요하고 전기를 만들기 위해서는 무언가를 '건설'해야 한다. 건설을 위한 땅을 고르기 위해 오래 고민할 필요는 없다. 저기 도시에서 멀리 떨어진 시골에는 '주인이 없거나', '주인이 있어도 쉽게 밀어붙일 수 있는' 드넓은 땅이 있기 때문이다. 더구나 이런 건설은 곧 '낙후된 지역'을 '개발'하는 일이 되고 '개발'이 이루어지면 땅값도 올라갈 것이니 지역 주민들에게도 좋은 일이 된다. 자본이 눈독을 들이고 결정을 하면, 국가가 후원하고 이를 정당화한다. 그러면 이 '주인 없는 땅'의 주인들은 내 삶이 어떻게 변화할지, 어떤 것들을 감내해야 하는지 알지 못한 채 어떤 결정에 내몰린다.

　'주인 없는 땅'에 대해 어떤 결정을 내린 이들은 망설이지 않는다. 망설일 필요가 없다고 생각하기 때문이다. 그들은 설명하는 척하면서 정작 중요한 일들은 말하지 않는다. 말할 필요가 없다고 생각하기 때문이다. 땅값이 오를 것이고, 합당한 보상을 위해 그들이 쉽게 만져 보지 못할 큰돈도 줄 예정이기 때문에 아무런 문제가 없다고 생각한다. '주인 없는 땅'의 주인들이 무슨 일이 벌어지는지 알지 못하는 사이에, 무언가 그들의 땅에 건설될 예정이라는 사실이 결정된다. 설명 없는 설명회가 진행되고, 동의 없는 동의 절차가 진행되고, 보상할 수 없는 손실에 대한 대가로 돈이 뿌려지기 시작한다. 그리고 이것으로 모든 일이 끝난다. 돈을 받았으니 이걸로 끝난 거라며 합의 없는 합의서에 도장이 찍히고, 건설이 예정된 그 무언가가 '주인 없는 땅'에 그들의 계획대로 들어선다.

그 누구도 이 땅의 주인이 누구인지 묻지 않고, 이 주인들과 세워질 무언가에 대한 대화를 진지하게 나누지 않는다. 중요한 것은 이 땅의 주인들이 자신의 땅에서 이루어질 일들에 대해 아무것도 알지 못했을 뿐 아니라 그 모든 결정이 이루어지는 순간 어떤 결정권도 주도적으로 행사할 수 없었다는 사실이다. 누군가를 벼랑 끝으로 몰아 놓고, 어떻게 해서 자신이 이곳으로 내몰리게 된 것인지도 알지 못하는 사람에게 '여기서 떨어지겠냐, 내 손을 잡고 살겠냐' 묻는 것은 선택과 결정의 권한을 온전히 존중한 질문과 제안이 아니다. 다른 것을 선택할 수 없게 내몰리거나 내 선택이 어떤 결과를 낳을지 알 수 없는 상태에서 결정하는 것은 온전한 자신의 선택이 될 수 없기 때문이다.

문제는 이것이 어제오늘의 일이 아니라는 데 있다. 수십 년 전부터 국가, 혹은 국가와 자본이 결합한 모든 개발의 시도들은 이 '주인 없는 땅'을 수탈지로 삼아 이루어졌다. 매일같이 전기를 사용할 뿐만 아니라 매일같이 밥을 먹고 살면서도, 내가 먹는 밥의 쌀알을 만드는 사람들과 그들의 이웃이 살고 있는 땅에서 벌어지는 숱한 수탈과 약탈의 장면들을 우리는 외면하고 살아왔다. 그러나 그 약탈의 칼날이 우리 턱밑까지 밀고 들어오는 순간이 있다. 그럴 때 우리는 잊고 있던 수많은 '연결'을 떠올린다.

그곳은 '주인 없는 땅'이 아니며 그 땅의 '주인'들은 자신들이 땅의 주인이 아니라 새와 나무와 꽃과 벌들이 그 땅의 주인이라고 말한다. 크레파스로 송전탑을 그리던 할머니는 송전탑 옆에 꽃과 나무와 새와 벌들을 그리면서 이들이 진짜 '이 산의 주인'이라고 말했다.

"우리가 아니라, 그-(거기) 주인은, 소나무가 진짜 주인이지. 그라이 송전탑 뽑아 뿔고 그- 주인들한테 땅을 돌리주야(돌려줘야) 하는 기라. 우리는 얼마 몬(못) 살고 곧 죽을 끼고. 우리 태어나기도 전에 가-들은(그것들은) 그-서 살았고, 우리가 죽고 나서도 그-서 살 끼니께네. 안 그렇나 그자?" 여, 80대

'주인 없는 땅'의 주인은 정말 많다. 주인은 땅을 '소유한 자'가 아니라 그 땅에서 '살아가는 자'들이다. 그 땅을 기반으로 살아가는 사람들, 그 땅에서 나고 자란 꽃과 나무들, 그 꽃과 나무를 오가는 벌과 새들, 또 그들과 더불어 살아가는 숱한 곤충과 길짐승들까지 모두가 그 땅의 주인이다. 그리고 우리도 그 땅의 주인이다. 그 땅에서 나고 자란 것들을 먹고 그 땅에서 자란 나무들이 내뿜는 것을 호흡하며 살아가는 우리 역시 그 땅의 주인이다. 그곳은 '주인이 없는 땅'이 아니라 '주인이 많아도 아주 많은 땅'이다.

"모르지. 내 살아생전에는 송전탑이 안 뽑힐지도 모르지. 그래도 나는 괜않다(괜찮다). 느그가 있잖아. 느그가 있는데 뭔 걱정이고. 안 될 일은 안 되는 기라. 뽑힐 끼면 언제가 되어도 뽑히겠지. 내사 살날이 얼마 안 되고, 내가 죽은 다음에라도 뽑히면 그만이지. 느그가 할 거잖아. 나는 걱정 안 한다. 그라이 지는 싸움도 아니지." 여, 80대

밀양에서 벌어진 일들은 밀양에서 그치지 않는다. 수탈과 약탈의 폭력은 밀양 이전에도 있었고 밀양 이후에도 있다. 밀양에서 어떤 일이 벌어졌는지 조사하여 보고하는 발표회장에 온 다른 지역의 주민들은 송전탑 건설 예정지인 자신들의 마을에서 곧 벌어질 일들을 들으면서 두려워했다. 서울로 오는 전기는, 도시로 오는 전기는 지금도 누군가의 두려움과 불안, 구체적인 위험과 폭력을 지우며 우리에게 오고 있다. 그리고 두려움과 위험에 직면한 이들은 그 땅의 주인들이 자신들만은 아니라고 말한다. '나는 그들과 함께 이 땅의 주인이 될 것인가.' 밀양 탈송전탑 탈핵 운동의 이야기를 듣는 청취의 연대는 이 질문과 함께 시작된다.

말해 봤자 알아듣나

"한전 직원이 나와 설명을 하거나 만난 적은 없으신가요? 이장이 되신 후에 한전에서 따로 연락을 하거나 한 일은요? 김영희, 질문자 이하 동일

"설명회는 없었다. 나를 꼬시려고 전화를 하루 종일 했지. 마 '어디서 만 나자' 하고, 밤에도 와가(와서) '대문 열라' 하고 이 지랄 했다. 선물도 갖다 놓고……. '너희 만나면 나 여기 못 살고 가야 한다' 그랬지. 만나자 만나자 하는데 안 만나 주니까 무안[지명]에서 만나자 했다. 주민들 모르게……. 내가 그래 했겠나. 내가 못 한다 했거든. 얼마 있으니까 문중 종회에 와갖 고 원하는 대로 주겠다 이카는 기라." 구술자1: 남, 80대

"그 사람이 주로 만나서 한 얘기는요?"

"밤에도 대문 열라 이래 캐싸니까, '나를 만나려면 움막(농성장)으로 와 라' 그랬거든. 움막에는 절대로 안 온다." 구술자1

"원래 한전에서 오가지고(와서) 주민들을 모아 놓고 설명회를 하는 게 아이라. 한 마을에 이장이 힘이 세니까, 이장을 힘으로 꼬시면 마을이 넘어가는 그런 게 있으니까……. 각개전투를 해서 자기 편으로 만드는 그런 수작을 하는 거지." 구술자2: 남, 70대

"그때만 해도 설명회를 갔다가 여기 면사무소에서 한번 한다는 그런 이야기가 있었어예. 왜 그런가 하면, 내가 그걸 왜 기억을 하는고……. 뭐 송전탑이 들어온다 해싸-도 생전 송전탑이 뭣인지를 갔다가 저희들은 지나가면서 그냥 보기만 한 거지. 물론 서울 이렇게 가고 관광 다니면서, 송전탑은 서가(서서) 있었겠죠, 산에. 그렇지만 그게 송전탑이라 카고 안 봤기 때문에 저희들은 모르는 거예요. 한평생을 이렇게 엎어져가 농사만 짓고 살았으니…….

그래서 송전탑이 들어온다, 이 카다가(이렇게 하다가) 뭐 송전탑이 산으로 간다 캤다가……. 전봇대가 전기선을 갖다가 이제 걸어가지고 전기가 가는 것은 전부 다 전봇대밖에 못 봤잖아요, 우리는. 그 산으로 간다 카는 거 보니께 쪼깨 큰 전봇대가 산을 가는갑다(가는가 보다), 이제 이래 생각을 했어.

그래 가지고 그때 설명회 한다고 할 때 동네에서도 몇 분 가셨어요. 가셔가지고 이제, 우리 집 아저씨 같은 경우에는 이제 동장이 가자 캐싸-니까네 이제 따라가기는 따라가가지고, 그 설명회를 다 듣지도 안 하고 나와 뿌린(나와 버린) 거예요. 나와 뿌리니 못 받았고……. 선물 세트 이따만한 것을 갖다 하나씩 쥐아 줘가지고 그걸 들고 왔더라고예, 끝까지 듣고 오신

분들은. 그랬었는데 그때만 해도 그게 뭔지를 갖다가 정확하니 아는 사람은 없었죠." 여, 70대

밀양 지역에 765kV 송전탑을 세우는 건설 계획이 확정된 것은 2000년이었다. 그러나 밀양 지역 주민들이 자신이 사는 거주지 근처에 송전탑이 들어선다는 사실을 조금씩 인지하기 시작한 것은 공사가 시작된 2008년 이후였다. 그 사이 2005년 상동면 여수마을 주민들이 송전탑 건설 반대 시위를 한국전력 밀양지사 앞에서 벌이기도 했고, 한두 지역에서 송전탑 건설 예정지에 있는 나무를 베어 내는 벌목 작업이 시작되면서 이를 저지하는 주민들의 저항이 이어지기도 했다. 2010년까지 몇몇 지역에서 공사가 시도되었다가 주민들의 반대로 중단되고 다시 재개되는 일이 반복되었다. 그러나 2011년 이후 송전탑 건설 공사는 밀양 전 지역의 주민들이 눈으로 직접 확인할 수 있을 정도로 본격화되었고, 이때에서야 주민들도 송전탑 건설의 실체를 조금 더 가깝게 실감하게 되었다. 하지만 이때에도 송전탑이 지나가는 지역의 주민 대부분은 어떤 이유와 목적으로 어떤 규모의 송전탑이 들어서는지, 송전탑이 들어선다면 어떤 피해를 경험할 수 있는지 정확하게 알지 못했다.

밀양 지역 송전탑 건설은 2000년 1월 제5차 장기전력수급계획 확정에 관한 산업자원부 공고(제2000-3호)를 통해 관련 정책이 수립된 후 같은 해 8월 765kV 신규 사업 관련 송변전 설비 계획이 확정되면서 현실화되었고, 2002년에 밀양을 비롯한 주요 경과지가 결정되었다. 이와 같은 건설 사안이 정책적으로 제안되고 확정되기 위해서는, 혹은 확정이 된 이후

라 하더라도 실제로 시행되기 위해서는 주민들에게 이 계획을 상세히 설명하고 이에 대해 주민들의 동의를 구하는 절차가 반드시 필요하다.

이때 '설명한다'는 것은 주민들이 찾아오기 쉬운 장소에서, 주민들이 찾아오기 쉬운 시기에(예를 들면 농번기를 피해서), 주민들이 이해하기 쉬운 언어로 해당 정책과 시행 계획을 자세히 설명하고 이에 대한 질문과 의견을 청취하는 것을 의미한다. 또한 설명회를 개최한다는 사실을 미리 널리 홍보하여 가급적 많은 주민들이 참여할 수 있도록 안내해야 하며, 한 번 실시하고 그만두는 것이 아니라 여러 번 실시하여 주민들이 자기 일정에 맞춰 자유롭게, 빠짐없이 참여할 수 있도록 설계해야 한다. 설명회 개최 단위도 다층적으로 설계하여 어떤 설명회는 이장과 같은 자치 단위 대표들을 대상으로 하고, 어떤 설명회는 특정 연령대나 특정 마을 주민들을 대상으로 개최할 수 있어야 한다. 요컨대 주민들 대부분이 빠짐없이 해당 정책 관련 내용을 알 수 있도록 설명회를 다양한 방식으로 개최해야 하며, 주민들이 공간적으로나 시간적으로 크게 무리하지 않고도 설명회에 참여할 수 있도록 다양한 조건들을 고려해야 한다.

설명회를 준비하는 이들은 주민들이 익숙하지 않은 내용을 들어야 한다는 상황을 배려하고 주민들의 언어 이해 역량이 서로 다르다는 점을 고려하여 최대한 쉽고 간결한 언어로 내용을 구성하기 위해 고심해야 하며, 주민들이 설명 내용을 충분히 이해할 수 있도록 다양한 내용으로 설명회를 여러 번 개최할 필요가 있다. 또한 설명회를 개최하여 일방적으로 설명을 들으러 오도록 안내하기만 할 것이 아니라, 고령의 거동이 불편한 주민들을 고려하여 마을별로 사랑방 구실을 하는 공간이나 각 주민의 집으로 직접 찾아가 관련 내용을 자세히 설명해야 한다.

이럴 때 설명해야 하는 내용은 무엇일까? 우선 어떤 목적과 취지로 송전탑을 건설하려 하는지 설명해야 할 것이다. 이때 송전탑 건설이 필요한 이유와 근거를 충분히 제시할 수 있어야 한다. 송전탑의 구체적인 규모를 주민들이 상상하고 짐작할 수 있도록 설명해야 하며, 송전탑과 송전선로가 지나가는 위치를 주민들이 저마다 자기 조건에 맞게 이해할 수 있도록 정확하게 설명해야 한다. 가장 중요한 것은 송전탑이 건설된 이후 예상 가능한 피해를 상세하게 설명하는 것이다. 예상 가능한 피해는 광범위하게 설명되어야 한다. 예를 들어 한국의 사례만이 아니라 해외 사례를 통해, 확정적으로 예상할 수 있는 피해뿐 아니라 어떤 나라에서는 피해로 인정되었지만 어떤 나라에서는 피해로 인정되지 않은 것까지도 설명할 필요가 있다. 어떤 전문가는 예상 가능한 피해라고 말하지만 또 다른 전문가는 예상 가능한 피해로 인정하지 않는 경우에도 이를 주민들에게 설명해야 하는 것이다.

사회적으로 누군가의 동의를 구하는 일에 앞서 이 일을 설명할 때에는, 이 일에 동의했을 때 발생할 수 있는 피해를 가장 광범위하게 설정하여 안내하도록 강제하고 있다. 예를 들어 어떤 보험에 가입하거나 아직 실험 중인 약을 처방받아 복용하거나 특정 조사에 참여하여 개인 정보를 공개하는 등의 일에 앞서 우리는 '내가 이 일에 동의했을 때 발생할 수 있는 가장 넓은 범위의 피해'에 대해 안내를 받고 이를 충분히 이해한 후 동의 여부를 결정하도록 안내받는다.

이때 가장 중요한 것은 '동의하지 않을 권리가 내게 있다'는 사실을 이해하는 것이다. 동의를 구하기에 앞서 무언가를 설명하는 사람은 상대에게 동의하지 않을 권리가 있음을 알리고 이를 충분히 이해시킬 윤리적 의무가 있다. 애초에 송전탑 건설 예정지에 거주하고 있던 밀양 주민들에게는, 가능성이 높지 않다 하더라도 자신들에게 발생할 수 있는 모든 예상 가능한 피해를 고지받을 권리가 있었고, 그에 관한 충분한 설명을 들은 후에 송전탑 건설에 동의하지 않을 권리가 있었다.

한국전력이 송전탑 건설 예정지 거주 주민들에게 송전탑 건설에 관한 설명을 할 충분한 의사와 동기, 의지를 갖고 있었다면 위에 기술한 내용 가운데 절반이라도 실행했을 것이다. 최소한 이미 그들이 알고 있는 예상 가능한 피해를 숨기거나 축소하지 않고, 송전탑 건설 관련 계획에 관해 거짓을 말하지 않고, 주민들이 송전탑 건설에 동의하지 않을 권리까지 존중했을 것이다.

2013년에 국회를 통과해 2014년부터 시행된 「송·변전설비 주변지역의 보상 및 지원에 관한 법률」(일명 송주법)은 송전탑 주변 1km 이내 지역에 거주하는 주민과 이들의 마을에 해마다 일정 금액의 보상금을 지급하는 것을 주요 내용으로 하는데 이 법안의 제정 근거는 송전 설비 주변 지역에 예상 가능한 피해가 실제로 존재함을 공식적으로 승인함을 전제로 한다. 송전탑 건설 관련 정책이 처음 제안된 2000년에, 그리고 설명회가 시작된 2005년에, 공사가 밀양 전역에서 본격화된 2011년에 이 정책의 입안자들이나 한국전력은 이와 같은 피해가 발생할 수 있다는 사실을 알지 못했을까? 이와 같은 피해를 예상할 수 없었다면 그들은 왜 집요할 정도로 주민 한 사람 한 사람을 찾아와 보상금을 받으라고 종용했을까?

"내도 갔었어. 한전에서 설명회 한다 캐가, 밀양 들어온 지 한 2년쯤 지났을 때라. 그때 총무 하던 사람이 설명회 한다고 가자 캐가 갔는데, 동네 자치회장은 나-(나이)가 많아서 못 가고 이웃 동네 사람이랑 같이 갔는데 여서 한참 떨어진, 한 8km 떨어진 대항리라 카는 데서 설명회를 했는데, 거-(거기)는 뭐 실제로 송전탑하고는 엄청 먼 데고, 그라이 별로 심각하게 생각도 안 하는 동네라. 그라고 별 관심도 없어. 그란데 그 동네에서 그 동네 사람들 위주로 설명회를 한 기라. 그라고 마 별 내용도 없어. 기냥 형식적으로 하는 기지 뭐, 별 내용도 없어. 그라다가 마 그날 싸움이 나갖고……. 마, 아주 난장판인 기라. 그라고 끝이지 뭐." 남, 70대

"2005년도에 대항리 마을회관에서 주민 설명회를 했다고. 송전탑은 우리 마을에 들어서는데 송전탑이 잘 비-지도(보이지도) 않는 대항리에서 설명회를 한 기라. 그-는(거기는) 피해도 없다꼬. 그라이 누가 관심을 갖고 오겠노. 그라이 몇 명백이(명밖에) 안 모인 기라. 그해 12월 마을에서 한전에 요청해서 마을 사람 집에 한전 직원 한 명이 나와서 설명회를 했어. 그때는 사람들이 제법 모였어. 그래가 전부 반대를 했지. 화악산이 밀양 주산인데 말도 안 되는 소리라꼬. 근데 그때는 765가 뭔지도 모르고, 뭣이 나쁜지도 모르고 그랬지. 전봇대 하나 서는 줄 알았다꼬." 남, 70대

"내가 2004년도에 전입해 들어왔는데, 지나가는 이야기로 철탑이 들어온다는 얘기는 얼핏 들었어. 들-와서(들어와서) 얼마 안 됐을 땐데, 2005년 무렵에 주민 설명회 했다 카는데 우리는 알지도 못했고, 주민들은 한 줄도 몰랐지. 주변에 거의 간 사람이 없어.

나중에 면사무소 가서 물어보이- 공무원들도 암것도(아무것도) 몰라. 마 여기저기 막 뒤비다가(뒤지다가) 종이 하나 떡 내놓는데 공문이더라 꼬. 내가 생각해 보이 그래 큰 사업을 하면서 주민들한테 알리지도 않는다 카는 게 너무 이상한 거라. 나중에 참석자 명단을 보이 34명이라. 상동면 내에만 18개 마을이 있고 거 사는 사람만 해도 거진(거의) 3천 5백 명이 넘는데, 34명이 모인 기 뭐 주민 설명회고, 그자? 안 그렇습니까? 철탑 지나 가는 마을만 10개라.

그라고 송전탑 지나가도(지나가지도) 않는 마을 사람들 잔뜩 불러가 숫자만 대충 한 마을당 한둘씩 맞춘 거라. 모인 사람도 그냥 뭐 새마을지도자, 이장, 이장하고 친분 있는 사람, 동네 들어온 지 얼마 안 된 사람, 뭐 이래 모인 기라. 정작 송전탑 지나가는 고 코앞에 사는 사람, 거-서 농사짓고 짐승 키우는 사람 이런 사람들은 가지도 않았다꼬. 그카고 설명회 간 사람들 이야기 들어 보이 송전탑 노선이 이미 확정이 다 돼 있더라 카는 기라. 그라이 그기 뭐 설명회고." 남. 70대

밀양에서 주민 대상 설명회가 개최된 것은 2005년 무렵이었다. 주민들 대부분은 설명회가 개최된다는 사실 자체를 알지 못했고, 설명회 개최를 안내받은 이들은 지역 내 소수의 '남성'에 불과했다. 설명회는 마을마다 개최되지도 않았고, 주민들이 농사일로 바쁜 시기를 고려하지도 않았다. 설명회에 참여한 이들은 제대로 된 내용을 듣지 못했고, 마을 이장들을 포함하여 지역 내에서 송전탑 건설 관련 내용을 제대로 이해하고 있는 사람은 거의 없었다. 최소한 송전탑이 마을 내부 공간에 건설될 예

정이거나 주민 거주지에 인접한 공간에 건설될 예정인 마을의 이장이나 마을 주민 가운데 한 명이라도 송전탑 건설에 관한 내용을 알고 있어야 했지만 이들이 관련 내용을 알 수 있는 방법은 없었다.

그러다가 2011년 밀양 여러 지역에서 공사가 본격화되면서 마을마다 '소문'이 떠돌기 시작했다. 그러나 이 '소문'의 진위 여부를 설명해 주는 이도, '소문'이 아닌 정확한 정보를 전달해 주는 이도 없었다. 더구나 그 누구도, 한글 문서를 읽는 데 익숙하지 않고 평생 송전탑이라는 단어를 들은 적도 없는 고령의 '여성' 주민들에게 그들이 이해할 수 있는 언어로 송전탑 건설 관련 내용을 설명하려 하지 않았다. 그저 어느 날부턴가 한국전력 직원이 선물을 사 들고 와서 보상금을 받고 합의서에 도장을 찍어 달라 조르기 시작했고 또 어느 날에는 한국전력 직원과 함께 공무원들이 집을 방문하기 시작했다. 그들은 밤낮을 가리지 않고, 개인적인 삶의 영역도 존중하지 않고 수시로 침범했다.

"처음엔 왜 반대하셨나요?" 김영희, 질문자 이하 동일

"전기가 들어오면 인체에 해롭고 벌도 꿀을 몬(못) 치고 새끼도 몬 치고 소도 새끼를 몬 배고 사람도 임신이 안 되고, 해롭다 카니까 말릴밖에……." 구술자1: 여, 80대

"그런 얘기는 누가 해 줬어요?"

"소문이 돌았다." 구술자1

"소문이 아니라, 젊은 아-들이(아이들이) 한전에 견학 갔다 와가 캐 준 얘기다. TV에도 나오고 떠들썩했다. 분신한 사람도 있고……. 얼마나 안

좋으믄 그-카지(그렇게까지) 했겠노 말이다. 안 좋은 기는 사실이다. 우리가 봐도 사실이다. 그카이까 날 흐리믄 소리가 크게 나는 기라. 여-는 안 나도 중마[지명]에는 소리가 난다. 우리는 마 지진 났을 때도 송전탑 소린줄 알았다. 송전탑에 처음 전기 들올(들어왔을) 때 지진 난 거맨키로(것처럼) 집을 흔들었다 카이." 구술자2: 여, 60대

"그걸 한전 직원들이 와서 설명을 해 줬나요?"

"설명? 했지. 다 나와서 했다. 설명 안 하면 찬성을 해 주나, 어디." 구술자2

"할머니들 다 모인 데서요?"

"아니. 할매 자식들. 할매들은 말해 줘 봤자 몬(못) 알아들으니까네." 구술자2

농촌 지역의 거주자 대부분은 70대 이상의 고령 '여성'들로 구성되어 있다. 이들이 송전탑이 건설될 예정인 땅에 살고 있는 사람들인 것이다. 그러나 이들은 자신이 직접적으로 경험하게 될 피해에 대한 이야기마저도 소문으로 들어야 했다. '늙은 내가 뭘 안다고 고집을 피울까 싶어' 늘 마을 일에 관해서라면 이장이나 젊은 '남자'들의 의견을 따라야 한다고 생각해 왔다. 젊은 사람들이 송전탑 건설에 반대를 하면 같이 반대를 했고 젊은 사람들이 찬성해야 한다고 하면 합의서에 도장을 찍었다. 어차피 들어설 송전탑이니 보상금이라도 많이 받아야 한다고 자식들이 설득하면 자식들의 말을 따라 합의서에 도장을 찍었다. 계속 반대하면 이장이나 젊은 사람들이 경찰서에 잡혀가거나 마을에 나쁜 일이 생길 거라는 말을 듣고 도장을 내주기도 했다. 송전탑 건설에 반대하면 앞으

로 마을에 길도 내 주지 않고 대출도 막혀 젊은 사람들 앞길이 다 막힐 거라고 말했다. 나라에서 하기로 정한 일이 뒤집어진 경우를 봤냐고 물어 올 때면 더 이상 할 말이 없었다. 한국전력 직원들뿐만 아니라 시청 공무원들도 같이 다니는 걸 보니 나라에서 하는 일인 것은 분명해 보였다. 외지에 나가 일하는 자식이 전화를 걸어 '송전탑 건설을 계속 반대하시면 내가 회사에서 잘린다'는 말까지 하는 걸 들은 후에는 얼른 도장을 내줘야겠다는 생각밖에 들지 않았다.

도무지 무슨 일이 일어나는 건지 알 수가 없어서 어리벙벙한 표정으로 묻기만 하면 모두 '돈'을 말했다. 지금 합의하면 얼마를 받을 수 있고 나중에 합의하면 얼마를 받을 수 없는지 말하더니 어느 날부터는 지금 합의하지 않으면 한 푼도 받을 수 없다고 말했다. 언젠가부터 마을 사람 몇몇이 개인에게 주는 보상금 말고 마을 전체에 주는 보상금을 어마어마하게 받아 왔다는 소문이 들렸는데 그들이 얼마를 받았는지, 그게 어떤 명목의 돈인지 알 길은 없었다. 고령의 '여성' 주민들이 이런 정보에 차단된 채 살아가는 것은 마을에서 당연한 일처럼 받아들여졌다. 합의를 빨리 한 마을일수록, 건설 반대 운동에 참여한 경험이 없는 마을일수록 고령의 '여성' 주민들은 송전탑 관련 피해나 이에 관한 합의 과정, 보상금에 관한 내용을 전혀 알지 못했다. 이들이 사정을 알지 못한 것은 2000년도 아니고, 2005년도 아니고, 2011년도 아니고 2017년이었다. 그들은 정책이 처음 제안되고 시행되어 송전탑이 모두 건설된 이후에 이르기까지 자신들이 무엇에 '합의'를 했고, 자신들이 경험하게 될 피해가 무엇인지, '합의'의 대가로 마을 사람들이 무엇을 받았는지 알지 못했다.

"합의하기로 한 건 마을에서 다 말해서 아신 거예요? 합의금은?" 김영희,
질문자 이하 동일

"좀 받았는가 봐요. 동장이 좀 받았는가 봐요, 동장이." 여, 80대

"할머니는요?"

"우리는 동장 따르는 거라."

"개인적으로는?"

"개인적으로 받은 거 없다."

"1년에 얼마씩 나오는 것도 없고?"

"없다. 시장하고 면장이 나와 말하기를 기름값 연탄 값 준다 하더라고."

"마을은 얼마 받았대요?"

"모르겠어."

어느 날엔 동네 이장이 송전탑 들어서면 우리 동네 망한다고 데모하러 나오라더니 또 다른 어느 날엔 이장이 합의를 해야 한다고 말하기 시작했다. 또 어느 날에는 이장이 찾아와 도장을 내놓으라 해서 건네주었더니 이장이 이웃집 사람도 이미 도장을 찍은 칸 아래 도장을 찍어 가지고 갔다. 그리고 나중에 이장이 도장을 찍은 서류가 합의서인 것을 알았다.

"설명을 일일이 다 해야 되니까, 할매들은……. 물어보믄 할매들이 아무도 몰란 거야, 그걸. 그러니까 어떻게 하느냐면 누가 도장 받으러 오면 이웃 할매도 다 찍었고 하니까 그냥 마 찍어 주는 기라. 이장이 받으러 오이까……." 남, 50대

"할머니들한테 설명했더니 뭐라고 하시던가요?" 김영희

"몰랐다 카지. '아니 몰랐다, 우리는 뭔 내용인 줄 몰랐다' 그카지. 그 뭐, 도장 찍어 달라 캐갖고 그래, 이장이라 카는 파워가 시골에는 그렇거든에. 그래서, 그렇게 떡 해 주고 나니까 나중에 그게 합의서에 도장 찍은 기라. 그라이 할매들은 '우리는 합의 줄 몰랐데이' 그카지."

합의서에 도장을 찍은 '할매'들 가운데 자신에게 도장을 찍지 않을 권리가 있다는 사실을 알고도 도장을 찍은 사람은 아무도 없을 것이다. 그분들 중 누구도 내가 받을 수 있는 피해에 대해 설명을 요구할 권리, 피해가 예상되는 일에 반대 의사를 표현할 권리, 실재하는 피해에 대한 보상을 요구할 권리가 있다는 사실을 알지 못했다. 그리고 누구도 '할매'들에게 이와 같은 권리가 있다는 사실을 제대로 설명하지 않았다. 합의를 했다 하더라도 합의 당시에 예상하지 못한 피해가 발생했을 시 이에 대한 보상을 요구할 권리가 있다는 사실도 알지 못했다.

'할매'들은 고립된 지역 안에서 매일같이 찾아오는 한국전력 직원들, 공무원들, 동네 이장을 마주해야 했다. 선물을 들고 와 웃는 얼굴로 살갑게 말을 걸어왔지만 결국 그들 모두는 지역 주민들을 다른 선택의 여지가 없는 구석으로 몰았다. 웃으며 건넨 모든 말들이 보이지 않는 압박이었다. 합의서에 도장을 찍지 않으면 '내 자식들'과 '마을 이장'과 '마을의 젊은이들'과 '마을 자체'가 모두 피해를 볼 거라는 말이 협박이 아닐 수 있었을까.

언제부턴가 우리가 살아가는 사회에서는 반대할 권리가 사라졌다. 모든 사람들이, 반대 의사를 밝히는 것은 공동체를 위험에 빠뜨리고 이웃에게 피해를 주고 내 가족에게 불행을 가져오는 일이라고 말하기 시작했다. 말해 봤자 알아듣지 못하니 말할 필요도 없다고 생각하는 이들에게 '말해야 할 사회적 의무'가 있다는 사실을, '알아들을 수 있도록 말해야 하는 의무'가 있다는 사실을 행정부도 사법부도 입법부도 말하지 않는다. 사회의 힘 있는 기관이 말하지 않으니 수십 년 전에 하던 짓을 수십 년 뒤에도 하는 것이다. 그러니 아마 수십 년 뒤에도 이런 일이 어느 마을에선가 계속될 것이다. 그리고 지금 바로 그런 일이 홍천과 봉화에서 일어나고 있다.

나랏일

"나라를 위해서, 발전을 위해서 정부에서 하는 일에 우리가 반대하고 싶지는 않았다, 이거야. 그러나 누구 개인이라도, 누-(누구)한테라도 해롭은(해로운) 일이 닥치믄, 정부가 아무리 마 이래도, 밀어붙여도 지한테 해롭으면, 그 안 좋아지이거든(안 좋아지게 되거든)." 구술자1: 남, 90대

"그래가 마 경비 많이 드는 것만 생각하고, 서민들한테 해롭은 거는 조금도 생각 안 하고 마, '서민들은 누지르면(누르면) 된다' 이런 뜻으로 그래 하는데, 그 민주적인 국가에서는 조금 무리한 것이라, 그렇게 생각이 듭니다." 구술자2: 남, 70대

시골 마을에서 '나랏일'이 가지는 힘은 어마어마하다. 아무리 내 이익에 반하는 일이라 하더라도 '나라'에서 하는 일이라면 '어쩔 수 없이 받

아들여야 한다'는 생각이 강하다. 시골 마을에서는 삼일절이나 개천절, 제헌절 같은 날에도 집집마다 태극기를 걸어 둔다. 때론 태극기를 걸지 않은 집을 찾아가 타박을 하기도 하고, 이런 타박을 들은 이웃이 '내가 깜빡 잊었다'며 서둘러 대문 앞에 태극기를 걸어 두기도 한다.

마을에서 살아가는 이들 상당수는 70, 80대 이상의 고령 주민들이다. 특히 80대 이상의 주민들은 말 그대로 '나라'를 잃어 본 경험이 있다. 식민지 경험의 기억을 가진 이들은 '나라'를 잃는다는 것이 자기 삶의 기반을 어떻게 뒤흔드는 일이었는지, 생존의 토대를 어떻게 무너뜨리는 일이었는지 똑똑히 기억하고 있다.

그러나 아이러니하게도 이들 대부분은 '국가가 저지른 폭력'의 기억 또한 생생하게 기억하고 있다. 1993년 이래 밀양에서 구술 인터뷰를 진행하면서 가장 많이 들은 이야기는 '보도연맹'과 '빨치산 토벌 작전'에 관한 것이었다. 밀가루 한 포대 준다는 말만 듣고 가입했던 어떤 단체 때문에 갑자기 아버지나 오빠, 그 밖의 가족들이 뒷산 어디론가 끌려가 사살되었다는 내용의 이야기를 어디서나 쉽게 들을 수 있었다. 가입을 하라고 한 것도, 가입한 것이 잘못이라며 사람을 죽인 것도 모두 '나라'에서 한 일이었다.

일본의 한 역사학자는 전쟁과 폭력의 경험 속에서 가장 큰 고통을 느끼는 것은 '시신의 곁에서 죽음을 목격한 생존자들'이라고 말했다. 가까이서 죽음을 목격한 이들이야말로 말로 표현할 수 없는 공포에 사로잡히며 때로는 평생 이 공포의 기억에서 벗어나지 못한다는 것이다. '나라'에서 시키는 대로 했다가 '나라'에서 보낸 사람들에게 가족을 잃고 그 죽음을 목격했던 이들은 '나라에서 하는 일'을 거스르려 해서는 안 된다는 생각을 몸에 새기지 않을 수 없다. 설사 그것이 가족의 죽음을, 때로는 나의 죽음을 요구하는 일일지라도 말이다. 물론 이 '나라'의 의지는 일정하지 않고 늘상 이랬다저랬다 한다. '나라'에서 하라는 대로 했지만 죽음을 맞이하기도 한다.

그렇지만 '나라의 말', '나라에서 명령한 일'은 때로 그 때문에 더욱 절대적인 힘을 갖기도 한다. 그래서 자신이 가입한 단체가 어떻게 만들어진 것인지도 알지 못한 채 죄 없이 죽어 간 아버지가 '빨갱이'로 몰린 탓에 빠져나갈 수 없는 통로에 갇혀야 했던 아들은 다시 '나라의 부름'을 받고 남의 나라, 머나먼 베트남 땅으로 전쟁을 나가야 했다. 누군지도 모르고 그들이 왜 전쟁을 하는지도 모른 채 '나라의 명령'에 따라 알지 못하는 누군가를 향해 총을 쏘기 위해 덥고 습한 땅을 향해 나아갔던 것이다. 그리고 그 뒤에는 말릴 수도 없이, 어쩌면 침묵으로 등을 떠밀어 아들을 전쟁터로 내보낸 '죽음을 목격한 어머니'가 있었다.

송전탑이 지나가는 마을인 산외면이나 단장면은 빨치산 토벌 작전의 상흔이 오래도록 남아 있는 지역이다. 특히 산외면은 '영남 알프스'로 불리는 높고 험준한 산들로 둘러싸인 '분지 안의 분지'의 입구에 해당하는 마을이고, 단장면은 그 '영남 알프스'에 바로 맞닿아 있는 동네들로 이어져 있다. 한때 이들 마을 사람들은 낮에는 토벌대의 명령에, 밤에는 '산사람들(빨치산)'들의 말에 목숨을 내맡겨야 했다. 계곡에 놀러 갔던 어린 친구는 토벌대의 총에 맞아 죽었고, 개울을 가로지르는 다리 난간엔 처형당한 사람들의 머리가 주렁주렁 매달려 있었다. 마을의 아저씨들이 경찰서를 습격하러 간다더니 그중 한 무리의 사람들이 살아 돌아오지 못했고 나머지 사람들은 곧장 경찰이 되었다. 초등학교 운동장에 줄지어 선 생존자들은 살고 싶다면 경찰이 되어야 했다. 그리고 경찰이 된 사람들 역시 산 사람들의 습격이 있던 어느 날 모두 주검이 되어 돌아왔다. 마을마다 제삿날이 같은 사람들이 넘쳐났고 '죽음'은 누구네 집의 특별한 사건이 아니라 마을 사람 모두의 일상이 되어 갔다.

산외면의 ○○[본관] ○씨 문중은 오랜 세월 지역 주민들의 존경을 받아 왔다. 그 집안의 잘나고 똑똑한 젊은 아들이 유학에서 돌아온 후 사회주의자가 되었고 이후 그 집안 후손들 중에는 많은 경찰이 나왔다. 스스로 살아남고, 가족의 생명을 지키고, 먹고살 만한 일을 찾아 살아가려면 '국가를 향한 남다른 충성심'을 증명해야 했고, 그래서 경찰이나 군인이 되거나 베트남 전쟁에 자원하여 참전해야 했다. 부북면이나 상동면 주민들의 기억 역시 이와 다르지 않다. 수없이 죽음을 목격하고 '나라'가 저지른 폭력을 경험했던 사람들의 집 앞에 송전탑이 들어서고 머리 위로 고압 전류가 흐르기 시작한 것이다. 2012년 1월 자신의 생명으로 송전탑 건설을 저지하려 했던 이치우 어르신이 돌아가신 동네도 바로 그곳이다.

"한창 그, 빨갱이 칼(할) 그 시기에, 그때 와 보도연맹 카는 거 안 있든교? 그때 나가이(나가서) 안익(아직) 안 온다. 여 한창 벌갱이, 빨갱이 카고 칼 찍에 빨갱이가 산에가(산에서) 과함치미(고함치면서) 온 전신에(온 사방에) 동네로 때리 댕기미(다니면서) 과함 지르고, 앞산에 저 과함 지르고 할 때, 뒤로도 댕기고, 마당에도 댕기고 두루 댕기고 할 때 그때 우리 영감, 신랑이라 카는 기 동네 반장질로(반장질을) 하니끼네, 반장질로 했는데 아무 데도 가도 안 하고 아무 죄도 없는데, 저 저 밑에 역전에 초등학교가 있는데 거 훈련하러 간다꼬 가디이만(가더니만) 그길로 마 안 왔다 하이끼네. 나중에 보이 그기 보도연맹이라. 사람들이 그카더라고.

그래 그 무슨 공장에 잡히가 있다는 기라. 그 소식을 들었어. 그래가 시어머니하고 갔지. 그래 3월에 나갔는데 6월 달에 잡혔든가 봐. 6월에 잡히가, 6월은 안 덥나 그자? 그래가 9월이 됐는데 홑껍데기 그거 입고 치울(추울) 때라. 그래가 두껍은(두꺼운) 옷 들라 주고 미숫가루 그거 한 사발 타가 들봐 주고(들여보내 주고) 그라고 마 못 봤다 카이. 그 다음에 또 갔는데 알라(아기) 업고 갔는데 면회 왔다꼬, 주격 안 있는교? 넙떡한 거, 그걸로 마 쌔리 때리가(때려서), 알라 업은 내를 마 때리가 다리가 밍이(멍이) 시퍼러이 들어가 그라고 마 다시 못 봤다 카이. 그라고 다시 가 보이 흔적도 없어. 뭐 아무 흔적이 없어. 그라고 얼마 안 있다 시어마씨도 가 뿌고(가 버리고)……. (중략)

즈그 아바이가 그래 돌아가 놓이 뭐 잘 될 텍이 있나. 하는 거마다 안 되는 기라. 아니, 할 수 있는 기 없어. 그라이 군대를 가갖꼬 남의 나라 전쟁 나가는 사람 뽑는다 카이끼네 '마 내가 갈랍니더' 하고 자원을 한 기지. 그캐(그렇게 해서) 빨갱이 자슥이라는 소리 더 안 듣고 또 뭐 뭐 뭘 하든지 간에 암튼 거시기 한 거 없이 사람 구실 하면서 밥 벌어묵고 살 수 있다고 생각을 한 기라. 나도 말릴 생각을 못 했다꼬. 틀린 말이 아인데 뭐." 여, 80대

한 주민은 남편을 '보도연맹 가입원 학살 사건'으로 잃고 아들을 '월남

전 파병 부대원'으로 보낸 기억을 갖고 있었다. 그리고 그는 다시 자신의 집 앞에 송전탑을 세우기 위해 커다란 중장비 기계를 앞세워 밀고 들어오는 용역원들 앞에 맨몸으로 맞서야 했다. 이 용역원들 뒤에 '한국전력'이 있고 그 뒤에 '국가'가 있다는 사실을 알지 못하거나 부인하는 주민은 없었다. 일찌감치 도장을 찍은 주민들도 이 사실에 대해서는 다른 의견을 갖고 있지 않았다. 직접적으로 자신의 가족이 보도연맹과 같은 국가폭력에 희생된 경우가 아니라 하더라도 자신의 친지와 이웃 가운데 이런 경험을 가진 사람을 찾는 것은 어려운 일이 아니었다. 사람들은 이런 종류의 '나랏일'에 대한 무수한 이야기들 속에 살아왔고 '나라에 의해 죽임을 당한 사람'의 이야기는 특정 한 사람의 이야기가 아니라 '나의 이야기'인 동시에 '너의 이야기'였고, 언제든지 '나'나 '너'의 것이 될 수 있는 이야기였다.

"우리 동네 사람들을 합의를 하도록 우리 마을 저 큰 동네가, 특히 이장 같은 사람이 '송전탑 막는 거 안 되니까 합의를 하라'고 오히려 우리 동네 주민들한테 회유를 했다고 할까, 그런 일이 벌어졌죠. 예를 들면, 가까운 사람 있을 거 아닙니까. 너희, 예를 들면 '송전탑 저거 나라에서 하는 일 못 막는다. 그러니까 고생하지 말고 그쳐라. 그냥 합의하고 마는 게 낫다'……." 남, 70대

"그런데 예를 들면 오만 수법을 하고……. 돈이 제일 효과적이니까 주로 돈을……. 시골의 정서상으로 마을 이장이, 마을이 하자 하는 대로 돌

아가고 있습니다. 이장이 영향력이 있고……. '이거 안 된다. 나라 하는 일 안 된다. 앞으로 안 좋은 일도 생길 거고'……. '우리 이 정도로 하고 돈 받고 말자' 하면 그 말에 넘어가는 거예요. 그걸 알기 때문에 대개 마을마다 마을 이장이 앞장서서 했거든요. 했지만, 어느 날 마을에서 그것도 2013년 말부터 2014년인가……. 2013년 말 무렵에 거의 다 합의를 했어요. 한 마을이 넘어가니까 우리도 넘어가고 이렇게 되는데, 마을 이장이 앞장을 선 거예요." 남, 70대

수차례 '국가'의 위압적인 폭력을 경험한 이들에게 '나랏일'은 막을 수 없고, 막으려고 하면 나와 가까운 사람들이 다치게 되는 일로 인식된다. 더구나 그 죽음을 직접 옆에서 목격한 이들이라면 '나랏일'이 무엇을 의미하는지, 그 일에 뒤따라오는 것들이 무엇인지 기억을 떠올리지 않을 수 없을 것이다. 이미 공포를 경험한 사람들에게 '나라에서 하는 일을 네가 막을 수 있겠느냐'는 한마디 말은 말한 사람의 의도와 상관없이 그 자체로 협박에 가깝다. 더구나 그 말을 건넨 사람이 동네 이장이라면, 말의 효과는 수십, 수백 배로 확장된다. 이장은 마을에서 '나랏일'을 수행하고 '나라'의 목소리를 대리하는 존재이기 때문이다.

분단과 전쟁의 경험 이후에도 농촌이나 어촌의 시골 마을들은 도시 중심의 개발과 산업화 정책의 뒷면에서 오래도록 수탈의 장소가 되어 왔다. 각종 유해성 쓰레기와 폐기물들이 버려졌고, 오염의 우려가 높은 산업 시설이나 유해 물질을 쏟아 내는 공장들이 시골 마을에 들어서기 일쑤였다. '시골'에 사는 사람들은 정치적으로도 존중받지 못했다. 이런 시

설들이 들어설 때 그 누구도 어떤 피해가 있을 수 있는지 자세히 설명하지 않았고 심지어 피해가 구체적으로 발생한 이후에도 그 피해를 인정하지 않았다. 피해를 입증해야 할 의무와 책임마저 주민들에게 넘기고 각종 법률가들의 비호를 받으며 전문가들의 말을 등에 업고 피해를 책임지지 않았다. 유해 물질로 인해 마을 사람들이 집단적으로 암에 걸려도 의사들은 원인과 피해 사이의 직접적인 인과성을 규명하기 어렵다고 말했고, 판사를 하다 물러난 변호사들은 자신들의 법률 지식과 네트워크를 이용해 기업의 이익을 옹호했다.

 수탈의 시간은 장소를 가리지 않고 흘러들었다. 산골 마을뿐 아니라 어촌 마을에도 각종 개발을 위한 토목 공사가 이루어졌고, 대의를 위한 희생을 명분 삼은 공공 시설들이 들어섰다. 개발과 공사가 진행될 때마다 '결국 지역 주민들에게도 이익이 될 거다'라거나 '나라가 잘되어야 우리도 잘 사는 거 아니냐'는 말로 주민들을 설득했지만, 그 이익이 무엇이고 누구에게 돌아가는 것인지, 그에 따른 피해가 무엇이고 그 피해는 누구에게 돌아가는 것인지 제대로 된 설명을 하는 이들은 없었.

 제주 강정에 해군기지가 지어져 어민과 해녀들이 삶의 근거지를 잃었을 때에도, 새만금 간척 공사로 갯벌을 터전 삼아 살아가던 어촌 마을의 주민들이 생계를 위협받았을 때에도 모든 일은 쉽게 결정되었고, 주민들이 받을 피해는 결정에 아무런 영향을 미치지 못했다. 아무도 관심을 기울이지 않았지만 그곳들은 모두 자긍심을 갖고 자신의 일로 생계를 꾸려 가는 이들이 사는 곳이었다. 평생 바다에서 일하던 해녀는 이제 하루 종일 바다를 바라보며 넋을 놓기 일쑤다. 갯벌에서 해루질로 자식들을 키위 낸 어민들 역시 관광지가 된 삶의 터전에 나와 공공 근로를 하다 옛 기억을 떠올리곤 울음을 터뜨린다. 물론 이들은 모두 보상금을 받았지만 그 보상금은 그들이 잃어버린 것들 가운데 그 무엇도 보상하지 못했다. 그들이 잃어버린 수많은 것들 가운데 하나는 자신이 하는 일과 자기 삶에 대한 자긍심이었다.

송전탑 건설을 막겠다며 땅을 파는 포크레인 아래 '밀양 할매'들이 몸을 묻었을 때, 죽음을 불사하겠다는 각오로 몸에 쇠사슬을 걸었을 때에도 많이 배운 사람들의 입은 하나같이 이들을 조롱했다. 배운 것 하나 없이 무식한 사람들이 보상금 몇 푼 더 받으려고 '생쇼'를 한다고 말하기도 하고, 데모꾼인 사람들에게 세뇌를 받아서 꼭두각시처럼 싸움에 나섰다는 내용의 신문 기사가 실리기도 하였다. 이렇게 말하는 이들 누구도 싸움에 나선 사람들이 왜 이런 싸움을 하고 있는지 진지하게 묻고 그 답을 들으려 하지 않았다. 이들이 스스로 생각하고 판단하고 행동할 수 있는 사람들이라는 사실을 처음부터 끝까지 인정하거나 존중하지 않은 것이다.

"하루는 신문에 우리 사진이 난 기라. 우리가 마 죽겠다고 구덩이 파 놓고 마 그런 적이 있거든. 근데 그날 우리가 싸울 때 거-(거기) 뭐 무슨 다른 정당 사람들도 와 있었던가 봐. 우리는 알-도(알지도) 못했어. 그래가 우리가 그 사람들 꼬드김에 넘어가가 그래 마 했다고 마 그래 기사가 났어. 우리는 스스로 그런 생각을 하고 그럴 만한 사람들이 아니다 이기지. 무식한 할매들이라 이기라. '느그가 뭘 알아서 그래 했겠노' 이라고 무시를 한 기지. 마 그걸 보이까 더 부아가 나더라고.. 마 세상 무식하고 못 배운 여자들이 돈 몇 푼에 죽겠다 카믄서 생떼를 쓴다, 마 그런 텍이지. 그런 걸 보이까 마 기가 차는 기라. 그라이 마 기를 쓰고 더 산으로 올라가는 기라. 느그 말이 맞나 내 말이 맞나 함 보자 카믄서, 마 그런 마음이 들어." 여, 80대

그러나 '자긍'과 '자존'이 짓밟히는 순간에도 이를 다른 차원으로 옮겨 자기 삶의 가치를 실천해 나갈 수 있는 힘이 이 '싸움꾼'들에게 있었다. 어떤 사람들은 '돈 몇 푼'에 목숨을 거냐고 조롱하기도 했지만 그 '돈 몇 푼'이 이들에게는 결코 적지 않은 돈이었다. 그러나 송전탑 건설에 합의하지 않고 보상금을 수령하지 않은 채 탈송전탑 탈핵 운동에 나선 이들 가운데 재산상의 손실 때문에 이 운동을 계속하고 있는 이는 단언컨대 단 한 명도 존재하지 않는다. 멋모르는 이들이 알지도 못하고 조롱한 그 자긍심이, 인간으로서의 존엄과 자존이 이 운동에 나선 사람들의 마음 안에 분명하게 자리 잡고 있다.

"공무원들이 하는 말이 '저 사람들 저러는 거 돈 한 푼이라도 더 받을라꼬 저러는 기다' 말할 때 아주 치가 떨리더라꼬. 잊지 못해. 동네 사람들이 그런 말을 전하믄 내가 마 소리를 지르지. '돈 더 받자고 하는 짓이 아이다' 말이지. '내가 돈 더 받자 캤으믄 벌써 에즈녁에(예전에) 돈 더 많이 준다 칼 때 받고 그만뒀을 끼다', 마 이래 소리를 지른다꼬." 여, 80대

지금 자기 소유 농지의 시세 가격이 얼마나 되는지는 알지 못해도 이

땅에 세워진 송전탑이 몇 개나 되고 원전이 몇 기나 되며, 그것이 어떤 위험을 안고 있는지는 줄줄줄 자신 있게 말할 수 있는 사람들이 바로 이들이다. 평생 가진 것이 많지 않아 자식들을 제대로 먹이고 입히고 배우게 하지 못한 것이 한이기에 그 어떤 돈도 이들에게는 가벼이 여길 수 있는 대상이 아니다. 하루라도 내 몸을 움직이지 않으면 식구들 입에 들어갈 음식이 없다는 것을 몸으로 체득한 이들에게 단 몇만 원도 결코 가볍지 않다. 그럼에도 불구하고 수백만 원의 보상금을 거절할 만큼의 자긍심이, 아니 그 보상금의 액수를 훨씬 웃도는 마음의 힘이 이들에게 있다.

국가는 수십 년이 넘는 시간 동안 이들의 자긍심을 짓밟아 왔다. 하지만 짓밟히지 않는 마음으로 미래를 걱정하고 자연을 걱정하는 드넓은 시각과 어른의 책임감이 이들에게는 있다. 송전탑이 들어서는 땅에 대해 이들은 그 땅의 주인들이 자신들이라고 말하지 않았다. 그 땅의 주인은 자신들도 아니고 한국전력도 아니고 국가도 아니라고, 이들은 말한다. 그 땅의 주인은 오랜 세월 산과 땅에 살아온 소나무와 꽃과 나비와 산짐승들이라고 말한다. 그래서 잠시 잠깐 이 땅을 빌려 살아가는 인간들이 땅에 말뚝을 박고 나쁜 전파를 흘려 보내 그들이 살아가는 세계를 엉망진창으로 만들어 버린 죗값을 언젠가는 치러야 할 거라고 말한다.

기후 위기 시대를 맞아 온갖 대책을 강구하느라 전 세계 국가의 지도자들과 정치인들, 과학자를 비롯한 전문가들과 주요 행정 인력들이 발에 땀이 나도록 바쁘게 뛰어다닌다는 소식이 들려온다. 한국 정부와 기업들도 이런저런 대책과 대안들을 내놓느라 입이 바쁘다. 그런데 정작 미래 세대와 이 땅의 보전과 지구의 오늘을 걱정하는 것은 누구인가 자꾸 되묻게 된다. 오히려 자신의 무언가를 내걸고 주변의 조롱과 멸시를 참아 가며 온갖 폭력에 맞서 자연과 다음 세대의 미래를 걱정하는 이들은 기후 위기 시대의 대안을 모색하는 이들로 인정받고 존중받기보다 '뭘 제대로 알지도 못하면서 도장이나 찍어 주면 되지 생떼나 쓰는 노인네들'로 폄하된다. 이들은 조롱과 폄하만이 아니라 구체적인 폭력을 견뎌 왔으며 이 폭력의 주체는 한국전력에 머물지 않고 국가로 이어진다. 심지어 '나라가 국가에 충성하며 성실하게 살아온 나에게 나쁜 짓을 할 리가 없다'는 믿음을 이용하고 짓밟는다.

"어, 많이 왔지. 합의해라 카고. 합의하라 캐는 그런 것도, '이렇게, 이렇게, 이렇게, 이런 영향이 있으니까 조그마한 영향이다. 그러니까 우리가 이런 영향 없도록 노력해 주겠다', 이런 식이 아이고……. 무조건 '아무 영향이 없으니깐, 왜 반대하느냐?' 이런 식으로 해가지고 '도장 찍어라, 도장 찍어라' 막 이런 식으로 하지. 그래 할매들한테……. 그래도 나는 그래도 조금 이래도 뭐, 뭐 좀 들어서 알고 있으니까 괜찮은데, 할매들은 뭐 이렇다 그러면 그런 줄 알고 뭐 '서, 설마 나라에서 우리 속이겠나. 나라에서 우리를 살게 해 주지, 우리를 몬(못) 되게는 안 할 거다' 이렇게 생각하는 거야, 처음에는." 여, 80대

송전탑은 처음부터 끝까지 지역 주민들에게 '나랏일'이었다. 한국전력이 하는 일이라고 했지만 그 한국전력의 뒤에, 혹은 옆에 '국가'가 있다는 사실을 의심하는 사람은 없었다. 국가의 지원과 호위 없이 한국전력

이 이런 일을 단독으로 밀어붙일 수 있다고 생각한 사람도 없었지만, 한국전력 직원들과 함께 나타난 시청 공무원들은 이런 생각을 전혀 의심할 수 없는 사실로 만들었다. 심지어 어느 날은 한국전력 직원들 없이 공무원들만 집집마다 찾아다니면서 합의서에 도장을 찍으라는 말을 하고 다니기도 했다. 그즈음부터 시청에서 아예 전략을 세웠는지 마을마다 공무원들이 몇 명씩 조를 짜서 돌아다니며 합의서를 받기도 했고, 시내 어딘가에 여관방을 하나 잡아 두고 '오늘은 몇 명이 합의서에 도장을 찍었는지' 대책 회의를 한다는 소문이 돌기도 했다.

"한전에서 돈을 시청에다 얼마나 멕였는지(먹였는지), 시청 직원들이 나와가 부락마다 나오는 기라. 다 나오는 기라. 다 꼬시르는 기라(꼬시는 거라)." 남, 80대

"경찰이나 시 공무원이나 똑같은 사람이다. 시청의 복지과장하고 나를 어떻게든 꼬으려고(설득하려고) 우리 집에 왔다. 두 번 올 적이가(두 번째 왔을 때) 우리 대문에서 철탑이 보이는데, 그걸 보며 너희 같으면 합의를 하겠냐고……. 자기들이 공직에 있으니까 어쩔 수 없다, 이라더라고. (중략) 그때 당시만 하더라도 공무원들이 부락에 쫙 깔려 있었다. 밀양시청의 계장쯤 되는 사람들이……." 남, 80대

"그때 한전에서 도장 받으러 다닐 때요, 이 지역 주민들한테 승낙 받으러 다닐 때. 그때 내 친구 집에서 있었거든요. 근데 나한테는 도장 달란 소

리 안 했어요. 그때 여름이었어요, 그 도장 받으러 다닌 날이. 무슨 차가 다녔냐면은, 면사무소에 보면은 그, 뭐, 화물찬데 그 직원들이 다니면서 도장을 받으러 다니더라고요. 근데 나보고는 왜 도장을 달란 소리를 안 하는가 했거든요. 근데 이리 갔다가 저리 갔다가 그날따라 부지런히 다니더라고요. 한전 직원은 아니고 내가 볼 때는 면사무소 직원들이었어요. 임시로 고용한 애들 같기도 하고……. 암튼 주민들 파악이 어느 정도 된 거지. 내가 반대 쪽에 있는 사람이라는 거 알고 내한테는 도장 달란 소리도 안 한 거지요. 그걸 우예 다 알겠습니까. 마을 이장이나 공무원들이 다 알려 준 거지. 자기들이 같이 다녔는데 뭐 더 알아볼 게 있겠습니까." 남, 60대

"그때는 뭐 시청 직원들까지 다니고 했는데, 뭐……." 구술자1: 남, 70대

"2013년도부터는 동장님, 면 직원들 137명인가 교육시켜가지고 계장 과장급들 교육시켜가지고 각 마을마다 다 풀어놔가지고 낮에 쉬려고 있으면 여기서 전화 오고 저기서 전화 오고, 이랬었어요." 구술자2: 여, 70대

"찾아왔지, 집집이. 합의 보라 하면 우리는 절대로 합의를 못 본다고 말을 하니까, 결국에는 안 되겠다 하고, 그렇게 하니까 우리는 '백 번 와도 합의를 못 해 준다'……." 구술자3: 여, 70대

"우리는 합의를 하는지도 몰랐고……. 동네 회의는 두 번 정도 했어요……." 구술자2

"즈그들끼리 다 합의해 놓고 그란 거라." 구술자1

"'도장 찍어라', 동장이 그리 방송하데. 170만 원 그걸 가지고 과자 값도 안 되는 걸 가지고 나는 합의를 안 본다 그랬는데……. 방송하데, 가지고

나오라고, 도장하고 통장 번호하고 주민등록번호하고." 구술자4: 여, 80대

"지금 국회의원으로 당선된 ○○○라는 시장이 마지막 무렵에, 몇 개 마을이 남았을 무렵에, 밀양시에 그 상급 공무원들을 모아가지고 정확히 모르겠는데 한 백여 명은 될 것 같아요. 오십 명에서 백 명 정도를 자체 교육을 시켜가……. 한전 직원이 왔대요. 송전탑을 세워야 될 필요성에 대해 설명을 했겠죠. 그 사람들을 각 마을에 배당을 시켜가 보냈어요. (중략) 밀양시장이 자치단체장이라 하면 주민들이 뽑은 사람인데, 주민이 어름을 당하면 지가 앞장서서 막아야 할 놈이, 한전의 앞잡이가 돼가지고 한전 편 붙어가지고 그 짓을 한 거예요. 그래서 우리 동네도 어떤 일이 벌어졌냐 하니까네, ○○리라는 동네가 합의했는데 거기 밀양시장이 왔어요. ○○리가 면사무소 동네거든. 거기 면사무소에 와가지고 그 이장, 노인회장, 새마을지도자, 청년회장, 부인회장 등을 불렀대요. 내가 확인은 못 합니다. 주로 이장이나 그런 사람을 유지급을 불러서 '너희 저 작은집 ○○마을에 가서 어떻게 설득을 해라', '내가, 시장이 책임진다 하더라 해라', '내가 모든 걸 다 해 주마' 이런 거예요." 남, 70대

합의서를 들고 다니며 도장을 받았던 한국전력 직원들은 회유가 아니면 협박을 일삼았는데 이는 공무원들도 크게 다르지 않았다. 한국전력 직원들이 주민들의 집을 방문한 것은 2008년부터 2012년 사이였는데 공무원들이 전면에 등장하여 이들과 함께 활동한 것은 2013년 여름 무렵이었다. 회유의 말은 선물 공세와 보상금에 대한 언급이 주를 이룬 반

면, 협박의 말은 주로 지금 보상금을 받지 않으면 아무것도 받지 못하거나 다른 일로 불이익을 받게 될 것이라는 내용으로 구성되었다. 이들이 언급한 불이익은 주로 개인이나 마을에서 진행하게 될 간단한 도로 공사나 상하수도 공사, 대출, 농기계 구입이나 대여 관련 지원, 혹은 불법 건축물 등에 대한 처벌 등 생활 전반에 걸친 내용이었는데 공무원들이 직접 등장하여 움직이는 장면은 주민들에게 이 불이익이 공연한 협박이 아니라 당면한 현실이 될 수 있다는 생각을 하기에 충분한 근거였다. 그리고 이런 협박 또한 주민들이 농촌에서 살면서 처음 경험한 일이 아니었다. '나랏일'이 추진되는 장면에서 일상적으로 경험하던 일이었기에 이 일이 과장된 거짓이 아니라 실제로 발생할 수 있는 현실적인 위협이라는 사실을 주민 누구나 짐작할 수 있었다.

이 무렵 한국전력 직원들은 앵무새처럼 같은 말을 반복했는데 주로 '송전탑은 안전하다', '이번이 보상금을 받을 수 있는 마지막 기회다', '지금 보상금을 받지 않으면 여러 가지 불이익을 당할 수 있다'는 내용의 말이었다. 주민들이 불안하게 생각하는 것들에 대해 질문하거나 송전탑으로 인해 생길 수 있는 피해에 대해 물어도 이들은 기계처럼 같은 말을 반복할 따름이었다. 주민들은 마치 응답 매뉴얼이 정해져 있고 그것을 숙지하고 나온 사람들 같았다고 말했다.

주민들에게 한국전력 직원들은 궁금한 것을 물으면 답해 주는 사람이거나 송전탑에 대해 설명해 주는 사람이 아니라 '합의 각서를 받으러 온 사람' 그 이상도 그 이하도 아니었다. 이들은 정확하게 합의 각서에 대한 사항만을 반복해서 말했기 때문이다. 이들은 송전탑이 아니라 '합의'를 둘러싼 여러 정보를 퍼뜨려 이에 관한 소문을 만들었으며 이 소문이 더 멀리 퍼지도록 주민들을 부추겼다. 이와 같은 작업을 통해 주민들 사이에 공포와 불안이 확산되자 합의서에 도장을 찍는 주민들이 하나둘 늘어나기 시작했다. 불안과 두려움이 사고를 파고들면 사람들은 다른 선택의 여지 없이 하나의 생각에 몰두하게 된다. 다양한 관점에서 이것저것 따져 보기보다는 '지금 당장 이것을 하지 않으면 큰일이 닥칠지도 모른다'는 생각에 사로잡히게 되는 것이다. 한국전력 직원들은 이 점을 충분히 활용했다.

문제는 공무원들 역시 한국전력 직원들과 똑같이 움직였다는 사실에 있다. 한국전력 직원들과 공무원들은 다른 위치에 있으므로 다른 역할을 수행할 것이라는 기대가 주민들 사이에 있었지만 기대는 여지없이 무너져내렸다. 공무원들은 앞다투어 주민들 집을 방문하여 합의서를 내밀며 도장을 찍을 것을 종용했다. 공적인 일을 수행하는 사람으로서의 책임감을 가지고 주민들의 안전을 도모하며 주민들에게 생길지 모르는 피해를 막고 주민들이 잘 모르는 사실이 있다면 이해할 수 있도록 자세히 알려주어야 할 공무원들이 한국전력 직원들과 다름없이 '합의'만을 종용하고 다닌 것이다. 어떤 주민들은 크게 분노했고, 어떤 주민들은 '역시 나랏일은 막을 수 없다'는 생각으로 더 빠르게 합의에 나섰다.

어떤 의미에서 공무원들은 이런 일에 나서기 좋은 최적의 조건을 가진 사람들이었다. 이들은 마을 하나하나의 개별 사정은 물론, 주민 개개인에 대한 정보와 그들의 정치적 성향까지 훤히 꿰뚫고 있었기 때문이다. 어느 마을에 지금 필요한 일이 무엇인지, 몇 년 전부터 마을 사람들이 면이나 시에 요청하고 있는 민원 내용이 무엇인지, 마을 주민들 사이에 어떤 갈등의 역사가 있는지 면밀히 파악하고 있기 때문에 어떤 민원 내용을 앞으로 들어주지 않겠다 하는 것이 해당 마을에 가장 치명적인 위협이 될지 알 수 있었다. 또한 마을 내 누구를 움직여 어떤 흐름을 만들면 마을 사람들 관계 안에 긴장이나 갈등이 조성되어 빠르게 마을 사람 다수가 합의서에 도장을 찍게 될지, 합의 찬성 쪽에 선 사람들에게 어떻게 힘을 실어 주면 합의가 신속하게 이뤄질 수 있는지 등을 모두 파악하고 있었던 것이다.

마을 사람 한 명 한 명에 대해서도 어떤 사람을 파고들면 마을 내 합의 여론이 빠르게 확산될 수 있는지, 어떤 사람이 필요로 하는 것은 무엇인지, 누가 불법 건축물을 갖고 있는지, 불시 점검에 들어갔을 때 벌금을 부과할 만한 약점을 가장 많이 안고 있는 주민이 누구인지, 술을 좋아하는 것은 누구이고 돈을 좋아하는 것은 누구인지, 어떤 주민의 자녀가 공무원인지, 자녀의 일자리를 압박하거나 자녀의 취업을 제안하면 먼저 움직일 사람은 누구인지 등을 면밀하게 파악하고 있었다. 실제로 움직인 것이 한국전력 직원이었다 하더라도 이 많은 정보를 공무원이 아닌 한국전력 직원들이 알 수는 없었을 것이라고 주민들은 입을 모아 말했다.

주민들은 분통을 터트렸지만 농촌 지역의 공무원들이 이렇게 움직일 수 있었던 것은 이런 일이 송전탑 건설을 계기로 처음 시작된 것이 아니기 때문이다. 흔히 '시골'로 불리는 지역에 거주하는 주민들이 다양한 국책 사업이나 공공 기반 시설 건축 사업의 '동원 가능한 대상', 혹은 '밀어붙이기 쉬운 대상'으로 인식되어 온 것은 어제오늘의 일이 아니다. 마을 이장으로부터 면사무소 직원을 거쳐 시청 공무원에 이르기까지 다양한 층위의 공무원들, 이른바 '관'이 주민들의 사정을 속속들이 알 수 있거나 이들의 생활에 깊숙이 개입할 수 있는 것은 농어촌 지역 주민들을 대상으로 한 생활 전반에 걸친 통제와 동원의 시스템이 오래전부터 존재해 왔기 때문이다.

어떤 일의 많은 부분을 결정하는 것은 때로 '태도'일 때가 있다. 농어촌 주민들을 대상으로 한 정부나 공기관의 사업이 어떤 방향성을 띤다고 할 때 이 정책의 방향성에 가장 많은 영향을 미치는 것은 이들이 농어촌 지역 주민들에 대해 갖는 '태도'다. 한국 사회는 전쟁 후 복구 작업을 거쳐 1960년대 초 경제 개발 계획 수립과 실행이 본격화된 이래 지금에 이르기까지 한결같이 도시 중심의 정책을 펼쳐 왔다. 도로, 교통, 치안, 교육, 의료 등 기반 시설과 생활 인프라 전반에 걸쳐, 도시가 농촌에 비해 월등하게 높은 수준을 유지하고 있다는 사실은 이 사회가 해당 지역을, 혹은 지역별 격차를 어떻게 바라보고 있는지 여실히 보여 준다. 더구나 이 격차는 줄어들기는커녕 점점 더 크게 벌어지고 있다.

농촌 지역에서 수행되는 생산 활동의 사회적 기여도에 대한 평가 역시 편향적이다. 예를 들어 도시와 농촌 구분 없이 모든 사람들이 쌀과 채소, 그 밖의 먹거리를 소비하지만 공산품이 아닌 모든 먹거리가 만들어지는 곳에서 일하는 사람들의 노동은 정당한 평가를 받지 못한다. 농민으로 평생을 살아온 사람들 대부분이 본인들의 자녀는 절대 농사를 짓지 않았으면 하는 바람을 갖는다는 사실이 이런 현실을 방증한다.

농촌 지역에서 살아가는 사람 대부분은 어떤 조직에 속해 있다. 새마을운동협의회, 바르게살기운동협의회, 영농후계자 모임, 부녀회, 노인회, 그 밖의 숱한 단체들이 민간단체이면서도 관의 영향 아래 놓여 있다. 이런 조직들을 타고 국가의 주요 정책과 캠페인들이 흘러들거나 일방적으로 관철된다. 과거 산아 제한 정책이 국가 주도로 시행될 때 여성들의 피임 시술률을 높이기 위해 밭에서 일하고 있는 여성들을 어디론가 데려가 피임 시술을 받게 하는 일도 있었다. 이때 사람들은 자신이 어디로 가는지, 가서 무얼 하게 되는지 알지 못한 채 버스를 탔고 돌아온 다음에도 정확하게 어떤 일이 자기 몸에 일어났는지 알지 못하는 경우가 많았다. 정부가 어떤 정책을 입안하고 실행할 때 이 정책을 지지하거나 이 정책을 수용하여 실행하는 '국민'의 비율이 높다는 걸 입증하기 위해 가장 먼저 동원되는 것은 언제나 '시골'의 주민들이었다.

마을 이장이나 새마을지도자 등의 위치에 있는 사람들이 마을 사람들 개개인의 삶에 영향을 미치는 것은 어려운 일이 아니다. 농사를 지으려면 기계가 있어야 하고 기계를 빌리는 데는 우선순위라는 것이 있다. 누가 기계를 빌릴 수 있는지, 누가 먼저 사용할 수 있는지 등의 문제를 결정하는 것에서 이들의 힘이 나온다. 연결된 것은 이들만이 아니다. 농협, 새마을금고, 면사무소 직원, 각종 영농조합, 하다못해 출신 초·중·고등학교 동창회에 이르기까지 모든 관계의 네트워크가 삶의 질을 결정한다. 이 네트워크의 경계 안에 있을 때는 어느 정도 안정된 생활을 유지할 수 있지만 이 경계 밖으로 내밀리는 순간 생활은 불안정해진다. 특히 아직 농사일에 한창인 50~60대 '남성' 농민인 경우 이런 네트워크 안에서의 위치는 자신의 생계와 생활 전반에 영향을 미친다.

"우리 동네도 토박이 주민이 한 명 있는데 남자라. 여기저기 아는 사람도 많고 읍내 나가면 인사하느라 한나절이라. 그런데 그 사람이 협박을 많이 당했어. 그래서 내가 그 아저씨한테는, '그냥 안 한다 해라', '산에도 오지 말고, 마누라만 산에 가고 당신은 여기 집에 있어라', 그래 '나는 뭐 이제 그만하겠다 하던지 해라', '주로 산에 지키러 가고 이런 거는 하지 마라' 했어요, 내가. 얼굴이 하얘가지고 왔는데……. 그런 회유 협박이 관공서를 통해서……. 주로 시청에서 그렇게 하는 거예요. 나랏일이 정당성이 있고 꼭 해야 하는 국책 사업이고 하면, 주민들을 충분히 설득하고 이해를 촉구해가지고 공사를 이뤄지면(이뤄 가면) 될 것인데……. 그게 아니고 무슨 정당성도 없이……. 강압적으로 한 거 아닙니까. 이런 것이 있으면은 예를 들어서 적어도 시장이라, 자치단체장이라 하면 주민 편에서 서야 하는데, 이게 똑같은 한 패거리인 거라. 이런 일이 어디든지 다 일어나는 거 같애." 남, 70대

농촌 지역에서는 네트워크에 의존하지 않고 살아가기 어려운 조건이 존재한다. 농사를 지으면서 비닐이나 모종을 구입할 때, 혹은 농기구나 중장비를 대여해야 할 때도 그렇지만, 상하수도 공사를 하거나 마을 길을 넓히거나 홍수 피해를 예방하는 공사를 하거나 기타 생활의 편의를 개선하는 수많은 일에 '관계'가 동원된다. 관공서 직원들과 얼마나 가까운지, 마을 사람들이나 이장과 어떤 관계를 유지하고 있는지, 초·중·고등학교 동창이나 각종 지역 내 커뮤니티 소속 여부에 따라 개인이나 마을에 필요한 일이 빨리 진행될 수도 있고 수십 년이 지나도록 진행되지

않을 수도 있는 것이다. 이장의 도움 없이는 관공서에서 농민들에게 제공하는 복지 혜택의 내용을 알기도 어렵다. 그러나 송전탑 건설 반대 운동에 참여한 이들은 이 모든 네트워크로부터 배제되었다.

농촌 지역에서 살아가면서 이 네트워크 바깥으로 밀려난다는 것은 삶의 기반 상당 부분을 포기해야 한다는 것을 의미한다. 심지어 코로나19 팬데믹이 시작된 이후 백신 접종이나 마스크 배급 문제에서도 이들은 소외되었다. 이 일들은 모두 면사무소나 보건소, 이장의 도움 없이는 불가능한 것들이기 때문이다.

이것은 일종의 고사 작전이었다. 합의서에 도장을 찍지 않은 이들을 고립시켜 마지막까지 몰아붙이는 이 작전에 꽤 많은 인력이 동원되었다. 마지막까지 몰아붙여 결국엔 항복을 받아 내고야 말겠다는 고사 작전의 전략은 매우 촘촘하게 설계되었는데 주민들이 보기에 이것은 하루 이틀 사이에 수립된 것이 아니었다. 그래서 주민들은 이런 작전이 수십 년 전부터 시행되어 왔고 이런 일을 겪는 것이 결코 자신들이 처음일 리 없다고 생각하게 되었다. 지역민들의 손으로 선출한 시장부터 면사무소 민원 창구를 지키는 직원에 이르기까지 공무원 조직이 일사불란하게 움직였고 한국전력 직원과 이들 공무원 사이에는 어떤 차이도 존재하지 않았다.

이 작전의 세밀함은, 한국전력 직원들이 공무원들의 도움을 받아 주민들의 성향을 하나하나 분석하고 그에 따라 각기 다른 방식으로 개인들에 접근하는 방식을 통해 확인되었다. 해당 마을이나 인근 지역에서 나고 자라 지역 사정을 잘 아는 면사무소 직원이나 오래 근무하여 지역 사정에 통달한 직원들, 그리고 누구보다 마을 사람들에 대해 잘 알고 있는 이장들의 협력하에 합의서를 들고 다니는 이들은 개별 주민들이 필요로 하는 것, 혹은 그들에게 약점이 될 만한 요소들을 찾아내 집요하게 파고들었다.

"밀양시가 한전하고는 아무 관계가 없는 거 아닙니까. 한전 하수인 노릇을 해요. 그 2백 명 교육을 받아 집집마다 각개전투를 하는데, 우리 ○○면 같으면 책자가 있습니다. 그걸 복사를 전부 다 해서 ○○리 담당이 있어요. 그걸 전부 복사해, 요 사람의 성향을 전부 표시해서……. 강성 꼽표(엑스 표시), 찬성하는 놈 동그라미, 이놈은 세모 해서 성향을 다 해서……. (중략) 한전이 내한테 전화하고 이런 건 없었어요. 오면 전화 두 번 해가지고 말도 안 붙이고 욕하고 끊으니까……. 그 다음 전화는 안 하는데, 공무원이 우리 집에 한번 찾아왔더라고. 이게 어디다 찾아왔나 하고 욕을 했더니 절대 안 찾아오던데……. 내가 우째 공무원이라는 사람이 한전의 앞잡이 노릇을 해갖고 그런 짓을 하냐고 말이야……. 그러니까 우리가 밀양시 시장을 미워하고 있는 거라." 남, 70대

"시청 다니는 아-들 있는 집에는 한전에서 전화를 해갖꼬 '할매가 데모 나가면 아들내미 모가지 잘린다' 뭐 이런 식으로 말을 한 기라. 그라믄 할매들이 겁을 먹을 거 아이가. 그라믄 인자 할매들 식당 데꼬가(데려가서) 밥 사 믹이메(먹이면서) 슥 서류 꺼내가 여따(여기다) 도장 찍으라꼬, 마 이런 식으로 한 기지. 어떤 사람은 사위가 경찰인데 높은 사람이 전화해갖꼬 장인 장모 데모 못 나가게 해라, 앞장 못 서게 해라 이래 이바구했다 카

더라꼬. 그라이 마 자식들이 공무원인 사람들은 이래 마 달달 볶있다꼬 (볶였다고). 남아날 텍이 있나." 여, 70대

"우리 동네에 시청 다니는 사우(사위)가 있어. 그 집에 사우가 시청 다니는데 그 사람을 마을로 내려보내는 거예요. 장인, 장모부터 시작해서 인제 참여를 못 하게끔, 마을 사람들이 데모 못 나가게끔, 자기가 힘들다는 이야기를 인제 하는 거죠. 그러면 자식들이 힘들다는데 어느 부모가 또 그걸 갖다가 그렇게 또 기를 쓰고 이렇게 할 사람이 누가 있나요." 여, 60대

시골 마을에서 살아가는 나이 든 부모들을 압박할 수 있는 가장 좋은 수단은 자식 문제였다. 집으로 찾아온 한국전력 직원들이나 공무원들은 '당신이 합의서에 도장을 찍지 않고 있으면 자식들이 일자리에서 쫓겨나거나 다른 불이익을 당할 수 있다'는 말을 공공연히 내뱉기도 했다. 주로 관공서, 금융권, 대기업에 근무하는 자녀들이나 경찰이나 군인 신분을 유지하고 있는 자녀들이 압박을 받는 경우가 많았다. 자녀가 공무원인 경우 주민들이 받는 압박은 훨씬 직접적이었고 압박의 강도 또한 높았다.

경찰 공무원 중에는 본인이 나고 자란 마을 사람들이 참여한 시위 진압에 동원된 경우도 있었다. 직접적으로 부딪히지 않더라도 먼발치에서나마 어머니와 친척 어르신, 초등학교 동창의 부모님, 이웃 어르신들이 참여한 시위를 가로막고 선 이의 심정은 참담하다는 말로 다 설명할 수 없는 것이었다. 그를 지켜보는 부모님이나 마을 어르신들의 마음도 마찬가지였다. 시청 공무원들이 마을로 찾아가 가가호호 주민들의 집을 방문

하여 그들에게 합의를 종용하거나 그들을 설득할 때, 마을에 연고가 있거나 자기 가족이 해당 마을에 살고 있는 공무원을 뽑아 보내기도 했다. 아는 얼굴을 맞대고 합의를 종용하거나 이 협박 아닌 협박에 직면해야 했던 주민이나 공무원에게는 서로를 마주한 당시 상황이 그 자체로 '폭력'일 수밖에 없었다.

"딱 보이 ○○댁 자슥이라. 지도 글코 우리도 글코, 뭐 서로 못 본 척 할밖에. 그 아이라도(그것이 아니더라도) 새파라이 젊은 아들이 전경이라꼬 우리 앞에 쭉 늘어섰는데 다 우리 자슥들 나인데 뭐. 마 서로 달가들고(달려들고) 그랄 때는 어쩔 수 없이 막 싸우지만은 우리도 마 안돼 죽겠는 거라. 마 애잔하이……. 그라이 마 물도 주고 떡도 주고, '쉬어 가면서 해라', '잠은 편히 자나' 말도 걸고 그랬지." 여, 60대

주민들은 공무원이 아닌 한국전력 직원들이 나선 경우라 하더라도 공무원들의 도움 없이 그들이 자녀들에 관한 정보를 온전히 파악하기는 어려웠을 거라고 생각했다. 마을 주민들에 대한 정보나 이른바 '성분 분석' 역시 마찬가지였다. 공무원들이 직접 나서지 않은 경우라 하더라도 한국전력 직원들이 이런 정보를 들고 주민들 사이를 파고들 때 그들이 정부 기관과 조직으로부터 해당 정보를 얻었으리라는 사실을 짐작하기란 어렵지 않았다.

협박이나 압박의 방식, 대상, 매개 고리는 매우 다양했다. 어떤 마을에서는 마을 이장을 빌미 삼아 노령의 주민들을 압박하기도 했다. 합의서

나랏일 **65**

를 들고 다니는 사람들은 마을 할머니들에게 '우리 마을이 합의하지 않으면 마을 이장이 잡혀간다'거나 '합의하지 않으면 마을의 젊은 남자들이 다 고생한다'는 말을 건네기도 하였다. 자식 같은 사람들이 고생을 하고 잡혀갈지도 모른다는 이야기를 듣고 끝까지 버틸 수 있는 마을 어른들은 많지 않았다.

"합의서 도장 안 찍으믄 이장 잡히간다 카는데 우예 안 찍노. 그라이 마 우루루 찍어 줬지. 새파라이 젊은 아-들이 우리 땜에 잡혀간다 카는데. 아-들이 막 다치고 캐싸-이, 그란 거를 우리가 빤히 보는데, 우리 눈앞에서, 그 말을 누가 안 믿겠노. 그라이 마 겁이 나갖고 마 찍어 줬지." 여, 80대

시골에는 마을이나 개인의 창고, 혹은 축사 등의 건축물 중에 건축물 대장 등의 문서에 관련 내용이 제대로 기재되어 있지 않은 것들이 많다. 수십 년 전부터 실제로 사용해 왔지만 문서상으로는 존재가 확인되지 않는 건물들이 많은 것이다. 주민들 중에는 이런 사실을 모르는 사람들도 많다. 본인도 모르는 사이에 불법 건축물에서 살고 있거나 이런 건축물을 이용하고 있는 셈인데, 이게 불법이라는 사실 자체를 모르거나 건물이 언제 어떻게 세워졌는지 그 내력을 모르는 경우가 대부분이다. 실제 자신이 거주하는 건물의 건축물 대장이나 토지 대장을 평생 한 번도 확인하지 않은 채 살아가는 주민이 수두룩하기 때문이다. '언젠가 불법 건축물이라는 걸 죽은 남편이나 아들내미가 확인했다더라'는 기억을 가물가물하게 붙잡고 있는 경우에도 그게 문제가 될 거라고 생각하거나 불법

이니 들키지 않게 잘 감추고 있어야 된다고 생각하는 이들은 거의 없다.

그런데 한국전력 직원들이나 공무원들이 이런 일들을 빌미 삼아 '당신이 살거나 이용하는 건물이 불법'임을 내세우면서 '이 일이 큰 문제가 될 수 있다'고 압박하기 시작하면 이야기가 달라진다. '당신 축사가 불법 건축물인 걸 아는데 계속 합의서에 도장을 찍지 않으면 문제 삼을 수도 있다'거나, '계속 반대하면 살던 곳에서 쫓겨나거나 어마어마한 벌금을 내게 될 수도 있다'는 말은 주민들에게는 그 자체로 삶의 불안을 야기하는 실질적인 '압박'이 되었다. 합의서에 도장을 찍지 않으면 평생 살아온 삶의 터전이나 일터를 잃게 될 수도 있다는 공포에 휩싸이게 되는 것이다.

"대개 보면은 집들이 움막이라든지 우사, 축사 이런 것이 불법이에요. 그런 걸 그냥 허가 안 받고 그런 게 많습니다. 이걸 갖다가 약점을 잡아서 '축사 뜯으라 할 거다' 이러면 기가 찬 거예요. 이런 협박이지 싶어요. (나한테 어떤 말을 들었는지) 말을 안 해요. 이런 것이 많아요. 집을 달아낸다던지……. 집이 있는데 구조물을 붙인다던지……. 시골에 많습니다. 무허가 건물이기 때문에 고발을 하면 뜯겨가(뜯어져) 있고……. 무허가 건물 그런 것이 주로 협박을 많이 당하는데, '나 안 할란다' 그러더라고." 남, 70대

송전탑 건설 반대 운동에 참여하여 여러 지역을 돌아다니기도 하고, 다른 싸움의 현장에 가서 자신과 비슷한 상황에 처한 이들과 연대를 하는 경험이 축적되면서 '나라가 하는 일'을 바라보는 주민들의 시선은 조금씩 달라지게 되었다. '나라가 하는 일'이 실제로는 전혀 옳지 않은 일

일 수도 있고 다수의 사람들이 옳다고 생각하는 일이라 하더라도 이를 거부하고 비판할 권리가 나에게 있다는 생각이 마음 안에 싹트기 시작했다. 무엇보다 여러 지역에서 '잘못된 나라의 일' 때문에 고통받는 이들을 만나면서, 그리고 그들의 처지가 나와 크게 다르지 않다는 걸 발견하면서, 그리고 '이번에 이 일을 묵과하면 죽을 때까지, 아니 내가 죽은 후에도 내 자손들이 이런 일을 당하게 되리라'는 자명한 사실을 깨닫게 되면서 '나라가 하는 일'의 문제를 지적하고 이를 반대할 힘이 생긴 것이다. 이것은 나와 함께하는 사람들이 불어넣어 준 용기, 그리고 발로 뛰는 공부와 사람을 만나는 경험을 통해 새롭게 배운 지식이 만들어 낸 힘이었다.

"그 이런, 우리는 댕기면서 교육을 받고 뭐, 인자 많은 공부를, 공부해서라기보다도 많이 댕기면서 보고 느끼는 거는 있으니까 인자 우리는 알고 하는데 즈그는 모르니까……. 가 보지도 안 하고 들어 보지도 안 하니까……. '나라에서 국가에서 하는 일을 어떻게 막는다고 그러노'……."
여, 70대

"우리가 그래가 거 강정도 가고 세월호도 가고 그랬는 기라. 이기이기 이 데모하면서 세상 공부를 한 텍이지(셈이지). 강정이나 세월호나 다 똑같애. 우리가 그 마음을 너무 잘 아니까 안 가고는 못 배기는 기라(견디는 거라). 가서 뭐 별 말도 안 해. 안 해도 서로 아이깐에(아니까) 뭐 말로 할 필요도 없지. 그놈들 하는 짓이 원깡(원체) 똑같으이니깐에 뭐 서로 하고

자시고 할 말이 어딨노." 여, 70대

"참 이 세상이, 이 나라가 이 내 요새 보면 개판 5분 전이라. 지금 사드도 딱, 사드도 그렇고, 지금 세월호, 세월호도 그렇고 밀양 송전탑 전철을 딱 밟으고(밟고)······. 아. 단합을 뭉, 뭉개는 그 매뉴얼이 있어요. 이 정부에서 돈하고 찬반 논리로 해갖고 이간질을 시키는 기지, 정부에서. 그리고 고 앞잡이들이 조중동 인자 종편 애들하고······. 다 참 야비해요, 야비해, 완전. 나도 지금 사드 그게 벌써 16일째 한 천 명 이상 지금 계속, 계속 촛불문화제를 하는데, 와 저래 하믄, 저 정도 하믄, 계속 유지하면 충분히 승산이 있을 것 같은데······.

아 나는 인저 제일 겁나는 게 지금은 인자 관변, 민관, 인자 관공서하고 인자 그 주민들하고 인자 같이 행동을 하는데, 인제 관공서에서 한마디로 '아 느그 뭐 성주에 뭐 하나 해 줄게' 해갖고 군수가 나중에 뒤통수칠까 그기 겁나. 그래 되믄 공무원들이 각개전투로 작전을 벌인다고.

우리는 여기에, 있잖아요, 어쨌는가 알아요? 저번에 한전에서 6급 이상 공무원인가 7급 이상 공무원이 한전에 7시간인가 몇 시간 교육을 받고 각개전투로 집집마다 돌면서 어, 설득시킨다고 돌아댕겼어요, 공무원들이. [김영희: 아, 그게 언제 일이에요?] 그게 한, 한 3년, 3, 3년 넘었지. 내 정확하게는 모르겠어요. 그래갖고 우리 집에 오갖고(와서) 뭐 욕을 해가 쫓가(쫓아) 보내갖고······. 그, 그 고급 공무원들이, 그러니까 완전 그 한전의 하수인 노릇을 하고 했어요." 남, 60대

송전탑 건설 반대 운동에 참여하고 있는 주민들 중에는 나라에서 한국전력에 속아 넘어갔거나 지역에서 어떤 일들이 벌어지는지 알지 못해서 그렇지 알기만 한다면 잘못된 일을 바로잡아 주리라는 기대를 가진 이들도 있었다. 예를 들어 대통령이 알기만 한다면, 우리 사정을 아는 사람이 대통령이 된다면 얼마든지 사정이 달라질 수 있다고 믿은 것이다. 그래서 후보 시절에 송전탑 건설 반대 운동 농성장을 찾아와 자신들의 손을 꼭 잡아 주었던 사람이 대통령이 된 날에는 '이제 모든 문제가 해결되어 송전탑도 곧 뽑힐 예정이니 소를 잡아 잔치를 할 준비나 하자'고 들뜬 목소리로 말하기도 했었다.

그 무렵 만나는 주민마다 '곧 잔치를 크게 할 테니 조만간 초대받아 밀양에 내려오라'고 말하곤 했는데 이 목소리에 담긴 희망과 설렘은 막연한 것이 아니라 확신에 찬 감각으로 느껴졌다. 이 때문에 몇 년이 지나도록 문제가 해결되지 않고 끝없이 '기다려 보라'는 말만 들어야 했을 때, 또 주민들의 기대와는 다른 방향으로 논의가 흘러갈 때 주민들이 느낀 실망과 좌절은 칼바람 속에 농성장을 지킬 때보다도 더 큰 것이었다.

"부산서 온 학생하고 내하고 새벽 4시, 5시쯤 집 뒤에 보면 7번 송전탑 있는 데 거- 와서, 내가 앉아서는 '부엉새야 부엉새야 니는 저리 우는데 이 바보 같은 늙은이는 왜 바보가 됐노. 우리 엄마 날 글 가르쳐 줄 때 했으면 글떼기(짧은 편지글)를 접어 입에 물려 주면 다른 사람은 청와대에 못 들어가도 너는 짐승이라서 날라가서(날아가서), 글 적은 거 날라가면 박근혜는 못 보더라도 누가 때려 접은 걸 펴 봤으면 내 심중을 안 알겠나' 그카며(그렇게 하면서) 내가 울고 있으니까 딱 일어나더만은 촛불을 켜는 기야. '학생 왜 불을 켜노', 할머니 심중의 말을 하라 하는 거야. 아가씨 내가 펜대 들고 내가 하면 내 입에서 술술 나오지. 내가 불러 주면은 거꾸로 가고 옳게 가고 안 나온다, 내가. 내가 그리 한탄을 했어." 여, 80대

이제 주민들은 '나랏일'이어서 반드시 따라야 하고 '나랏일'이어서 기필코 완수되어야 하는 것이 아니라 '나랏일'이라고 내세우는 일들을 더 깊이 의심해야 한다는 사실을 안다. '나라에서 하는 일'이기에 오히려 '옳은 일'이 아닐 수 있으며, '나랏일'로 감싸진 일들의 속 알맹이에 부조리와 폭력이 감추어져 있을 가능성이 높다는 사실도 안다. 이것은 순진한 시골 사람들이 비로소 세상 물정을 알게 된 것이 아니라 싸움의 과정에서 성장하며 확인하고 실천한 결과였다. '나라'의 폭력이, 그 폭력에 맞선 저항의 실천이 '나라'가 무엇이고 어떤 일들을 자행할 수 있는지 깨닫게 해 준 셈이다.

부엉새를 부르며 '네가 내 편지를 청와대나 대통령에게 전해 주겠느냐' 한 것은 '대통령이나 청와대의 사람들이 이 문제를 해결해 줄 것'이라는 막연한 기대감을 드러낸 것이 아니다. '나라'를 믿고 '대통령'을 믿기만 하면 언젠가는 알아서 해결해 줄 것이라는 '시골 할매'의 낭만적 감상을 보여 주는 말이 아니다. 이 말을 한 주민은 '나라'나 '대통령'이 아니라 '젊은 연대자'들을 믿는다고 했다. '내가 죽어도, 내가 죽기 전에 송전탑이 뽑히지 않아도 내 뒤를 이어 이 싸움을 계속할 사람들이 있으니 이것은 지는 싸움이 아니라 끝내 이길 싸움'이라는 이야기를 건네기도 했

다. 그의 말은 다음 세대를 향한 운동가다운 전망과 신념의 견고함을 보여 주는 것이었다.

부엉새에 빗대어 자신의 속내를 드러낸 그의 말에 담긴 것은, 자신이 글을 쓸 수 있었더라면 한밤중에 새에게 물려 보내더라도 대통령과 청와대에 자신의 주장을 전하겠다는 당당한 포부다. 그들이 무지몽매하게 깨닫지 못하고 있는 사실이 무엇인지 알려주고 이를 바로잡겠다는 어른다운 훈계인 것이다. 그의 어머니는 살아 계실 때 글을 잘 읽고 잘 쓰기로 이름난 분이셨다. 그는 종종 어머니 살아생전에 그분께 글을 배워 글을 쓸 수 있었더라면 자신이 생각하는 것을 글로 써서 저 수도 서울에서 '나랏일'을 본다는 사람들에게 그 뜻을 분명하게 표할 수 있었을 텐데 그러지 못해 한스럽고 분하다는 말을 하곤 했다. 부엉새 편에 보내려는 그의 편지에는 이런 마음이 담겨 있다. 그는, 젊은 연대자가 대신 써 주겠다 했을 때 '내가 부르는 것을 네가 받아 적은 글과 내가 스스로 쓴 글이 같을 수 없음'을 분명하게 밝히기도 했다.

'나라에서 하는 일'을 막겠다고 나서 보니 막상 '나라'가 하는 일들의 정체가 무엇인지 더 분명하게 알 수 있었다. 이 '앎'은 나라 곳곳에서 '국가'의 이름으로 자행되는 폭력을 발견하고 그 폭력에 맞서 싸우는 장소로 자신들의 발걸음을 옮기는 실천으로 이어졌다. 그리고 이 연대의 경험들을 통해 '국가'에 대한 낭만적 감각을 갖고 있는 그 어떤 사람의 몽매함도 단번에 깨우칠 수 있는 냉철한 혜안을 갖게 되었다. '국가'에서 하는 일을 막을 수도 없고 막아서도 안 된다고 말하는 사람들을 향해 단호하게 '그렇지 않다'고, '당신들이 잘못 알고 있는 것이다'라고 말할 힘을 갖게 된 것이다. 부엉새에 물려 보내려는 글은 내 마음을 알아달라는 어설픈 연서도 아니고, 내 사정을 알고 나를 구하러 와 달라는 요청의 글도 아니다. 그것은 '국가의 이름으로 당신들이 하고 있는 일의 실체가 무엇인지' 당당히 밝히면서, '어떤 억압과 폭력 앞에서도 굴하지 않고 너희들이 잘못한 일을 만천하에 알려 바로잡겠다'는 정치적 선언이자 선전포고다.

돈지랄

"그런 식으로 똘똘 뭉쳐가 있었는데, 어느 순간부터 인제 경찰서 직원들까지 계속 들락날락하면서 인제 이렇게, 분열이 되기 시작한 거죠. 한 사람 두 사람, 이제 돈으로 매수를 하는 거죠, 돈으로. 우리 여기 ○○면에는 사실 대책위원장이 여섯 번 바꿨는가(바뀌었는가) 이렇게 바꿨거든요. 왜 그렇게 바뀌었겠습니까. 어떤 사람은 대책위원장 하면은 자기 재산 압류 들어온다 하니께네 그만둔 사람, 어떤 사람은 또 돈 가지고 회유를 할라꼬 계속적으로 인제 돈을 갖다가 기억(몇억) 줄 테니 ○○면이 이제 합의 보도록 좀 해 달라고 하면서 한전 직원이 인제 계속 오는 거죠." 여, 60대

"한전이 여 밀양에 돈 수억 뿌렸어예. 아이다. 수억이 뭐꼬. 수십억, 수백억 뿌렸을 끼구만은. 온 천지에 돈지랄을 하는 거라. 개인 합의금 얼마,

마을 합의금 얼마, 또 누구 다른 사람 합의서에 도장 받아 오면 두당(한 사람당) 얼마, 이카민스르(이렇게 하면서) 말도 못하게 돈으로 사람을 깔아뭉갰다꼬예. 몇백만 원이라 해도 여 시골 할매들한테는 큰돈이라. 그라이까 더 마음이 안 좋지. 그라이 그 돈 안 받고 마을서 멸시 받으면서 버티는 어른들은 참 대단하신 거라예. 처음 싸울 때는 마을 사람들끼리 사이가 참 좋았다꼬예. 그란데 마 한전이 돈으로 갈라쳐 놓-이 마 사람들이 서로 다 원수가 돼 뿠어. 그라이 우리가 마 돈이 웬수라 안 캅니까." 여, 60대

한국전력이 밀양 지역 송전탑 건설 과정에서 주민들을 만나며 맨 처음 내세운 것은 합의서에 도장을 찍으면 받을 수 있는 '돈'이었다. 송전탑이 들어서면 어떤 위험이 발생할 수 있는지, 예상 가능한 불이익은 무엇이고 이에 대한 대안은 무엇인지, 송전탑을 마을로부터 최대한 멀리 설치할 방법은 없는지, 송전 설비를 땅속에 묻는 것은 왜 가능하지 않은지 등을 설명하는 것이 아니라 처음부터 송전탑이 들어서는 데 동의하면 얼마의 돈을 받을 수 있다는 제안만을 들고 주민들을 찾아 나선 것이다. 한국전력은 처음부터 주민들에게 적당한 금액의 합의금만 안겨 주면 쉽게 합의서에 도장을 받을 수 있으리라는 오만한 인식과 태도로 마을에 들어섰다.

심지어 주민들이 보상금이나 합의금을 받지 않겠다고 선언하고 땅값이 아닌 건강과 안전, 생태 환경과 에너지 정의의 문제를 들고 나설 때조차도 한국전력은 '돈'을 앞세워 주민들 사이를 파고들었다. 한국전력 직원들은 '당신들이 뭐라고 말해도 결국 원하는 것이 돈이라는 걸 잘 알고

있다'는 태도로 주민들을 대했으며, 언론을 통해서도 이와 같은 내용이 흘러나왔다. 지역 주민들 사이에서도 송전탑 건설 반대 운동을 열심히 하는 건 보상금 액수를 높이려는 전략이라는 말이 공공연하게 돌아다녔다. 한국전력의 이와 같은 태도는 주민들을 존중하지 않은 것일 뿐 아니라 주민들의 자존감을 훼손하는 일이었다.

사실 한국 사회에서 이런 장면은 결코 낯선 현상이 아니다. 한국 사회에서 무슨 문제가 발생하여 심지어 그 문제 때문에 사람이 죽거나 다치는 일이 생겨도 가장 먼저 대두되어 끝까지 남는 한마디는 '보상'이다. 어떻게 해서 그런 일이 일어났는지 묻는 사람들에게도 처음부터 '얼마면 되겠냐'는 질문이 날아든다. 일의 자초지종을 살펴보고 따지기도 전에 '보상금을 받고 합의하라'는 제안이 협박처럼 밀려드는 것이다. 밀양 송전탑 건설 추진 과정에서는 한국전력이 '지금 합의하지 않으면 보상금을 받을 수 없다'는 말을 퍼트리기도 하였다. 합의와 보상이 하나의 짝이 되어 사람들을 압박하는 무기가 되었던 것이다.

그러나 동의 혹은 합의의 문제는 보상과는 별개의 사안이다. 합의금이나 보상금을 받고 합의서에 서명을 하는 것이 일반적인 과정이지만 합의를 하지 않았다고 해서 실질적인 피해가 있는데 보상을 받을 수 없는 것은 아니다. 사실상 송전탑 건설 추진 과정에서 한국전력이 주민들에게 제안한 것은 보상금이 아니라 합의금이라고 할 수 있을 것이다. 그리고 이 합의금은 송전탑 건설로 인한 모든 피해에 대한 보상이 될 수 없다. 그래서 이때 합의서의 내용이 중요한데, 합의서에 서명을 받고자 하는 측에서는 예상 가능한 모든 피해에 대한 보상 책임을 면하는 합의에 이르고자 할 가능성이 높기 때문에 보통 합의 과정에서는 합의서의 내용을 자세하게 따져 살펴보는 것을 중요하게 생각한다.

그러나 밀양에서 합의서에 도장을 찍은 주민들 가운데 합의서의 내용을 제대로 살펴보고 도장을 찍은 이는 거의 없었다. 합의의 내용이 무엇인지, 보상의 범위가 어디까지인지 누구도 설명하지 않았다. 어떤 이들은 자신의 도장이 찍히는지 알지도 못한 채 합의서에 서명한 사람이 되었고, 또 다른 사람들은 이장이 하는 일이니 믿고 도장을 건네기도 하였다. 애초에 처음부터 도장을 이장에게 맡겨 두고 있어서 이장이 합의서에 도장을 대신 찍은 이들도 여럿이었다.

"몰라. 뭔 내용인지 보도(보지도) 안 했어. 우리가 뭐 읽을 줄을 아나, 본다고 뭔 소린 줄 아나……. 내랑 옆집 할마이는 뭔 종이 쪼가리 한 장도 보들(보질) 안 했어. 그냥 어차피 철탑은 들어서는 기고 돈이라도 받아 챙기라 하이까, 또 안 하믄 동장 잡히간다 하고 또 마을에 돈 받으믄 좋다 카이까……. 그냥 찍으라고 도장 내줬지. 어떤 집은 동장한테 '저 저 도장 있으이 갖다 찍으라'고 하고, 어떤 집은 아예 동장한테 도장 맽기(맡겨) 놓고 산다꼬. 그라이 합의서가 다 뭐꼬. 우린 보도 못했다." 여, 80대

"동장이 와가(와서) '아지매 도장 주이소' 카길래 마 내줬지. 그라드마(그러더니) 난리가 나고, 그 다음 날 우리 마을이 합의했다고 방송에 나오드라고." 여, 80대

"뭔 내용인지 말도 안 하고 비료 신청해야 한다고 도장 달라 카길래 그냥 준 기지. 철탑 얘긴 안 하고, 다른 거 얘기해가지고 거기 필요한 도장이라 캐서 받아 간 거요. 그런 일이 엄청 많았다꼬." 여, 70대

"전화를 아예 집집마다 했었어요. 돈 받아 가라고, 합의하라고." 여, 40대
"합의를 이끌어 내려고, 앞집에 가서는 뒷집이 합의했으니까 빨리 도장 찍어라, 뒷집 가서는 앞집이 합의했으니까 도장 찍어라, 해서 온갖 술수를 많이 부리면서 합의를 이끌어 낼라고 했지요." 남, 40대
"기한을 두고, 몇 월 며칠까지 안 받아 가면 인자 이 돈 없어진다, 못 받아 간다, 이런 식으로 얘기하고……." 여, 40대
"동네 입구에 플랭카드가 붙은 거예요. 이달까지 합의 안 하면 돈 못 받는다 이런 식으로……. 그리고 그 기한 지나면 또 붙어, 똑같은 내용이. 장난하는 것도 아니고……, 계속 돈 가지고 우리를 압박을 하는 거야. 돈 가지고 사람을 완전 갖고 노는 거지." 여, 50대

한국전력은 '이번 달까지 합의하지 않으면 합의금을 한 푼도 받을 수 없다'는 현수막을 걸어 사람들을 압박했다가 그 기간이 지나면 또다시 '다음 달까지 합의하지 않으면 합의금을 한 푼도 받을 수 없다'는 현수막을 걸었다. 그리고 결국 이 합의금을 들이밀면서 하는 압박은 송전탑이 들어선 이후까지 이어졌다. 이 과정에서 이슈가 된 것은 '송전탑이 반드시 필요한가, 다른 방법은 없는가, 송전탑 건설로 예상되는 피해는 무엇인가' 하는 등의 문제가 아니라 '한 사람당 얼마를 받을 수 있는가,

송전탑과의 거리에 따라 합의·보상금의 금액에 어떤 차이가 있는가, 합의 시기에 따라 금액이 어떻게 달라지는가, 다른 마을과 비교했을 때 우리 마을이 받게 되는 합의·보상금은 적절한가, 적절하지 않은가' 등의 문제였다.

돈을 주겠다고 말하는 것이 왜 폭력이 되는 것일까. 제주 '4.3'과 '5.18', '여순사건'과 같은 국가폭력의 장면에서, 또 삼풍백화점부터 성수대교 붕괴, 대구 지하철 참사, 세월호나 이태원 참사에 이르기까지, 그리고 산업 재해로 인한 노동자의 죽음과 같은 장면에서도 사건에 관심을 가진 모든 사람의 말문을 막는 것은 '보상'이다. 어째서 그런 일이 일어났는가, 사건이 발생한 후 어떤 조치가 취해졌는가, 다시 그와 같은 일이 발생하지 않게 하려면 어떤 노력을 기울여야 하는가 등의 모든 질문을 막고 처음부터 유가족들에게 '합의서'와 함께 '돈봉투'가 내밀어진다.

폭력의 가해 위치에 있는 이들에 의해 '보상'이 이야기되고 이 '보상'이 첫 질문도, 그 다음 질문도, 그 다음 다음의 질문도 불가능하게 만든다. 피해를 입은 사람들이 코너에 몰려, 혹은 문제 해결의 한 과정으로 받아들여 '보상금'을 수령하고 나면 그 다음부터 피해자는 '불순한 존재'로 가정된다. 돈을 받은 피해자는 순수하지 않은 존재이고 돈을 받았기 때문에 더 이상의 질문이나 요구를 해서는 안 되는 것이다. 사건의 진상을 밝히라고 말하면 '돈을 받았으니 입을 다물라'고 말하거나, '돈을 더 받으려 쇼를 하거나 생떼를 쓴다'고 비난한다.

이런 의미에서 '보상'의 담론은 한국 사회에서 폭력의 원인을 질문할 수 없게 만들고, 피해 사실을 발언할 수 없게 만들고, 대안적 질문을 봉쇄하는 폭력적 효과를 만들어 낸다. '보상금'이 '말문'을 틀어막는 가장 강력한 수단이 되는 것이다. 한번 학습된 효능감은 지칠 줄 모르고 같은 방식의 보상 담론을 재생산해 낸다. 한국 사회의 모든 제도적 폭력의 이면에서 가장 먼저 '보상' 문제가 등장하는 까닭이 여기에 있다.

밀양에서도 송전탑 건설이 필요한가, 송전탑 선로가 적절한가, 송전탑 건설로 인한 피해가 무엇인가 등을 질문하는 말문을 틀어막는 도구가 '합의·보상금'이었다. 송전탑에 관한 모든 논의는 '그래서 합의서에 도장을 찍을 것인가 말 것인가'로 귀결되었다. 그 밖의 다른 질문은 허용되지 않거나 아예 담론장의 수면 위로 떠오르지 않았다. 송전탑 건설을 반대하는 사람들은 정작 어떤 보상금도 수령하지 않았지만, 밀양 바깥의 지역에서 이들을 비난하는 목소리 안에는 '보상금 좀 더 받으려고 저렇게 열심히 데모를 한다'는 시선이 있었다. 심지어 밀양 지역 안에서도 이른바 '합의한' 마을에서 '합의하지 않은' 마을을 바라보는 시선 안에 이런 태도가 내재되어 있었다.

밀양에서 합의서 날인은 송전탑 건설에 대한 단순한 동의 의사의 표현이 아니라, 날인 이후 어떤 질문과 요청, 문제제기도 하지 않겠다는 정치적 각서의 의미를 지닌 것이었다. 밀양 주민들은 한국전력 직원들이 처음 마을에 내려온 순간부터 합의서를 들고 다녔다고 말했다. 송전탑 건설 추진 과정에서 '합의'와 '보상'의 문제를 처음부터 들고나왔다는 것은 논의를 시작하기도 전에 논의를 봉쇄하고 주민들의 입을 봉인하겠다는 의도를 가진 행위일 수밖에 없다. '합의'와 '보상'의 체계 위에서 밀양 송전탑을 둘러싼 사회적 논의는 시작과 동시에 종결되었다.

"집에도 슥 와갖고 뭐 선물 같은 거 놓고 가고……. 내가 있을 때는 들어오도 못 하니까 내 없을 때 슥 와갖고 툇마루에 놓고 가고 그런 식이라. 오지 마라 캐도 아주 징글맞게 와. 뭐 마을에도 부락 회관마다 묵을 거 사다가 놓고 가고, 오만 거 다 놓고 가고, 과일이고 과자고 뭐, 오만 거 사다가 갖다 주고 그라는 기지. 그기 수법이라. 낯빛은 마 반반하이 해가 내미는 건 합의서밲이 없어. 회관에 마 먹을 거 내려놓고, 집에다 선물 갖다 놓고 그라고 그냥 사인 좀 해 달라고 조르는 기지. 매일같이 와, 매일같이." 남, 80대

"내도록 합의서만 들고 다니다가 묻는 말에는 대답도 안 하고 그카다가 합의서에 도장만 찍어 주믄 그 담날로(다음 날부터) 안 나타나는 기라. 목적이 그것밲이 없어." 여, 80대

"부산 한전에서 전화가 왔어요. 이래가지고 내가 한 서너 번 왔는 거라. 내가 대화를 한번 해 봤거든. 한번 만나자 하는 거라. 5월 24일인가 모르겠다. ○○회관에서 10시에 만나자 하는데 내가 올라오니까 딱 와 있는 기라, ○○본동회관에. 박스를 9개를 가져왔어요." 구술자1: 남, 80대

"차로, 차로 한 트럭 싣고 왔는 거라. 커피도 이런 박스에 두 박스에, 먹을 거를, 할매들……." 구술자2: 여, 70대

"한전 사랑방이라 하더라고." 구술자3: 남, 70대

"회관에 딱 내려놓고는 내가 물었거든. '할 말은 뭐 있노'……. 이것 때문에 만나자 했다 하는 거라. 사인해 달라 하는 거라. '내가 돈 받으라 해도

사인 안 해 주는데 이건 못 해 준다. 너희가 그냥 주는 거면 놔두고 사인 해 달라 하면 못 한다. 가져가라'……." 구술자1

"뭐, 커피하고 라면하고." 구술자3

"그래서 다 가져갔어요. 할매들은 돈 받은 사람들은 못 먹어가지고 환장해가지고 나한테 전화하는 거라." 구술자1

"동장 때문에 못 먹었다고 전화하는 거라. 2016년도 여름 즈음이었어." 구술자2

"과자 부스러기 이런 걸 회관에 할매들 먹으라고 갖다 주고 그래요. 석 달에 한 번, 라면하고 그런 거 나온다. 인자 설 명절 되고 하믄 추석도 되고 하믄 소고기 사서 가져오고 그란다. 올 새해에도 가져올 끼구만. 내가 가 갖고 '이 뭔교' 하고 한전에서 가가왔다(가져왔다) 캐서 마 한전 직원보고 도로 가져가라 카고 그랬지. 사람들 꼬아 낼라고 그카는 기라. 오로지 그 목적밖에 없어. 주민들 넘굴라꼬 회유를 하는 기지. 우리 찾아오고 선물 주고 하는 것도 그 목적밲이 없어. 뻔한 수법이라." 여, 70대

2008년부터 2012년 사이에 한국전력 직원들은 밀양에 살다시피 하면서 주민들의 집을 방문했다. 마을마다 몇 명씩의 한국전력 직원들이 배정되었는데 그들은 자식처럼 친근하게 굴며 인사를 건네면서 안부를 물었고, 손에는 언제든지 선물 보따리를 들고 있었다. 자신의 집을 찾은 손님을 그냥 내칠 수 없었던 주민들은 직원들에게 차나 다과, 식사 등을 대접했고 그들이 놓고 가는 선물을 거절하다 못해 억지로 떠안곤 했다.

그들은 친밀하고 나긋한 낯으로 사립문을 넘었지만 주민들이 묻는 말에는 답을 하지 않고 오로지 '합의서'만을 내밀었다.

송전탑이 왜 들어서야 하냐, 정말 안전한 거냐 몇 번을 물어도 직원들의 답은 한결같았다. '어차피 들어설 철탑이니 합의·보상금 많이 준다고 할 때 받으시는 게 좋겠다', '어머니 같아서 드리는 말씀이다' 등의 말을 쏟아 놓으면 '정말 그런 건가, 내가 괜한 고집을 부려 젊은 사람들만 고생을 시키나' 하는 생각이 들기도 했다고, 주민들은 말했다. 한국전력은 마을 주민 과반수의 합의서를 받는 일에 전력을 다했다. 일단 과반의 동의를 얻으면 해당 마을 전체가 합의를 한 것으로 보고 나머지 주민들의 동의를 받으면서 다음 마을로 흐름을 이어 갔다.

"이장한테는 '합의가 잘 안 되고 계속 반대하고 이라는데 일부라도 합의를 이끌어 내서 과반수를 만들면 두당 백만 원씩 주꾸마' 이렇게 제의를 했다는 말도 있어요. 이건 사실이 뭔지 모르죠. 이장한테 50퍼센트를 넘기면, 넘겨 주면……. 처음에 합의한 데서 열 명이 부족하다 하면 열 명을 합의가 되도록 하면 두당 얼마 주꾸마, 한전이 이렇게 했다는 이야기도 들었어요." 남, 70대

"그런데 예를 들면, 오만 수법을 하고……. 돈이 제일 효과적이니까 주로 돈을……. 시골의 정서상으로 마을 이장이 '마을이 이렇게 하자' 하는 대로 돌아가고 있습니다. 이장이 영향력이 있고, '이거 안 된다, 나라 하는 일 안 된다, 앞으로 안 좋은 일도 생길 거고, 우리 이 정도로 하고 돈 받고

말자' 하면 그 말에 넘어가는 거예요. 그걸 알기 때문에……. 대개 마을마다 마을 이장이 앞장서서 했거든요. 했지만 어느 날 마을에서 그것도 2013년 말부터 2014년인가, 2013년 말 무렵에 거의 다 합의를 했어요. 한 마을이 넘어가니까 우리도 넘어가고 이렇게 되는데, 마을 이장이 앞장을 선 거예요. 마을 이장한테 정말 휘둥그레질 정도의 돈을 줬다 그러는데 받은 사람이 말 안 하니까 모르죠." 남, 70대

우선 가장 먼저 마을 이장을 포섭하고 그 다음 순서로 이장이나 찬성 주민들을 앞세워 마을 주민 50%의 선을 넘을 때까지 수단과 방법을 가리지 않고 합의서를 받으러 다녔다. 마을 이장 개개인에게 보상금 외 별도의 금액도 지급했다 하는데, 어느 마을 이장이 어느 만큼의 돈을 받았는지 아무도 정확하게 알지 못했다. 한국전력이 지급하는 돈은 원칙과 기준이 없었고, 설사 있었다 해도 밀양 주민 누구도 그 기준을 알지 못했다. 개개인별로, 마을별로 어느 만큼의 합의금을 받았는지 서로 알지 못하게 했고, 이 전략은 합의서를 받기 위해 내달리는 이장들 사이의 경쟁심을 부추기는 효과를 만들기도 했다. 이장들은 돈을 가장 많이 받을 수 있는 최적의 시기를 가늠하기 시작했고 한국전력은 이와 같은 분위기를 부추겼다.

일부 이장들은 이 무렵 무소불위의 권력을 휘두르며 자신과의 관계에 따라 받는 합의·보상금이 달라지는 것처럼 굴기도 했고, 어떤 이장들은 자신 덕분에 마을이 엄청난 금액의 보상금을 받을 수 있게 되었다며 자랑하고 다니기도 했다. 마을 주민 50%의 선을 넘기기 위해 가까운 친척

이나 지인들의 주소를 이전하여 마을 주민으로 둔갑시킨 후 이들의 합의서를 받고 그들에게 합의금을 지급하게 만들기도 했으며, 이들 가운데 일부를 한국전력과 협상할 마을 주민 대표로 만들어 마을로 지급된 보상금을 가로채기도 하였다. 마을에서 한 번도 본 적 없는 사람들이 마을 거주민으로 둔갑하다 못해 마을을 대표하는 존재가 되기도 했던 것이다.

"요 마을에서는 모두 비밀인 거죠. 한 집에 보상을 두 사람도 받고, 한 사람도 못 받은 집도 있고. 컨테이너 하나 갖다 놓고 돈 받은 사람도 있고……. (중략) 개별 보상금은 7백만 원이라 카던데 마을에 들어온 돈은 더 많다 카더라고. 보상이라는 게 왜 이렇게 애매하게 돼 뿟는지 모르겠어요. 한전 법이라면 한전 법대로 해야지 뭐, 주는 사람은 주고……. 아-들 떡 주듯이 미운 놈 떡 주고 안 주고 하듯이 자기들 입맛대로 하는 거죠." 남, 60대

"○○마을 앞장선 놈이 있거든. 지 동생이 여 살도(살지도) 안 하는데 돈 7백만 원 공돈 가져갔어. 천 2백만 원도 가져갔다꼬, 여기 안 사는데. 그런 사람도 있어." 여, 80대

"즈그 멋대로 왔다갔다 하는데 여기 ○○골에 ○○○ 언니는 내-(내내) 부산에 왔다가 여기 왔다가 이런다 안 합니까. 어떤 놈이 여기 와서 사는지도 모르는 거라." 여, 70대

"우리 마을은 그런 게 없는데 다른 마을은 많다고 들었어요. 반대 주민들 모르게 하니까 우리는 모른다꼬요. 합의 기준이 찬성 가구 33가구 이상

이었는데 한 집에 세 명이 보상금을 받기도 하고, 세입자는 주민등록만 올려서 보상금을 받고 가 버렸는데 집주인은 보상받지 못하는 경우도 있고, 움막을 지어서 주민등록도 없이 보상받은 사람도 있는데 그 사람은 병이 들어 죽어 버렸고……. 암튼 마음대로 했어요. 자기들 입맛대로 애 먹이는 사람은 해당되는 사람도 빼 버리고……. 결국 대상자를 늘리기 위해가지고 즈그가 말 잘 듣고, 그런 사람들을 해가지고 과반수를 넘겼다고 합의를 이끌어 내기 위해서, 그런 식으로 술수를 써서 하는 겁니다." 남, 70대

한국전력은 마을 주민 과반수의 합의서를 받는 데 혈안이 되어 있었다. 수단과 방법을 가리지 않고 밀어붙여 일단 마을 사람 50% 이상의 합의서를 받은 후에는 주민들에게 자신들이 거주하는 마을이 이미 '합의했다'는 말을 퍼트리고 '이미 끝난 일에 고집을 부려 봤자 돈을 받지 못하는 불이익을 당할 뿐'이라는 말을 앞세워 나머지 주민들의 합의서를 받았다.

'이미 다 끝난 일인데 더 이상 고생하지 마시고 이번이 마지막 기회니 돈을 받으시라'는 말로 은근히 설득하거나 '합의서에 도장을 찍지 않은 사람들 몫의 보상금을 합의서 도장 찍은 사람들이 다 받아 쓸 수도 있다'는 등의 말로 송전탑 건설에 반대하는 주민들 사이의 분열을 조장하기도 하고, '마을이 큰돈을 받아 번성할 기회인데 몇 사람이 협조하지 않아 돈을 받지 못하고 있다', '이웃 마을은 합의를 하고 수십억을 받았다'는 등의 말을 퍼트려 합의서에 도장을 찍지 않은 주민들을 마을에서 분란을 조장하는 자, 마을 일에 협조하지 않고 말썽을 부리는 사람으로 낙인

찍기도 했다.

합의서에 도장을 찍은 주민들에게 '합의서 도장 찍지 않은 주민들 때문에 이 동네에 이것저것 해 주고 싶은 게 많아도 해 줄 수가 없다'거나 '나라에서 하는 일을 이렇게 반대하다가는 시에서 받는 기본적인 지원 같은 것도 못 받을 수 있다' 등의 말을 퍼뜨려 합의서에 도장 찍은 주민들과 그렇지 않은 주민들 사이에 갈등을 조장하기도 했다. '마을에 아직 합의하지 않은 사람들이 있어서 내년에 시에서 해 주기로 한 수도 공사가 취소될 예정'이라거나 '이미 다 끝난 일로 계속 고집을 부려서 마을 사람들 전체에 피해를 준다'는 식의 이야기가 퍼지면 합의서에 도장을 찍지 않은 주민들이 마을공동체 안에서 고립될 수밖에 없었고, 이런 고립과 심리적인 압박을 견딜 수 있는 주민은 많지 않았다. 한마디로 합의서에 도장을 찍지 않겠다고 버티는 주민들은 이미 결정 난 일에 대해 여전히 고집을 부리는 사람으로, 몽니를 부려 마을 사람 모두에게 피로감을 안겨 주는 사람으로 인식되었다.

"앞집도 받았다, 뒷집도 받았다 해싸민스르(해 대면서) 이제 다 끝났으이까 빨리 찍어라 카믄서 밤낮없이 전화하고, 찾아오고 하는 기라. 아주 징글맞았다꼬. 막 지금 안 받으면 못 받는다, 니 때문에 마을 돈 못 받아도 되나 캐싸믄서." 여, 50대

"내가 병원에 있는데 막 동네 사람들이 다 합의를 했다꼬, 동네 회의를 해갖꼬 합의하기로 했다꼬 소문이 났는 기라. 그래가 내가 병원에 있다가

마을회관 갔다꼬. 그라이 회의를 하고 있더라꼬요. 2014년 봄에. 내가 그 장소로 가가(가서) 막 합의할라는 사람들을 막 말깄지(말렸지). 그라이 오히려 내한테 '돈 못 받으믄 니 탓이다, 정부에서 하는 일 어차피 못 막는데 돈도 못 받으믄 니가 책임질 끼가' 해쌓는 거라. 철탑 어차피 들어서는데 어떻게 막노 해싸믄서." 남, 70대

"젊은 사람들을 우예 돈으로 꼬실러 뿠는지(회유해 버렸는지) 딱 꼬실러갔다가 딱 주지앉혀 뿔고(주저앉혀 버리고) 나 만(나이 많은) 사람들만 나섰지. 그라이 내 원망을 하는 기라. 우리 땜에 돈 많이 못 받았다꼬, 할매들 땜에 돈 못 받았다꼬." 여, 80대

"우리보고, 내보고 '저 씨발년 왜 안 죽노'……. 죽으면 즈그가 찬성해갖고, 이 철탑 다 들어오게 해갖고, 하겠는데……. 돈을 받아묵기는 받아묵었는데, 우리를 이 열 몇 명을 다 넘가트려 주면, 내가 죽으면은 돈을 지가 더 받아묵게 돼 있는가 봐. 한 사람당, 한 사람을 찬성파로 이렇게 해 주면은 두당 얼마씩, 이렇게 한전하고 계약이 돼 있어." 구술자1: 여, 70대

"130만 원씩." 구술자2: 여, 80대

"그래서 내보고 이란다. '저 씨발년 저게 왜 안 죽노. 죽으면 사람들 다 찬성해갖고 돈 받아물(받아먹을) 낀데', 이런 식으로 욕을 하고, 온 그런 욕을 할 때 오만 욕을 다 하는 걸 말도 몬 하고……. 요새 우리 그 사람들보고 서로 만나도 나는, 우리는 침 뱉아요. 침 뱉고, 즈그는 데모라꼬 나오도 안 하고 돈을, 인센티브 해가지고 돈을 얼마나 더 받아묵고……. 한 집에

세 가구로, 장모도 살고, 조카도 살고, 사위도 살고 이래갖고 한 집에 세 세대를 해갖고 돈을 9백만 원씩 받아묵고……. 또 세 들은 사람, 우리 집에 세를 들었는데, 세 들은 사람은 돈 받아 나가 삐면(나가 버리면) 그만인데 그 사람도 9백만 원 받고, 찬성파 많이 늘리기 위해서 그런 식으로 하고……. 우리 지금예, 지나댕김서러(지나다니면서) 말 안 합니다. 말 안 하고……." 구술자1

말 그대로 한동안 밀양에서는 합의서에 도장을 찍은 사람과 찍지 않은 사람만이 존재했고, 합의에 이른 마을과 그렇지 않은 마을만이 존재했다. 한 마을이 마을 합의금을 받고 개별 합의금도 50% 이상 수령하여 분위기가 기울었다고 판단하면 한국전력은 곧바로 다음 마을을 '함락'하기 위해 나섰다. 한 마을이 합의에 이르렀다고 공표하는 단계에 이르면 곧바로 다음 마을에 이런 분위기와 흐름이 전달되었다. '옆 마을은 적정한 때에 합의하여 높은 액수의 보상금을 받았다'는 소문이 돌면 이 소문이 곧바로 다음 마을 사람들을 압박하는 수단이 되었다. 마을들을 하나둘 '함락'해 나가는 이 파죽지세의 흐름을 주도하는 것은 '돈'이었으며, '돈'의 배후에는 온갖 속임수와 거짓말이 있었다. 주민들 사이에 '한전은 숨 쉬는 것 빼고는 다 거짓말이다'는 말이 돌 정도였다.

"한전이 얼마나 교묘하냐면, 처음에는 이 마을하고 저 마을하고 교란작전을 합니다. 예를 들어 처음에 우리 할머니들보고 '우리 ○○마을은 이미 합의했다'면서 '할머니 합의 빨리 해야 됩니다', 안 하면 돈 못 받는다 하고……. 합의할 적에 그 다음에, 이게 거기에 단서가 있었는데 언제까지 안 있습니까, 합의 안 하면 돈 한 푼 없다고 ○○삼거리에 현수막까지 다 붙여 놨어요. 그 후에 해가 지나가지고 합의 못 해갖고 처음에 주민들이 돈 안 받은 ○○마을 사람들 네다섯 명이 우리 집에 찾아왔어요. 2013년 12월 말 정도. 그래갖고 저는 '그건 공갈입니다' 했는데 그래도 그 사람들은 나중에 못 받는다 싶어 도장 찍는 거라." 남, 60대

"그런 사람 많았지." 여, 70대

"2014년 4월 달 돼서 합의 안 한 마을이 있었어요. 다 안 해 준 마을이 있었어요. 한전이 공갈 협박 비스무리하게 주민들한테 온갖 작전을 다 벌였어요. 진짜 추잡해요." 남, 60대

"2014년 6월에 좀 있으니까 나이 젤 많은 할배하고 할매 너이가(네 명이) 한전에 몰래 가서 돈을 탔어요. 행정대집행 이후에 송전탑 투쟁도 끝나고 한전에서는 '안 받으면 낙동강 오리알 된다. 너희 언제까지 안 타면 국고에 환원된다' 그런 이야기를 한 거죠. '개별 보상금을 타지 않으면은 국고에 환수된다. 낙동강 오리알이 된다. 못 탄다. 언제까지 빨리 타라'……. 아주 밥 먹듯 하는 거예요. '한전은 숨 쉬는 거 빼고는 다 거짓말이다' 그랬어요, 우리가. 거짓말도 그냥 하는 거예요. 방금(금방) 들킬 거짓말도 하는 거예요." 남, 70대

가끔 깜짝 놀랄 만큼 세상이 엉터리로 돌아가고 있다는 사실을 발견할 때가 있다. '내가 사는 사회가 이렇게 원칙도 없고 체계도 없이 주먹구구

식으로 돌아가고 있었다니, 이렇게 해도 세상이 돌아가긴 하는구나' 하고 깜짝 놀라는 것이다. 한국전력이 마을별로 합의를 이끌어 내는 과정도 그랬다. 농촌 지역에서는 행정구역 단위인 '리'보다도 더 작은 단위인 자연마을이 생활 단위와 관계 거리, 네트워크의 규모 등의 측면에서 더 중요하게 인식된다. 하나의 행정구역으로 묶여 있긴 하지만 실제로는 인접한 이웃들로 구성된 자연마을 단위로 모이고, 마을 활동도 이 단위를 중심으로 이어 가는 경우가 많다. 마을 잔치, 마을 공사, 당제나 지신밟기 등의 행사가 대부분 이 자연마을 단위로 운영된다.

한국전력은 이런 점을 십분 활용하여 송전탑에 인접하여 송전탑 건설에 반대하는 자연마을과 송전탑에서 멀리 떨어져 있으면서 송전탑 건설에 찬성하는 자연마을이 하나의 행정구역으로 묶여 있는 경우 찬성 입장을 표명한 자연마을 단위 주민이 50%가 넘는다는 사실을 들어 해당 마을이 송전탑 건설에 찬성하는 입장을 표명했다고 밝히기도 하였다. 마을 보상금의 경우에도 찬성 입장을 밝힌 자연마을에 전액을 모두 지급하여, 실질적인 피해가 크고 반대 입장을 갖고 있는 자연마을 주민들이 자연스레 배제되도록 만들었다.

"우리 마을은, 저 앞에 면사무소 마을이 ○○마을인데 암튼 그-랑(거기랑) 우리랑 한 마을이라. 하나의 리라. 거기는 100가구, 우리는 30가군데 둘이 합해서 반으로 나누면 65가구라. 그라이 65가구만 넘으면 과반이 넘는다 안 캅니까. 그래갖고 우리도 모르게 즈그끼리 합의해갖고 우리 동네하고는 상관없이 합의해갖고 '여기도 합의를 했다' 이래 공표를 한 기지요. 보상금도 우리 마을 것까지 그-서 다 받아 갔다는 기라. 한전 본사에 가서 항의도 했는데 꿈쩍도 안 해. 자기들은 지급했다 이기라. 전체 가구 몫을 다 가져간 거지, 그쪽에서. 그라고도 힐링이다 뭐다, 이발해 준다, 술사 준다, 사진 찍어 준다 뭐 캐싸민서 난리가 난 기지. 그 왜 죽을 적에 하는 그, 그런 사진도 찍어 주고 그란 기라. 합의 안 한 사람들이 보면 기가 차는 거예요. 감히 저란 짓을 한다 싶으고……. 즈그는 마 술 먹고 도랑에 빠지고 난리라. 합의 안 한 사람들이 보기에는 꼴 사나운 짓이라. 우리 거는 일체 손대지 말라 해도 말은 듣도 안 해." 남, 70대

한국전력은 송전탑 건설 반대 운동에 참여한 주민들의 개별 보상금을 이 반대 주민들의 의사를 묻지도 않고 합의에 찬성한 주민들에게 맡겨 버렸다. 대부분의 마을에서 이것이 새로운 분쟁의 씨앗이 되었는데 한국전력에 따지면 자신들은 이미 다 지급했으니 문제가 없다는 대답을 하고, 합의 찬성 주민들에게 따지면 명확한 답변을 하지 않은 채 얼버무리기 일쑤였다. 반대 의사를 밝힌 주민들은 자신들의 의사와 무관하게 본인들 몫의 개별 보상금이 마을의 다른 주민들에게 지급되거나 마을 기금으로 지급된 사실을 두고 계속해서 문제제기를 했지만 이런 문제제기는 대부분 받아들여지지 않았다.

"합의 안 한 사람들 돈을 한전에서 합의한 사람들한테 다 준 거라, 합의 안 한 사람들 몫까지. 우리한테는 마 안 받아 가믄 마을 기금에 넣어 뿐다(넣어 버린다) 협박도 하고 그랬어. 그라더니 마 그 합의한 사람들한테 주

뿐(줘 버린) 기라. 내가 그래 그랬어예. '니 우리 아저씨 있으면 니 내 모르게 이래 했겠나' 내가 그렇게 따짔습니다. '왜 내한테는 아무 말도 안 하고 이 사건을 벌여. 내가 여기 데모하는 데 돈 그거 나는 없어도 되고, 살 수가 있으니까 나는 데모하는 데 기꺼이 나가고 싶으니까 똑바로 해 놔라. 내가 바라는 거는 그거다. 내 위치 그대로 해 놔라', 그라고 내가 지금 지하고 내하고 줄땡기기 하고 있어예." 여, 50대

한국전력이 송전탑 건설 관련 갈등을 합의·보상금 지급으로 마무리 지으려 했다 하더라도 최소한 보상금 지급만큼은 공적인 체계 속에서 이루어져야 했는데 밀양 지역에서는 그렇지 못했다. 지금까지도 마을 주민들 대부분은 한국전력의 보상금 지급 기준이 정확하게 무엇이었는지 알지 못한다. 마을마다 전혀 다른 마을 보상금을 받았고 개별 보상금의 금액도 달랐지만 이것이 합의 시기에 따른 것인지, 송전탑과의 거리에 따른 것인지 정확하게 제시되지 않아 여전히 보상금 지급 기준과 체계는 베일에 싸여 있다.

지역 주민들은 합의를 늦게 한 마을이 더 많이 받았다고도 하고 그 반대라는 말도 했지만 정확한 기준은 파악하기 어렵다. 또한 주민들은 싸움을 격렬하게 한 마을이 그렇지 않은 마을보다 더 많은 보상금을 받았다고 말하기도 했지만 이 역시 확인된 바가 없다. 합의 과정에서 보상금 협상을 주도한 이장이나 주민 대표라고 나선 이들이 한국전력과 맺은 관계에 따라 보상금의 규모가 달라졌다는 진술이 가장 설득력 있는 말이기도 했다.

"마을마다 보상금이, 30개 마을의 보상금이 차이가 나타나거든요. '그게 기준이 뭔가 하는 보상금 마을별 보상금 산출 근거 기준을 제시하라', '정확하게 제시하라', 그리고 '산출 내역을 공개하라'는 요구를 했는데 공개를 안 하고 버티는 거예요. 왜 그런가 했더니 어떤 마을은 송전탑이 많지도 않은데 금액이 많고 어떤 동네는 송전탑에서 가까운데 적고, 이런 게 다 나타나거든요." 남, 70대

보상금 지급 항목도 천차만별이어서 어떤 마을은 힐링비라는 명목으로, 어떤 마을은 정월대보름 기부금으로, 어떤 마을은 마을 잔치 비용으로, 어떤 마을은 당집 보수 명목으로 보상금을 지급받기도 했다. 물론 마을 전체에 대한 합의·보상금으로 몇억대의 금액이 지급되었지만 이와 같은 마을 합의·보상금 외에도 다양한 항목의 금액이 마을별로 지급되었던 것이다. 어떤 마을은 보상금을 여러 차례에 걸쳐 나눠 이체받아 협상 과정에서 여러 변수가 있었음을 추측케 하기도 한다. 직접적으로 돈을 지급하지 않고 태양광 전지판 설치 등을 통해 지역 주민들이 토지 임대료나 태양광 전기 공급료 등의 경제적 수익을 얻을 수 있게 하는 방식으로 보상이 이루어지기도 했다.

그러나 이처럼 일관성 없는 보상금 지급은 지역 내 마을들 사이에 갈등을 만드는 요인이 되었다. 주민들 입장에서는 송전탑으로 인한 피해 유무나 피해 정도와는 별개로, 한국전력과 가까운 거리를 유지하면서 합의를 적극적으로 주도한 주민이 있는 마을이 더 많은 보상을 받는 것처럼 보였기 때문이다. 또, 송전탑이 거주지 인근에 설치되는 마을보다 비

교적 먼 거리에 있는 마을이 더 많은 보상금을 받는 경우도 있었다. 이 때문에 마을 사이의 갈등이 불거졌고 이 갈등은 지금까지도 해소되지 않은 채 또 다른 갈등을 낳는 원인이 되고 있다.

지역 내에서 개별적으로 지급된 합의·보상금보다 더 큰 문제를 일으킨 것은 마을 전체를 대상으로 지급된 합의·보상금이었다. 이것은 규모도 크고 합의 대상이 불명확한 데다 지급 기준도 분명하지 않아 마을 안팎에서 숱한 갈등을 만드는 요인이 되었다. 지금까지 여러 마을이 이 보상금을 둘러싼 법적 다툼을 이어 가고 있으며, 주민 대표로 나섰던 일부 사람들은 횡령·배임 혐의로 고소·고발되기도 하였다.

한국전력은 개인에게 지급하는 합의·보상금 외 마을에 수억에서 수십억에 이르는 합의·보상금을 지급했는데 이 과정에서 마을별로 주민 대표 5명을 선출하여 한국전력과의 협상에 나설 것을 요구하였다. 한국전력으로서는 한 개 마을이라도 더 빨리 합의를 공표하는 것이 중요했기에 마을별 합의·보상금을 서둘러 지급하려 했다. 이런 사정을 파악한 일부 사람들이 주민 대표 5명을 만들어 재빨리 한국전력과의 협상에 나섰다. 주민 대표라고 하면 최소한 주민들 사이에서 선출되거나 마을 사정을 잘 아는 사람들로 구성되어야 하지만 마을 사람 대부분은 자기 마을을 대표한다는 주민 5명이 누구인지 모르는 경우도 많았다. 이 때문에 지금까지 마을에서 받은 보상금이 정확하게 얼마인지 모르는 주민들도 많다.

"몰라, 우리는. 얼마 받았는지 모르지. 소문에는 뭐 몇억을 받았다, 수십억을 받았다 카는데 우리는 암것도(아무것도) 몰라. 우리가 받을 것도 아니고 젊은 사람들이 받아서 알아서 쓰겠지 핸 거지. 마을 좋은 데 썼다 카니까 그런갑다 하는 기지. 뭐 들어 본들 아나. 어디 땅을 샀다 카기도 하고, 그 땅값이 억수로 올랐다 카기도 하던데 정확히는 몰라. 낸중에(나중에) 알아서 갈라 쓰거나 뭐 마을에 쓰거나 하겠지. 우리야 뭐 수중에 몇만 원도 있다 없다 카는데 뭐 평생 억은 본 적도 없어. 몇억 하는 건 텔레비에서 들어 보기나 했지 본 적도 없는데 뭐." 여, 70대

"누가 가서 받아 왔는가 몰라. 뭐 소문에는 ○○네 아바이 친구라 카기도 하고 카는데 우린 잘 몰라. 암튼 요령 있는 사람들이 가갖고 한전이랑 붙어갖고 돈을 받아 왔다 캐. 이장은 알랑가 모르지. 우리야 알 턱이 있나. 주민 대표라꼬 인사를 한 적이 있나, 뭐 동회에 나와 이야기를 한 적이 있나 알 턱이 없지." 여, 80대

"데모도 한번 안 나오고 주민등록도 없고 그런 사람들 전부 데려다가 마을 사람에 포함시켜서 과반을 넘기드이만은(넘기더니) 주민 대표도 즈 그 맘대로 그래 한 기라. 부산이고 창원이고 그란 데 사는 사람한테까지 찾아가고 난리가 났어. 어느 날 합의를 했다 카는데 어이가 없는 기라. 5인 대표라 하는 사람들이 한 명은 마을 온 지 1년도 안 된 40대고, 나머지는 50댄데 그중 한 명은 마을에 오래 살기는 했어도 자기 집도 없는데 대표라고 넣어 놨고, 나머지는 농성도 한번 안 와가, 우찌 돌아가는 판인지도 모르는데 대표로 들어간 기라. 그란 사람들이 마 대표랍시고 합의도 하고 기금도 나누고 그라는 실정이라." 남, 70대

마을에 따라서는 송전탑 건설에 합의하는 방향으로 입장을 정한 이장이나 마을 주민 1명이 독단적으로 나서 자신의 지인이나 친인척들로 주민 대표를 구성하는 경우도 있었다. 이런 경우 이 지인이나 친인척들은 원래 해당 마을에 거주하는 사람이 아니라 주민 대표가 되기 위해 급하게 주소지를 이전한 사람들이었다. 이 때문에 마을 사람들은 주민 대표를 구성했다는 것도, 주민 대표가 마을 보상금 협의에 나섰다는 것도, 그 협의를 통해 얼마의 보상금을 받았는지에 대해서도 전혀 알지 못했다. 주민 대표를 내세워 협상을 하자는 것도, 주민 대표를 구성하는 방식도 모두 마을 주민 전부의 논의와 합의를 거쳐 결정된 것이 아니라 한국전력에 협력하는 사람들 사이에서 폐쇄적이고 독단적인 방식으로 결정된 일이었다.

　"10억 이상 되는 마을 보상금으로 밀양 시내에 돼지국밥집 7억 몇천짜리 건물을 샀다고 하더라고요. 서편이라는 곳에 토지를 3천만 원에 구입했고, 마을 주민들 명의로. 그런데 그것도 지금 이상하게 사갖고……. [김영희: 이상하게 샀다는 건 무슨 말씀이세요?] 보상이 손해가 났다 카더라고요. 산 기 값이 떨어졌는지 우쨌는지……. 주민 대표 다섯 명 명의로 사면 안 되는데 그걸 주민 대표 이름으로 했다가 말이 많으니까 마을 법인을 만들어서 법인 명의로 돌려놨다 그러는데, 어떤 사람들은 5천 몇백만 원 들은 걸 속였다고 하기도 하고 뭐가 진짠지 알지를 못해요. 전부 다 소문일 뿐이지 명백하게 알지를 못해. 말해 주는 사람이 없으니깐에……." 남, 60대

"12월 31일 동회 며칠 전부터 이미 한전과 합의를 했고 어디에 땅을 샀다는 소문이 돌았어예. 동회에서 추궁해 보이 마을 전체로 10억 5천만 원을 받기로 하고 합의했다는 사실이 드러났지예. 12월 24일에 이장이 8억 입금 받아서 12월 27일 이장 명의로 7억 원에 인자 부동산에 계약을 이미 한 거라예." 남, 70대

"우리 마을은 380만 원, 지각끔(제각각) 받은 돈이 380만 원⋯⋯. 딴 동네보다 적다. 총 8억 9천이라 카는데 그중 5억 3천 4백만 원이 마을 보상금⋯⋯. 어디다 썼는지는 몰라. 아무도 몰라. 저 다른 동네 저는(저기는) 시내에 상가를 하나 샀다 캐. 가게를 한다는데 마을 사람들이 아는지 모르는지, 결산은 하는지 몰라. 대부분 결산도 안 한다꼬." 남, 60대

"우리 면에서는 3개 마을이 모아서 12억 들여서 저 ○○지역에, 그 인근에 땅을 샀어, 사과밭을. 거기 국제공항 들어온다고 해가 땅을 사 놨는데 공항이 안 들어오는 기라. 공항이 들어설 자리에 사는 사람들이 물러나고 나면 그 옆 인근 땅이 땅값이 오를 거라는 말만 듣고 샀는데 공항이 안 들어서서 손해만 본 기지." 남, 60대

애초에 주민들의 뜻에 따라 선출된 사람들이 아니었기에 협상 과정뿐 아니라 합의·보상금으로 받은 돈을 집행하는 과정에서도 마을 주민들의 의견은 전혀 고려되지 않았다. 마을 합의·보상금 지급은 밀양 지역에 때 아닌 부동산 투자 바람을 일으켰다. 대부분의 마을에서 수억에서 수십억

에 이르는 돈을 받은 이른바 주민 대표들은 밀양 지역이나 그 인근의 땅을 샀다. 이 과정에서 법인을 세워 땅을 매입한 이들도 있었지만 주민 대표 개인 명의로 땅을 산 사람들도 있었다. 이런 경우 소유권 이전 등의 문제가 불거져 법적 소송의 대상이 되었다. 몇 년이 지난 뒤 처음 구입했을 때보다 땅값이 오른 경우나 땅값이 내린 경우 모두 문제가 되었는데, 시세 차익이 누구의 몫으로 돌아가야 하는가에 관한 문제부터 손실을 누가 어떻게 보전할 것인가 하는 등의 문제에 이르기까지 모두 다툼의 씨앗을 품고 있었기 때문이다.

"○○○가 새마을지도잔데 농사를 지으면서 부동산에 손을 댔다 카데요. ○○군 ○○이라는 데 다른 사람하고 공동 투자로 땅을 구입했는데, 캠핑장 할라꼬 땅을 구입했는데 공동 구매자 중에 문제가 생겨가지고 서류를 검찰에 바로 제출을 했는가 봐요. 6월에 구속을 했는데 관계되는 사람 전부 소환해서 수사를 벌였다는데 동장도 두 번인가 세 번 불려 갔다나 봐요. 소문에는 그기 한전에서 받은 마을 돈이랑 관련이 있다 이기라. 근데 ○○○는 말하기를, 마을 돈과는 아무런 관련이 없다 카는 기라요. 마을 주민 대부분 알기로는 2억인 땅을 3억으로 팔아서 1억을 번 걸로 아는데 본인은 절대 아니라 캐. 지금은 보석으로 풀려났다는데 우예 될지 모르지 뭐. (중략)

마을에서 받은 돈이 얼만지는 모르겠지만, 마을공동기금으로 땅을 샀다 캐요. 그 땅에 대한 소득은 1원도 없다 캐요. 구속된 사람이 새마을지도잔데, 그 5인 대표 중 한 사람이라. 직접 농사를 짓는데 소득은 있었다 카는데 결산을 안 했어. 동장이 결산 보고 할 때 다른 의견 있냐꼬 물어봐도 이의를 제기하는 사람이 없어요. 그 땅은 5인 대표 공동 명의로 되어 있고, 즈그들은 적법하게 구입했다고 하는데 모르는 기라. 마을 주민을 직접 데려가가 산 땅을 보여 줬다 카는데, 3억 정도 되는 땅인데, 이 땅을 어떻게 쓸 거다 이런 계획도 없고 결산도 없고, 뭐 세금 관련해서도 뭔 문제가 있었다 카는데 알 길이 없고 그란 거지요. 판 사람하고 산 사람 사이에 이면 계약도 있었다 카는데 모르겠어요. 이장이 이란 게 밝히지믄 큰일 날 낀데 모르겠어, 전혀." 남, 60대

"우리는 개별 보상금은 260만 원. 마을발전기금이 3억인가 한다 카데. 정확히는 모르는데 아파트 두 동을 샀다 캐. 이장하고 주민 대표 5인 명의로 샀는데 다시 바꿨대. 명의 때문에 소송이 붙었는데 어찌 됐는지 몰라. 아파트 팔아서 돈을 찾아 쓸라고 했는데 한 명이 도장을 안 찍어 주가 못 찾았대." 남, 40대

"○○동은 땅을 샀다 하는데 땅을 안 사고 누가 돈을 쓰고 안 내논 모양이라. 126만씩 갈라 뜯고……. 그래가 싸움이 붙었어." 남, 80대

"마을에 나온 보상금으로 아파트를 샀는데 서로 의견이 안 맞았나 봐. 주민 대표 5명 즈그끼리. 그래가 갈등이 있고 해가 시끄럽었어(시끄러웠어). 돈 좀 나머지 떨어지는 게 있으면 그중 한 사람이 슬쩍 챙기고 수수료 같은 것도 좀 투명하게 처리 안 하고, 아파트도 3억짜리 사면서 5억이라

하고 그랬나 봐. 그래서 맨날 싸워. 그 사람은 심지어 새 집 지어서 이 마을 밖으로 나갔거든. 보상금 받을라꼬 창고 같은 걸 지어서 여기에 주소는 남겨 뒀어." 남, 40대

"대개 보니까 땅을 사서 5년 후에 가른다고 하더라고. 가를 수 있다, 이런 이야기를 한전에서 흘린 것 같아요. '지금은 가르면 안 되지만 한 5년 지나 흐지부지될 적에 그 돈을 갈라도 된다', '나눠도 그때야 뭐 어떻겠노', 이렇게……. 즈그는 책임질 일이 아니거든. 문서는 없거든요. 그래서 대개 마을에서 땅 사가지고 나중에 가르면 된다는 식으로 땅을 산 거고…….여기 ○○에도 땅을 샀다고 할까요, 그럴 거예요. 땅을 샀지만 그 땅 문서를 우리 몫에 해당되는 것만큼 넘겨라 내가 주장을 하는 거죠." 남, 70대

생전 본 적도 들은 적도 없는 금액의 돈들이 사람들 입에서 오르내릴 때 주민들은 이를 실감할 수 없었다고 말했다. 마을에서 받았다고 하는 그 수억대의 돈들은 지금 어디로 사라졌는지 흔적조차 없다. 그나마 집집마다 나눠 가진 경우는 나은 편이고 어떤 사람이 어떻게 잃어버렸는지, 얼마나 자기 주머니에 챙겨 넣었는지도 알 수 없는 형편이다. 마을에서 수령한 합의·보상금 문제는 지금도 밀양 지역 내 송전탑 경과지 마을 내에서 커다란 갈등의 씨앗으로 남아 있다. 동회(洞會)와 같은 마을 자치회의 기구도 힘을 잃어서 동회의 결산 보고를 그대로 믿는 사람도 사라졌다. 마을 공공 기금 운용의 공공성은 이미 휘발된 지 오래고, 엉터리 주민 대표가 서는 순간 마을 자치의 내적 질서도 붕괴되었다. 어딘가 숨겨

진 돈이 있거나 누군가 그 돈을 착복했다는 소문만 있을 뿐 정확하게 알려진 사실도 없고, 설사 재판이 진행된다 하더라도 마을 내 고령의 여성 주민들에게는 관심 밖의 일이다. 마을 주민들 사이에 서로를 향한 고소·고발이 이어지고 있고 어느 것 하나 말끔하게 해결되지 않고 있다는 소식만이 바람결에 들려올 뿐이다.

마을 합의·보상금으로 구입한 부동산이 여전히 공동 명의로 남아 있거나 마을에서 권한을 부여한 이장 명의로 남아 있는 경우에도 분쟁의 씨앗은 여전히 남아 있다. 한국의 많은 농촌 마을들은 과거 마을 공동 재산을 둘러싼 법적 소송에 휘말린 경험을 갖고 있다. 마을 사람들이 힘을 모아 조성한 방풍림이나 마을 공동 소유의 전답(田畓)이 일제강점기 동양척식주식회사에 빼앗길 위기에 처하자 당시 이장 소유의 땅으로 명의를 바꾼 경우가 많았는데 해방 후에 과거 이장 집안의 후손들과 마을 주민들 사이에 소송이 붙은 것이다. 이 중에는 수십 년씩 소송이 이어진 경우도 있었다. 그런데 마을공동체의 공적 시스템과 무관한 방식으로 조성된 마을 소유 부동산이라면, 문제의 심각성은 이보다 훨씬 더할 것이다. 많은 마을이 앞으로 후손들에게까지 이어질 갈등의 실마리를 안게 된 것이다. 그리고 이 갈등은 이미 여러 마을에서 증폭되고 있다.

"마을 사람들이 다 같이 반대를 하다가 이렇게 갈라서게 된 이유가 뭐라고 생각하세요?" 김영희

"그거는 뭐, 돈 때문이지. [김영희: 돈?] 예. 뭐, 다른……. 내 생각이지만은 돈 때문에 그……. 돈 아이고는 그거이(그것을) 바꿨을 이유가 없잖

아요. 그, 이익이 없으면은 그 따라갈 이유가 없어요, 거기에. 찬성할 이유가 없어요." 남, 80대

　마을 사람들이 입버릇처럼 '돈이 원수'라고 말하는 배경에는, 한국전력의 무원칙적이고 비윤리적인 '보상' 방식 탓에 마을공동체의 공적 시스템이나 민주적인 논의 절차가 파괴되고 문화적 관습과 전통이 훼손되었다는 인식이 자리 잡고 있다. 수십 혹은 수백 년 동안 이어져 온 마을의 전통과 역사, 공동체의 규범적 가치들이 한국전력이 쏟아부은 '돈' 앞에서 속수무책으로 일그러지는 장면을 목격해야 했던 것이다. 무엇보다 주민들을 가장 분노케 하는 지점은 한국전력이 '돈'을 앞세워 주민들을 우롱함으로써 결과적으로 주민들의 인간적인 자존감을 공격했다는 사실이다.
　주민들 사이에 합의서 날인 종용을 둘러싼 경합이 벌어지거나 한국전력 측 주민이 제왕적 권력을 휘두르며 보상금 지급을 사적인 목적으로 활용하는 데 이르면, 더구나 마을공동기금을 둘러싼 횡령, 배임 등의 문제가 제기되는 상황에까지 이르면 한국전력의 이와 같은 대응이 사회적 관계를 파탄 내고 주민들에게 심각한 심리적 상흔을 입혔음을 어렵지 않게 짐작할 수 있다.

"지가 내한테 그카믄 안 되거든요. 하루도 빠짐없이 서로 들다보는(들여다보는) 사이였어. 친동기 간도 그만큼 가깝게 지내진 못할 기라. 그라든 사인데 마 어느 날부턴가 내를 슬슬 피하는 기라. 나중에 알고 보이 보

돈지랄　103

상금을 받아 뿠는 기라. 그라고 내를 피하고 다녔어. 그란 일이 한두 가지가 아이라. 내가 동네 일이라 카믄 내 집 일보다 먼저 발 벗고 나섰어. 여서 내 도움 안 받은 사람이 별로 없다꼬예. 인자는 정이 뚝 떨어져가……. 마 꼴도 보기 싫어예. 우째 사람들이 그카고 돈에 환장을 해가……. 마 이해 못 할 것도 없지만은 내가 마 속이 상하는 기라." 여, 70대

"동네 입구부터 들어오는데 벌써 내랑 눈을 못 마주쳐. 낸중에 보이까 합의금 받고 오는 길이라. 여럿이 같이 가가주고……. 엊그제까지 같이 막 반대하고 싸우던 사인데, 안 그렇겠는교. 그라이까네 마 눈을 못 마주쳐. 그 속이 속이 아이겠지. 내 속도 글코." 여, 70대

마을 사람들은 한국전력뿐 아니라 오래도록 살 맞대고 살아온 자신의 이웃조차 자신들을 '합의서 한 장'의 가치로 대하고 있음을 깨닫게 되었다. 주민들이 목격한 것은 한국전력이 내민 수백만 원 앞에서 자존심과 오랜 인간관계를 저버리는 사람들의 모습이었으며, 이것은 자신들의 가족과 친구와 이웃이 수백만 원의 돈으로 인간적 자존과 존엄을 포기하고 '자신들의 사람'을 잃어버리는 장면이기도 했다.
돈으로 사람을 굴복시키는 장면을 지켜보면서 주민들은 결코 보고 싶지 않았고 볼 필요도 없었던 누군가의 '바닥'을 확인해야만 했고, 이 확인의 과정은 주민들 개개인의 자존을 회복할 수 없는 상태로 훼손하는 일이기도 했다. 그것은 돈 앞에 굴복한 사람이 텔레비전에 나오는 누군가가 아니라 수십 년 동안 '집 안에 숟가락이 몇 개 있는지' 알 정도로 가

깝게 지내 온 이웃이고, 아플 때 돌봐 주고 가난할 때 한 끼 먹거리를 나눠 먹던 친지이며, 함께 학부모 노릇을 하던 '내 아이 친구의 부모'이고, 남편 흉 시어머니 흉을 보며 허물없이 지내 온 친구였기 때문이다.

"사람을 마 돈으로만 보는 기라. 그라이 돈지랄이라 카지. '두당 얼마다' 마 이런 소문이 확 퍼지이끼네 사람들이 마 눈이 벌게가(벌게져서) 이 사람 저 사람한테 합의서를 받으러 다니는 거지. 그래가 마 서로 막 아침저녁으로 숨도 못 쉬게 전화를 해쌓고 '언니 내한테 합의서 주라' 마 이런 부탁을 막 하고, 또 '왜 내한테 안 해 주고 다른 사람한테 합의서 써 줬노' 하면서 막 삐지고 난리가 났어. [김영희: 합의서 한 장당 얼마를 받았는데요?] 몰라, 나는 자세히는. 근데 뭐 소문에는 한 명당 백만 원이라 카는 사람도 있고 몇십만 원이라 카는 사람도 있고 그카데." 여, 80대

"마 내가 팔십 평생 살았어도 이런 돈지랄은 처음 봤어. 다 마 미쳐 돌아가는 기라. 눈이 벌게가지고 달가들어(달려들어). 한 장당 얼마 준다 카이까 눈이 벌게가지고 달가드는 기라. '마 형님 왜 내한테 안 찍고 딴 사람한테 찍어 줬는교' 카믄서 막 따지고 들고, 서로 자기한테 찍어 주기로 했다꼬 막 싸우고 지한테 안 했다꼬 막 삐끼고(토라지고) 난리가 났어. 내가 마 그 꼬라지 보기 싫어가……. 돈 때문에 막 미쳐 돌아가는 기라. 내가 그 돈 몇백만 원 없어도 살고 있어도 사는데 마 그 돈은 더러워서 받기가 싫어. 딱 문 틀어 잠그고 아예 받아 주들 안 했어." 여, 80대

돈지랄

칠십 평생, 팔십 평생을 살아오면서 세상이 어떻게 돌아가는지 모르는 바 아니었지만, 송전탑 건설 과정에서 이들이 목격한 세상은 이제껏 자신들이 살아오던 세상과는 또 다른 것이었다. 웬만큼 세상살이에 익숙해졌다 생각했지만 자본과 권력이 사람들의 삶을 부수고 관계를 파탄 내서 어떻게 회복할 수 없는 지경에 이르게 하는지 처음 제대로 직면한 느낌이었기 때문이다.

그리고 이 과정에서 이들이 외면할 수 없게 부딪힌 현실은 '세상이 자신들을 어떻게 바라보고, 어떻게 대하고 있는가' 하는 것이었다. 이들은 분노했지만 울분을 토하기보다는 이 시선에 굴복하지 않는 삶의 길을 선택했다. 이 실천은 여전히 쉽지 않은 여정이지만, 주민들은 스스로 '자존을 지킬 수 있어 좋다'고 말하며 웃는다. 자존을 짓밟는 싸움에서 이긴 사람들은 '사람을 얻어서 감사하다'고 말한다. 인터뷰를 마치고 한 주민이 말하길, '연대가 돈보다 좋다'고 했다.

"마 나는 그 돈 하나도 안 부럽심더. 뭐 부러울까에. 암만 없이 살아도 그 돈 없어도 삽니더. 내는 뭐 그 돈 안 받고 양심도 챙깄고, 그 돈 안 받은 덕분에 선생님 같은 사람도 만나고, 연대자들도 만나고, 친구도 많이 생겼어예. 이만큼 사람을 얻었으믄 그기 부자지, 딴 게 부자가 아이라예. 안 그렇습니꺼? 몸만 쪼매 괜찮으믄 안 가는 데 없이 다닐 낀데 그기 조금 아숩지 따른 거는 하나도 안 아숩어예. 돈 안 받고 떳떳하이 사람답게 사는 게 낫지……. 그리 생각하믄 적은 돈도 아이지만 절대로 큰돈이 아이라예."

여, 70대

한국전력의 대응 매뉴얼

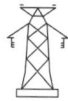

"한전 놈들이 본래 마을 주민들이 단합되면 즈그가 저항이 더 커지니까 와해시키기 위해서, 이것도 자기들 매뉴얼이 있다 하더라고, 소문에 의하면. 어떻게 마을을 그, 분란시키가지고 마을 주민들끼리 싸우구로(싸우게) 만들고 힘을 빼라 이기지. 전쟁하면은 적과 싸워야 되는데 내부가 싸우도록 만드는 기라. 한전이 본래 매뉴얼도 그렇고, 정부도 그렇고……."
남, 70대

"그러니까네 이 한전이나 국가가 완전히 이거는 뭔가 모르게 정책을 잘못 해가지고 마을만 분열시키고, 우리 마을만 그런 게 아니라 가는 곳곳마다 한전이 이 짓거리를 하고 다닌다니깐요. 이거를 지금 여, 나쁜 한전 놈들이 요걸, 정부를 꼬셔갖고 하는 요거부터 고쳐야 되고, 즈그가 그렇게 해선 안 된다는 거, 이거를 전부 온 국민이 알아야 되고, 알려야 됩니다."
남, 70대

"그게 인제 어떻게 되는 과정에, 한전이 그냥 앞장서고 저기 ○○면 있는 사람을 포섭을 해요, 제일 우선적으로 주저앉히기 위해서. 그 수법은 자기들이 수많은 수법 중에 제일 먹히는, 50년 철탑을 세우면서 가장 효과적인 수법……. 자기들 말로는 뭐 53가지나 되는 수법이 있대요. 그거를 적절히 잘 구사를 하겠죠. (중략)

그 다음서는(그 다음부터는) 바로 공권력이 투입됐어요. 공권력을 투입을 하기 위한 하나의 그, 쇼를 하는 거예요. '아, 이렇게 하구나' 하고 모든 것이 돌아가는 것이, 우리가 여기에만 뭐 밀양뿐만 아니고 우리가 사방에 온(전부) 이 투쟁하는 곳은 전부 다 갔습니다. 가서, 다 도와줬기 때문에 우리가 그걸 전부 다 품앗이한다고 갔거든요. 가면 다 똑같은 상황이 벌어지는 거예요. 다 같은 수법이에요. 정부나, 하는 모든 수법이 똑같아요.

그 그냥 뭐 이렇게 주민을 기만하고, 어떤, 욕하고 하고 뭐 이런 수법이 똑같이 이루어지는 거예요. 그러니 이거는 뭐 정말 그 가진 것, 힘없고 이런 사람들은 그냥 오로지 뭐, 시늉만 강요하는, 그런 쪽으로 어디든지가 그렇더라고요. 그래서 '아, 이거는 참 이래서 정말 가진 것 없고 힘없고 이런 사람들은 이렇게, 이렇게 소외되고 이렇게 핍박을 받아야 되는 나라구나' 이런 걸 인제 절실히 느꼈죠." 남, 70대

밀양에서 송전탑 건설 합의서에 서명하지·않은 주민들이 한결같이 말

한 것은 '한국전력이 시골에서 사업을 벌이며 주민들을 압박해 합의를 받아 내는 방식이 하루 이틀 사이에 만들어진 게 아니'라는 것이었다. 주민들은 모두 입을 모아 '한국전력의 수법', '한국전력의 대응 매뉴얼'이 있다고 말했다. 이것은 수십 년의 경험을 통해 만들어진 것이며 앞으로도 한국의 어느 지역에서든 벌어질 수 있는 일이라는 말도 덧붙였다. 과거 어느 지역에서 누군가가 이 '수법'에 의해 삶이 파괴되는 일을 경험했을 것이고 그 일이 지금 밀양에서 벌어지고 있으며 향후 다른 어느 지역에선가 벌어질 일이라는 것이다.

밀양 주민들이 들려준 이야기에 따르면 한국전력의 대응 매뉴얼은 대략 다음과 같다.

먼저 주민들 사이를 친근하게 파고들어 선물을 안긴다. 무엇을 물어도 친절하게 웃으며 '송전탑은 안전하다'는 말을 되풀이한다. 그리고 송전탑이 건설되는 것은 막을 수 없는 기정사실의 일임을 강조한다. 합의한 주민들이 많다거나 이웃 마을이 합의했다는 사실 등을 강조하고, 소문을 많이 내는 것이 좋다. 아예 지역에 내려가 지내면서 마을 사람들 눈에 많이 띄는 것도 중요하다. 주민들이 좀 불편해해도 웃는 낯으로 대해야 한다. 사적인 대화와 접촉을 통해 친밀감을 나누면서 개인적으로 아는 사이가 되는 것이 중요하다. 일대일의 관계를 형성해 거절하지 못할 관계를 만들어야 한다.

이때 마을 안으로 파고들어 마을 사람 한 명 한 명에 대한 정보를 수집해야 한다. 지자체나 국가 기관의 도움을 받을 수 있다. 자녀들에 대한 정보까지 광범위하게 수집하고 각 집의 주요 경제 활동 내용과 자산 현황까지 파악한다. 도움이 필요한 사람이 있으면 도움을 주고, 자녀에게 연락할 수 있으면 자녀 쪽을 공략하는 것도 괜찮다. 돈이 필요한 사람에겐 돈을 주고 자녀의 일자리가 필요한 사람에게는 일자리를 제안한다. 마을에 대한 정보도 필요하다. 마을에서 당장 필요한 자금이 있다고 하면 이런 것들을 적극적으로 활용해 지원할 필요가 있다. 일단 줄 수 있는 것들은 무조건 주는 것이 좋다. 받고 나면 태도가 달라질 수밖에 없다.

"한전 직원들이 뭐 내도록 댕긴 거는 합의서를 받을라 하는 거였으니까네 마 한전 직원들은 그냥 합의 각서 받으러 댕기는 사람이었지예. 그라이 마 우리는 집에 들여다놓지도 안 할라 하는데 자꾸 와가 선물을 놓고 가는 기라. 그라이 마음이 좀 불편하고, 집에 말하자문 손님이 온 긴데 그냥 보내기도 그렇고 그래가 밥이라도 해가 믹이믄(먹이면) 자기 부모님은 어디 사는 누구고 형제는 몇이고 이런 이야기를 한단 말입니더. 그라믄 마 마음이 또 사그리 녹아가지고 '아 젊은 사람이 이래 고생하는데 내가 고집부리가 되겠나' 마 이런 생각이 들기도 하고 그란 기지예.

그란데 마 나중에는 징글징글한 기라. 하도 밤낮없이 전화하고 찾아오고 하이까네. 그라고 자꾸 소문을 만들어. 누가 얼마 받았다, 지금 안 받으믄 못 받는다, 어느 마을이 얼마 받아가 뭘 샀다, 뭐 지금 데모하는 사람들 사이에 불순분자들이 섞있다(섞여 있다), 돈 더 받을라고 데모해 봤자 지금 이상 못 받는다 마 이런 말들을 하고 다녀, 나중에 보이까네. 그라이 꽤

씸한 기라, 내 즈그들을 그리 안 봤는데. 그놈들이 마을에 돌아다니는 것 자체가 분란을 일으키는 일인 기라." 여, 70대

"커피나 간단한 거 선물로 주고 받아먹으면 그 다음부터는 접근을 계속 하는 거야." 남, 70대

"접촉을 하면 어떻게든 자기 사람 만들려고 꼬아 뿐다(꼬셔 버린다). 자기가 꼼짝 못 하게 만든다. 내가 이장이고 꼬으려 하다가 아무리 해도 안 넘어가니까, 각 면별로 이장을 세우면 꼬아 넘어가고 꼬아 넘어가는데, 나한테는 지독하다 했다. [김영희: 설명 같은 건 안 했어요?] 그런 건 없었다. 나를 꼬시려고 전화는 하루 종일 해가 어디서 만나자, 밤에도 대문 열라, 이 지랄 했다. 선물도 갖다 놓고……. '너희 만나면 나 여기 못 살고 가야 한다' 그랬지. 만나자 만나자 하는데 안 만나 주니까 무안[지명]에서 만나자 했다. 주민들 모르게 내가 잘 되겠나. 내가 못 한다 했거든. 얼마 있으니까 문중 종회에 와가 원하는 대로 주겠다 하는 거라." 남, 80대

"요 건네(건너) 마을에 ○○○도 한전 직원한테 선물 받은 양주가 있다고 했다꼬. 손님 왔는데 술 한잔 없냐고 해서 한잔 주면 다음에는 더 좋은 걸 사가지고 오겠다 하고는 술을 사 들고 온다는 기라. 그래가 친분을 트고……." 남, 60대

"한전 직원 ○○○도 와서 자꾸 감 없냐고 물었어. 오면 자꾸 뭘 달라 하더라꼬." 여, 60대

"우리한테 뭐 해 달라 해갖고 신세 지고 나면 그 다음에 보답한다믄서

선물을 사 오는 기라. 이런 식이라, 그 사람들 수법이. 여 시골 할매들은 마음이 약해가 뭐 받고는 그냥 못 있는다 카거든. 그라이 그런 마음을 파고드는 기지. 한전 직원들이 아예 마을에 살았다꼬. 마 우리가 욕해도 싱글싱글 웃으면서 을매나 능글맞았다꼬." 남, 60대

"한전 직원 놈들이 주고 간 선물이 다 독이라. 그런데 뭐 알아도 어떻게 할 수 없을 때가 있었다꼬. 정월대보름 이런 때 시골 동네 찾아오믄 내치기 어렵거든. 그때는 다 받아 주고 밥 한 그릇이라도 먹여 보내고 이란단 (이렇게 한단) 말이요. 그란 때는 농협이고 어디고 정치인이고 막 회관으로 선물을 보내. 그런 거를 우리가 다 받는다고, 정월대보름에는. 이제 그런 때 회관에다가 소고기 같은 거 놓고 가는 거라. 말은 번드르르하게 잘해. 부모님들 같아서 어르신들 드시라고 가져왔다 카고, 마 평상시 잘해 주셔서 고마워서 왔다 카고 그카지. 뭐 새벽에 찾아오는 때도 있는데 뭐 말 다 했지. 완전히 막무가내라." 남, 70대

"당산 근처에서 덤프 트럭 사고가 났어. 당산제 안 지내서 그란(그런) 기니 당산제 지내자는 말이 나왔어, 마을에서. 한전에서 우예 알고 3천 5백만 원인가를 당산제 지내라고 준 기라. 뭐 당집도 보수하고 음식도 하고 하라꼬 그보다 더 줬다는(줬다는) 말도 있어. 암튼 돈 주겠다 해 놓고는 인감 안 가져오믄 돈 안 주겠다 칸 기라.
반마다 두 명씩 해가 여섯 명이 모였는데 그 안에 반대하는 사람이 여럿 있었어. 그래가 한 반만 남았는 기라. 그라믄 그 사람이 돈을 어떻게 받아

서 어떻게 쓰고 또 어떻게 멋대로 합의할지 모른다 캐가 반대 주민도 한 명씩 남았어. 그래도 결국 돈을 받았다는 소문만 듣고 어찌 됐는지 몰라, 반대 주민들은. 한 명 개인 통장에 들어간 걸 1년 뒤에 알게 됐는데 장부 보자 카이까 장부도 완전 엉망이라. 그래가 아주 동네가 시끄러웠다꼬." 남, 70대

"○○○이 하는 얘기로는 ○○마을 이장이 데모라고는 안 나왔는데, 아들이 ○○기업에 취직이 됐다 카더라고. 자식이 거기에 취직할 만한 게 아니었는데……. 한전에서 자식들 취직도 많이 시켜 줬어(줬어). 나한테도 나오면 혹시 집안에 한전 다니는 사람 있느냐고 한다. 찾아내면 그렇게 연결을 시켜서 돈을 간접적으로 주는 거지." 남, 70대

"누구는 아들내미 결혼하는 데 부조를 3억을 했다 캐. 누구 집은 불법으로 증축한 게 있는데 그거 눈감아 준다 카고, 누구 집은 무허가 건물 지어서 농사용 전기 쓰는데 가정용으로 안 바꿔도 된다 캤다 카고……. 이런 사람들은 사실 이게 약점이기도 한 기라. 그라이 그걸 잡고 있으이 합의를 해 줄밖에……. 공사 한참 할 때 헬기 시끄럽다 카니까 양봉 한 통에 20만 원씩 주고, 염소 죽었다 카믄 또 염소 값 주고……. 그라이 마 모르는 것도 없고, 사람들 요래 봐갖고 뭐 필요한 게 있나 보고 그걸 탁탁 갖다 앵기는 (안기는) 기라. 일단 받으믄 그기 또 약점이 되는 기지. 고래 수법을 쓴다 꼬." 남, 70대

돈은 처음에 확실하게 풀어야 하는데 회유와 함께 적절한 압박이 필요하다. 특정 시기까지 합의하지 않으면 돈을 받을 수 없다거나 돈을 받지 않으면 마을이나 동네 이장, 혹은 주민의 자녀와 가족에게 문제가 생길 수 있다는 말을 흘려도 좋다. 회유를 할 때에는 먼저 상대방이 원하는 것을 파악해야 한다. 원하는 것이 분명한 사람을 먼저 접촉하는 것이 좋다. 원하는 걸 주고 이런 사람들을 먼저 포섭해 합의한 사람의 숫자를 한 명이라도 더 빨리 늘려 가는 데 집중해야 한다.

"공직에 있는 우리 조카도 형님은 여기서 사는데 조카 사무실에 찾아가서 돈 안 받으면 공직에 있는 사람 떨어진다 해가지고 사무실에서 조카가 돈을 받았다 카더라. 형님은 안 받았는데……." 여, 70대

"그놈들이 설득 방법 중 아주 나쁜 방법이, '당신들 이렇게 계속하면 자식들 회사에서 다 쫓겨난다' 이런 루머를 퍼트린 거예요. 이게 아주 핵심 문제가 되는 거라고. 그러니까 동네 할머니들이나 '우리 아- 회사에서 쫓겨난다'……. 근데 그게 공무원들이 무슨 이런 경우는 조금 그럴 수도 안 있겠습니까만은, 이거는 공무원이 아니더라도 회사에서 다 쫓겨난다는 루머를 퍼트린 거예요. 아주 악질적인……. 가장 효과가 있었던……. 그라이까 할매들이 안 할라 하는 거예요. '앞으로 계속 불이익을 당한다', '피해가 온단다'……." 남, 70대

"그쪽에서는 이제 어떤 줄을 많이 그, 그러니까 뭐 시청에 뭐, 어, 뭐, 공

사를 떼서 한다든가 이런 어떤 줄이 있잖아예. 그런 줄을 대서 이렇게 사람을 넣어가지고, 막 주로 그 자식들 있잖아요? 자식들 통해서 막 회유를 하고 그러데요. 그 시청에 공사 대는 이런 사람, 또 좀 뭐라 하노, 좀 타지에 나가갖고 막 좀, 좀 잘 안 된 사람들, 이런 사람들 있잖아요. 돈이 필요한 사람들, 이런 사람들 통해가지고 막 마을로 들여보내가지고 막 그렇게 쑤시기 시작하더라고요.

그래가지고 이 한 집에 이제 시청에 공사 대서 하는 그 사람이 들어와가지고는 그 대책위원장이랑 몇 사람한테 가가지고, 이제 막 몇 군데를 다니면서 막 응, 이, '반대할 수 없다. 이거는 국책 사업이라서 반대할 수 없다. 이거 반대하면 다 감옥 간다. 이 외지 사람이 괜히 그러다 즈그 가 뿌리면 (가 버리면) 즈그는 끝이지. 당신들만 손해다', 굉장히 그렇게 하고 다녔던가 봐요. 그래가지고 그 다음 날 되니까 이제, 이제 대책위 위원장하고 그 아까 부부가 왔더라고요. 자기들 안 할 거라고예. 그래서 그때, '이때까지 감옥 간 사람 아무도 없고, 아무도 없고, 그런 걱정 하지 마라', 그래가지고 안심하고 그랬어예." 여, 60대

돈을 건네기 위해서는 돈 받을 사람을 지정해야 하므로 이를 위해 주민들의 성향과 성분을 분석해야 한다. 초반에 마을에 파고들어야 하는 이유도 여기에 있다. 마을 사람들과 친밀한 관계를 쌓는 한편으로 서류만으로 파악할 수 없는 마을 내 현황이나 주민 개개인의 속사정, 마을 사람들 사이의 관계나 정치적 지형을 잘 파악해 둘 필요가 있다. 그런데 돈으로 해결할 수 없는 사람들이 있으므로 각각의 사람들을 만날 때

어디를 파고들어야 하는지 잘 파악해야 한다. 그 사람과 가까운 사람 가운데 접촉할 사람이 있으면 그 사람을 통해 파고드는 것이 좋다.

"북경남 송전선로 소장이 대학 후밴데 내가 이라고 반대하고 다니는 걸 우째 알았던가 새벽에 자는 중에 만나자고 전화가 왔어요. 그때 밀양에 있었는데 만나기 싫어가 부산에 있다고 얘기하면서 안 만날라 했는데 자꾸 한 번만 만나 달라고 해서 역 앞 마음수련 하는 데서 만난 적이 있어요. 하도 안 만나 주니까 소장하고 그보다 더 높은 사람이 한번은 새벽에 집에 찾아오기도 했는데, 내한테 돈을 주면서 내를 매수를 할라 카는 낌새가 딱 있어서 내가 쫓가낸(쫓아낸) 적이 있습니다." 남, 70대

돈을 받고 송전탑 건설에 가장 먼저 합의할 것 같은 사람들을 만나 이들을 잘 포섭해 두는 것이 중요하다. 이때 가장 먼저 고려할 것은 동네 이장들이다. 시골 마을에서 동네 이장이 하는 역할과 영향력은 막대하다. 전력을 집중해서 동네 이장과 관계를 맺고 그가 송전탑 건설 합의 방향으로 돌아서게 만드는 것이 중요하다. 동네 이장이 협력할 것 같으면 그를 전폭적으로 지원하여 그가 마을 사람들의 합의서를 잘 받을 수 있도록 독려하고, 마을 이장이 반대 입장이라면 마을 자치 질서나 공적 체계를 무너뜨리는 것이 중요하다. 마을에 이미 송전탑 건설을 반대하는 대책위원회가 구성되어 있는 경우에도 이를 외면하지 말고 대책위원장을 만나 볼 필요가 있다. 그의 영향력도 이장 못지않게 크고 대책위원장의 입장이 돌아서면 반대하던 주민들의 동력이 흩어질 가능

성이 높으니 이 부분에도 자원을 집중할 필요가 있다. 대책위원장을 회유할 방법을 찾고 없으면 약점이라도 찾는 것이 좋다. 이장과 대책위원장은 합의 방향으로 넘어왔을 때 효과가 매우 크므로 좀 집요하다 싶을 정도로 접촉할 필요가 있다.

"우리 집에 한전 직원이 본사에서 집에 왔는 기라. 즈그 엄마 외가가 우리랑 일가라. 직원 말이 이모가 터미널 거기서 식당을 하고 있다 카믄서 이모를 통해가지고 즈그 엄마랑 우리 집에 찾아왔어. 안 넘어가니까 이모 통해가지고 우리 아저씨 꼬을려고 엄마랑 이모랑 우리 집에 수박을 사서 온 거라. 절대로, 나는 안 된다, 우리 집에 오지 마라 했는데 얼마 있다가 한전 직원 이게 지 엄마랑 이모랑 우리 집에 또 왔는 기라. 그때는 내 화장품 세트 사고 탁주 두 병 사고 수박 사고, 하여튼 그때도 뭐 사가지고 왔데. '암만 이래도 우리는 안 된다. 나는 우리 동네에 한전 때문에 동장을 맡았는데 내가 넘어가면 우예 되노. 고향이 내 여기 태어나가지고 나이가 팔십 되도록 살았는데 내가 너희들한테 돈 받고 넘어가면 되겠나. 우리 조상이 500년 넘도록 거주하고 살았는데' 이라믄서 내가 '느그가 아무리 와도 안 넘어가니까 오지 말라'고 억지로 밀어냈지.

그 사람이 한전 본사에 있다가 외갓집이 우리 일가라고 생전 얼굴도 안 본 사람인데 여기를 왔는 거라. 우리가 저녁에 후쳐 보내고(쫓아 보내고) 그 사람이 가져온 화장품하고 놔뒀다가 아침 일찍 식당 하는 데 아저씨가 실어다 다 가져다줬어요. '이런 거 우리는 필요 없다. 우리는 이런 거 받으면 안 되니까 우리가 주민을 위해 동장을 하는 거지 나는 단독으로 못 움

직인다'고 다 던지고 와 버렸어요. 그리고 나서는 안 오데." 여, 70대

"내가 대책위원장 할 때는 매일 아침 여덟 시 반 정도 되면 밀양시청에 갔는데 그(거기) 가면 일주일에 서너 번씩 마주치는 어떤 마을 이장이 있었습니더. 근데 그 사람이 맨날 얼굴이 벌게갖고 오는 거예요. 결국 그런 사람들은 전부 한전 쪽에 일찍 넘어간 사람들이라요. 한전의 수법이라는 게 그렇심더. 송전탑 시공하는 데 이 구간이 시공사가 ○○물산이라 카믄 부탁만 하믄 다 되니까 여게 사람들 자식들 취직도 시켜 주는 기라, ○○물산에. 한전이 무서운 조직이라요. ○○○ 씨 아들이 내도록 취직을 못 하고 있었는데 우예 그걸 알고 취직을 시켜 준 기라. 그렇게 되믄 부모가 안 나설 수가 없지예. 그게 한전의 수법이라요. 집안에 아는 사람 찾아내서 회유할라 카고, 끝까지 안 넘어가면 돈을 먹었다고 소문을 낸다이끼네." 남, 70대

"지금 밀양에서도예, 각 동네마다 이장을 갖다가 세와 놔면(세워 놓으면), 한전 놈이 전부 돈을 갖고 꼬아 뿔고(꼬셔 버리고) 꼬아 뿔고……." 남, 70대

"대책위원장 하시던 그 어른이 어느 날은 그 이야기를 한번 하시더라고요. 한전 놈들이 집에 찾아와가지고, 집에 없으면 밭에까지 찾아온대요. 자기 대책위원장 하고 있을 때 합의를 해 달라고 사정을 한대요. 그렇게 ○○면에 합의를 보도록 해 주시면 기억(수억)을 주겠다 이런 이야기

를 저희들한테 하더라고요. 그니까 몇억을 당신한테 주겠다 이거죠. 그래 가지고 그 어르신이 답을 뭐라고 했는고 하니까, '너희 참 사람 잘못 봤다. 내가 그런 사람으로 봤나. 이러면서 나 이제 대책위원회 안 한다'……. 그 어르신이 기억 소리만 했지 몇 억 소리는 안 하시더라고요. 안 하시더만은, 밀양 병원에 입양해 있을 때 ○○마을 주민들이 몇 번 오셨어요. 오셔 가지고 6억을 제시하더랍니다, 그 어르신한테. 그러면 한전이라는 곳이 돈이 얼마나 많으면은 한 사람한테 그만큼을 집어 주겠습니까." 여, 60대

"우리 동네도 대책위원장이나 이런 사람한테 회유나 협박이나 많이 왔 겠죠. 많이 와가지고 ○○○ 씨가 몇 번 얼굴이 하얗게 돼 와가지고 '나 안 할란다'……. 구체적으로 말 안 해도 '그만둬야겠다'……. 왜 그러냐 하니 까 '내가 하여튼 힘들다'……. 어떤 거를, 좋게 말하자면 협박을 한다 이 말 입니다. 어떤 식으로 하느냐, 아까 말한 대로 '너희 앞으로 여러 불이익을 당한다'……." 남, 70대

마을 자치의 공공 체계를 통해 선출된 대표가 아닌 한국전력에 협조 적인 주민 대표를 세워 이들로 하여금 개별 보상금과 마을 합의·보상금 을 수령하게 하는 것이 좋다. 이때 이 주민들은 5명 정도로 설정하여 책 임과 권한을 분산하고 합의서를 받는 흐름을 파죽지세로 밀어붙일 수 있도록 몰아가야 한다. 주민 대표는 현재 마을 거주자가 아니어도 상관 없다. 오히려 마을 사람들과 너무 가깝지 않은 사람이 나을 수도 있다. 어쨌든 주민 대표는 이장이 뽑아서 데려오도록 하고 직접 관여하지는

않는 것이 좋겠다. 우리는 누가 됐든 주민 대표로 정해진 사람들과 합의서를 작성하고 합의금을 지불하기만 하면 된다.

"한전에서 마을마당(마을마다) 주민 대표를 다섯씩 뽑으라 캤다 캐. 처음에는 반대 주민 5명으로 뽑아가 나도 포함이 됐었다꼬. 인감을 떼 달라고 해서 안 되겠다고 카니까 내한테는 빠지라꼬 하고 마을에서 뽑은 사람이 아이라 여 살도(살지도) 안 하는 사람을 대표로 세워 뿠어. 이틀인가 지나니까 반대하는 사람들이 아이라 온통 찬성하는 사람들로 다 돼 뿠어. 그라고 나서도 내한테 한전에서 자꾸 저녁을 먹자 캐. 저녁을 먹으러 가자는데 내가 싫다 캤지. 여 사는 사람들이 아이니까 그 마을 대표라는 사람 다섯이 있어도 못 하는 일이 있는 기라. 그라이까네 낼로 꼬아 보다가 안 되이 마을 주민 한 명을 데따가(데려다가) 간사로 일로 시킸어." 남, 70대

"2012년 8월 7일에 주민 대표 다섯 명이 한전하고 합의를 했어. 그중 두 명은 대책위 소속이 아이라. 즈그들이 그 두 사람을 선출한 거매이로(것처럼) 꾸미가지고 합의서에 서명을 했어. 주민들은 합의 사실도 몰랐고……. 그해 9월 가을에 추석 때 주민들한테 한전에서 받은 돈으로 소고기 사가(사서) 돌리면서도 합의 안 했다고 이야기했다꼬." 구술자1: 남, 70대

"그때는 한전하고 합의, 찬성하는 사람은 무슨 짓을 해도 무혐의라." 구술자2: 남, 60대

"2015년 1월 1일부터 ○○○ 씨가 이장직을 맡았다꼬. 그 사람이 주동해가 마을공동기금으로 공동 사업을 추진한다꼬 6억 상당의 부동산을 살

라꼬 했는데 마을 총회에서 동의를 못 받았어. 그라다가 ○○○가 지가 이장이 되면 돈을 개별로 나눠 줄 수 있다고 주민들을 꼬시고 다닌 기라. 그라면서 마 주민들 사이에 의견이 흔들리고 마 틀어지기 시작해 뿠어. (중략) 낸중에 모인 사람들끼리 새 이장을 뽑아서 마을공동기금을 개별로 가구당 4백만 원씩 나눠 뿠어. 나눠 줄 때 서약서를 받았는데, 겉으로는 마을공동사업의 주거 개선 사업처럼 보이게끔 하고, 집행은 개인이 하게끔 그냥 돈을 넘겨주는 형태라. 이런 걸 그 사람들이 다 기획했다꼬." 구술자1

합의·보상금은 합의서에 도장을 찍거나 마을 주민 과반의 동의가 있는 경우 개별과 마을 보상금을 지체 없이 지급하는 것이 좋다. 이때 법적으로 문제가 생기지 않도록 유의해야 하며 문제가 생기더라도 마을 주민 대표들이 이 문제를 모두 떠안을 수 있도록 적절한 시점에서 책임을 넘겨야 한다. 지급 과정에서 약간의 문제가 생기더라도 합의 흐름을 신속하게 만들어 가는 것이 중요하다.

"마을 보상금이 몇억 되는데 ○○○가 마음대로 쓸려고 ○○○ 주도하에 5인 대표를 뽑았어. 마을 회의도 없이 그냥 즈그 맘대로 뽑은 기라요. 마을 전체 보상금이 5억인가 되는데 개별 보상금으로 250만 원씩 나눠 주고 마을 기금이 3억 얼마라. 언제부턴가 다 마을에 돈을 주고 알아서 나눠 가지라 한 거지요. 주민 대표 5명이 개별 보상금도 나눠 주고 마을 돈도 즈그 마음대로 하고 그래 된 기라요. 우리 동네는 아파트를 샀다는 거 같애. 5인 대표 공동 명의로 산 기지요. 마을 사람들은 아무도 모르고, 뭐 회계

결산 보고를 한 것도 아이니까네. 암튼 떳떳한 돈이 아이라." 남, 60대

"○○네 집은 한전에서 따로 7백만 원을 받았다 카더라고. 어느 날은 우리 엄마 통장을 보니까 6백만 원이 들어와 있는 기라. 한 집에 같이 사는데 내는 몰랐다고. 저희 엄마도 돈이 들어온 것도 모르고 있는 기라. 글을 모르니까 예전에 송전탑 데모하러 가면서, 차에 태우고 가면서 은행 가면서 통장을 정리를 해 주는데 그때 번호를 알았는지 우쨌는지, 기가 막힐 노릇인 거라요. 한전 사랑방 뭐 이렇게 해서 2백만 원, 한전 자회사 남부발전 2백만 원, 뭐 이런 식으로, 한꺼번에 돈이 들어온 게 아니고……. 우리 엄마는 몰라. 번호 알려 준 사람도 잘 몰라. 저번에 법원 갈 적에 물어보니까 내한테 말하기로는 7백만 원인가, 8백만 원 뭐 이런 식으로 말하는 기라. (중략)

한 마을에 집중적으로 한 4, 5명씩 돈 좋아하는 사람을 포섭해서 마을마다 한 사람, 한 사람씩 그 마을에 찬성을 할 사람을 포섭하도록 시키는 기라. '너 뒷돈 챙겨 줄게' 이라믄서. 안 되믄 통장 번호만 받아 온나 이란 거지. 내가 확실히 팩트인지 모르겠지만, 농촌에 농사지어서 2억 7천만 원짜리 땅을 산 사람이 있다, 우리 마을에. 아무리 생각해도 농사지어 2억 몇천짜리 땅을 살 수가 없는데……. (중략)

마을에 전체적으로 회의를 해서 그런 게 아니라 마을에 두세 명 내지는 다섯 명이 한전하고 밀약을 하는 기지요. 그래갖고 한 명씩 집집마다 다니믄서 찬성을 받고……. 힘 있고, 좀 영향력 있는 그런 사람을 포섭해가, 마을에서 힘 좀 꽤나 쓰는 사람들을 포섭해서 집중적으로 할머니들, 혼자 사

는 할머니들을 공략하는 거라. 그래가 그냥 통장 번호를 무조건 받아 가는 거라, 그 찬성 주동자가." 남, 40대

이웃한 두 마을이 있다면 그 가운데 합의할 만한 주민이 많은 마을 먼저 공략해서 흐름의 승기를 장악하는 것이 중요하다. 합의 의사를 밝힌 주민들에 대한 지원은 전폭적이고 가시적일수록 좋다. 합의한 마을에 보내는 선물을 눈에 잘 띄게 하고, 합의 의사를 밝히고 한국전력에 협력하는 주민들이 받는 지원도 두드러지게 드러내야 한다. 자본과 물량을 초반에 투입하여 분위기를 만들어 내는 한편 한국전력에 협력할 때 어떤 이익을 가져갈 수 있는지 확실히 보여 주어야 한다.

"마을 사람들끼리 의논을 해가지고 뭐 필요한 게 있으믄 그걸 사든지 해야 되는데 그냥 한전 앞잡이 두세 명이 자기 개인 돈처럼 해가지고 막 돈을 쓰는 거라. 그래가 우리 마을은 트랙터를 샀어. 왜 트랙터를 샀냐면 한전 주동자가 논이 많아요. 보면 콤바인, 타작하는 기계는 엄청나게 비싸거든. 그 주동자 두 사람은 둘 다 논이 많아요. 그러니까 자기 편리하게 거기다 사용을 하는 거라. 마을 회의도 안 하고……. 그 돈 말고도 땅 사고 이런 거를 마을 회의에서 딱 사자 한 게 아니고……. 내가 답답한 게, 나는 반대를 해서 뭐를 사든지 나는 돈하고 관계를 시키지 말라 하는데, 마을에 80대 다 되어 가는 어르신 서너 명 있거든. 나중에 이거 내가 죽으면 아무것도 없을 거다, 이런 생각이 들어갖고…….

한번은, 아니 ○○ 어른이 나를 부르더라고. 내려가니까 ○○○가 있

더라고. 무슨 뭐 연판장으로 들어오라 해서 도장을 찍으라 해서 이게 뭐냐 니까 아니 트랙터 사갖고 자기들 좋을 일만 시키고, 우리 죽고 나면 이거 뭐 할 거냐면서 팔아갖고 나누자 하면서 이러는 거라. 그래서 이제 남은 사람이 젊은 사람이 몇 명 그 트랙터 사서 좌지우지하니까 자기는 살아 봤자 많이 살으면 10년인데 억울하거든. 돈에 견물생심이 돼갖고 나누자면 서 나보고 도장 찍으라는 거야. 그래서 일단 나가리 됐단 이야기를 들었 다." 남, 60대

"한전에서 그 앞에 섰던 주민들 도와준다꼬 마을에 태양광 시설을 설치 해 준다 했습니다. 근데 주민들이 반대를 많이 했어요. 시에서도 허가가 안 났고……. 태양광 설치를 하믄 다른 농사 안 짓고 임대료도 받고 해가 한전에서 돈이 나오는 기라. 땅만 제공하면 임대료를 받고, 아니면 전기 판매 수익도 받아요. 그래가 다섯 군덴가 만든다 캤는데 한두 사람은 포기 를 했어. 마을 여론이 너무 안 좋으니까……. 이웃한 다른 주민들 땅하고 도 연결이 돼 있어가 서로 의논을 해야 되는데 다들 동의를 안 한 기라. 그 래도 마 밀어붙이가 어떤 사람은 공사를 막 시작했어요. 한전이 뒤에서 버 터 준 기지. 합의에 앞장선 사람들은 한전 등에 업고 못할 기 없었는데요, 뭐." 남, 70대

"한전이 소송 비용도 다 대 준다 캤는 기라. 그라이 마 온통 고소, 고발 이라. 그라고 마 횡령 배임으로 걸려도 거리낄 게 없다는 식이라. 마을에 서 뭐 좀 다툼이 나도 핸드폰 들이대가 막 녹음을 하고 이런 식이라. 마을

마다 소송이 한두 건이 아니라예. 다 하면 수백 건이 될 끼구만은." 여, 60대

"우리 마을은 송전탑에서 가까운데 대부분 합의를 안 했고 저 건네 저 마을은 우리랑 한 동인데 송전탑에서 멀어. 합의를 했다꼬. 우리 마을 합의금까지 즈그가 다 받아 써 뿐 거라. 근데 그 합의금만이 아니라. 뭐 때 되믄 힐링한다꼬 뭐 여행도 간다 카고 마을에 막 선물 박스가 몇 박스씩 오고, 명절에도 막 선물 세트 같은 거 막 쌓아 놓고 이라는 기라, 우리 보라꼬. 우리한테 과시하는 기지. 하는 거 보믄 웃기지도 않애예." 여, 60대

어떤 방법으로도 회유되지 않는 주민들에 대한 대응에 유의해야 한다. 경찰의 물리적 힘만으로는 해결되지 않기 때문에 마을 안에서 이들을 고립시키고 반대 운동 주민 내의 분열을 조장하는 것이 중요하다. 분열을 조장할 수 있는 모든 요소를 활용할 필요가 있다. 젊은 사람과 나이 든 사람들 사이의 대립, 토박이 주민과 이주한 주민 사이의 대립, 경제적 지위의 격차에 따른 대립 등을 최대한 이용하고 분열의 틈이 보일 때 이것을 더 벌려서 회복할 수 없는 수준으로 만들어야 한다. 이때 주민들의 약점, 이를테면 불법 건축물이 있다거나 자녀가 공무원이라거나 마을 사람들과 사이가 좋지 않았다거나 하는 등의 사안을 최대한 파악하여 적극 활용한다.

"한전의 수법이 어떻노 카면에, 돈을 가지고 매수가 안 된 사람은 말을 합니다. 우리 집에 여- 와서도, 날로(나를) 담당을 했던 사람이 누고 카면

(누군가 하면), 대책위원장을 해 놓으니까 과장급이 아니고, 차장이 있어. 이 어떻노 하면은, 대책위원장 이런 사람들 보면 뒷조사를 전부 다 합니다." 남, 80대

"○○○과 ○○○ 차장이 우리 하우스에 계속 찾아왔어예. 합의 보자는 얘기는 전혀 없고 송전탑을 어떻게 생각하냐는 말만 계속 물어봐서 죽어도 못 세운다고 내가 그랬지예. 만나자는 약속을 하고 찾아오는 것도 아니고 무작정 하우스를 찾아왔어예. 이제 여기를 오지 말라꼬 카믄서, 다시 돌아가면 언제 누구를 몇 시에 만났다고 적을 것 아니냐 카믄서 오지 말라 했어예. 웃으면서 아니라고 하더라꼬예. '우리는 어떻게 할 필요가 없다. 우리는 송전탑 건설을 안 하는 게 옳은 것이다' 카믄서 다른 데모 같이 하던 사람하고 이야기를 했어예. 내가 사는 이곳이 좋기 때문에 나는 죽기 살기로 하는 수밖에 없다며 내가 울었는데 그때 딱 나를 포기하는 것 같더라꼬예.

며칠 뒤에 같이 반대하던 이웃 사람 집에 그 두 사람이 찾아간 것 같더라꼬예. 그때 기분이 좀 이상하더라꼬. 그 뒤로도 몇 번 그 집에 가는 것 같더라꼬. 내 빼고 무슨 이야기를 하나, 혹 마음을 달리 먹나 싶어가 걱정은 했지만 사람을 믿는 이상 의심을 할 수는 없다꼬 생각했어예. 어디다 말을 할 수도 없고 해서 친정에서 농사 도와주러 온 언니한테 한풀이를 좀 했어예. 그라고 동장 회의 같은 데가 가가(가서) 그런 얘기를 설핏 했는데 어느 순간 소문이 나갖고 그 이웃 사는 여자가 내한테 말을 안 하더라꼬예. 한전 사람들이 교묘하게 사람들 사이를 파고들어가 이래 이간질

을 했어예." 여, 60대

"젊은 사람들이 넘어갔던 제일 큰 이유가 한전에서 수법을 다 알고 있다는 거라니까. '저 정도 버틸 때는 요 얘기 하면 되겠다' 해가지고 '어차피 들어설 거 니 반대해가 들어설 게 안 들어서는 게 아니다. 그러니까 마 적당하게 준다 카는 돈이나 받아묵고, 그냥 뒤로 쪼끔 물러서면 니도 편하고 다 그렇다' 하는 식으로 가 버린 거예요. 남, 60대

"막 사이가 갈라지고 그런 게, 마음이 안 맞아서라기보다는 전 나중에는 결국에는 자금이었어요. [김영희: 자금이요?] 예, 뒷돈. 그러니까 하나하나 이 사람을, 그러니까 미리 와서 여기서 한전에서 그 사람 성향 파악을 다 한 거예요, 동네. '이 사람은 어떻다, 저렇다', 그러니까 한 사람 한 사람씩 이렇게 띠어 내는(떼 내는) 거지." 남, 40대

"약한 자의, 약한 쪽의 맹점을 정확하게 파악을 하고 있습니다. 어떤 식으로 몰고 가고, 어떤 식으로 그거 하고, 학교는 학교대로, 그 다음에 또 어떤 사상적으로 무장이 된 사람은 저 사람을 뚜드릴 때는 어떤 식으로, 또 금전적으로 모자라는 사람은 어떤 식으로, 노인들은 어떻게……. 노인들은 자식들까지 물고 늘어지는 거예요. 실질적으로……. 그런 식으로 하다 보니까 감당이 안 되는 거예요. 그라고 그 나중에 피해가 일어난 건 수습이 불가능한 상황이에요." 남, 60대

어느 마을에 들어가 질문을 해도 비슷한 이야기들이 흘러나왔다. 한국전력의 대응 전략은 이처럼 치밀하면서도 일사불란하게 실행되었다. 한국전력이 이와 같은 종류의 사업을 추진해 온 역사만큼의 경험치가 쌓여 그들의 전략과 노하우 역시 촘촘하게 설계되고, 실행되었던 것이다. 그래서 한국전력 대응 매뉴얼의 개별 장면들은 아주 구체적이고 세밀한 디테일들로 채워졌다.

예를 들면 한국전력 직원들은 마을별로, 개인별로 합의금을 지급하면서 합의금 지급 내역을 지금까지도 명확하게 공개하지 않고 있다. 다른 마을은 얼마를 받았는지, 다른 사람은 얼마를 받았는지 서로가 모르게 하는 것이다. 합의금이 지급되는 방식 역시 한번에 보상금의 형태로 지급되기도 했지만, 그 밖에 여러 한전 자회사를 통해 다양한 항목으로 1백만 원이나 2백만 원씩의 돈이 지급되기도 했다. 돈을 지급한 측도, 돈을 받은 사람들도 보상금이나 합의금으로 한전에서 받은 돈의 총 액수를 명확하게 알지 못하는 경우가 많았다.

얼핏 주먹구구식으로 운영되는 허점처럼 보이기도 하지만 이것은 한국전력의 대응 전략의 일환이기도 했다. 한국전력은 어느 경우에나 송전탑 건설에 대한 정확한 설명, 보상금 및 합의금 지급의 정확한 기준과 지침 등을 제대로 제시하지 않았고, 각종 협의체 등에 제공해야 할 자료 역시 지연시키거나 누락시키는 방식으로 제대로 제출하지 않았다. 그리고 이 모든 공백을 채운 것은 말 그대로 마을에 떠도는 '소문'이었다.

주민들이 알아야 할 중요한 정보들은 모두 소문으로만 떠돌았고 그래서 누구도 정확하게 어떤 사실을 파악하기는 어려웠다. 그러나 그 소문이 사람들을 '합의' 방향으로 몰아갔고, 합의하지 않은 사람들을 압박했다. 중요한 정보를 은폐하고 안개처럼 부유하는 소문으로 흐름을 만드는 전략은 한국전력 직원들이 사람들을 만나는 방식에서도 그대로 드러났다. 주민들은 한국전력 직원들이 주민을 만날 때면 언제든지 일대일로 만났다고 말하곤 했다. 공개적인 자리에서 여러 사람이 함께 만나는 장면은 거의 없었고 공식적인 자리에 직원이 나와서 설명을 하거나 질문에 답변하는 장면도 보기 어려웠다.

심지어 공식적인 직책을 맡고 있는 이장이나 대책위원장이 공개적인 자리에서 만나자고 제안하거나 마을 주민들을 찾아와 제대로 된 설명을 해 달라 요청하는 경우에도 비공식적이고 비공개적인 장소에서 일대일의 만남을 갖고자 하였다. 그리고 이런 자리에 나갈 경우 어김없이 한국전력 직원들은 선물부터 내밀었고 자신들이 줄 수 있는 이익을 먼저 제시해 주민들의 말문을 막으려 했다.

주민들이 밥을 같이 먹자는 게 아니라며 이야기를 제대로 나누자고 말해도 한국전력 직원들은 주로 식당에서 만나 식사나 술을 대접하려 했다. 주민들의 집으로 찾아오는 경우가 아니라면 이들이 주민을 만나는 대부분의 자리에서는 향응과 접대가 이루어졌다. 이것은 주민들에게 일종의 '모욕'이었다. '송전탑이 정말 안전하다고 생각하냐, 근거를 대라'고 질문해도 그들은 웃는 낯으로 '합의서에 서명만 하시면 얼마를 받을 수 있다'거나 '자제분 취직을 시켜 줄 수 있다'는 등의 답변만을 늘어놓았다. 이것은 주민들에 대한 친절이 아니라 주민들의 사회적 자존을 무시하고 무너뜨리는 행동이었다.

"내가 생각할 때는, 일대일로 돈을 줬으니까 '너가 제일 많이 받는다' 이런 기고, '이런 소문을 내면 너가 안 되니까 아무 말도 하지 말라' 이라는 기지. 돈을 받아도 얼마를 받았는지 아무도 모르는 거야." 남, 70대

"돈이, 부락 주민들이 받은 게 똑같아야 하는데 다 다른 거라. 백만 원 받은 사람도 있고, 3천 5백만 원 받은 사람도 있어. 그라이 무슨 기준으로 돈을 준 건지 알 수가 없는 기라. 마을마당도 다 달라. 송전탑에 가까운 마을이 많이 받은 것도 아이라예. 주민 수가 많다꼬 많이 받은 것도 아이라. 한전하고 만난 사람백이 모르는 기라. 따로 만나가 주니까네. 고 따로 만나가 받은 사람도 다 모를지도 모르지. 워낙 여러 달 몇 해에 걸쳐서 이것저것 찔끔찔끔 주기도 했으니까네. 한번에 받은 돈 말고도 받은 기 많다꼬. 그라이 총액은 얼만지 다 모르는 기라." 남, 80대

"공사 한창 할 때 여 헬기 소리가 마, 그 헬기 날개 소리가 말도 못 했거든예. 마, 너무너무 시끄러워갖고. 근데 어떤 사람은 보상을 받고 어떤 사람은 보상을 못 받았어예. 보상 기준이 있으면 그에 따라서 다 지급을 해 주야 되지, 어째 막 요구한 사람은 주고 암 말도 못 한 할매들은 안 주노 말이다." 여, 60대

"동물들이 새끼를 못 배는 거라. 그것 말고도 동물 키우는 사람들은 손해가 많았다꼬예. 그래가 한전에서 돈을 쪼매씩 받았어. 그란데 또 나중에는 불법으로 전기를 썼다꼬 막 하믄서, 그걸로 협박을 해가 합의서에 도장

을 받아 갔는 기라. 그라이 싱글싱글 웃으면서 캐싸-도 그기 다 진심이 아이라." 남, 70대

"내가 여 공사 한참 할 때 그 소음이랑 그런 거 땜에 머리가 너무너무 아팠거든예. 너무너무 힘들었다꼬. 그래가 그 건강상의 피해를, 그거를 다 자료를 제시를 해가 보상금을 쪼매 받았어요. 그거 받느라꼬 내가 막 엄청시리 자료도 갖다 내고 그랬거든요. 그거는 내가 아파서 돈을 받은 건데 그걸 빌미로 또 내한테 돈 받았으니까 합의서에 도장을 찍으라는 식으로 나오는 기라. 내가 그래가 막 뭐라 캤지. 근데 나중에 보이 한전 놈들이 내가 합의서에 도장 찍고 합의금을 받았다는 식으로 소문을 낸 기라. 그래 나쁜 놈들이라꼬요 그놈들이." 여, 60대

한국전력이 송전탑 건설을 추진하면서 밀양에서 벌인 일들은 미숙한 업무 진행으로 인한 과실이 아니라 대응 전략과 매뉴얼에 따라 의도적으로 만들어 낸 결과였다. 송전탑 건설을 추진하는 과정에서 마을 주민들 사이에 불가피하게 입장의 차이로 인한 갈등이 빚어진 것이 아니라 한국전력의 대응 전략이 정확하게 마을 주민들 사이의 불화와 갈등, 마을공동체의 해체를 목표로 하고 있었던 것이다.

예를 들어 보상금 혹은 합의금 지급 문제는 마을공동체를 순식간에 갈등과 분열 상황으로 몰아넣을 수 있는 민감한 사안이기에 뚜렷한 기준과 원칙을 가지고 수행되어야 한다. 사실상 보상은 피해에 대한 보상이므로 송전탑 건설로 인해 발생하는 피해에 대한 규정과 논의, 이에 대한 합의

가 이루어진 후에야 보상금 책정에 대한 논의와 합의가 진행될 수 있다. 그리고 이 과정에서 피해와 보상 내용 및 절차에 대한 부분이 주민들에게 설명되어야 하고, 주민들과의 협의와 동의 절차 이후에야 구체적인 보상 절차에 들어갈 수 있는 것이다. 물론 이 과정에서 주민들은 최대한 상세하게 피해 가능성을 전달받고 이를 통해 자신의 피해 사실을 충분히 인지할 수 있어야 한다. 이에 따라 피해 사실에 대한 충분한 조사가 이뤄진 후에야 보상금을 논할 수 있게 되는 것이다.

그러나 한국전력은 이 모든 절차와 과정 없이 합의서만을 들고 다니면서 '도장을 찍어야 보상금을 줄 수 있다'는 입장을 고수했고, 일관성 있는 지급 기준조차 없이 개인별, 마을별로 각기 다른 금액을 지급했다. 이것은 처음부터 주민들 사이의 갈등과 마을공동체 내부의 분열을 초래할 수밖에 없는 대응이었다. 그러나 이로 인한 사회적 손실과 심리적 외상, 법적 소송과 불법적 행위 등의 문제에 직면하여 이를 해결하는 몫은 고스란히 주민들의 책임으로 남았다.

애초에 '합의를 하지 않으면 보상을 받을 수 없다'는 주장 자체가 이치에 맞지 않는 말이었지만 밀양에서는 이 말에 누구도 의문을 제기하지 않았다. 합의와 별개로 피해가 있는 경우에 누구나 보상을 요구할 수 있는 법적 권리가 있지만 이런 권리는 밀양에서 언급되지 않았다. 백지 수표처럼 합의의 대상과 범위가 특정되지 않은 합의서가 떠돌아다녔던 것이다. 실제 합의서에 어떤 문구가 어떻게 들어가 있었는지 이를 정확하게 기억하는 사람은 없었다.

한국전력이 주민들의 성향을 파악하고 이에 따라 주민들을 분류하여 각기 다른 방식으로 대응한 것 역시 처음부터 마을공동체의 분열을 염두에 둔 것이라고 볼 수 있다. 단순히 송전탑 건설 반대 운동에 결집해 있던 주민들을 흩어 놓겠다는 의도 외에, 마을 구성원들을 분할하여 통제함으로써 개별 구성원이나 마을공동체 전체에 대한 실질적인 지배력과 장악력을 높이겠다는 의도가 있었던 것이다. 특히 소문을 부풀리고 모든 주민들을 일대일로 만남으로써 주민들이 서로를 믿지 못하게 만들었다. 누가 얼마를 받았다고 말해도, '내가 합의서에 도장을 찍고 받은 돈이 아니라 아파서 받은 돈'이라고 말해도 더 이상 서로의 말을 믿을 수 없게 만든 것이다. 그래서 한국전력 직원이 만들어 내는 소문의 효과가 더 커졌다.

또한 마을 주민들에 의해 선출되는 이장이나 동장이 아닌 주민 대표를 내세우게 하고, 마을 동회가 갖고 있는 마을 공동 사안에 대한 심의·의결권이나 예산 구성 및 집행권 등을 침해하여 이 공적 체계를 의도적으로 무너뜨림으로써, 각 마을에 대한 한국전력의 정치적 영향력을 극대화한 것 또한 대응 전략의 효과라고 할 수 있다. 한국전력이 가진 자본과 힘을 활용하여, 주민 대표들이나 송전탑 건설 찬성 주민들이 마을 내에서 그들의 정치적 입지를 강화하고 행동반경을 넓혀 갈 수 있도록 적극 지원함으로써 이들의 배후에 한국전력이 있다는 사실을 은연중에 드러낸 것 또한 같은 효과를 만들었다. 이 때문에 마을 자치 역량은 무력화되었고 마을 주민들은 서로 원수보다도 못한 사이가 되고 말았다. '한전이 사람을 망가뜨리고 마을을 두 동강 냈다'고 말하는 까닭이 여기에 있다.

한국전력이 정확한 정보가 아닌 소문에 의존한 것 또한 사람 관계와 마을을 무너뜨리는 데 크게 기여하였다. 정확한 정보 없이 소문만 떠돌다 보니 주민들은 저마다 자기 방식으로 자신들이 처한 상황을 이해하고 해석할 수밖에 없었고 이 때문에 점점 더 많은 소문이 마을에 떠돌아다니게 되었다. 사실 이와 같은 소문의 대부분은 거짓이었다. 예를 들어 '지금 받아 가지 않으면 받지 못할 것'이라던 합의·보상금은 최근까지도 그대로 남아 있었는지, 한국전력이 몇 년 전까지도 합의서에 서명하지 않은 주민들에게 합의금을 받아 가라는 연락을 한 일이 있었다. 또한 '합의서에 도장을 찍지 않아 마을이 발전하지 못한다'거나 '합의서에 도장을 찍지 않으면 이장이 잡혀간다'는 말도 모두 거짓이었다. '합의서에 도장을 찍지 않아서 우리 마을에 농지 수로 정리가 되지 않고 상하수도 공사도 들어오지 않는다'는 말 역시 거짓이었다. 이 말들 대부분은 한국전력 직원이나 밀양시청 공무원, 찬성 입장의 주민이나 이장의 입을 통해 나온 것이지만 이 모든 말들이 한국전력의 공식 입장은 아니었기에 한국전력은 이에 대한 책임 문제에서도 한발 벗어날 수 있었다. 공적 만남, 공적 발언에 의존하지 않고 개별적인 만남, 비공식적인 소문 등에 의존함으로써 명확한 책임을 회피할 수 있었던 것이다.

언젠가 한국전력이 밀양에서 어떤 매뉴얼로 주민들을 굴복시켜 나갔는가에 대한 이야기를 발표하는 자리에 밀양 이후 송전탑 건설이 추진되는 청도와 홍천, 봉화 등지의 주민들이 참석한 적이 있었는데, 그때 주민들이 입을 모아 말한 것은 '밀양에서 벌어진 그 일이 지금 우리 마을에서 벌어지고 있다'는 사실이었다. 그들은 발표 내용을 들으면서 자신들이 이미 경험한 일 외에 앞으로 어떤 일들이 벌어질지 예상할 수 있었다며 그 사실이 무척 두렵고 힘들다고 말했다. 이분들 가운데 한 사람이 일어나 본인이 한전 직원들에게 들은 다음과 같은 이야기를 들려주었다.

'우리가 밀양에서 다 해 본 일이다. 밀양을 봐라. 거긴 그렇게 심하게 반대했는데 결국 우리가 송전탑 세웠다. 우리가 못 할 것 같냐. 싸워 봤자 어르신만 힘들 뿐이다. 결국 우리가 맘먹은 대로 될 테니 공연히 힘 빼지 말고 돈이나 받으시라. 우리가 한두 번 해 본 일이 아니다. 우리 회사에 가면 다 어떻게 하라는 내용이 있다. 우리가 마음먹고 못 한 일이 없다'…….

한국전력 직원들은 밀양에서의 경험을 승리의 역사로 말하며 밀양 이후의 다음 지역에서 똑같은 일을 하고 있었다. 이 말을 들은 밀양 주민들은 분노하고 경악하지 않을 수 없었다. 한국전력은 밀양에서의 경험을 통해 자신들의 대응 방식에 더 큰 확신과 자신감을 갖게 되었고, 이 대응 매뉴얼을 좀 더 가다듬어 다음 사업에서 활용하고 있었다. 그 사이 한국전력이 동원하는 자원과 수단 또한 풍부해졌다. 경찰을 동원한 물리력이나 돈의 힘만이 아니라 언론의 활용, 개인 정보를 이용한 회유와 압박, 사회적 관계의 파탄, 마을공동체의 해체, 온갖 종류의 소송 등이 모두 전략적으로 활용되었다. 한국전력의 대응 방식은 더욱 정교하고 세밀하게 가다듬어졌다.

이런 한국전력의 대응 방식은 비단 한국전력만의 경험과 노하우만으로 구성된 것이 아니다. 한국전력이 주민들의 개인 정보를 알아내 이를 활용할 수 있었던 것은, 경찰뿐 아니라 지방자치단체의 공무원들을 직원처럼 부리며 동원할 수 있었던 것은 모두 한국전력의 옆자리에 국가 기관이 나란히 손을 잡고 서 있었다는 사실을 의미한다. 그리고 자본과 권력이 결합하여 국책 사업의 명분을 띠고 지역 주민들의 삶을 파고들어 난도질하는 것은 송전탑 건설에서만 나타나는 장면이 아니다. 새만금도, 성주 사드도, 제주 해군기지와 제2공항도 모두 이와 같은 자본과 권력과 국가의 공고한 결합 위에 서 있다. 한국전력의 대응 매뉴얼은 한국전력 단독의 힘으로 구성된 것이 아니라 공기업과 민간 자본과 군과 경찰과 지방자치단체와 그 밖의 국가 기관들이 힘을 합쳐 휩쓸어 온 모든 현장에서 이들이 반복해 온 폭력적 과정의 결과물이다.

밀양에서의 경험을 통해 수정 보완된 매뉴얼이 송전탑뿐만 아니라 그 밖의 무수한 개발 사업에서 다시 활용되고 있을 것이 불을 보듯 뻔한 일이다. 송전탑 건설 반대 운동에 참여했던 밀양 주민들은 연대 활동을 통해 이 사실을 일찍 알아차렸고, 이를 바탕으로 자신들이 경험한 일을 좀 더 입체적인 시각에서 바라볼 수 있게 되었다. '우리가 경험한 일이 우리에게서 멈추지 않을 것이므로 제대로 싸우지 않는다면 이 다음에 똑같은 일을 당하는 사람들이 반드시 생길 것'이라는 생각을 하게 된 것이다. 그렇기에 홍천이나 봉화에서 온 주민들이 밀양에서 벌어진 것과 같은 일을 겪고 있다고 고백한 것이 밀양 주민들에게는 더 가슴 아픈 말이 되었다.

송전탑 건설 반대 운동에 나섰던 주민들은 자신들의 경험을 바탕으로, 다른 지역에서 어려움을 겪고 있는 이들의 상황을 누구보다 더 잘 이해하고 공감할 수 있었다. 밀양 주민들은 송전탑 경과지 주민들에게 공감하는 자신들의 위치와 장소가 어딘지에 대해서도 분명한 인식을 갖고 있었다. 그래서 청도와 홍천, 봉화에서 온 주민들의 말을 듣고 울분을 터트리거나 슬퍼하는 데 머물지 않고 '연대'를 향해 자신들의 자세를 가다듬었다. 한국전력이 밀양에서 벌인 일이 '무엇'이었는가에 대해 발표하고 토론하는 자리에 참석한 밀양 주민 한 분은, 행사를 마무리하면서 다음과 같은 발언으로 '연대만이 견고한 저들의 대응 매뉴얼을 깨뜨릴 수 있는 유일한 무기'임을 보여 주었다.

"한전 놈들이 밀양에서 즈그들이 한 짓을 자랑함선서 다른 데 가서 또 똑같은 짓을 한다 하이까네 속에서 천불이 납니다. 우째 그런 짓을 해 놓고 잘했다 카고, 할매들이 그래 상처를 받고 했는데 '그래도 우리가 맘먹은 대로 송전탑 들어섰다'고 말할 수가 있습니꺼. 그런데 겁먹을 필요 없습니더. 그거 다 별거 아이라예. 그건 우리가 제일 잘 압니다. 지금 힘들어서 그렇지 그놈들 하는 짓 그거 진짜 별거 아이라예. 그거 다 말짱 거짓말입니더. 마음 단단히 묵으시고, 우리도 열심히 연대하겠습니다. 우리도 인자 시간이 많이 지나고 해가지고 마음도 좀 흩어지고 그랬는데 이런 데 와가 다른 지역 이야기도 듣고 하니까 반성이 좀 됩니더. 아직 끝난 게 아인데, 우리 싸움이 끝난 게 아인데 싶고예, 미안하기도 하고예. 인자 우리도 좀 더 열심히 나와가 이래 만나기도 하고 그래야겠다는 생각이 듭니다. 힘내이소. 한전 놈들 그거 진짜 별거 아입니더." 여, 50대

부서진 마을

"참……. 동네가 뭐 분열이라면 우아한 소리고, 그냥 동네가 쪽사리 난 상황이지." **구술자1: 여, 70대**

"박살이 나고 쪼가리 난 상황이지." **구술자2: 여, 80대**

"저 저 저 사람하고 노인회장하고 사촌 간인데도 말 안 한다 아입니까, 송전탑 때문에. 아래 위 집에 사는데도 말 안 합니다." **구술자1**

"돈이 꽉 있으니까 저게 박살이 나고, 없어야만 우리 동네가 좀 살아 볼 낀데 저게 저 송전탑이 살아 있어가 절대 안 됩니다. 절대 안 됩니다. 송전탑이 동네 박살시켰다 안 합니까. 돈이 을매나(얼마나) 많길래 사람을 이래 가지고 노나……." **구술자2**

"여- 여-는 같은 집안 사람들, 육촌 간이고 이래가 가깝게 지냈죠. 우리 아버지도 어디 누고, 또 누구 할배캉 의형제라 캐쌓고 이래쌓다고. 서로 마 이웃 간에 할매라 카고 아주버님이라 카고 그래 마 친지같이 지내고 그랬다 카이. 인자는 다 옛말이라. 길 가다 마주치도(마주쳐도) 서로 눈도 한번 흘깃 안 하고 가는데, 뭐. 인자 끝장났어." 여, 70대

"동네 사람 몇이 몰래 돈을 타갖고 왔어요. 그라고 나니까 우리 얼굴을 못 보는 거라. 그래 떳떳한 얼굴은 아니었죠. 처음에는 미안해하다가 나중 되니까 인제 반대하는 주민들 욕을 하고 다니는 거죠. 인원수가 어느 정도 되고 자기들끼리 모이면 우리 욕을 하고 이런다는 이야기가 전해지는 거죠. 마을에 올 돈, 응당 가져야 할 돈 못 받고 있다고 그런 원망을 한다는 거예요. 어떤 사람은 술 먹고 고래고래 고함지르는 소리가 집에서도 다 들리죠. 우리 집 근처까지 와서 그러는 거예요." 여, 70대

비도시 지역에서 '마을'이 갖는 의미는 도시 지역의 '마을'과는 비교할 수 없을 정도로 크고, 중요하다. 도시에서는 '마을'과 다소 떨어진 채 개인의 삶을 영위하는 것이 어느 정도 가능하지만, 시골에서는 '마을'과 떨어진 채 자신의 삶을 꾸려 나가는 것이 매우 어려운 일이다. 일상의 모든 장면들이 '마을' 안에서 이루어지고 이 '마을' 안의 관계가 사회적 관계의 가장 밑바닥에서 개인의 생활을 떠받친다. 이런 관계가 무너질 때, 이런 토대가 부서질 때 개인의 삶은 어떤 위기에 직면하게 될까.

시골 마을 안에서 공동체가 갖는 권위와 개인의 삶에 미치는 영향력은 거의 절대적인 수준에 가깝다. 이것은 한 세대 안에서만 의미를 갖는 것

이 아니라 이미 수십, 수백 년의 시간 동안 여러 세대를 거쳐 형성되고 이어져 온 자산이다. 마을공동체를 이루는 사람들 가운데 상당수는 부모나 그보다 더 윗대 선조 때부터 '이웃' 관계를 형성해 온 이들이다. 그렇지 않은 경우에도 자신의 평생 동안, 혹은 최소 10년이나 20년 이상 관계를 이어 온 '이웃'들이다. 본인뿐 아니라 자식들끼리도 '친구'이거나 '동창'인 경우가 대부분이다. 또 특정 성씨가 다수를 이루는 집성촌인 경우 마을 구성원들 대부분은 친인척 관계를 이룬다. 지금 80대 이상 여성 상당수는 결혼한 후 현재 거주하는 마을에 정착하여 한 번도 거주지를 이동하지 않은 경우가 대부분이며, 본인의 친정 마을에 한두 번의 나들이조차 가지 않은 이들도 많다. 그런 사람들에게 '마을'과 '이웃'은 평생에 걸쳐 이루어 온 사회적 자산의 총체다.

　이런 마을공동체 내부에서 발생하는 갈등이란 결국 '내 아버지의 오랜 벗'이나 '내 친구의 아버지', 혹은 '내 친구의 할머니', '내 친구의 며느리', '삼촌'이나 '고모', '일가친척 어르신'과의 갈등을 의미한다. 또한 평생에 걸쳐 우정과 혈연 그 이상의 관계를 이어 온 사람과의 갈등을 의미하며, 이것은 한 개인의 내면과 일상을 뒤흔드는 사건이 된다. 이런 관계에서 발생한 갈등은 쉽게 해소될 수 없는 것이며, 심리적 상흔이 깊고 갈등의 파장과 지속성 또한 강하다.

　갈등의 결과가 심각하다고 해서 쉽게 거주지를 옮길 수 있는 것도 아니다. 평생 일군 자산과 삶의 모든 기반이 자신이 살고 있는 '이곳'에 있으며, 이들은 유목민처럼 떠돌거나 이동하며 살아가는 삶보다는 한곳에 뿌리내리고 머물며 살아가는 정주의 감각에 익숙한 존재들이기 때문이다.

농어촌 지역 마을 내부의 갈등이 지니는 폭발력이 큰 것은 이와 같은 마을공동체의 강한 결속력과 일상적 밀착도에 있다. 마을공동체 내 구성원들은 일상을 공유한 이들이기에 공동체 내부의 관계에서 빚어진 갈등은 나날의 생활 세계 속에서 발생하는 문제로 이어진다. 코로나19 팬데믹 기간에 마스크를 받거나 백신 주사를 맞으러 가는 일조차도 마을 이장이나 인근의 젊은 주민들 도움 없이 불가능했다. 단적으로 말해 '마을'에서 고립된다는 것은 일상생활을 불가능하게 만드는 일일 뿐 아니라 생존을 위협하는 일이다.

인간의 존엄을 최우선으로 하는 사회는 존엄을 해치는 모든 폭력적 요소의 발현을 막는 데 최선의 노력을 다한다. 그러나 만약 이와 같은 발현을 막을 수 없었다면 폭력이 유발한 모든 결과를 책임감 있게 인지하고 수용한 후 이를 해결하고 치유하기 위한 노력을 기울여야 한다. 이것이 생명의 가치를 존중하고 구성원의 권리와 자유를 보장하는 사회에서 최소한으로 갖추어야 할 시스템의 윤리다.

문제는 대부분의 사회가 눈에 띄는 폭력의 피해에 주로 주목한다는 사실이다. 객관적 수치로 가시화되거나 시각적으로 곧바로 인지할 수 있는 피해, 사회적으로 합의된 기준이나 제도적 기준에 따라 측량 가능한 피해가 아닌 대부분의 피해는 무시되거나 잊힌다. 그러나 이처럼 가시적으로 쉽게 드러나거나 쉽게 측량되지 않는 '심리적 외상', '사회적 결핍', '사회적 관계와 자산의 손실', '관계의 파탄으로 인한 고립' 등의 문제는 결코 작은 피해가 아니다. 이것은 오히려 눈에 띄지 않는 수면 아래 가라앉아 몸집을 불리며 오랜 기간 지속되고, 그 영향력 또한 생존을 위협할 정도로 막대하다.

그러나 이런 문제가 빚어내는 고통은 '입 밖으로 나온 말'이 되어 세상에 잘 드러나지 않는다. 고통을 겪는 당사자도 이것이 사회적으로 말할 만한 일인지 확신하지 못하거나 애초에 인지하지 못하는 경우가 많기 때문이다. 또한 이런 말들은 재산 가치의 하락이나 병원에서 진단하는 신체적 질병과 같은 것들에 비해 사회적으로 주목을 받지 못한다. 밀양에서 송전탑 건설이 사회적 이슈가 되었을 때나 고리 원전의 재가동 여부를 결정하는 공론화 과정에서도 세상이 주목한 것은 오로지 '돈'의 문제, 재산 가치의 하락과 보상의 문제였다. 그렇기에 지금, 이 '고통의 언어'에 더욱 주목해야 하는 것이다.

"며칠 있으니까 소문이 딱 나기를 뭐라고 났냐 보니까, '여자 셋 때문에 5억으로 합의를 못 받았으니 나중에 5억 못 받을 경우면 너희가 물어내라', 진짜로 '5억 물어내라'를 자기들은 여사로 농담으로 했는지 모르겠지만, 우리한테는, 1억도 없는 우리한테는 우리가 죽을 판 살 판 목숨 걸고 뛰어다녀도 어떻게 할 수 없는 그런 일인 거예요. 마을에서 한 식구처럼 지내던 사람들이 그런 말을 막 쏟아 내니까 딱 죽겠는 거라." 여, 60대

"이제, 지금 우리 동네 화합되는 거는 절대로 안 될 거 같아예. 절대 안 될 것 같고……. 돈 받은 사람은 입 싹 닫고 받아도 안 받은 척하고 사사삭 우리를 보면 숨어 다니고……. 숨어 다녀예. 저쪽 오다가 내가 저쪽으로 내려오면 싹 들어가 뿐다고." 여, 70대

"정말로 나는 사람한테 상처받은 기 너무 많다니까네. 지금도 내는 있제, 나는 있제, ○○○이하고 저래 싸우제, ○○○이는 그냥 이래 다니지만 나는 있제, 밤새도록 그 다음 날까지 운다니까. 그 다음 날까지 나는 내 혼차 운다. 그리고 내가 잘못됐는가 녹음을 한다, 나는. 내가 ○○○이하고 통화한 거를 녹음을 해가지고 그 다음 날 들어 봤다고. 내가 이거 말을 잘못했나 하고. 내 잘못핸 게 한 개도 없거든, 내가 봐도. 내가 하고 싶은 이야기 나는 해야지. 실수했으면 사과를 해야 되고……." 여, 50대

"진짜 철탑만 아니면에, 정말 마을이 너무너무 사이도 좋고 참 잘 지냈는데 지금은 찬성하는 분 반대하는 분, 반이 딱 갈려 버렸어에. 그래갖고 너무 지금 연세 드신 분들이 고통을 받고 계시거든요, 마음적으로도 몸으로, 전부 이렇게 되니까 너무 그런 부분도 가슴 아프고예." 여, 70대

"예전에는 서로 왕래도 하셨어요?" 김영희

"왕래했지. 왕래 다 했지. 했지만은 그 사람들이 이렇게 막 담을 쌓고 사니까, 얼마나 이, 많지도 않은 사람들이 꼭 길에서 만나면 구렁이 만난 것같이 치는 거라. 말도 안 하고 살고……." 여, 80대

"여 참 화목했습니다. 이 마을에, 몇 집 안 되고, 전부 다 외지에서 온 분들이지예. 그분들이 모여가지고 이렇게 화목하게 되기는 참 어려운 데라예. 근데 철탑 저게 해결이 돼야만 어떻게 해결이 될란가, 안 그라고는 지금은 화합하기가 굉장히 어려워예." 남, 80대

주민들의 말에서 느껴지는 것은 단순한 울분이나 분노만이 아니라 깊

은 상실감과 절망감 같은 것들이었다. 대부분의 주민들은 관계의 파탄에서 비롯된 마음의 상처를 회복하지 못하고 있었고 관계의 회복 가능성에 대해서도 강한 회의를 안고 있었다. 정치적 전략과 대응 매뉴얼에 따라, 누군가가 의도한 대로 관계가 부서졌지만 그 부서진 관계를 끌어안고 일상을 살아가며 감정을 겪어 내는 것은 오롯이 주민들 개개인의 몫으로 남았다.

"한전에서, 주모자는 한전 아입니까? 한전에서 이 주민들을 이 분열시키는, 서로 싸우게 만드는……. 주민들이 뭉치면은 한전이 사업하기 힘들잖아요. 상주처럼, 성주처럼 3천 명이 계속 나가면 사드 저 설치 못 합니다. 근께 헤쳐지게(흩어지게) 할려꼬……. 이승만이는 헤쳐지면 살, 죽고 뭉치면 산다 캤는데……. 그러게(그렇게) 만들기 위해서 자꾸 관광도 보내 주고……. 알게 모르게 불러, 주모자들 불러내가주고 식사 대접도 하고 술대접도 하고……. 그러니까 또 인자 이 찬성자들은 또 다른 또 더, 즈그한테 유리한 요구를 하는 거라. 그른께네 처음에는 관광 안 시켰어요. 관광도 시키 주고……. 처음에는 선물도 안 돌렸어요, 명절 때. 선물도 돌리고, 그래 자꾸 찬성자들한테 한전이 환심을 살려꼬 자꾸 노력하는 거라. 그른께네 자꾸 골이 깊어만 가고 있는 거라." 남, 60대

지금의 갈등이 온전히 자신과 반목하는 이들의 개인적인 잘못이라고는 생각하지 않으면서도, 그들 역시 이와 같은 전략과 대응에 희생된 이들이라고 생각하면서도 눈앞에서 등 돌린 사람들과 화해하는 일은 어려

웠다. 그리고 그 갈등은 여전히 현재진행형이며, 송전탑이 사라지지 않는 한 이 갈등 역시 해소되지 않을 것임을 주민들은 잘 알고 있었다.

갈등과 분열을 유도한 '그들'의 전략은 공동체 구성원들 사이에 존재하는 온갖 '차이'를 분쟁의 씨앗으로 만드는 데 있었다. 어떤 마을은 젊은 사람들 때문에 돈을 못 받는다고 화를 냈고, 어떤 마을은 나이 든 사람들 때문에 돈을 못 받는다고 화를 냈다. 어떤 마을은 토박이 주민들이 꽉 막혀서 보상을 못 받는다고 화를 냈고 어떤 마을은 먹고살 만한 이주민들이 유식한 티 내면서 데모만 하러 다니느라 보상을 못 받는다고 화를 냈다. 어떤 이들은 여자들이 데모하러 설치고 다니느라 마을이 평안할 날이 없다고 화를 냈고, 어떤 이들은 세상일을 잘 알지도 못하는 '여편네'들이 나서서 큰일을 망치고 있다며 '암탉이 울면 집안이 망한다'는 오래 묵은 속담을 앞세우기도 했다.

"마을에서는 젊은 사람들 때문에 돈 못 받는다꼬 불만이 많은 기라. 사실 나-(나이) 많은 분들한테 일이백만 원도 큰돈은 큰돈이거든요. 그라이 한 푼이라도 더 받아서 자식들한테 주고 싶은데 이 젊은 사람들이 반대해가 못 받는다 이기라. 데모는 데모대로 하면서 돈도 못 받는다고 불만이 아주 많았다꼬예." 여, 60대

"마을에 새로 들어온 젊은 사람들이 그냥 마 돈에 눈이 벌게가지고 서로 합의를 할라꼬 난린 기라. 우리가 이래 지나가도 인사도 안 해요. 저 노친네들이 세상 물정도 모르고 고집만 부리고 생떼만 써가 자기들도 손해

본다고 얼마나 욕을 하고 했는지 몰라요. 이래 지나다녀도 알은체도 안 해. 이래 나-(나이) 많은 할매들이 겨울에 추워서 얼은 길바닥에 이래 지나가다 넘어져도 일바켜(일으켜) 주지도 안 해. 그란다꼬요, 그 사람들이."
여, 70대

"할매들이고 연대자들이고 다 여자들뿐이라. 또 대책위에서 열심히 하는 사람들 중에 여자들이 많거든요. 그래서 '밀양 할매'라 카기도 한다고요. 근데 그게 마 눈꼴시어 못 보는 기라. 암것도 모르는 여자들이 설치고 다닌다고 그래 말하고 그래 다닌다니까요. 반대하는 사람들 중에도 여자들이 목소리가 크다고 싫어하는 사람들도 있어요. 뭐 그런 사람들 대부분은 인자 다 합의해 뿠지만은……." 여, 60대

처음부터 송전탑 건설에 대한 입장이 달랐던 주민들과 달리 송전탑 건설 반대 운동에 함께 참여했다가 입장을 바꾼 주민들과의 관계는 여전히 반대 운동에 참여 중인 주민들에게 가장 큰 상실과 풀어야 할 과제로 남아 있다. 주민들은 '두들겨 맞고 추위에 떨고 힘들었어도 차라리 다 같이 싸울 때가 좋았다'는 말로 이 상실감을 표현하기도 했다. 함께했던 경험을 가진 이들이 멀어졌을 때의 상실감은 다른 그 무엇과도 비교할 수 없는 것이었다. 특히 입장을 바꾼 주민들 중에는 태도 변화 이후에 적극적으로 반대 운동 참여 주민들을 공격한 이들도 적지 않았다.

"가까운 사이가 더 힘든 게 무엇이냐면, 옛날에는 형님 아우 잘 지내다

가 요즘은 서로 등 돌리고 그냥 지나가. 그게 제일 답답하고……. 갈등이 너무 심해. 왜 심하냐. 옛날에 그렇게 지내던 사이가 정 없다고 못 하거든요. 옛날 싸우고 할 때, 데모하고 할 때 '뭐 먹어라', '내가 바쁘니 네가 가고', 서로 그래 가다가……. 한 사람이라도 같이 가지 합의는 절대 없다 했거든. 그래 같이 싸우다가 합의한 사람들한테 내가 '같이 간다 안 했나, 왜 이런 짓을 하나' 했더니 말을 못 해." 여, 70대

"할머니들이 움직여가지고, 또 뭐 우리 동네 한, 한, 열 분이 넘어가셨어. 마음에, 돈이, 돈이 유혹이 되어가지고 넘어갔는데 그 사람들하고 사이가 안 좋, 안 좋아지는 거는 자동으로 인자……. 자기네들이 우리를 못 보는 거지, 미안해서. 미안하기도 하고……. 그런데 지금에는 인자 괜찮다고 뭐, 이 우리가 이해를 하고 해도 자기네들이 못 어울려. 우리를 똑바로 못 쳐다보는 거라. 양심에 찔려가지고……. 아무래도 양심에 찔리는 일이잖아. 즈그는 돈을 받아먹고 우리는 돈을 안 받아먹고 있으니까 우리는 든든한 거지.

그냥 같이 내가 음식 해 놓고 잡수러 오라고 놀러 오라고 해도, 자기네들이 못 와. 한 동네 살면서 가구 수도 많지도 않는데, 기왕 뭐, 송전탑은 들어섰으니까 그냥 같이 모여가지고 놀고, 옛날처럼 지내자고 그래도, 자기네들이……. 원수같이 생각하는 사람이 있는가 하면은 양심에 찔려가지고 못 오는 사람들이 있지. [김영희: 원수같이 생각하는 사람들은 또 왜 그렇게…….] 그 사람들은 인자 빨리 합의를 안 한다고, 우리보고. (중략)

'느그 때문에 다른 돈도 못 받는다', 이래 나오는 거지 뭐 우리보고. [김

영희: 마을을 위해서 더 쓸 수 있는 이런 돈을요?] 예, 예. 아무것도 안 해 준다 하더라, 합의를 해야지 다 해 준다 하더라, 상수도 이런 관계, 물 내려가는 수로 이런 것도 인자 해 줄 것도 안 해 준다, 느그 때문에 우리 피해 본다, 이래 나오는 거지. 그러니까 원수이(원수가) 되는 거지." 여, 60대

"정말로 죽고 싶을 때가 많아예. 그럴 때, 이래 친한 사람들끼리 분열이 일날(일어날) 때는 나는 딱 죽고 싶더라고예. 막 비비 꼬아가지고 사람을 갖다가 왕따를 시키는데, 딱 죽고 싶더라고요. 얼마나 울었는지 모릅니다." 구술자1: 여, 50대

"그래 그게 힘든 거야. 같이 지금 부대끼잖아. 근데 하루 순간에 탁 돌아서 버린다니까. 그러면 막 공격을 해 온다니까." 구술자2: 남, 40대

"사람을 감치는데, 너무 힘들어서 이거 정말 합의했으면 좋겠다, 이런 생각이 딱 들더라고예." 구술자1

"그래 저도 이거 10년을 하면서 얼매나……. 주구장창 그때는 다 갔거든, 서울에도 가고 저 시장 앞에도 가고……. 근데 배신을 너무 많이 당하는 거야. 앞에 서가-(서서) 임마 또 배신하고 앞에 서가- 또 배신하고……. 진짜 너무 그기 없잖아. 얼척이 없더라고. 그래 믿을 사람이 없어, 아무도 안 믿어, 진짜 아무도 안 믿습니다, 저는. (중략) 전부 다 지 이윤 챙기고 돌아서 버리더라고. 돌아서면 문제가 뭐냐면, 돌아서고 나서 즈그가 오히려 더 손가락질을 하는 거야." 구술자2

"처음부터 반대한 사람과 찬성한 사람이 있었는데, 나중에는 반대하다

가 합의한 사람도 처음부터 찬성한 사람과 못 어울리더라구요. 나중에 찬성한 사람과 처음부터 찬성한 사람이 못 어울려서 벽이 있는 것 같더라구요. 힘들어서 포기하고 싶고 돈은 타고 싶은데, 그렇다고 또 그 사람들과 잘 어울리는 것도 아니고……. 마음이 별로 안 좋지요. 뭐 힘들어서 그런 것도 알겠고…….

당시에 그때 보면, 산에 올라가는 사람은 빨갱이라고 하는 사람들도 있고……. 어찌 보면 결국 반대했기 때문에 보상을 받아서 그걸로 찬성한 사람들이 놀러도 가고 맛있는 것도 먹으러 가는 건데, 그 사람들은 너희 때문에 혜택 받을 걸 못 받고 있다는 얘기를 하는데 말이 안 되지요. 그래도 반대하는 사람 수가 적으니까 가만히 듣고만 있어요. 그런 게 다 안 힘들었겠습니까. 그래 뭐 힘들어서 그래 뭐 돌아섰다 카는 것도 알겠는데 그라믄 그라고 나서 굳이 또 반대하는 사람들을 욕할 필요는 없지 않나 싶습니다. 그래도 또 사람이 그런 게 아닌가 봐요. 암튼 같이 반대할 때는 가까웠는데 인자 돌아선 사람들하고는 잘 안 지냅니다. 이쪽저쪽이 다 불편해서…….″ 남, 60대

″정확한 촌수는 잘 모르는데 내가 아지매라고 부르는 분이 있어예. 한 7촌쯤 되는 것 같아예. 내캉 여- 마주 보고 살거든예. 나는 그 아지매를 억수로 믿었어예. 왜 믿었는가 하이께네, 싸움하러 나가면, 나는 실지로 데모하는 데 잘 안 나갔십니다. 와 안 나갔나 하면은, 아침에 일찍 못 나갑니더. 점심 밥을 해가 가기 때문에 나는 점심꺼지 해갖고 낮에 되면 올라가고, 그 아지매들은 아침 일찍 전부 다 가.

어느 날 갑자기 나도 모르는데, 나는 사람 절대로 의심 안 하거든요. 우리 뒷집에 ○○○가 이카는 기라. '○○야' 카는 기라. '와' 카니까 '○○댁이 합의 봤다' 이카는 기라. '지랄하네, 무슨 합의는', 내가 그러고 내가 아지매한테는 '아지매 합의 봤나' 소리를 내 몬 한다 아입니까. 그래가 어느 날 ○○[지명]에 저기 115번에 큰 촛불문화제 할 적에 그때 아지매한테 가자 캤어예. 가자 카니까 아지매 가더라고예. 가고, 갈 때 인자 세월호 때문에 인자 해갖고 한 글자 적어가 나 만(나이 많은) 할매들 사진 찍고 이카는데, 그래가지고 그카데.

그 하고 또 일주일 있다가 '아지매 또 내일 촛불문화제 갈랍니까' 하니까 '거 가니까 자꾸만 내 나 많다고 인터뷰하라 카더라' 이래 카고, '아지매 인터뷰 안 해도 됩니더'……. 나는 절대로 인터뷰 안 해. 나는 마이크 그게 겁이 나가 나는 절대로 인터뷰 안 하거든예. '아지매 인터뷰 안 해도 됩니다' 카니까, 그때 사실 합의를 했는 거예요. 합의를 했어요. 그 내 충격 묵어 뿄는 기라. (중략)

좀 이상한 기라. 그래가지고 '아, 합의 봤구나'……. 그 질로(길로) 인자 그래 가지고 딸기 따러 한번 갔다 아입니까. 그래 인자 ○○○하고 하는 말이, '합의 볼라 카면 다 같이 동네에서 같이 보고 할라 카면 이제 해야 돼', 그래가지고 ○○○하고 그래 해야 된다 카고 했는데 아지매는 그때 하마(벌써) 도장을 찍었는 기라. 그래가지고 내가 마, 열 받쳐 죽겠는 기라. 그래도 참았다.

그래가지고 한 날은 계출을 갔다, 일가 성씨들 계출을 갔다 떡 오시더라고. '아지매 오늘 계출 갔다 오십니까' 카이께네 말도 히지부지하이(흐지부지하게) 그렇는 기라. 그래가지고 자기가 자꾸 피하더라니까. 그래가지고 내가 고사리 끊으러 산에 갔다가 떡 내려오니께네 ○○○하고 아지매하고 앉아 있는 기라. 밉어가(미워서) 인사도 안 하고 싹 지나가 뺐지, 뭐."
여, 60대

"그래. 니가 그거 안 믿고 싶어가 한동안 속앓이했다 아이가." 여, 70대

사람과 사람 사이를 이어 주던 끈이 끊어지고 마을과 마을을 잇던 연결 고리들이 사라졌다. 한국전력은 멀리 있지만 그들과 입장을 같이하며 합의에 나선 주민들은 가까이 있기에 주민들의 분노는 곧잘 한 동네에 같이 살아가는 다른 주민들을 향하는 경우가 많았다. 특히 과거에 함께 반대 운동에 참여했다가 합의서에 도장을 찍은 주민들에 대해서는 믿고 의지했던 만큼 상처가 커서 심리적 외상을 감당하기 어려웠다. 주민들은 어쩔 수 없이 서로를 의심하게 되었고 누군가를 믿는다는 것이 얼마나 큰 위험 부담을 끌어안는 일인지 실감하게 되었다. 특히 가까운 사람이 나를 등지는 일은 힘든 경험이었다. 무엇보다 가까운 누군가가 자신의 자존을 내던지고 돈에 굴복하는 걸 지켜보는 것은 관계의 상실 못지않게 사람들의 내면을 후벼파는 일이었다. 주민들의 마음은 더 얼어붙었고, 반대 운동을 이어 가는 주민들도 더 이상 다른 마을 사람들에 대해 어떤 기대를 품거나 관계를 회복하기 위해 노력하지 않게 되었다.

주민들은 이웃집에 어려운 일이 생기면 서로 달려들어 도와주던 때와 달리 지금은 불이 나도 돕지 않게 되었고, 하루에 몇 번씩 마주쳐도 말을 하지 않게 되었다. 이웃집이 상을 당하거나 자녀가 결혼을 해도 일손을

보태지 않게 되었고, 마을에 계꾼들이 모여 밥을 먹거나 놀러 다니는 일도 거의 사라졌다. 농한기나 추수가 끝날 무렵 시골 읍내를 휩쓸던 온갖 계 모임도 어느새 사라지고 단풍놀이나 효도 관광 같은 풍경도 이제는 찾아볼 수 없게 되었다. 말 그대로 공동체의 문화가 말라붙고 사람살이의 온기가 사라지기에 이른 것이다.

"우리 마을에 자치회가 있습니다. 두 달에 한 번씩 만났어요. 우리 회장님이 이걸 지도하면서, 회장님 주재하에 두 달에 한 번 서로 안부도 묻고, 또 마을을 위해서 할 일, 뭐 전달 사항 이런 거 전달하고……. 그래 서로 상부상조 정신으로, 조상이 물려주신 그 정신으로 그렇게 잘 살았어요, 평화롭게. 진짜 평화롭게 자유롭게 살았어요. 아무 걱정 없이, 밥이 있으면 묵고 없으면 안 묵고 마음은 대자유, 대해탈이었습니다, 사실은. 그랬는데 765송전탑 때문에, 너이가(넷이) 저쭉으로(저쪽으로) 돈에 팔려 가고……. 이 열너이가(열넷이), 열너이는 더 뭉치고 더 뭉치고, 더 형제 이상으로 지금 친하게 지내고……. 인자 이, 인자 열둘이가 됐지. 저쭉은 여섯 명이고……. 여섯 명과 열둘이는, 요렇게 등지고……." 구술자1: 남, 60대

"서로 말도 안 하고 인사도 안 해예." 구술자2: 남, 80대

"예, 도로(도리어) 욕하고. 이 요쭉에는 좀 젊은 편이고, 주먹깨나 쓰고 하는 놈들입니다. 그래서 내가 이래 왜소하고 운동 못한 것이 때로는 후회됩니다만도 무력으로 이, 이 살아갈 일은 아니지만은 내가 등치가(덩치가) 크고 무술이 있는 겉으면, 그런탐(그렇다면) 너이, 한테(한데) 불러다 놓고 모가지를 밟아서, 개미 새끼처럼 밟아 죽여 버리고 싶어요, 어떤 때

는. 너무 억울하고 분하고 비겁한 행동을 해쌓-서. 이런 할매들보고 시발년이 뭡니까? 이런 할매들보고 '좀 안 죽나? 이 그기, 좀 죽어라' 이라는 거라." 구술자1

"8월 여름에 ○○○를 비롯한 사람들 4명이 모여 굉장했어요. 땅도 많고 그랬는데 저렇게 꼬여가지고 눈꼴시도록 했어요. 그래도 우리는 입도 안 띠고(떼고) 너희 왜 그러냐는 소리도 안 했어요. 그랬는데 ○○ 집에 불이 나고 한전 놈들이 와서 청소하고……. 11년도 12월 달인가 불이 나가지고 그랬는데, 안 그라믄 우리도 갈 낀데 아무도 안 갔어요. 한전 놈들이 도와주는데 우리가 뭐 하러 거기 가서 할 꺼고 하면서 안 갔어요. 마음이 그래 되는 거라요." 여, 70대

"송전탑 전에는 갈등이 없었다꼬요. 우리 면에서 우리 마을을 가장 부러워했어요. 그랬는데, 전에는 반마다 뭉쳐서 행사도 했는데 요새는 한 개도 안 해요." 남, 70대

"우리는 상포계가 없이도 운구도 다 같이 하고 그랬는데 요샌 그라지도 안 해요. 집성촌이라도 일가끼리도 사이가 안 좋고……. 옛날에는 좀 사이가 나쁘고 해도 금방 또 같이 지내고 그래, 다 같이 친하게 지냈는데……. (중략) 요샌 찬성 주민들이 좀 미안해하는 것 같더라꼬요. 서로 미안해서 만나지를 안 해요. 길에 다녀도 피하고 고개 숙이고 지나가고 그래요. 우리를 보면 피한다꼬. 얼마 전에도 부곡 온천에서 목욕하고 결산을 해야 되는데 결산도 안 하는 것 같아요. 인자 뭐 목욕도 같이 못 가고 그러

겠지요, 뭐." 남, 60대

"그때 이제 87년도에, 마을 이장님이 그 아버님한테 계속 찾아와가지고 며느리 부녀회장 좀 시키도록 해 달라고 아버님한테 사정을 했었는가 봐예. 나는 그때 동장님이 그렇게 오시고, 아침마다 이렇게 몇 번을 오시더라고요. 오시고 이래 해도 나는 그런 걸 몰랐는데, 그래가지고 이제 87년도에 제가 부녀회장을 맡았지. 그 맡으면서 그때는예, 마을이 참 상당히 우애가 좋았으예. 이웃간에 이런 우애가 좋았으예. 그래가지고 그때 시절에만 해도 그 경로잔치 카는 개념이 없었습니다.

그때 시절에만 해도, 내가 부녀회장 맡기 전에도 이제 마을 어르신들, 젊은 사람들이 돈을 모아가지고, 그때 돈 5만 원 컸거든예. 5만 원 내는 사람은 5만 원 내고 3만 원 내는 사람은 3만 원 내고 이래가지고 마을 어르신들이 봄만 되면 인제, 지금 말하는 경로잔치를 해 드렸어. 그래가지고 인제 해 드리고 했었는데, 그걸 내가 이제 부녀회장을 맡으면서 그걸 계속해 왔었지예.

11년을 갖다가 내가 인자. 11년, 내가 몇 달 모자란 11년을 내가, 인제 부녀회장을 했었는데 그때 계속, 제가 할 때에는 그 매년 경로잔치를 하는데, 젊은 사람들이 이제 돈을, 사비를 걷어가지고 경로잔치를 했었어예. 그래가지고 내 부녀회장 할 때 면장님이 이제 그걸 아시고, 그 마을에 젊은 사람들이 참 너무 잘한다 하면서 그때 상을 줄라고 했었어예. 상을 줄라고 하는 그 찰나에 요기, 저 저 아저씨 한 분이 우리 집 아저씨보다도 나가(나이가) 한 살 많은데, 그 아저씨가 시숙모하고 시삼촌을 갖다가 뚤가

(두드려) 패는 바람에 (웃음) 동네 크게, 소문이 더 큰 거예요. 그래가지고 하, ○○동 젊은 사람이 그랬다는 이런 소문이 나는 바람에 상 줄라 캤는 (주려고 하던) 그게 무산돼 버렸다 아이가(아닙니까).

그래 그때만 해도 경로잔치 카는 이런, 우리도 그런 말은 없었고, 나(나이) 많, 나 많으신 분들, 이제 어르신들 인자 하루 인자 희추(야유회를 뜻하는 말), 인자 촌에서 말하는 희추 시키 드린다 카면서 인제 그래가지고 젊은 사람들이 가서 회 사 오는 사람들은 회 사 오고, 뭐 음식을 인제 준비하고 돼지 잡고 해가지고 그래가지고 내-(내내) 했었는데 요즘은 인제 그런 것도 없죠." 여, 60대

"전에 내 한 사람으로 할매들, 달달이 모심기 하다가도 돈 거들어서 설악산 1박 2일 여행도 가고, 놀다 오고……. 그때는 있는 거 없는 거 다 퍼주고……. 내가 5년을 딱 데리고 다녔어요. 자식 공부도 시켜야 되지, 힘이 딱 부쳐. 이제 그만둘까 싶었는데 할머니가 '동서 언제 한번 더 데리고 갈래. 그때가 제일 좋았다' 이럴 만큼 잘 지냈다고요. 인자는 다 옛말이에요." 여, 70대

"할머니들이 아직도 미안해하는 분들이 있어요. 새댁 미안하다는 말을 들을 때 내가 더 미안한 마음이 들더라고요. 감자를 같이 삶아서 먹기도 하고 농사도 같이 했었어요. 농사, 당시 비닐을 살 때 한 가게에서 모아서 사는데 작목반에서 현찰로 40~50만 원 정도 주기 때문에 그 돈으로 다 같이 모여 저녁을 먹곤 했는데 지난번에는 돈을 얼마 주더라는 말을 안 하고

자기들끼리 대게를 사서 나눠 가졌다는 거예요. (중략) 옛날처럼 돌아가기는 어렵고. 옛날처럼 산다고 생각하면 그렇게는 안 되고……." 여, 60대

"요즘은 더하지요. 요즘은 이제 젊은 사람들도 두 패가 나눠졌고, 나이 드신 분들하고 전부 다 전체를 봤을 때는 합의 본 주민과 합의 안 본 주민, 이렇게 두 패로 나눠져갖고 있는 상황이지요. 부녀회원들도 이제 합의 본 주민들이 많죠, 젊은 사람들이. 합의 본 사람들도 많지만 합의 안 보고 있는, 인제 저희들 같은 이런 사람들도 몇 분이 된다 말입니다. 근데 이제 편이 갈리는 거예요. [김영희: 마을 사람들이요?] 예, 편이 갈리는 거예요. 그래서 인자 부녀회 돈 쪼끔 남았던 것도 올해는, 올해 같은 경우에는 먹고 떨어 뿔자 이래 된 거예요. 그래가지고 인제 관광도 한번 갔다 오고, 돈도 이제 얼마 안 남았을 거예요, 인자 아마. 그런데 부녀회 카는 이런 개념도 없어져 가는, 그런 상황이 돼 뿌렀죠. 그래도 회원이 적지만 부녀회가 잘 굴러가고 있었거든예. 격년제로 이렇게 인제 면민 체육대회를 한다든지……. 체육, 면민 체육대회 한 해 하면은 이제 경로, 면 경로잔치를 한번 하는 거예요. 그렇게 격년제로 돌아가면서 하는데…….

매년 하는데, 청년회에서 이제 주관을 해가지고 이렇게 인제 하는데 그걸 인제 그런 걸 하면서도 우리가 이제 부녀회원들이 이제 많이 참여도 하고, 또 일들도 많이 하고, 이렇게 했죠. 했는데, 요즘은 이제 부녀회라 카는 이런 개념도 아예 없어지(없어져) 가는 이런 상황이 돼 삐린(되어 버린) 거죠. 즈그 오면 우리 안 가고 싶고, 마주치기 싫으니까……." 여, 60대

마을에서 사람들이 모여드는 풍경이 사라지면서 계 모임이나 부녀회 모임, 야유회, 경로잔치 등의 일정 외에도 마을에서 다 같이 참여하던 세시풍속이나 마을 의례 역시 사라지게 되었다. 송전탑이 들어서면서 마을 사람들이 함께 어우러지던 '대동(大同)'의 의례와 놀이를 더 이상 볼 수 없게 된 것이다. '크게 더불어 어우러짐'을 뜻하는 '대동'의 문화는 기본적으로 함께 조화를 이뤄 어우러지되 동질화되는 하나 됨을 추구하지 않는다는 점에서 '화이부동(和而不同)'의 문화적 전통에 닿아 있다. 이 '대동' 문화의 핵심에는 농촌 마을의 정월대보름 풍습과 마을 당제(堂祭), 동회(洞會)의 전통이 있다.

  농촌공동체의 가장 큰 명절은 음력 1월 15일 정월대보름인데 밀양 지역에서는 정월대보름에 나뭇단을 높이 쌓아 올려 불을 붙이는 달집태우기를 하고 음식을 나눠 먹으며 윷놀이 등의 놀이를 즐긴다. 당제는 마을 신을 모시는 제의를 가리키는 말인데, 밀양에서는 주로 당나무나 당집에 깃든 당신(골막신)에게 정월이나 상달에 제(祭)를 올린다. 밀양 지역의 당제는 박정희 정권 당시 새마을운동을 통해 미신 타파를 진행할 때에도 살아남아 최근까지 이어질 정도로 유구한 역사적 전통을 갖고 있다. 밀양 마을 중에는 여전히 당집을 지어 놓고 당신을 모시는 곳이 많다. 예전에는 정월과 상달에 지내다가 지금은 정월에만 지내는 곳이 많은데 주로 음력 1월 14일에 지낸다. 당제를 앞두고 황토를 뿌리고 금줄을 치며, 제관은 여러 날 몸을 깨끗이 하는 정신(淨身)의 풍습을 따른다. 과거에는 신대로 신의 뜻을 물어 당제를 지낼 제주(祭主)를 뽑기도 했다. 지금은 많이 쇠퇴하긴 했지만 당제는 마을 사람들이 중요하게 생각하는 의례 가운데 하나로, 예전에는 정월대보름 아침에 마을 사람들이 모두 모여 당제 때 올린 음식을 나눠 먹기도 했다.

시골 마을에서 정월대보름은 한 해 농사일을 앞두고, 모든 마을 사람들이 깨끗하고 좋은 옷으로 단장하고 나와 하루 종일 놀이를 즐기는 날이다. 이날 마을을 찾는 손님은 누구나 환영받으며 대부분의 손님들이 빈손으로 마을을 찾지 않는다. 한국전력 직원들이 정월대보름에 마을회관으로 선물을 가져온 것 역시 이날만큼은 선물을 되돌려주지 않을 거라는 사실을 알고 있었기 때문이다. 정월대보름날 아침에는 깨죽 등의 음식을 나눠 먹고 하루 종일 윷놀이를 즐긴다. 마을에 따라 북, 장구, 꽹과리, 징 등을 치고 잡색놀이를 하면서 지신밟기를 하기도 한다.

정월대보름 저녁에는 달이 뜨기를 기다려 달집태우기를 하는데, 이것은 나무로 높이 단을 쌓아 올린 후 한꺼번에 불을 붙여 태우는 의례이자 놀이이다. 마을 사람들은 이때 풍물을 치며 즐겁게 놀고 맛있는 음식을 나눠 먹는다. 결혼하고 싶은 사람이나 소원이 있는 사람들이 소원을 적은 소지 종이를 달집 금줄에 꽂거나 다 타고 재만 남은 달집을 뛰어넘으면 소원이 이뤄진다는 속설이 있다. 정월대보름 달이 뜰 무렵 밀양의 들판을 바라보면, 마을마다 태워 올린 달집의 연기가 들판 이곳저곳을 수놓으며 솟아오르는 장관을 볼 수 있다.

섣달에는 동회를 열어 한 해 마을에서 있었던 일을 보고하고, 새해의 일을 계획한다. 동회는 마을 사람들이 모여 마을의 대소사를 의논하고 결정하는 민의(民議)의 장이다. 마을 자치에서 가장 중요한 행사이자 단위라고 할 수 있다. 이 동회에서 새 이장(동장)을 뽑고 한 해 예산을 심의

하며 한 해 결산을 보고한다. 마을의 현안이 있을 때 이를 의논하고 결정하는 일 또한 이 동회에서 이뤄진다. 송전탑 건설이 추진될 예정이었다면, 그리고 송전탑 건설에 관한 합의가 마을의 중요 이슈라면 그것을 논의하고 결정할 장소는 바로 '동회'다.

봄과 가을에는 농사일을 피해 들놀이를 즐긴다. 이 풍습은 세월의 흐름에 따라 마을 어른들을 모시고 가까운 곳으로 나들이를 가는 '효도 관광'이나 '단풍놀이'로 바뀌기도 했다. 한 해를 마무리할 즈음에는 각종 계 모임이나 부녀회, 노인회 등의 모임이 있다. 마을에 따라서는 음력 7월 보름에 백중날을 지내기도 하는데, 옛날부터 이날은 '머슴날'로 불렸다. 머슴날은 일하는 사람들을 쉬게 하고 하루 배불리 먹이면서 일하는 사람에 대한 존중을 표현하는 날인데, 밀양에서는 이날 행하는 민속놀이인 '백중놀이'가 아주 유명하여 주요 무형문화유산으로 전승되고 있다.

정월에는 줄다리기를 하기도 하고 음력 2월에는 바람신이자 농사의 신인 영등신을 모시는 영등제를 지내기도 한다. 지금은 하우스 농사를 짓는 경우 농한기가 따로 없어 그 의미가 약화되기는 했지만, 과거 전통적인 농촌 사회에서는 보름부터 영등제를 지내는 음력 2월 1일까지의 기간이 1년 중 가장 열심히, 가장 흥겹게 놀이를 즐기는 시즌이다. 섣달이나 정월에는 마을 사람들이 모여 목욕을 가기도 한다. 특히 노인회에서는 정월 보름을 앞두고 다 함께 근처 온천으로 여행을 떠나는 경우가 많은데 비용은 주로 마을 부녀회나 청년회가 부담한다.

마을회관이나 노인회관에서는 마을의 노인들이 모여 하루 종일 화투놀이를 즐긴다. 특히 겨울에는 난방비 걱정 없이 하루를 따뜻하게 보낼 수 있고 먹거리를 걱정하지 않아도 돼서 대부분 아침 일찍 마을회관에 나와 하루 온종일을 회관에서 보내는 경우가 많다. 마을회관에서는 끼니를 걱정 없이 해결할 수 있는데 마을에 따라서는 점심과 저녁, 두 끼를 회관에서 해결하는 경우도 있다. 대부분 노인회에서 자체적으로 식사를 해결하지만 대부분 부녀회 등에서 보이지 않는 도움의 손길을 건넨다. 만약 농촌에서 어떤 이유 때문에 마을회관이나 노인회관에 갈 수 없게 된다면 이것은 곧 일상생활에서 사회적 관계가 단절됨을 의미한다.

송전탑은 이 모든 마을의 풍경을 소멸시켰다. 이제 마을에서 지신밟기를 하는 소리를 들을 수 없게 되었고 달집태우기의 장관도 볼 수 없게 되었으며 당제를 지내거나 윷놀이를 하는 것도 어려워졌다. 지신밟기를 하면 소음에 대한 민원이 들어오고 윷놀이를 하는 날은 마을 사람들 사이에 싸움이 불거지기 일쑤다. 모이기만 하면 싸우니 사람들은 더 이상 모이지 않게 되었고 모여 살지 못하면 일상이 어려운 노인들은 생활이 더욱 고단해졌다. 특히 송전탑 건설로 인해 마을공동체가 무너지면서 회관에 갈 수 없게 되거나 가지 않게 된 노인들의 삶은 그 이전과 비교할 수 없을 정도로 피폐해졌다.

농촌에서는 노동도 한 개인, 한 가족 단위로 이뤄지지 않는다. 이제 모를 사람이 심지 않고 기계로 심기 때문에, 또 그 밖에 많은 농사일이 기계화되었고 노동자를 고용하여 농사일을 하는 경우가 대부분이라 예전과 같지는 않지만 그래도 여전히 품앗이의 전통은 남아 있다. 급하게 밭일을 해야 하는 경우, 짧은 기간 안에 감이나 사과 등의 과일을 수확해야 하는 경우, 김장을 담는 경우 등 여전히 이웃의 손을 빌려서 하는 일이 많다. 또 꼭 일손이 필요한 경우가 아니라 하더라도 이것은 시골살이의 문화적 전통이자 관습이라고 할 수 있다. 두레와 품앗이의 전통이 살아 있다고 말할 수는 없지만 서로의 일상을 나누고 노동과 놀이를 함께 즐기는 문화 자체가 여전히 하나의 풍속으로 자리 잡고 있는 것이다. 그러나 송전탑이 들어선 이후 함께 일하고 함께 노는 장면을 마을에서 보는 것은 거의 불가능해졌다.

"여기에서 뭐 이야기하다 옛날에 요, 요기서 이 마을에서 사람이 '우리 집에 철탑을 꽂아도 나는 찬성한다' 이런 말을 해가지고 그 주민들이 그날 그 집에 가서 '동네를 떠나라' 이랬는 거예요. 그래가 소송이 붙었어요, 고발을 하는 바람에. 그래서 벌금 2백만 원 맞은 사람이 많습니다.

그게 이제 '우리 집에 철탑을 세워도 나는 찬성을 한다. 아무 피해가 없다' 그렇게 말을 하는 바람에 사람들이 너무 열이 차 버리는 거죠. 저희들이 그렇게 반대를 열심히 하는데 어떻게 말이라도 그런 말을 할 수가 있냐, 그럼 느그 집에 세워라 그러는 바람에 마 소송이 붙었고……." 구술자1: 남, 40대

"그때가 정월대보름이라 지신밟기를 하는데, 그 사람 집에, 자기 집에 철탑이 들어서도 상관없다면서 우리를 막 조롱한 그 사람 집 앞을 지나면서 꽹과리를 쳤는데 그 사람이 공갈협박죄인가 뭔가로 고소를 한 거예요. 그래가 벌금을 2백만 원씩 물었죠." 구술자2: 여, 40대

"송전탑 전에는 뭐 특별히 화목할 것도 없지만 별 탈 없이 고만고만하

게 잘 지냈어요. 그래도 대보름에 이 면 안에서 달집을 가장 크게 지은 게 우리 마을이었거든요. 지신도 밟고 당제도 지냈죠. 그런데 지금은 여기 당제 지내는 사람 없어요. 윷놀이 하는 척사대회도 내도록 하다가 송전탑 때문에 안 하기 시작했죠. 작년에 한번 다시 했는데 찬성하는 사람들, 반대하는 사람들 나뉘어서 했어요." 구술자1

"정월대보름날에 오전에는 윷을 놓고 오후에는 달집을 하는데, 그러니까 그때는 정말 많이 왔었어요. 강에 하면 할머니들 해가지고 오십 명, 백 명 다 모여서 강에 달집 태우고 여기 윷도 놓고 참, 그 전에는 참 재밌게 했었죠. 그런데 인자 철탑 반대하면서 패가 나뉘면서 이제 절반에서 반으로 줄죠. 안 오고 했죠. 철탑 하는 사람만 나와서 하고, 안 그런 사람은 안 오고……." 구술자2

"희망버스가 오고 지신밟기를 했는데, 마을 사람이 내가 쇠파이프를 휘둘렀다고 고소를 했어요. 꽹과리를 치면서 동네를 한 바퀴 도는 코스에 그 사람 집이 있었는데 꽹과리 상쇠가 그 집 마당에 들어가서 한 바퀴 돌았어요. 원래 그래 하는 기거든요. 그런데 그 집 내외가 나와서 사진을 찍디만(찍더니만) 내가 그 사람 사진 찍지 말라고 팔 붙들고 말린 거 가지고 나를 고발을 했어요. 나는 가만히 있었는데 쇠파이프 휘두르면서 욕을 했다고 고발을 당한 거라요. 아직도 그 사건이 재판 중이에요. 또 찬성 주민 쪽으로 길을 내는 공사를 하는데 땅값이 올라가니까 반대 주민이 공사를 못 하게 막는 거예요. 그래가 또 고소, 고발된 일이 있었어요. 주민들 사이에 이런 법적인 다툼이 많아요." 남, 40대

"처음 이 마을에 왔을 때만 해도 대보름날 명절 같이 쇠고, 윷놀이도 하고 행사도 했었어요. 그때는 거의 특별한 일 없으면 다 같은 식구처럼 살았어요. 송전탑 전에는, 집성촌은 아니지만 여건이 비슷하니까 서로 왔다 갔다 하면서 그래 지냈지요. 그러다가 이게 깨지니까 힘들었어요." 남, 60대

"옛날에 여기는 이장이 둘이었어요. 서로 마을 안에서 친하게 지냈죠. 옛날에 대보름에 윷놀이를 한다든지 척사대회도 하고 달집도 태우고 했습니다. 송전탑 건설 이후로 요즘은 달집도 태우지 않습니다." 남, 60대

"음력으로 정월 보름날 정월대보름날, 정신은 나도 많이 했는데, 옛날에 음력 초열흘 날 되면 정신 받아가지고 4일 날까지 하고 5일 날 새벽 아침 일찍 당산 지내는데, 나갔다만 오면 옷 갈아입고 목욕해야 되고, 애를 마이 먹었어요. 찬물에, 물이나 있습니까. 며칠 하고 나면 농에 있는 옷이 다 나와가지고……." 여, 70대

"보름부터 음력 2월 1일까지, 영등 모실 때까지 노는 건데, 모이면 노는 거지. 제각각 마을마다……. 철탑 들어서고는 안 갔다. 찬성 반대 나눠지는 꼴 보기 싫어서……." 남, 80대

"옛날에는 정월 보름에 달집도 짓고 정말 잘 지냈어예. 지금도 격년제로 하자는 이야기가 있지만 나무를 해 올 사람이 없다꼬에. 지신밟기도 하고 재미있게 놀았어요. 밤늦게까지 하는데 시간이 한참 걸려도 참 재미있었다꼬요. 재미있게 놀았어요. 인자는 안 합니다. 못 하구요. 송전탑 들어

서고는 하지를 않애요." 여, 60대

"우리가 새마을지도자를 맡았었는데, 다 합쳐서 한 5년을 했다꼬예. 5년 동안 하면서, 제일 지금 가슴이 아픈 건 이렇게 화합하던 사이들이 이렇게 됐다 카는 거 그기예요. 정월 보름에 윷놀이를 했는데 처음 해 봤는데 너무 재미있더라꼬예. 너무 재미있어. 그때는 다 같이 모여 놀고 그래가 얼마나 재미있었는지 몰라예. 새마을지도자 부인으로서 할 일도 많았어도, 연말 동회와 정월 보름에 전 동민이 모이면 음식 준비도 다 해야 되는데 하나도 귀찮다고 생각한 적이 없어예. 그때는 화합이 잘됐다꼬. 윷놀이도 하고 지신밟기도 하고, 찬조도 많이 들어오고, 상품도 크고……. 그렇게 지낸 사이들인데 지금은 뭐 안타깝지예.

동회에서 찬성 측 주민들이 점심으로 도시락을 주문했더라꼬예. 그기 뭡니꺼. 동회 때 도시락 먹어 보기는 처음이라. 내는 아무리 바쁘고 힘들어도 그리 해 본 적은 없어예. 보는데 화가 다 나더라꼬. 그래서 마 올해는 동회에 안 갔어예. (중략) 그렇게 즐겁던 대보름에, 즐겁던 시절이 있었는데 왜 이, 그 돈이 뭔지…….

또 이 집에는 요 동네 전부 다 아지매, 전부 뭐 그렇는데 저 짬시(잠깐) 보이면 돌아서서 딴 길로 가 버리고……. 그런 게 내가 볼 때는 너무 안타까운 거라. 나는 처음에 요 이사 와가지고 누(누구) 집에 일한다, 밭에서 일하면 나는 그때 농사가 없고 이래 하니까 가서 거들어 주고, 여도 거들어 주고 여도 거들으고, 가위 사가지고 호주머니에 넣어가 댕기면서 이 집에 감 따면 가서 감 꼭지 따 주고 이 집에도 감 꼭지 따 주고 이 집 양파 심으면 양파……. 잘하지는 못하지만 가리키(가르쳐) 주면 하거든예. 노동일이라는 게, 농사일이라는 게, 넘의 머릿속에 있는 글도 빼앗아 오는데 그거 못 하겠습니까. 그래갖고 몇 년을, 그렇게 해갖고 내가 촌사람이 되어갖고 사는 게 너무 즐거웠는데, 지금은 마, 사람이 만날까 싶어서도 무섭고, 서로서로 피해가 다니고……. 그러니까 이 동네에 살아야 되나 말아야 되나, 이게 지금 딱, 그런 마음이 딱 생깁니다, 지금." 여, 70대

"정월 한 달 내 회관에서 이래 윷가치(윷가락) 던지고 놀았지. 뭐 지금은 노지(놀지). 지금은 노는데 지금, 지금은 안 가지. 안 가, 내가, 내가 안 가지. 내가 안 가." 여, 80대

"옛날에는 당제도 같이 지내셨어요?" 김영희, 질문자 이하 동일

"그렇지."

"아. 혹시 제주도 해 보셨어요? 제주요. 당제 지내는 제주. 그 제사를 지내는 사람이요."

"어 그렇지. 지냈지. 지냈지. 지 형제가, 내나 조카, 지금 이제 형제가 다 죽어 뿔고 삼촌, 아니 뭐 저 조카가 큰집에 있거든. 큰집인데 삼촌이 큰집 제사 지내러 안 갔어. 큰집에, 삼촌은 이제 (송전탑) 반대거든. 조, 조카는 찬성이거든. 그래 놓-이 제사를 안 댕겼어."

"아. 요즘에요?"

"어. 안 댕기고 어 1년 하, 말로 저거 안 했다 저 안 했는데, 인자는 올 적에 인자는 송전탑 터져가지고 인자 내하고 말도 안 하고, 안 하고 하지. 말도 안 하고 말도 안 하고……. 저 제사도 안 지냈는데, 즈그 아버지, 그래

아-도(아이도), 우리 집 삼촌 아-도 거(거기) 사촌 아닌가배(아닌가). 삼촌 아-도, 그래 ○○댁 아들이 제사 지내러 간다니 ○○댁이가 뭐라 카거든. 뭐라 카니까, '엄마 조상이 죄가 있나. 조상이 인제 저 할아버지, 할머니가 큰집 애한테 그래 시켰나. 그래 나는 큰집에 가-(그 아이) 보러 가는 게 아니고 할부지 제사 지내러, 할부지 인사하러 간다', 그카니께네 아부지가 말, 할 말이 없는 기야. 그래 인자 좀 뭐 손자들은 가지. 삼촌하고 숙모는 마 안 가지."

"옛날에는 같이 일도 하고, 논일 같은 것도 같이 도와주고 그랬는데 이제 그런 것도 없다. 마, 그것도 마……. 즈그도 보도 안 하고, 즈그도 말 안 하고……." 구술자1: 여, 60대

"말은 안 하지, 마." 구술자2: 남, 70대

"말은 잘 안 해요?" 김영희, 질문자 이하 동일

"그래." 구술자2

"말할 택이 뭐가 있노." 구술자1

"무신 말이 뭐가 있노. 할 말이 어딨노." 구술자2

"지는 지 묵고 내는 내 묵는데 뭐 말할 거 뭐 있노." 구술자1

"즈근 즈그고 마 우리는 우리고……." 구술자2

"옛날에 저 나 많은 사람들이 저 들에 가면 논에 물기 보고 마, '물기 보러 갑니꺼' 카는데 인자 물기 보러 가나 소리도 안 한다. 씨-. 지는 지고 나는 난데 뭐 카고……." 구술자1

"아, 이제 인사도 안 하는……."

"그래. 뭐라 하노. 그러니까 인자 더, 이, 말하자면은 인간이 더 몬되지는(못되지는) 기라. 좋은 기 아니고 더 몬되지는 기라." 구술자1

"할 말도 없고. 서로 안 한다." 구술자2

오래도록 친밀하게 관계 맺고 지내 오던 사이인지라 예전처럼 잘 지내고 싶은 마음이 아예 없는 것은 아니지만, 남은 감정이 분노든 미안함이든 관계를 회복하는 것은 쉽지 않은 일이다. 관계 회복을 바라는 간절한 마음이 있지만 이미 경험했던 여러 일들 때문에 그것이 불가능하리라는 확신에 가까운 마음도 분명히 존재한다. 다만 자신들의 자녀들은 이런 관계의 파탄에 갇혀 고립되거나 단절된 채 지내기를 바라지 않는다.

관계가 회복되길 바라는 마음 한편으로 관계가 영원히 회복될 수 없으리라는 생각이 자리 잡고 있다. 이미 너무 많은 상처를 받았고, 송전탑이 서 있는 상황 자체가 이와 같은 상처와 트라우마를 지속시킬 뿐 아니라 새롭게 만들어 내고 있기 때문이다. 동네 사람들은 길 가다 마주치거나 버스에서 잠깐 마주쳤을 때도 송전탑을 바라보며 '느그 저거 막는다고 그래 애를 쓰디만은 결국 들어왔네, 그자?'라는 말을 들어야 했다. 송전탑이 서 있는 한 이들의 정당성은 입증되지 않고 이들을 공동체 바깥으로 내모는 폭력 또한 사라지지 않는다.

"지금도 마, 아지매가 나는 미워서 말을 안 해요. 우리 골 안에서 최고 문제지. 합의 봤다 카이께네 괘씸해서 내가……. 아지매지만은(아주머니지만)……. 내가 참 잘했다꼬요. 아주 가찹게(가깝게) 지냈어요. 친척이어도 다 가깝진 않거든요. 근데 마 아주 가깝게 지냈어요. 그 집에 숟가락 몇 개고 밥그릇 몇 갠지 다 알고 그래 지내던 사이라. 근데 마 내한테 말도 안 하고, 내가 그래 합의하면 안 된다 캤는데 내한테 말도 안 하고 가서 몰래 합의를 하고 온 거라." 여, 60대

"많이 서운하셨어요?" 김영희, 질문자 이하 동일

"아, 서운하지 그럼. 그래갖고 지금 이 마실에 합의한 사람들 다 있습니다. 여 동네 다 있습니다. 다 하고, 일곱 집 안 했습니다. 일곱 집. 일곱 집 안 하고 있습니다."

"근데 막 그때 서운한 걸 아직 못 푸셨군요, 그러니까."

"지금 안 풀어지지. 자기도 내 마, 잘 안 볼라 카고(보려고 하고)······. 난 또 보기 싫고 그런데······."

"그 전에는······."

"옛날에는 우리 집에 이래도, 사람 참 많이 왔습니다. 뭐, 뭐 쪼매 그 먹을 거 있으면 전부 다 갈라 먹고 마, 참 뭐 저 울진에 우리 딸이 있지만은 뭐 게랑 뭐 대게 안 있습니까. 그런 거 부쳐 주면 이웃이 있으니까 우리 혼자 먹을 수 없잖아요. 전부 다 갈라(나눠) 먹는다고, 다 갈라 먹습니다. 인자는 안 그래요. 인자는 마, 뭐 우리끼리 먹어야······. 우리 저 합의 안 본 사람들끼리 갈라 묵고······. 지금은 안 갈라 먹습니다."

"예전처럼 이렇게 지내시기는 어렵겠네요."

"인자는 인자는 끝났는 거지요."

"대신에 이제 합의 보지 않으신 분들끼리는 이제 더 단단하게 이렇게 볼 수 있는······."

"예, 예, 예. 그래 하는 거죠."

"다녀 보니까 그런 게 참 마음이 아프더라고요, 보니까."

"마음, 우리 전부도 마음이 아프지요."

"몇십 년 같이 이렇게 친하게 지내셨는데……."

"예. 진짜로 니 꺼 내 꺼 할 거 없었습니다. 이 집에 가면 이게 내 꺼고 저 집에 가면 뭐 그기고 그랬는데 뭐……. 밥도 뭐 먹다가 뭐 있으면 다 같이 먹고 뭐……. 또, 또 별다른 음식 하면은 또 같이 다 오라 캐갖고 다 갈라 묵고……. 그 지금 몬 하는 그기 좀 가슴이 아픈 거지, 뭐……."

"이게 돈 하나로 공동체가 작살난 거, 이거 융화시키려면 수십 년 이……. 철탑 없어지면 융화되지 그 전에는 융화 안 됩니다." 남, 60대

"회복이 가능하리라 생각하세요?" 김영희

"시간이 오래 걸리겠지." 남, 70대

"안 됩니다." 남, 80대

"회복이, 가능이……. 자기들이 잘못했다는 것을……. 잘못한 게 있어도 잘못한 놈은 하나도 없단 말이에요. 나는 이 사회가 문제라고 생각해요. 근데 나는 개인적인 입장으로 정말로 대물림은 안 하고 싶어요, 사실. 내 자식 친구 엄마한테 말 않고(안 하고) 살지만, 내 자식은 안 그랬으면 싶거든요. 가장 걱정인 게 그거죠. 이 상황이 대물림될까 봐……. 나는 지금이라도 자기들이 잘못했다는 것은 자식을 한전에 집어넣었든, 돈을 수억을 받아 처먹었든 상관없단 말입니다. 지금이라도……. 합의 볼 때도 자기들끼리 싹 합의를 보고……. 거짓말해서……. 의논 한마디 없었으면

서……." 여, 60대

   주민들은 반대 운동에 참여한 사람들끼리 모여 살면 좋겠다는 말을 농담처럼 꺼내 놓곤 하지만 실상 그와 같은 소망이 실현되긴 어렵다. 하지만 마음에는 항상 그와 같은 간절한 소망이 있다. 또한 반대하는 사람들끼리 모여 살면 좋겠다는 말 안에는 송전탑 건설에 대해 입장을 달리했던 주민들과 함께 살아가는 일이 힘들고 고통스럽다는 생각이 담겨 있다. 함께할 수 없지만 함께 살아가야만 하는 상황에 처해 있는 것이다. 이것은 송전탑이 세워지기 전의 마을로는 결코 돌아갈 수 없으리라는 인식에서 비롯된 태도이기도 하다. 주민들은 마을 내에서의 갈등과 분열이 자식들 대에서는 지속되지 않기를 바라지만 이 역시 실현 불가능해 보인다. 그 자식들이 부모들이 대립하고 갈등하는 장면을, 내 어머니가 내 친구의 어머니에게 모욕당하는 장면을 모두 지켜보았기 때문이다. 이런 장면은 뇌리에 박힌 채 쉽사리 잊히지 않는다.

   한국전력이 송전탑 경과지 주민들을 대상으로 지급한 사업비 명목 중에는 '힐링비'라는 것이 있다. 이것은 송전탑 건설로 힘든 일이 많았으니 '힐링'하라는 의미에서 즐겁게 놀거나 여행을 가거나 맛있는 걸 먹는 데 쓰라고 주는 돈일 것이다. 마을을 부수고 관계를 파탄 낸 상실과 우울의 그림자를 드리운 송전탑이 집 안방에 앉아서 창문만 열어도 눈앞에 보이는데 이런 '힐링'으로 상처를 치유할 수 있을까.

   내가 받은 상처는 분명히 있는데 누가 그 상처를 준 것인지, 애초에 내가 겪은 일의 내용은 무엇이고 그 원인은 무엇인지, 마을에 일어난 일은 무엇이고 그 원인은 어디에 있는지, 송전탑 건설로 발생한 피해나 앞으로 발생할 피해는 무엇인지, 그 피해를 누가 어떻게 책임질 것인지 이 모든 질문에 아무것도 답하지 않고 책임지지 않은 채로, 그 모든 일의 원흉인 송전탑이 내 집 앞마당에 세워져 있는데 그 모든 일의 원인을 제공한 곳에서 주는 돈으로 맛있는 것을 먹고 좋은 곳에 가면 내 마음이 저절로 치유될 수 있는 것일까.

애초에 사회적으로 발생한 폭력의 원인을 밝히지도 않고 폭력의 내용에 대한 규명도 없이, 아무도 사과하지 않고 아무도 책임지지 않은 채로 각 개인이 자신의 마음을 잘 다스리기만 하면 이 모든 문제로부터 풀려날 수 있다고 생각하는 것일까. 돌이킬 수 없는 일을 저질러 놓고, 자신들이 무엇을 빼앗고 부순 것인지 제대로 알지도 못한 채 미안하다 잘못했다 사과 한마디 없이 가슴에 쇠못처럼 철탑을 박아 두고 감히 '힐링'을 말할 수 있다고 생각한 것일까.

송전탑이 휩쓸고 간 자리마다 남은 것은 온통 폐허다. 그 폐허에서도 언젠가 송전탑이 뿌리 뽑혀 새와 나무와 꽃들에게 산천을 돌려줄 수 있다고 믿는 사람들은 삶이 온통 꽃밭이어서가 아니라 삶이 엉망진창이더라도 그것을 살아 내는 것이 인생이라고 믿기 때문에 오늘도 폐허에서 삶을 가꾼다. 내 살아생전은 아니더라도, 설사 내 다음 세대의 살아생전이 아니더라도 언젠가 송전탑은 뿌리째 뽑힐 수밖에 없다는 것을 알기에 폐허에서 일어나는 것이다. 송전탑과 원전이 아니라 탈송전탑과 탈핵이 미래라는 것을 확고히 믿기 때문에 오늘의 폐허도 삶의 터전으로 삼아 앞으로 나아갈 수 있다.

일상의 폭력

"찬성 주민들이 많이 주민들을, 많이 따돌립니다. 반대하는 주민들이 소수거든요. 그라이, 이것도 말도 안 되는데 '할매 느그들 때문에 돈을 더 탈 거를 못 받았니' 이런 소리를 굉장히 많이 하는 거죠. 증거도 없는데……. 오히려 할머니들 때문에 우리가 이런 혜택을 받는데, 그것도 모르고 그렇게 하고 있는 거야." 남, 40대

"찬성하신 주민들 오면 우리 안 가고 싶고, 반대하고 있는 주민들은 그 꼬라지 보기 싫으니까 안 가고 싶고, 또 우리가, 반대하고 있는 주민들 가면 즈그가 안 오고 싶은 거예요. 그런 상황이 되다 보니까 서로 안 좋은 거죠." 여, 70대

"나서서 반대 운동을 하는 나는 타겟(타깃)이라요. 내가 ○○ 농협에 가면 직원들이고 누고(누구고) 인사를 안 해. 나는 이 ○○에 들어와가지고는 완전 역적이라. 그러니까 어데 버스 타고 가면서 이런 소리, 내 욕하는 소리, 들은 소문 내한테 와서 이야기를 하고……. 들려오는 말이……. 그래 하니께네, 안타까워 얘기를 한다 하믄서 즈그는 전부 찬성한 사람들이고……." 여, 60대

"그런 식으로 하니까, 회관에 합의 본 사람들이 앉아 있으면 합의 안 본 사람들이 안 가고, 합의 안 본 사람들이 앉아 있으면 합의 본 사람들이 안 들어오는 거야. 그게 무슨 마을입니까. 우리는 괜찮아. 합의서 도장은 안 찍어도 왜 어르신들 송전탑에 의한 돈은 찾도록 해 주고 싶은가 하면, 이건 아닌 거예요. 회관에 나가 앉아 있어도 그런 식으로 말 한마디 할 수도 없고, 계속 조롱감밖에 안 되는 거예요." 여, 60대

문밖은 거절과 배제, 조롱과 멸시의 시선이 가득한 공간이다. 동네 골목길도 노인회관도 마을회관도 이제 편하게 갈 수 없는 공간이 되었다. 이와 같은 배제와 조롱의 시선을 던지는 것은 다름 아닌 수십 년 동안 함께 살아온 이웃과 친지들이다. 속닥거리는 말소리에도 흘깃 쳐다보는 시선에도 혹여나 나를 향한 공격이 묻어 있을까 주의를 기울이게 된다.

마을을 벗어나는 것은 어렵다. 오랫동안 살아온 터전을 이제 일흔이나 여든을 넘긴 나이에 떠나기도 어렵고 새로운 곳에서 잘 적응할 자신도 없다. 평생을 일궈 온 자산인 집과 밭도 송전탑이 들어선 이후 헐값이 되

어 버려 그 집과 땅을 판 돈을 손에 쥐고 도시로 나가거나 다른 지역에 살 곳을 마련하기도 어렵다. 집밖을 나가는 일이 망설여지면서 조금씩 문을 열고 나가는 일이 줄어들었다. 아무도 가두지 않았지만 집 안에 갇힌 삶을 살게 된 것이다. 마을은 이제 시선의 감옥이 되어 버렸다.

송전탑 건설 반대 운동에 참여했던 비교적 젊은 나이의 주민들은 갑자기 집 안에 틀어박히게 된 어른들을 보는 것이 슬프고 괴롭다. 공연히 같이 나서자고 해서 그분들의 삶이 더 어려워진 것 같다. 수백만 원에 이르는 돈이 그분들께는 결코 적지 않은 돈임을 안다. 그리고 자식들 손에 단 몇 푼이라도 더 쥐여 주고 싶은 것이 부모의 마음인 것을 누구보다도 더 잘 이해하고 있다.

더구나 칠십이나 팔십 평생 살아온 곳에서 친밀감과 신뢰를 나누던 사람들과 갈등하게 된 이분들의 마음이 어떨지 감히 짐작하기도 어렵다. 이 어려움 속에 여전히 함께 잡은 손을 놓지 않고 자리를 지켜 주는 어른들이 존경스럽고 고마울 따름이다. 그러나 그만큼 삶의 반경이 달라진 어른들을 보는 것이 가슴 아프다. 그렇다고 회관에 나가시라고 무작정 권할 수도 없는 것이 회관에 나가 덩그러니 앉아 있는 모습이나 조롱과 멸시의 말을 견디고 있는 모습을 보는 것은 더 속상하다. 특히 잠시도 바닥에 엉덩이를 붙이고 있기를 싫어하던 활달한 성품의 어른들은 더욱 마음이 쓰인다. 그렇게 좋아하시던 회관 나들이도 못 하고, 사람들과 어울리지 않고 집 안에만 틀어박혀서 어떻게 지내시는지 걱정이 되어 속이 아릴 지경이다.

"여 시골이 돼 낳이(되어 놓으니) 부녀회 그런 것도 없고······. 그런 것도 없고 인자 한 번씩 마을회관에서 뭐 이래 밥 해 묵자 카면, 내가 그 당시에는 내가 좀 이 마을에선 젊은 편이 돼 놔 놓이까 내 집에 있는 반찬하고 가져가서 밥해가 주면 나- 만(나이 많은) 사람들 잘 자시고(잡수시고) 막 이래 하이. 그거 또 좋아서 또 그런 거 해 주고 했다. 그랬는데 이 송전탑 싸움 하고 이거 하고 나서 분열되고 나서는 전연(전혀) 그게 없어.

그게 없고, 내가 집에 있으면은 테레비만 본다. 만진(매일) 혼자 집에, 혼자 이래······. 어디 갈 데가 있어? 대화할 사람이 없어. 인자 저 밖에 나가면 딴 면의 사람들 만내면 참 반갑고, 그래가 인사하고 이래 할 말로 하고 이래 하지, 이 마을에서는 대화할 사람이 없어. [김영희: 그럼 평소에는 적적하시겠어요.] 적적하지. 그래 살고 있어요. 그래서 이것도 내 운명인갑다······.

내가 김해에서 하우스, 쌀농사 40년 넘게 하고 있다가 너무 힘이 들고 나가(나이가) 묵고 너무 힘이 들어서 2003년도에 김해서 밀양으로 이 집을, 내하고 우리 동생하고 둘이서 이 집을 손수 지은 집이야, 이게. 응. 둘이서 손수 지은 집인데, 지어가지고 이래 들어왔는데······. 2004년도에 이사를 8월 달에 이사를 오고 나니까 2005년도 되니 철탑 지내간단(지나간다는) 말이 있는 기라. 그것도 내 복이지. 내 운명이 그래뱁에(그렇게밖에) 안 되는가 봐. 너무너무 속상하지. 공기 좋고 응? 물 좋고, 공기 좋다고 찾아 왔드만 이 모양 이 꼴이 돼 버렸어." 여, 70대

"마음이 아픈 거는 동네 나가시믄 마 어른들이예 너무 왕따를 당하고,

따돌림을 당하고, 조롱을 당하고 하니까, 우리 젊은 사람들이야 우째 버틴 다 카더라도 어른들은 너무 어려운 기라예. 회관에서도 우두커니 앉햐(앉혀) 놓고 즈그끼리 막 다시멸치 같은 거 사갖고 나누고 안 그랍니까. 뭐 그 거 얼마 하도 안 하는데 그런 걸 갖고 사람을 참 그래 만든다 카이." 여, 60대

"여게 우리 주민들은예 이 땅이 팔리고 집이 팔리면예 찬성한 사람들 보기 싫어서라도 나갈 낀데 안 팔려서 나가지도 못해예. 죽도 살도 못 해 서 지금 살고 있습니다. 살러 갈 수가 없잖아, 돈이 없으니까. 살러 나가고 싶어도 나갈 수가 없어요. 여 살기 싫어요. 그런 심정입니다. 누가 오가지 고 반값이나 줄라 카모(준다 하면) 다 팔고 나갈라 합니다. 찬성파 놈들도 꼴 뵈기 싫고 저 철탑이 너무, 우리가 10년 동안 싸워갖고 이렇게 살고 있 기 때문에 살기가 싫어예. 정말로 죽고 싶은 마음입니다. 전부 여 지금 남 은 할머니들, 어른들 함 물어보이소. 전부 그런 마음으로……. 우리야 또 어찌 지낸다 카지만은 나-(나이) 든 분들은 진짜 어렵어예." 여, 70대

"보상금이 할매들한테 적은 돈이 아닌데 우리 땜에 못 받고 있는가 싶 고 마음이 안 좋지요. 뭐라도 좀 챙겨 드리고 싶고 그런데, 암튼 좀 어렵습 니다. 지금까지 싸워 오셨으니까 합의를 안 하더라도 정당하게 보상을 받 게 해 드리고 싶은데 그게 참 어려워요. 그게 여기 시골 할매들한테 적은 돈이 아니거든요. 그라이 한편으로 참 감사하고 고맙게 생각하지요. 처음 시작한 사람이 끝까지 있어 주는 기 참 고마운 거에요. 저 사람들이 끝까 지 해 줬고 그러니 나도 동네 어른들한테 참 경의를 표하게 되는 겁니다.

참 고맙게 생각합니다.

제대로 보상을 받고 마을 사람들의 존경을 받고 그래도 모자랄 판에, 동네에서 할매들이 천덕꾸러기 신세 되고 합의해서 돈 받은 사람들한테 이유 없이 욕 먹고 이러니까 진짜 속상합니다. 참 열심히 일해서 자식들 공부 시키고, 평생 맨손으로 땅 일궈 가며 그래 살아오신 분들 아니겠습니까. 그런데 인생 막바지에 다음 세대 후손들 위해서 옳은 일 해 보겠다고 그러시는 건데 그것만으로도 감사한 일인데 욕이 웬 말입니까. 안 그렇습니까." 남, 70대

한국전력이 사람들 사이를 갈라놓고 마을공동체의 질서와 관계를 무너뜨린 것은 한때의 일로 끝난 것이 아니다. 1차 세계대전에서 아프리카의 여러 지역을 식민지로 삼았던 이른바 유럽의 '제국'들은 전쟁이 끝난 후 아프리카의 땅에 무기와 갈등의 구조를 심어 놓고 떠났다. 아프리카의 각 부족들은 전쟁 기간 동안 '제국'을 대리해 서로 죽고 죽이는 과정을 경험했고, 이 상호 폭력의 연쇄는 '제국'이 남기고 간 무기와 함께 수십 년 간 아프리카 내전의 끊이지 않는 원인이 되었다. 이처럼 폭력의 시간은 반드시 그 흔적을 남긴다. 그 시간이 폭력이 지속되고 확대 재생산되는 구조를 만들기 때문이다.

한국전력이 떠나고 송전탑이 남은 마을에는 공동체의 소수로 남은 반대 운동 참여 주민을 향한 폭력의 일상적 구조와 혐오의 정동이 만들어졌다. 반대 운동 참여 주민들은 자신을 향한 공격을 방어하며 스스로를 보호하기 위해 타인의 폭력을 감지하는 예민한 안테나를 세워 둔 채 일

상생활을 영위하게 되었다. 송전탑 건설 반대의 입장을 견지해 온 스스로에 대해 자부심을 갖고 있고 자신을 찾아오는 연대자를 통해 탈송전탑 탈핵 운동의 정당성을 확인하곤 하지만, 일상을 파고드는 폭력은 매일 매시간 반복되는 것이어서 견뎌 내는 것이 쉽지 않다.

이들을 공동체 경계 바깥으로 내몰고 공동체적 관계의 주변부로 밀어내는 사회적 폭력은, 마을 안에 숨쉬며 살아가는 일상의 공기 속에 스며들어 있다. 모멸감을 안기는 정서적 공격, 조롱과 폄하의 시선들, 소통과 교류의 단절, 폭력적이고 위협적인 말과 행동, 마을 공동생활과 의사 결정 과정에서의 배제, 공동체를 위험에 빠뜨렸다는 낙인, 사회적 자원의 박탈, 자존을 무너뜨리는 시도들, 존중하지 않는 태도와 상실감을 부추기는 관계의 역동 등이 모두 이들이 견뎌 내는 폭력의 내용이다.

"암만, 암만 등을 돌렸어도, 그지요. 애가 떡 왔는데 애가 인사를 잘하는데, 인사를 하는 거를 그 할부지(할아버지)가 본 거야. 반대 안 한 할부지가 본 거야. 그래 아(아이)를 보고 뭐라 캔 거야. '할매한테 앞으로 인사하지 마라' 이래 칸(한) 거야. 다음 날 떡 보니까 인사를 안 하는 거야. '니 왜 인사를 안 하노', '할배가 인사하지 마라 캅니다', 이란(이런) 기야. 그거를 내가 글로 고대로 올렸잖아. 얼매나 열이 채이는고(오르는지)…….

그래 할매, 그 말을 들은 할매가 눈물이 나온다 카데. '어데 이런 아-들까지한테 등을 돌리게 만드냐'고……. 그럴 때 진짜 눈물이 왈칵 쏟아져 나왔다고 그카더라고. 그럴 때 우리가 또 밥 묵고 살기 바쁘니까 우리, 어떻게 하면 같이 가는 사람인데 보호를 해 줘야 되는데 그 자체를 못 하

고 있잖아. 그게 참 슬픈 거죠." 여, 50대

"모르겠습니다. 저도 솔직히 지금 이래 이야기하지만요, 저도 솔직히 지금 십 몇 년 동안 하면서 정말 열심히 할 때는, 그냥 할 때는 몰랐는데 지나고 이렇게 개판 되고 나서요. 정말로 죽고 싶은 마음이에요, 정말. 점마들(저 사람들) 땜에 억울해가지고는……. 옛날에는 그랬는데……. 저것도, 솔직히 여기 잠깐 뭐 하다 왔을 때는, 정말 저 논 주변에 제 터를 만들어가지고 살라고 했는데……. 그게 억울해서 죽고 싶었는데……. 그 나중에는 정말 돌아서고 돌아서고……. 말을 못 하죠. 제 삶 자체가 정말, 말도 못 합니다. 이래 하기도 정말 싫은……." 남, 40대

"○○[택호] 아지매 같은 경우에는, 누고? 요, ○○네 집에서 그거 농사 지어 묵는 그 누고? ○○, 그 아저씨는 합의핸 사람이거든요. 그 합의핸 사람이, ○○ 아지매가 혼자 살거든예. 혼자 사는데 ○○ 아지매한테 그거 인자, 합의핸 그거, '다 선 거 그거 합의 안 하면 뭐 하요' 하면서 억수로 많이 따돌림을, 억수로 많이 당했어요, 아지매 같은 경우에는.

그런데 그 아지매가 그 헬기 소음 땜에 머리가 멍청이가 돼 삤어. 귀도 잘 안 들기고(들리고), 멍해가지고 아무것도 생각이 안 난답니다, 아지매 같은 경우에는. 그래가 뇌 사진도 찍고, 뇌에는 아무 이상이 없는데, 그거는 헬기 소음 땜에 아마 그런 거 겉애예. 그래가 마 뇌 사진도 내- 찍고 그랬는가 봐예. 지금도 약도 묵고 그라는데 그 할매 같은 경우에는 많이 따돌림당하는 기라, 지금.

근데 다른 할매 겉은, 그 할매는 혼자 계시는, 다른 할매 겉은 경우에는 자식들도 있고, 그거를 카바를 해 주는데, 이 할매 겉은 경우에는 카바를 못 해 주잖아예. 카바를 못 해 주니까 더 스트레스로……. 어데 말을 할 수 있습니까. 그러니까 더 그거 한 기라. 내가 그거를 경험을 해 보니까 스트레스를 많이 받아요. 그게 굉장히 많이 받아요, 지금 내가 보니까." 여, 50대

"우리 반대 주민들은 마을 회의에도 못 가는 기라. 우리 몰래 회의를 하고 그랬다꼬. 반대 주민들은 산에서 벌목하는 거 막는다고 있고, 찬성하는 사람들 모아갖고 마을 회의를 할라 하니까 즈그들이 내려가면 우리도 같이 내려갈라 그랬어. 그런데 내 차를 막아가지고 안 있습니까." 구술자1: 남, 70대

"고 고개 밑에 한전 차가 열 몇 대 대서 우리가 못 내려가고……." 구술자2: 남, 80대

"참말로 거기서 걸어 내려오면서, 내가 다리가 아파 걸음도 옮기지 못해 질질 끌며 여기까지 왔어요." 구술자3: 여, 70대

"내가 차를 대고 도저히 못 내려오겠데. 그래서 동네에 가서 즈그 모여 있는데, 내가 쌍욕을 했지. 이 소리 저 소리 내가 나오는 욕을 했지." 구술자1

"한전 앞잡이 노릇이(노릇 하는 사람이) 주관을 해서 우리를 배제시킨 거라. 5시만 되면 다 철거해서 갔는데, 6시가 되도 안 가고 그대로 남아 있는 거라. 그래서 'O[성씨] 사장, 빨리 차 돌리소. 저거 우리 회의 못 가도록 막는 거다. 빨리 차 돌리소' 했더니 차 돌리니까 한전 차가 와서 딱 막는 거라." 구술자3

농촌의 마을공동체는 집단을 결속하는 구심력이 강한 만큼 집단이 공유한 동일성에서 벗어난 행동과 대상을 배제하고 공동체 경계 바깥으로 축출하려는 강력한 동기와 힘을 갖고 있다. 집단의 결속을 강조하고 공동체적 관계나 공동생활을 중요하게 인식하는 만큼 마을 구성원들의 삶을 동질화하려는 압력이 강한 것이다. 이런 분위기 속에서 살아가는 개인은 공동체 내부 구성원들이 수행하고 있는 '같음'에서 벗어난 '다름'을 갖게 되거나 그 자체로 '차이'의 존재가 되어 버리는 순간들에 대해 두려움과 불안을 갖고 있다. 어린 시절부터 마을공동체 속에서 성장하고 살아오면서 집단의 동일성에 부합하려는 노력, 집단의 결속에 기여하려는 노력을 기울이게 되는 것이다.
　이것은 공동체 내부 개개인의 삶을 누르는 강력한 압력으로 작용한다. 이 때문에 '네가 공동체의 결속을 방해하고 있다'거나 '너만 우리랑 다른 존재가 되었다'는 암시와 표현은 개인을 압박하고 개인에게 불안감을 안기는 낙인이 된다. 이런 낙인이 지속될 때 실제로 공동체 내에서 더 이상 생활을 영위해 나갈 수 없으리라는 강한 인식을 갖게 되기 때문이다. 스스로 집단이 공유한 '동일성'에서 벗어난 '차이'의 존재가 되었을 때 자신이 속한 집단이 모든 수단을 동원해 자신을 공동체 경계 바깥으로 축출할 수 있다는 실질적 공포가 이 압력의 한가운데 존재한다.
　마을 사람들 다수와 다른 길을 걷는다는 것은 마을로부터 내쳐지거나 마을 사람들의 동아리로부터 소외된다는 것을 의미하기에 농촌 지역 공동체에 속한 구성원이 이와 같이 '다른 길'을 선택하는 경우는 매우 드물다. 송전탑 건설에 반대하는 입장을 견지하고 있는 주민들은 마을에서 소수에 속하며 이는 곧 마을 사람들이 현재 선택한 어떤 입장에서 벗어난 '차이'의 존재가 되었음을 의미한다. 이런 분위기 속에서도 반대 입장을 고수한다는 것은 공동체가 주는 압력을 견디겠다는 각오를 전제로 하는 일이다.

가뜩이나 공동체가 선택한 길에서 벗어나 있다는 부담감과 불안을 안고 있는 존재에게 '너 때문에 우리 마을이 더 어려워졌다'거나 '너를 제외한 모든 사람이 다른 선택을 했다'거나 '너 때문에 우리가 피해를 받고 있다'고 말하는 것은 이런 불안을 가중시키는 일이 된다. 이 때문에 반대 운동 참여 주민 중 나이가 많은 이들이 마을회관이나 기타 마을 내 공간에서 이런 공격을 받고 있을 때 조금 더 젊은 주민들이 이런 말을 참지 않고 더 적극적으로 되받아치기 위해 애를 쓰는 것이다.

"한전 직원이 쓱 와갖고 '아 저쪽 마을 합의했다'고 거짓말을 하면서 '그러니 여기도 빨리 합의해라. 빨리 합의 안 하면 돈 못 받는다. 뭐 언제까지 합의 안 하면 뭐, 뭐, 뭐, 보상 그 몬 준다', 이라고 가면 그 찬성 쪽의 사람들이 벌떼같이 달라들어서 우리 할매들한테 '느그 땜에 돈 못 받단다. 인자 우짤래', 이래 막 공격을 하는 기라요. 그거 다 거짓말이라요. 한전은 입만 열면 거짓말이거든요. 우리가 안 그렇다고 설명을 해 주도 들은 척도 안 해요, 찬성 주민들이. 그라고 계속 할매들한테 뭐라 하는 거라, 느그 때문이라꼬. 그라이 우리가 못 참지. 그래가 회관에 자주 들다보는(들여다보는) 기라요. 또 무슨 일 있을랑가 싶어가……." 여, 60대

"아이고, 회관에 가면 나는 매일 형님들하고 싸우다 온다꼬. 왜 그라냐면, 할매들이 뭐라 하냐면, '다 같이 합의했으면 먹는 것도 갖다 주는 대로 먹고 돈도 주는 대로 같이 받으면, 동네 합의가 되고 마음이 편할 건데 자네들이 반대를 하니까 먹는 것도 못 먹고 한다'꼬 그라는 기라. 우리가 한전에서 가져온 것도 돌려보내고 못 먹게 하고, 내가 먹으면 지랄하거든. 그렇게 하니까 맨날 회관에 가서 그 소리 들으면 제일 서운하고, 보골이 (화가) 나가지고 형님한테 욕하고 안 하나. '많이 먹고 배 갈라지라' 하고, '그 돈 못 받아먹어 죽겠든교. 동장 세울 때는 왜 동장 세워 놓고는 동장은 뒤에 세워 놓고 왜 형님들은 왜 돈 받아먹나. 동장이 돈 안 받으면 같이 안 받아야 될 거 아닙니까. 동장을 세워 놓고는 왜 형님들이 먼저 돈을 받아먹나. 그 돈 못 받아먹어가지고 죽겠든교'……. 내가 회관에만 가면 그 소리만 하면 열이 받아가지고……." 구술자1: 여, 70대

"돈 받은 사람은, 같이 전부 다 단합이 되었으면 우리가 돈 많이 받고 이럴 건데 하거든." 구술자2: 남, 80대

"이런 이야기가 기분 나쁜 게, 우리가 이런 이야기를 해요. 우리가 돈을 받는 것도 우리가 이런 만큼 했으니까 저항을 해서 받았는데, 즈그들은 우리가 데모가 많이 해가지고 10원 받을 것을 9원밖에 못 받았다 이렇게 이야기를 하고 있어요. 참 말도……." 구술자3: 남, 60대

"우리 동네는 다 같이 합의를 안 하니까 돈을 적게 받았다고 그라는 기라. 그라믄 내가 '싸우는 바람에 형님들 돈 더 안 받았습니까. 우리 여기 안 싸웠으면 돈 많이 줍니까' 합니다. 어디 그런 소리를 합니까." 구술자1

"여 있는 분들이 사실 존경을 받아야 됩니다. 이래 돈도 안 받고 이래 버

티면서 끝까지 싸우는 거 이거에 대해서 진짜 존경을 받아야 된다꼬요. 그
런데 어디 그런 소리를 합니까. 그라이 그런 걸 보면 더 화가 나는 기라요."

구술자3

"우리가 이 싸움 하면서 제일 힘든 기 뭐냐. 이웃 주민하고 갈등, 분열된
갈등……. 지금도 이래 나가면은 한 이웃집 살고 옛날에는 안 그랬는데 나
가면, 우리는 즈그를(저들을) 딱 쳐다보면서 바로 걸어가. 즈그는 고개 외
면해요. (중략) 이장이 도장 안 찍어 주고 (한전에서 가져온 선물을 도로)
가주갔거든. 가주가니까 찬성파들이 그거 보냈다고 난린 기라, 응? 먹을
낀데 보냈다꼬. 그러 카든가(그렇게 하든가) 말든가, 우리는 그거 귀 밖으
로 듣거든? '느그는 그렇게 지끼라(지껄여라) 우리는'……. 지금도 한전
놈들이 관광 시키 주고, 명절 때 되면 뭐 사다 주고, 회관에 먹을 거 갖다주
고, 왜 그라나(그러나)? 즈그가 그래 해가지고 한 사람이라도 더 지금 남
은 사람 유혹시킬라고 하는 짓이거든. 왜 그거를 모르고 그거를 받아묵나
이기라, 응? 너무너무 속상해요. 그런 거 보면은." 여, 60대

동장이 한국전력에 협력하지 않고 오히려 반대 입장에 서서 주민들의
의견을 수렴하는 와중에도 '한국전력이 주는 물건을 함부로 받지 말라'
는 동장의 말을 무시한 채 한국전력이 가져온 선물을 받지 못한 원망을
반대 의사를 밝힌 주민들에게 쏟아붓는 이들도 있었다. 송전탑 건설에
반대 입장을 밝힌 마을의 젊은 주민들은 마을의 어른들이 얼마 되지 않
는 한국전력의 선물을 받으려 떼를 쓰다시피 애를 쓰면서 반대 의사를

밝힌 주민들을 공격하는 모습을 볼 때마다 한편으로는 안타깝고, 한편으로는 참담한 심경을 금할 수 없다고 말했다.

이런 분위기 속에서 마을의 모든 공간이 일상적 대립의 현장이 되었다. 특히 마을회관은 찬성과 반대 입장을 밝힌 주민들이 마주칠 때마다 하루에도 몇 번씩 갈등이 벌어지는 장소가 되었다. 과거 매일같이 모여 음식을 나누고 놀이를 즐기며 담소를 나누던 공간이, 목소리를 높여 싸우고 서로를 공격하는 싸움의 터전이 되어 버린 것이다.

"마을에서 회의를 한다 카길래 그 전 동장한테 전화를 걸어서 우리도 나가도 되겠냐 물었더니 그분이 주민들 나와라 말을 했으니 나와도 되지 않겠냐 해서 합의 안 한 주민들한테 다 전화를 돌렸지예. 그래가 같이 나갔어예. 그때 우리 아들이 마을 사람들이 변해 가는 모습을 지켜보더이 마을 사람들이 모일 때 자기도 한번 불러 달라 캐서 그날 아들도 오라 해가 같이 갔지예.

회관에 갔더이(갔더니) 동장이 서류를 내놓고 합의금을 가지고 어느 곳의 땅을 샀으며 합의서의 내용은 이렇다 등의 말을 해서 사진을 찍었어예. 다 읽을 수가 없어서 사진을 찍을라 카는데 합의도 안 한 사람이 사진을 왜 찍냐고 고함을 질러가 싸움이 났어요. 찬성 쪽 사람들이 막 내한테 '돈 못 받으면 다 니 탓이다' 이래 막 소리를 지르면서 '합의 보고 말하라'고 막 들이대는 거예요.

그때 마을에 쓰는 쟁반에 수박이 항그(많이) 담가(담겨) 있었는데 ○○○이 그걸 들어서 내동댕이쳤어예. 고 마을회관 앞마당에서 ○○○의 마누라는 할매들한테 '합의 보고 말하라' 카믄서 고래고래 고함을 지르는 거예요. ○○○이 불과 얼마 전까지만 해도 같이 반대 입장에서 싸우던 사람이라 더 기가 막혔지예. 같이 싸울 때는 참 가깝게 지내고 서로 의지하고 그랬거든예.

수박이 가득가득 있었는데……. 동장이 인자, 내가 합의서 내용 제대로 읽어 봐라, 그거 다 안 맞는 말이다 카믄서 인자 그 들고 있는 합의서를 찍을라 하니까 난리를 친 거잖아요. 그거를 보고 인자 우리 반대쪽 할매들이 동장한테 막 달가들어(다가가서) 뭐라고 한 거예요. 그라이끼네 그 ○○○가 수박 든 쟁반 그거를 갖다가 딱 치더라고, 어르신들 앞에서. 그라고 고 마누라가, 같이 송전탑 막겠다고 온 천지 같이 다니던 마누라가 할매들 코앞에다가 '합의 보고 말하세요, 합의 보고 말하세요, 합의 보고 말하세요'……. 그때 나는 마음을 다 접은 거예요. ○○○은 저래도 마누라는 안 그런 줄 알았거든요. 그런데 그때 나는 마음을 다 접은 거예요.

그 마누라가 할매들한테 '이 씨발년들'이라며 욕을 했어요. 내가 그 다음부터 그 마누라하고는 말을 안 합니다. 할매들한테 욕하고 사과도 안 했거든예. 내가 그 남편하고는 그래도 가끔 말을 섞지만, 지가 돈 때문에 명예를 버렸어도 내가 말을 하지만 그 마누라한테는 일체 말을 안 해예. 지가 뭣 때문에 화가 났던 간에, 며칠이 지나도 어르신들한테 사과 한마디만 했으면 내가 안 그래요. 그런데 어르신들한테 욕을 퍼질러 놔 놓고도 '니가 인간이가' 싶어가지고 '니하고 내가 입을 섞으면 내가 인간이 아니다' 싶어 말을 안 해요.

그때 우리 아들이 '엄마 그냥 가자' 그람서 가자고 하더라고예. 그 부부가 우리 아들 친구 부모라. 그 장면을 우리 아들이 다 봐 놓이(놓으니)…….
예전에 마을 회장 했던 어르신이 그냥 가지 말라고 차를 붙들더라고예. 마을이 생긴 지 500년인데 이런 일은 처음이라꼬, 인자 이 마을을 어짜믄 좋겠냐고 한탄을 하시더라고예." 여, 60대

　마을이 갈등의 불길에 휩싸여 가면서 마을회관은 가장 치열한 갈등의 현장이 되었다. 그리고 이 갈등을 부추기는 배후에 한국전력이 존재했다. 수박 든 쟁반을 내던진 일이 벌어졌던 마을회관에서는 그날의 사건이 있기 11일 전에 해당 마을과 한국전력 사이의 자매결연식이 벌어졌다. 한국전력이 무리하게 공사를 추진하는 바람에 주민들이 입은 피해가 크다는 여론이 비등해지고, 불과 8일 전에 대규모 경찰 인력이 동원된 '6.11 행정대집행'이 있었기에 한국전력으로서는 여론을 가라앉힐 묘수가 필요한 상황이었다. 이에 한국전력은 송전탑과 송전선로가 지나가는 밀양 지역 마을들과 자매결연을 맺고 이런 장면을 사진으로 찍어 언론을 통해 홍보하려 했다.
　해당 마을은 송전탑 건설 반대의 여론이 가장 먼저 확산되어 반대 시위를 맨 처음 시작한 곳이었기에 이 마을에서 한국전력과 자매결연을 맺는다는 것에는 상징적인 의미가 있었고, 이에 따라 자매결연 소식이 주요 언론을 통해 보도되었다. 그러나 이것은 동장과 부녀회장 등 마을 주민 3명 외 찬성 입장에 서 있는 주민들조차 알지 못한 채 계획된 일이었다. 이런 일이 벌어지고 11일 뒤에 마을에서 큰 싸움이 벌어져 결국 경찰까지 출동하게 되었던 것이다.

"제가 반대 어른들하고 사랑방 짓고 시내 가가 점심 먹을라 카는데 딱 전화가 온 거예요. 지금 회관에서 한전하고 자매결연 맺는다꼬 난리가 났다는 거라예. 그래 막 급하게 가 보이 현수막 걸은 흔적도 없어. 현수막 잠깐 걸치 놓고 사진 찍고 금방 바로 걷어가 뺐다는 거예요. 내가 기가 막힌 거예요. 우리가 그래 열심히 목숨 걸고 싸우고 있는데, 불과 얼마 전에 경찰한테 두들기 맞고 그래가 있는데 사람이믄 우예 그럴 수가 있는가 말입니더.

회관 들다보이(들여다보니) 자매결연 한다꼬 김치냉장고랑 에어컨, 싱크대 이런 걸 갈아 줬어. 기름보일러도 새로 설치해 주고. 내가 그래가 동장한테 그랬어예. '아무리 그래도 지푸라기 한 톨만 한 자존심도 없나. 우예 죽니 사니 싸우던 한전하고 자매결연을 맺노. 세상천지에 이럴 수가 있나' 카믄서 막 쏘아붙있지. '싱크대 없어가 밥 못 해 묵드나' 카믄서. '나는 싱크대 빵꾸 나서 물이 줄줄 샌다 캐도 한전한테 그거 안 받고 싶다. 자존심도 없는교' 카면서 막 해 댔더이만 '동네에 도움이 될까 싶어 그랬다' 카는 기라." 여, 60대

마을을 감도는 팽팽한 긴장감은 모든 일상생활의 공간을 일촉즉발 위기의 현장으로 만들어 갔다. 마을 사람들 사이에 축적된 분노와 갈등의 에너지가 쌓이고 쌓이다 어느 순간 폭발하면 시골 마을에서 일어날 거라고는 생각해 본 적 없는 일들이 벌어지기도 했다. 마을 길을 가다가 욕을 듣거나 모욕을 당하는 일은 비일비재했고, 회관에서 음식이 든 그릇을 던지거나 마을 어르신들에게 욕을 하는 수준을 벗어나는 사건이 일어나

기도 했다. 어느 동네에서는 실제로 주민들 사이에 칼부림이 벌어져 현장에서 주민이 경찰에 끌려가는 일도 있었다.

"마을 사람이 칼부림을 벌인 일이 있었어요. 술 먹고 '○○○*이 합의했다'고 매일 욕을 했는데 ○○ 엄마가 가서 '○○○*가 돈을 타 갔다고 하이 내놓으라'고 했어요. 그라이 화가 나서 '누가 그런 얘기를 하던교' 하고 물었던가 봐. 그 엄마가 '반장이 카더라' 하는 얘기를 듣고 부엌에서 칼을 들고 나와서 우리 집으로 온 기라. 우리 집에 와서 난리를 쳤어요. ○○ 엄마가 뒤에 따라와가 ○[성씨] 반장이라고 알려 줘서 다시 그 집에 갔어요. 그래가 그 집 ○○○을 칼로 위협하고, ○○○이를 칼로 위협해가 마 손목에 상처가 난 기라. 그래서 신고를 했다 카데요. 점심을 먹는데 경찰차가 오고 구급차가 오고 난리도 아니었어예.

저녁 먹고 119가 또 오길래 내다보고 있었는데 사람을 끌고 나와서 태우길래 보니까 그 칼 들고 설친 사람 부인, ○○댁이라. ○○댁이 그 와중에 쓰러졌다 캐가 엠블란스(앰뷸런스)가 온 거라예. 다음 날 아침에 그 일로 주민끼리 싸우고 난리가 또 났어예. 병원에 가 보이 ○○댁은 뭐 크게 아픈 데 없이, 달리 아픈 데 없이 누워 있더라꼬예. 우리는 그렇게 생각하지예. ○○○*이 시킨 거다……." 여, 60대

"맞고소할라고 작전을 짠 거다. 칼은 숨키가(숨겨서) 들키지도 안 했고 하이 마 합의 볼 때 건수 하나 만들라고 마 입원을 시킨 기지 뭐." 여, 70대

"그래. 동장이 와가 합의 보라 했다 카더라. 합의 보라꼬. 다 한통속이라." 여, 60대

일상의 폭력 189

마을 안에서 칼부림이 벌어지는 일이 흐지부지 덮일 만큼 사람들은 점차 폭력에 둔감해져 갔다. 물리적 폭력 못지않게, 혹은 그보다 더 파괴적인 일상의 폭력이 다양한 형태로 지속되고 있었기 때문이다. 폭발할 것 같은 갈등의 에너지는 계속 여기저기 불꽃을 일으키면서 분란의 씨앗을 키워 나갔다. 갈등이 점화되는 장소 가운데 하나는 법정이었는데 마을에서는 크고 작은 소송이 끝도 없이 이어졌다.

한국전력은 송전탑 건설 찬성 주민들의 집에 CCTV를 설치해 주기도 했는데 이 CCTV는 집 안을 향해 있지 않고 집 밖 골목을 향해 설치되었다. 이 CCTV는 집 안에 들어오는 도둑이 아니라 집 밖 골목을 지나다니는 마을 사람들을 감시하거나 갈등의 장면이 벌어졌을 때 이를 '채증'하여 법적 소송에 활용하기 위해 설치된 것이었다.

실제로 골목에서 서로 소리를 높여 싸움이 벌어졌을 때 반대 주민이 욕을 하는 내용을 녹음하거나 녹화한 영상이 소송에서 증거로 제출되었다. 주민들은 언성이 높아지는 것 같으면 곧바로 휴대전화를 들이밀어 녹음을 시작했으며 이런 모든 일의 배후에는 한국전력이 있었다. 한국전력은 송전탑 건설 찬성 입장을 가지고 적극적으로 협력하는 주민들을 지원하면서 이들이 소송을 제기하거나 고발당하는 경우 법률 지원을 아끼지 않겠다는 약속을 하고 이를 실행하였다. 또 실제 이런 소송에 대비하거나 혹은 이런 갈등을 촉발하기 위해 주민들에게 조언을 하기도 했는데 예를 들면 '이런 욕을 들으면 성폭력으로 고발할 수 있다'거나 '대화를 할 때는 무조건 녹음을 하라'는 등의 조언을 한 것이다. 마을공동체에 만들어진 폭력의 연쇄 고리는 끝도 없이 확장되면서 몸집을 키워 나갔다.

이와 같은 폭력의 구조는 현재에도 여전히 마을에 존재하며 주민들의 삶을 좌우하고 있다.

"우리 같은 경우는 바로 앞집에 여기서 CCTV를 달아서 우리 현관 올라오는 쪽으로 딱 삐쳐 놔 놨거든(비스듬하게 놓아 두었거든). 그래 내가 파출소에 전화 두 번 했거든. 처음에는 와서 보더니 '시행하겠습니다' 하더만, 그대로 있었어. 그래서 다시 또 와서 보고는 '이거 뭐 우리가 말로 해도 안 되니까 법으로 고발해서 하소' 이러는 거라. 하이고, 내가 고발해가(고발해서) 이길 거가. 정부하고 한전이 짜가지고 하는데 내가 이길 거가. 내가 뭐 할라고 헛질할꼬. 마 놔둬라. 내가 뭐, 즈그 날로(자신들이 나를) 죄인을 치던가 나를 도둑놈으로 치던가 가만히 냅둬라(내버려둬라). 이때까지 그러고 있어요." 구술자1: 여, 70대

"우리가 이제 찬성 주동자 집에 같이 모아가지고 쳐들어갔어요. 이러면 안 된다면서……. ○○○ 집에도, ○○○ 집에도 가서 싸우고……. 저희들이(본인들이) 불안을 느꼈는지, CCTV 단 집이, 지금 일고여덟 집을 달아 놨어요. 지금. 지금 다 달려 있어요." 구술자2: 남, 60대

"찬성한 집에는 시에서 다 달아 놨어." 구술자1

"한전에서 해 줬겠지." 구술자2

"뭐 때문에 달아 놨나 했더니 도둑을 방지하기 위해서 달았다 하더라. '도둑을 방지하려면 너희 창고 있는 문에 달지 왜 우리 집을 보고 다노. 우리 도둑놈 취급하지 마라'……. 마을회관에도 달아 놨다." 구술자1

"만날 경찰서 정보과장이랑 포섭하러 다니던 놈이 늘 마을에 들락거려요. 뭐 하러 다니는진 모르겠어요. 근데 암튼 집회에서 욕을 좀 했다고 그 사람들 집에 CCTV를 다 달아 줬더라꼬." 남, 60대

"아니 새파랗게 젊은, 자식보다 어린 놈이 뽈따구를 쌔렸다(볼을 때렸다) 하니 얼마나 분하나. 그기 냉장고를, 회관에 냉장고가 있었는데, 우리 움막에서는 냉장고가 고장이 났는 거라. 그래서 돈이 있나. 없어서 회관에 지금 안 쓰니까 그걸 갖고 온나 이랬거든. ○○○이라는 사람이 여기 와서 집을 짓고 있었는데, 회관에서 그 냉장고를 썼는 거라. 오늘 안 되니까 내일 줄께 이랬는 거라. 내일 가져가면 우리는? 자기 물건 썩는다고(상한다고) 못 주겠다 하는 거 아이가. '우리는 우리 마을 거라서 가져가려 하는 건데 우리는 왜 못 가져가게 하냐', '우리는 우리 마을 거라서 가져가려 하는데 우리는 물건 썩어도 되나', 그래서 내놓으라 하니까, 가져오니까 싸우다가 뺨말때기를 쌔려서 앉아가지고 다리를 물었는 거라. 그기 고발이 돼가지고 성추행에 폭행에 그리 고발이 됐어. 내가 제일 고발 많이 당한 사람이라." 여, 70대

"○○○이 어떻게 했는지 압니까. 2013년도지. 내가 밖에 나간다고 회관 앞에 나가 있으니까 나를 쳐다보더니 '저 씨발년, 미친년이다' 딱 이러는 거라. 내가 각중에(와중에) 서로 대화를 하다가 나온 것 같으면 이해가 간다. 그래가지고 '씨발년, 미친년'이라 하더라. 처음에는 말이 안 나오더라고. 이게 무슨 소리인가 싶어서 쳐다보다 '너 뭐라 했나' 했더니 '너 씨발

년, 미친년아' 이러더라. '이 개 같은 놈아, 내가 너한테 씹을 주더나. 씨발년? 야 이 개 같은 놈아, 누구보고 씨발년이라 하나' 그래가지고 내다끄려 (서로 붙어서) 싸웠거든. 그라디-(그러더니) 내가 가만 있는데 오히려 지가 내를 고발한 기라." 여, 70대

"우리는 동네 사람끼리 살면서 녹음이라 카는 거는 생각지도 못하는데 벌써 ○○○는예, 벌써 누구하고 말만 하면 녹음을 하고, 그 부부지간에는, 다 녹음을 해요. 우리 회의해도 녹음하고, 뭐 해도 녹음을 하고, 녹음이라 하는 거는 인자, 아 그라면 우리도 계속 당하는 게 아니고 인자 우리도 녹음을 해야 하나, 생각만 했지만은 그런 거는 생각지도 못했는데 벌써 인자 백만 원 때문에 녹음하러 온 거예요. 내랑 말다툼이 있고 그랬을 때……. 인제 마을에서 다툼이 있다 싶으면 그냥 다 녹음을 하는 거라." 여, 70대

송전탑 건설 반대의 싸움이 지속되는 동안 많은 주민들이 경찰에 연행되어 기소되거나 그 밖에 여러 민형사상 소송의 당사자가 되었다. 2012년 이후 2015년까지 사법 처리된 주민 44명 가운데 70대가 11명, 80대가 3명이나 됐고, 60대와 50대가 각각 14명, 12명이었다(《밀양송전탑 반대투쟁 백서 2005~2015》(밀양765kV송전탑반대대책위원회) 참조). 대부분 송전탑 건설 예정지에서 공사를 막는 과정에서 연행된 후 기소된 사건들이었는데 2015년 이후에도 지금까지 더 많은 사건들이 재판에 회부되었다. 행정대집행 이후 마을 내 갈등은 더욱 심해졌고 이 갈등의 한복판

일상의 폭력 193

에 한국전력의 지원을 등에 업은 무차별적 고소·고발의 장면들이 있었다. 마을 길을 지나다 말다툼이 벌어지거나 회관에서 언쟁이 벌어져도 곧바로 고소·고발이 이뤄지는 경우가 많았다. 마을은 점점 갈등이 들끓는 도가니가 되어 갔다.

　마을의 분열과 갈등이 지속되는 가운데 마을의 청장년에 해당하는 '남성'들은 또 다른 어려움에 직면해 있었다. 2005년 밀양 상동면 여수마을 주민들이 한국전력 밀양지사 앞에서 첫 집회를 개최한 이래 2012년 이치우 씨가 돌아가신 후 새로운 대책위원회가 구성되는 시기에 이르기까지 송전탑 건설 반대 운동 대열의 맨 앞에 선 이들 가운데는 지역 내 네트워크의 중심에 있던 '남성'들이 많았다. 그러나 한국전력의 합의 압박이 강해지고 이른바 한국전력의 대응 매뉴얼이 개인과 마을을 대상으로 전격 실행되면서 초기에 반대 운동을 이끌었던 대부분의 '남성'들이 싸움의 현장을 떠나거나 송전탑 건설 찬성의 입장으로 돌아섰다.

　사실상 지역 내 대부분의 젊은 남성들, 청장년으로 분류되는 40~60대의 남성들은 처음부터 송전탑 건설에 찬성 입장인 이들이 많았고, 반대 운동에 참여했던 경우에도 2013년 전후 시기에 찬성 입장으로 돌아선 이들이 많았다. 그래서 2014년 6월 11일 2천여 명의 경찰과 공무원, 헬기 등이 동원된 행정대집행 당시 산속 농성 천막을 지키고 있던 사람들은 대부분 '밀양 할매'와 연대자들이었다. 그러나 이들의 곁에서 여전히 자리를 뜨지 않고 함께 싸움을 이어 나가던 '남성' 주민들이 있었다. 이들은 산속 농성장에 화장실과 난방 시설을 만들고 할머니들이 오르내리는 길을 만들었다. 그런데 이들의 싸움은 산속 농성장에서만 이뤄지지 않았다. 산 아래 마을이 이들에게는 더 치열한 싸움터였다.

"지금 이 10년 투쟁을 해 오신 분들이 동네에서 정말 이 투쟁을 안 했으면 정말 이렇게……. 이 사람들도 엄청 스트레스를 받습니다. 왜 그러냐면, 동네에서 정말 잘 지내던 옆집 동생, 이웃 상호 간 아닙니까. 근데 저 철탑 반대 안 할 때는 솔직히 잘 지내요. 철탑 반대하면서 '행님이 이거 말라 하노. 치아라', 한 번씩 그러면 늘 말로 싸워야 되고 신경을 써야 됩니다.

스트레스로 사람이 모든 병을 앓는다 카던데, 지금 그게 스트레스거든. 지금 ○○동[지명] 가 보이소. 지금 혼자지예? ○○○ 아저씨 혼잡니다, 지금. 투쟁하는 지금 그, 60년을 사신 분 중에는 혼자 지금 투쟁을 하고 있을 겁니다. 아시겠습니까? 저도 솔직히 제일 힘든 기, 그런 게 먼저 오더라고. 늘 마주쳐야 되니까, 살면서……. 이거는, 그 스트레스는 말로 몬한다니까……. 진짜 아무것도 아닌데, 이 사람들 배척하고 그냥 가도, 우리가 옳기(옳게) 되면 가도 되는데, 아이거든요. 지금 제가 지역이 여, 단체 생활 하고 있어도 그 어느 누구도 처음에는 제 편 드는 사람이 없었습니다. 진짜 없습니다. 그러니까 여-뿐만 아니라 이 전체하고 다 싸워야 된다니까, 아시겠습니까. 단체 생활……. 저는 계속 여- 많이 하고 있기 때문에…….

나중에사 그 사람들이 인자 알았지. 알기 때문에 조금은 '아, 느그가 잘하고' 이런 소리 나왔지 그 전에는 안 그랬거든요. 얼마나 진짜 그때는 마, 카면 늘 왕따죠. 늘 왕따라니까……. 그 자체가……. 그래 그 스트레스 온

일상의 폭력 195

그 싸움 때문에 지금 솔직히 내가 병이 안 왔나 싶어요. 그런 생각 굉장히 많이 듭니다." 남, 40대

"얼마나 스트레스를 받습니까. 매일 부딪히죠, 그런 사람들. 안 그렇습니까. 관에 와도 만나고, 면에 와도 만나고, 동네 일에도 만나고……. 근데 이 사람이 시골에서 뭐 하나 일을 해 줄라면, 다른 사람이 와서 해 주는 거 아닙니다. 하우스 당장 하루 뿌사지면(부서지면) 동네 사람들이 와가 동생들이 해 주지 오가(와서) 해 주는 사람 없습니다. 그 사람들도 봐야 되는 거 아닙니까. 동네 살면서 계속 봐야지……. 이, 사람에 대한 스트레스는 진짜 말로 못 합니다. 저는 솔직히 40년 살아왔지만 그 마을에 그 형님은 60년 살아온 사람입니다. 스트레스가 말도 못 합니다.

저도 가면 진짜 거짓말 안 하고, 제가 '종북 좌파, 종북 좌파'였죠, 오히려. 그지요. 사람들이 막 그캤다니까요(그렇게 했다니까요). 저게 사실 밝혀지기 전에, 전기 예전에 모지란다(모자란다) 캐가 마, 나중에 밝혀지가지고 남아돈다 했잖아요. 그 전에까지는 저도 늘 단체 가면 싸워야 되고, 옛날에 우리 오십 명, 백 명 되는 단체 가갖고 현수막 하나 해 줄라 카는 그것도 안 해 줬었습니다. 그런 거지요. 늘 싸워야 된다니까……. 우리는 부대끼면서……. 우리를 지지하는 사람들이 늘 곁에 있는 것도 아니고……. 시골에 살면 진짜 어려워요. 살고 있으면 정말 어려워.

동네 또 회의에 가도 그 소리백에 안 하는 거야. 혼자 가는데 여덟 명이, 하이고 '철탑 다 섰는데 반대는 말라 하노, 느그 때문에'……. 이래도 막 우리는 알지 않습니까. 거기서 언성 높이고 해 봐야 어차피 안 되잖아. 그러

니까 그 속을 또 삭이고 가야 되는 거라. 그래 난중에 빠져야 되고, 뭐 하고 와야 되고……. 그런 게 하루 이틀이 아니고 매일이라고 생각해 보세요. 진짜 매일이라.

그 형님도 주변이 다 일가 사람이고 다 동창이고 계꾼이고 안 그렇습니꺼. 만나는 사람마다 송전탑 반대 왜 하냐고 묻고 그랬을 낀데 얼마나 괴로웠겠습니까. 농사짓고 촌에서 살라 하믄 그런 사람들 아예 안 만나고 아예 교류 안 하고 지낼 수가 없습니다. 면에도 가야 하고 조합에도 가야 하고 하는데 갈 때마다 사람들이 이 말 저 말 해쌓고……. 그렇잖아요. 똑같잖아요. 거기도, 그 형님도 지역에 살면서 그 사람 혼자였고…….” 남, 40대

자신이 태어나 자란 마을에서 살고 있는 청장년 남성들은 마을의 이웃이 모두 친인척이거나 부모님의 친구들이거나 본인들의 동창이다. 마을 사람들과의 관계는 수 대째 수백 년 동안 이어져 온 것이어서 나만이 아니라 나의 아버지와 어머니, 할아버지와 할머니, 또 그 윗대 선조에 이르기까지 서로 연결된 관계인 것이다. 이들은 농촌 지역 사회 내에서 다양한 네트워크에 접속되어 있다. 이런 연결은 태어날 때부터 주어진 삶의 조건인 동시에 마을에서 농사를 짓고 살아가려 한다면 피할 수 없는 현실이다. 농사일을 하기 위해서는 면사무소 직원들부터 농협 직원들, 각종 농사 도구와 기자재를 판매하는 상인들, 시청의 공무원, 각종 영농조합 조합원들, 계 모임 사람들, 동창들과 연결되어 그들과 소통하고 교류하는 가운데 일정한 도움을 받을 수밖에 없다. 이 지역공동체 내부의 남성 커뮤니티와 네트워크는 폐쇄적일 뿐 아니라 의존도가 높고 영향력 또한

높아서 이 커뮤니티와 네트워크 안에 있느냐 밖에 있느냐에 따라 삶의 질이 달라진다. 농사를 짓고 마을에서 살아가는 동안 필요한 일들을 처리할 때 도움을 받아 쉽게 처리할 수 있느냐, 도움을 받지 못하거나 오히려 배제되어 어려움을 겪게 되느냐가 이들과의 관계에 달려 있는 것이다.

이 청장년 '남성'들에게 공동체로부터 배제되거나 소외되는 상황은 일상생활의 존립 기반과 사회적 관계 및 경제적 활동의 토대를 뒤흔드는 일이 된다. 이들은 일상적으로 면사무소와 농협, 농기구 수리점, 비료 가게, 종묘상, 각종 농자재 상가 등을 들러 지역 내 다른 남성들과 교류하지 않을 수 없다. 그런데 만나는 사람마다 송전탑 건설에 대해 반대 입장을 갖고 있는 자신을 공격하고 조롱하고 비아냥거린다면 이것은 단순히 좀 불편한 정도의 어려움을 넘어 건강에 문제를 일으킬 만한 심리적 고통과 장애의 요인이 될 것이다. 더구나 이와 같은 장면이 반복될 때 개인은 자신이 공동체로부터 축출되어 사회적 고립 상태에 놓여 있다는 사실을 반복해서 자각하지 않을 수 없다. 수십 년 동안 쌓아 올린 자신의 사회적 자산이 한순간에 무너지는 것을 목격하면서 실질적인 생활의 어려움에 직면해야 하는 것이다.

바로 앞에서 이야기를 구술한 40대 남성 주민은 마을에서 대대로 살아온 토박이 주민이었다. 그가 염려하고 걱정한 이웃 마을 60대 남성 역시 누대째 살아온 토박이 남성이었다. 두 사람은 모두 건강에 문제를 안고 있었으며 이웃한 60대 남성 주민은 결국 몇 해 전에 세상을 떠나고 말았다. 이 60대 남성 주민은 송전탑 건설 문제가 불거지기 전까지 마을의 모든 주민들이 도움을 받으며 칭찬을 하는, 말 그대로 '마을의 아들'이었다. 혼자 농사짓는 할머니들의 농사일을 돕기 위해 자기 농사일을 뒷전으로 미뤄 두기 일쑤였고 사소한 심부름이나 병원 가는 일, 집 안 전등을 갈거나 자질구레한 물건 수리 등의 일을 모두 도맡아 해결하는 사람이었다. 자연스레 마을 사람들은 그를 멀리 사는 자식보다 더 믿고 의지할 만한 존재로 여겼으며 마을 사람 누구라도 예외 없이 입을 모아 그의 성품과 마을 일에 헌신하는 태도를 칭찬했다. 그는 면 단위의 남성 커뮤니티와 네트워크 내에서도 구심에 속하는 인물이었으며 그에 대한 지역공동체의 사회적 평가도 매우 높았다.

그런 그가 송전탑 건설 반대 운동을 이어 가며 그 싸움의 현장을 떠나지 않자 사람들의 태도가 달라졌다. 만나는 사람들이 예전과는 다른 시선과 태도로 그를 대하고, 지역 사회 안에서 어떤 일들을 처리해 나가는 것이 매우 어려워졌다. 평생 다른 사람과 싸울 일이 없을 것 같던 인물이 언쟁을 벌이는 일이 많아졌고 마을에서 자신을 자식처럼 여기던 어른들도 합의금을 받은 후에는 그를 피하기 시작했다.

동창회나 계 모임에 나갔다가 싸우고 돌아오는 일이 많아졌고 이런 일이 늘어나자 아예 그런 종류의 사회적 활동을 하지 않는 지경에 이르게 되었다. 그는 마을의 대책위원장까지 맡아 활동했는데 자신의 어려운 속내를 잘 드러내지 않아 주변 사람들 모두 그가 겪은 고통을 짐작만 할 뿐 그 속사정을 자세히 알 수는 없었다. 그가 큰 병을 얻게 되었다는 소식을 접했을 때, 그리고 결국 세상을 떠났다는 소식을 듣게 되었을 때에서야 그가 겪었을 어려움을 아주 조금 짐작할 수 있었을 뿐이었다. 일상에 자리 잡은 폭력의 구조는 이처럼 어떤 측면에서는 물리적 충돌보다 더 크고 오래 지속되는 고통과 상처를 안겨 준다.

이 구조 속에 던져지는 것은 개인들만이 아니어서, 지역 사회 내 자연마을 단위 공동체들 사이의 갈등이 일상적 폭력으로 안착하기도 하였다. 특히 두 개의 자연마을이 이런 어려움을 겪었는데, 두 마을은 모두 행정구역 단위인 하나의 '리'에 두 개의 서로 다른 자연마을이 묶여 있고 한쪽은 송전탑에 더 가까운 반면 다른 한쪽은 송전탑으로부터 다소 떨어져 있다는 공통점을 갖고 있다. 이 둘 가운데 한 마을은 송전탑 건설 문제가 불거지기 이전에 같이 마을 체육대회를 하거나 동회를 하면서 잘 어울리고 화합하며 지냈는데, 송전탑 건설을 둘러싼 갈등 이후에는 행정구역 단위를 완전히 분리시키자는 분동(分洞) 이야기가 흘러나올 정도로 관계가 악화되었다.

갈등이 심화되고 관계가 악화된 것은 마을 단위 합의 문제가 대두되었던 때와 송주법(「송·변전설비 주변지역의 보상 및 지원에 관한 법률」) 제정 이후 개인 외에도 마을에 대한 보상이 시행되기 시작할 무렵이었다. 두 자연마을 사이의 갈등은 송전탑에 가까운 마을은 피해가 많은데도 송전탑 건설에 반대해서 보상을 제대로 받지 못하고 송전탑에서 거리가 먼 마을은 송전탑 건설에 찬성하여 상대적으로 피해가 적은데도 보상을 독점한 데서 비롯되었다.

"자기 마을 사람도 아닌데 우리 마을까지 와서 할매들한테 '지금 합의 안 하면 돈 못 받는다', '이거 합의 안 해서 앞으로 마을에 어떤 공사도 할 수가 없을 거다', '마을이 발전을 못 한다' 등의 이야기를 늘어놓으니 화가 안 나겠습니까. 합의금도 우리가 안 받겠다 하니 자기들이 우리 몫까지 다 받아 챙겼어요. 내가 그 내막을 밝히라 했는데 그쪽도 한전도 꼼짝도 안 해요, 대답도 안 하고. 송주법으로 나오는 그 보상금도 자기들이 우리 몫까지 다 받아서 막 처리를 하는 거라. 그래 그거는 합의와 상관없는 일이니 내가 그거라도 제대로 받아서 할매들이 제 몫을 좀 받도록 해 주야 되는 거 아닌가 고민을 한 거죠." 남, 70대

"예전에는 같이 야유회도 가고 그랬어요. 인자는 그때 다 같이 간다꼬 차량 빌려 놓고도 안 갔어요. 꼴도 보기 싫은데요, 뭐. 인자는 마주치기만 해도 서로 마 아주 따갑게 치다보고(쳐다보고) 조롱이나 해쌓고 그렇심더. 오죽하면 우리가 분동을 신청했겠습니꺼. 이건 큰일이라요. 큰 문젭니더." 남, 70대

"2013년도 봄에 마을 전체 야유회 가는데, 우리 마을은 안 가 뿠다 아입니까. 관광차 두 대 대절해가지고, 한 대는 밑(아랫동네)의 사람 타고 한 대는 우(윗동네)의 사람 타고 이래 보통 이래 가는데, '우리는 안 간다' 이래 했는데도 즈그가 억지로 뭐, 관광차 예약하고 뭐 이래가 두 대 왔는데 뭐, 안 가 뿌니까 한 대는 그냥 마 취소해가 30만 원 주고 보내 뿌고, 우리는 안 가 뿌고 이랬지요. 이런 갈등이 좀 심했어요." 남, 60대

"지금 현재 꿩 먹고 알 먹고 다 하겠다는 이야기라. 자기네들 피해 없이 지금 현재 돈을 다 받아 갔잖아요. 우리, 피해는 여기 보는데……. 자기네들 피해 없이 40프로 그 현금도 받아 갔잖아요. 그 나머지 60프로도 지금

현재 11억에 대한 혜택은 즈그가 다 봤다는 얘기야. 우리 편에서는 그렇게 보는데, 그러면서도 나머지 송주법에 의한 별도 지원 이거마저도 왜 우리한테 안 주냐, 하고 이야기하니까 위에 사람들은 뭐라고 하겠어요? 이거 '호로새끼', 말은 못 해도 '때리 직일 놈'이라 안 카겠어요, 그죠? 마을에 갈등이 더 심화돼 가는 거죠. 심화시키도록 한전이 만들어 뿌렸고…….(중략)

요, 우리 마을이 송주법 혜택 범위에 해당하는 1km 이내 마을이에요. 그래가 우리가 한전에다가 우리 마을 거를 따로 달라 캤죠. 우리 마을 대표는 따로 뽑겠다 캐가……. 이거는 옛날에 합의한다 칼 때부터 문제가 불거져가 갈등이 있었기 때문에 이리 된 깁니다. 한전 즈그들이 만든 갈등이에요. 원래 우리가 다 좀 멀긴 해도 친인척 간이고 또 마을 사람들 중에는 의형제 맺고 이런 사람도 많았어요. 인자는 뭐 서로 안 보고 지냅니다. 오죽하이 분동 이야기가 나왔겠습니까." 남, 70대

2014년 이후 시행된 송주법은 마을이나 지역 사회 내 갈등을 오히려 증폭시키는 결과를 만들었는데, 분동 논의가 있었던 이 마을 역시 이와 같은 갈등에 휩싸여 있었다. 송주법은 송전탑이나 송전 설비 1km 이내 지역에 대한 보상이 그 내용의 주를 이루고 있는데 이 지역에 해당하는 마을은 송전탑 건설 합의 논의 과정에서 완전히 배제된 마을이었다. 마을 합의·보상금을 둘러싼 논의가 있었던 그 무렵의 갈등이 송주법 이후의 갈등으로 이어진 것이다. 사실상 송전탑 건설 합의 과정에 참여하지 않았던 마을이 송주법 보상 대상 마을인데, 이 마을이 받을 보상을, 합의 논의를 주도했던 다른 마을에서 가로채 독점하는 상황이 발생하여 크게

갈등이 일어났던 것이다.

　이 마을은 이미 한국전력과 합의·보상 관련 논의가 진행되는 과정에서 완전히 배제되어 이에 대해 강력하게 문제제기를 한 적이 있었다. 이웃한 두 개의 마을이 하나의 행정단위를 구성하고 하나의 동회를 이루고 있는데, 2012년 12월 동회에서 논의하기도 전에 한 마을이 두 마을을 대표하여 한국전력에게서 합의·보상금을 받은 후 이 돈으로 다른 지역에 토지를 구입했다는 소문이 돌았다. 동회에서 추궁한 결과 실제로 10억 5천만 원을 받기로 하고 합의를 했다는 사실이 드러났다. 이장의 고백에 따르면 동회가 있기 전에 본인이 8억을 입금 받아 본인 명의로 7억 원에 해당하는 부동산을 계약한 상태였다.

　2012년 합의금을 받기 1년 전인 2011년 12월에 마을 동회에서 대책위원회 8명과 협상 대표 2명을 선출하여 한국전력과 협의를 진행하기로 했었는데, 이 가운데 송전탑건설반대대책위에서 활동을 하던 송전탑 인근 마을 주민이 있었다. 그가 논의 과정에서 합의를 거절하자 그를 모함하는 말들이 오가기 시작했고 갈등이 점차 심화되어 그는 대표단에서 빠지게 되었다. 그가 대표단에서 빠진 후 주민 대표 5인이 2012년 8월에 한국전력과 합의했는데 마치 그도 합의에 동의한 것처럼 서류를 꾸민 것을 나중에 알게 되었다. 한국전력과의 협상에서 빠진 두 사람이 실제 마을에 거주하는 사람으로서, 주민들에 의해 선출된 이들이었는데 이들이 실제 합의 과정에 참여하지 않고 반대 의사를 밝혔음에도 '주민들이 선출한 대표'라는 근거가 필요하여 이런 일을 도모한 것이었다. 당시 합의에 나선 주민 대표 5인은 마을 사람들이 잘 아는 인물도, 마을 사람들이 선출한 이들도 아니었다.

　당시 주민들은 이와 같은 합의 사실을 전혀 알지 못했고 동회 등의 공적 논의 공간을 통해 이런 문제가 협의되거나 의결된 바도 없었다. 심지어 당시 합의를 주도한 이장은 합의서 서명 후 2012년 9월 추석에 한국전력에서 받은 돈으로 산 쇠고기를 주민들에게 나눠 주면서도 합의는 하지 않았다고 말했다. 그는 개인 명의로 돈을 받아 토지를 구입한 사실마저 숨기고 있다가 그해 12월 동회에서 사람들이 추궁을 하자 그제서야 일의 전후 사정을 실토하였다. 이후 이장과 새마을지도자 등 임원진이 교체되어, 이미 진행된 부동산 계약도 해지되었다.

　그러나 기존 이장이 자리에서 물러난 후에도 계속 같은 일을 도모하는 사람들이 나타났다. 이 과정에서 비합의 주민의 개별 보상금이 마을 보상금으로 돌려진 것은 끝내 복구되지 않았다. 송주법 제정 이후에는 이장이 된 이가 다시 마을공동기금으로 6억 상당의 부동산을 사려다가 마을 총회에서 동의를 받지 못해 무산되었다. 그가 물러난 후 다시 이장이 되겠다고 나선 이는 자신이 이장이 되면 마을공동기금을 개인에게 나눠줄 수 있다고 주민들을 설득하며 다녔다. 마을공동기금은 개별로 사용하면 안 된다는 사실을 마을 회의를 통해 서로 확인했음에도 한국전력의 묵인하에 계속 같은 일이 시도되었고 결국 그 사람은 마을 주민 20여 명을 모아 놓고 스스로 이장이 되어 마을공동기금을 4백만 원씩 개별 가구에 나눠 주었다. 마을 공동의 주거 개선 사업처럼 보이게 만들어 일을 진행한 것이다. 마을 사람들은 한 개인이 단독으로 이 모든 정보를 알아내 이른바 '꼼수'를 부리는 것은 불가능한 일이라고 생각한다. 모두 한국전력이 정보를 주고 한국전력이 묵인하는 상황에서 이와 같은 일이 벌어진 것이라고 여기는 것이다.

이웃한 두 마을이 하나의 동에서 둘로 갈라지는 것을 논의하는 데까지 이르게 된 배경에는, 마을 합의·보상금을 지급하는 단계에서 벌어진 일과 송주법 제정 이후 마을공동기금 운영을 둘러싸고 벌어진 편법적인 일 처리가 빚어낸 갈등이 자리 잡고 있다. 이처럼 송전탑이 들어선 이후에도 마을살이에 지속되고 있는 거짓과 꼼수, 그리고 그것이 만들어 내는 갈등의 이면에는 여전히 한국전력이 자리 잡고 있다. 그리고 그 핵심에는 이장이나 동장이 중심이 된 마을 자치 질서와 마을 동회와 같은 공적 언로의 체계를 의도적으로 무시하고 무너뜨려 편법화하는 한국전력의 행위가 있다.

농촌 지역 삶의 핵심 조건에 마을공동체가 자리하고 있다면 이 마을공동체의 정치와 문화를 주도하는 위치에 동장(이장)과 동회가 있다. 이 때문에 한국전력의 대응과 전략은 가장 먼저 이와 같은 마을 자치 질서와 공적 담론 체계를 무너뜨리는 데 집중되었다. 농촌 사회에서 이장은 마을 공공 담론의 중심에 있는 존재인 동시에 마을공동체 내부의 소통과 사회적 관계, 네트워크의 작동, 각종 생활에 필요한 정보의 습득과 관공서의 지원, 은행 등 공공 기관과의 접촉 등의 영역에서 핵심적인 역할을 수행하는 인물이다. 고령 인구가 많은 농촌 지역에서 마을 주민들의 '이장'에 대한 의존도는 매우 높은 편이다. 농촌 마을의 이런 현실을 잘 알고 있었던 한국전력이 가장 먼저 접촉한 것도 마을 이장들이었다.

"시골에서 살 때 제일 중요한 기 이장이라. 국가에서 뭐 할 때는, 뭐 이래 혜택을 준다 이칼(이렇게 할) 때도 이장을 중심으로 하는 조직 체계를 이용하거든요. 그라이 이장이 주민 생활에 미치는 영향이 크다꼬요. 이장하고 사이가 나쁘면 농촌에서 생활하기 힘들어요." 남, 60대

"처음 도시에서 귀농해가 마을로 들어왔을 때 이장한테 가서 인사도 하고 해야 하는데 그걸 몰라가 그냥 있었어요. 도시에서는 뭐 반장한테 가서 인사하고 안 그러잖아요. 그리고 마을 반에 가입을 해야 하는데 그것도 안 했어요. 마을에 땅을 사면 반장이나 누구한테 땅을 샀다고 신고를 해야 하는 것 같더라고요. (중략) 2012년도부터 이장하고 갈등이 좀 있었어요. 그 이유로 보상에서 제외됐어요. 주소지를 이전하면 보상을 받을 수 있다는 정보를 내한테는 안 주고, 내보다 주소지 이전을 더 늦게 한 사람은 보상을 다 받았어요. 이장한테 잘 보인 사람한테는 보상을 준 거예요. 합의서를 달라는 제안도 받은 적이 없고, 한전에 물어보니까 이장한테 물어보라 하데요." 남, 60대

한국전력은 가장 먼저 이장들을 포섭하기 위해 적극적으로 노력했다. 이장이 포섭되지 않을 때에는 새마을지도자나 영농 후계자, 그 밖에 노인회장이나 지역 유지들을 접촉해 나갔다. 이들은 모두 농촌 지역 사회 내에서 공적 담론의 사회적 자원을 독점적으로 장악하고 공동체 내 정치와 관습을 좌우하는 권력을 가진 '남성' 동성 커뮤니티와 네트워크에 소속된 이들이었다. 송전탑 건설 반대 여론이 비등해지자 다급해진 한국전

력은 몇몇 마을에서 동장(이장) 선거에 직접 개입하기도 했다. 한국전력에 협력하는 사람이 선출되도록 여러 가지 조치를 취한 것이다. 이는 농촌 마을공동체의 자치 질서를 정면에서 무너뜨리는 일이었다.

"요게, 요 마을에 ○○○이라는 사람이 반대하다가 찬성으로 돌아갔는데(돌아섰는데), 내한테 양심선언 비슷한 걸 했어요. 하루는 식당에 이장, 새마을지도자 뭐 이런 남자 여덟 명이 모여 있는데 한전인지 면 개발위에선지 나와가주고 술하고 밥도 사 주고 돈을 20만 원씩 주고 갔다는 거예요. 근데 그때 나오라는 연락은 공무원들이, 계장이나 면장들이 했다 캐요. 뭐 그 주민 설명회 할 때부터 해가 내도록 이런 식이라. 계속 회유를 시도하는 거지. 뭐 그 마을에 일하는 남자들 안 있습니꺼. 좀 영향력 있고 이래, 이래 한 사람들……. 그라이 마 다 넘어가 뿌는 거라. 돈을 받아 놓-이 말도 못 하고, 뇌물 받아가 코가 꿰여 놓-이 말을 못 하는 거라예. 마을에서 말했다 카믄 난리가 나니끼네. 한 사람은 그 자리에 분명히 있었던 걸 아는데 내가 물어보믄 없었다 캐. 자기는 없었다고. 지금까지도 한전이 그 사람들을 다 관리한다 캐요. 명절 때도 챙기고……." 남, 70대

"동장 뽑을 때 실제 거주하지도 않은 사람한테 동장 선출 권한을 막 주고 그랬어요. 여 살지도 않는 사람이 동장 선거에 참여하고 막 그랬다고요. 한전 입맛에 맞는 사람 뽑으라꼬 그래 편법을 쓴 거라요." 남, 40대

"예전에는 동장 선거가, 동장이 말하자면 동네 머슴이라 약간 희생과

봉사 뭐 이런 마음으로 젊은 사람들이, 뭐 젊지도 안 해지만은 아무튼 그래도 좀 더 젊은 사람들이 돌아가면서 맡고 그런 거였거든예. 근데 마 송전탑 이후로 마 누가 동장이 되느냐 하는 게 마 너무 중요해진 거라. 그래서 서로 눈이 벌게갖고 달려든 거예요. 우리도 마 주민들은 반대를 하는데 이장이 반대를 안 하이 동장을 바꿔야 한다는 논의가 막 있었어요. 왜냐면 동장이 우리 입장을, 우리 목소리를 대변해 주야 되는데 마 그냥 한전 편인 기라. 한전이랑 똑같은 이야기만 하고 있어. 동네 사람들이, 동네 할매들이 막 인부들캉 싸우다가 마 다치고 이카는데도……. 우리는 막 현장에서 인자 송전탑 공사 못 하게꾸롬(하게) 벌목을 못 하게 막고 있는데 동장은 인자 그런 것도 관여를 안 하고 아예 모른 척하는 거예요. 그래가 동장을 바꿔야 된다 카고 그랬는데 저쪽에서도, 한전에서도 자기들이랑 짝짜꿍 잘 될 사람을 뽑아야 되니까 거-도 마 난린 기라. 혈안이 돼갖고……."

여, 50대

"동장 하는데 2년 하고 다 되어 가니까 면장이 나보고 사표를 내라 카는 기라. 말이 안 되지. 자기가 관여할 일이 아이거든. 그래 내가 반박을 했지. '느그가 관여할 일이 아니다' 카믄서. 기자가 막 전화를 하고 하니까 면장이 그 다음부터 내한테는 직접 아무 말도 못 해. 면장도 임기가 다 됐거든요. 자기도 모가지 잘릴까 싶어서 마 내한테 인자 사표 내라는 소리도 못 해. 그래갖고 인자 동장 선거를 하게 된 거지.

마 사람들이 엄청 몰려온 거라. 신문에도 났다꼬요. 시골에 동장 선거 하는 게 신문에 났다는 걸 생각해 보이소. 참 희한한 일이지. 내가 살다 살다 또 그런 일은 처음이라. 암튼 마 우리 거 동장 선거를 하는데 사람들이 마 항그(많이) 왔어. 경찰도 오고 기자도 오고 다른 연대자들, 다른 마을 송전탑 반대하는 사람들 우- 왔어. 면장도 왔어. 내는 한전 편에 붙은 사람하고 붙었는데 마 자신 있었어요. 자신 있는 기라. 면장이나 저쪽은 자신이 없어. 표를 딱 까 봤더이 내가 55표 얻고 기권이 10표고, 저쪽은 30표라. 내가 이깄지 뭐." 구술자1: 남, 80대

"마을 주민들이 회의를 하면 보통 스물 안팎이 나오는데 그때는 마 억수로 마이(많이) 나왔어요. 이거는 마을의 이장이라는 건 마을 자치로 뽑고 시에서 관여할 게 아닌데, 한전에서 시청에 압력을 넣어서, 면장이 압력을 넣어서 이장이 큰 역할을 하니까 온갖 수단을 다 부린 거예요. 세상에 이런 일이 어디 있냐, 솔직히. (중략) 선거 자격을 그때 처음 제대로 의논했다꼬요. 주민등록이 있고 몇 년 이상 거주했고 뭐 이런……. 마을 회의를 했는데, 선거할 때 완전 위반해가지고, 주민등록도 없는 사람 막 잡아 넣은 거라. 그때는 막 저쪽이 급하니까 어디 외지에 있는 사람, 차 가지고 태우러 가가(가서) 투표하라 난리가 났어." 구술자2: 남, 60대

"즈그 편은 도시 가 있어도 다 왔는 기라. 원래 거주한 사람만 하는 건데……." 구술자1

"즈그가 위반했지. 선거할 자격을 위반했지. 느그 맘대로 해라 하고 했는데 실제적으로 찬성한 사람이 많았지. 그런데도 이장님한테 표를 많이 찍었지. 이장님이 오래 반대하고 그래 온 걸 알고 있어도 이 막상 이장 선거는 이래 다른 거라. 사람들도 이래 와가 지켜보고 하는데……. 이장 선거는 다르거든. 그래 돈 받은 사람도 이장님을 찍었는 기라." 구술자2

한국전력이 마을 자치에 개입하는 과정에서 공권력을 동원해 동장 선거에 개입하는 일이 벌어졌다. 면장이 직접 동장을 불러 사퇴를 종용하고 선거에 개입하는 것은, 명백하게 공권력의 부당한 사용이라고 할 수 있다. 또한 실제 마을 자치회의 구성원이 아닌 사람이 선거에 참여하도록 지원한 것 역시 묵과할 수 없는 일이었다. 위 마을의 동장 선거는 치열한 분위기 속에 치러졌는데 그 덕분에 오히려 민의가 제대로 드러날 수 있었다. 시청 공무원, 면사무소 직원, 한국전력 직원들이 왔지만 외부 연대자들과 기자들, 다른 지역 반대 운동 참여자들이 참석하여 선거를 참관하는 바람에 오히려 더 이상 꼼수를 부리기 어려운 상황이 되었다. 선거 결과는 송전탑 건설에 반대 의사를 밝히고 한국전력에 대항하고 있는 현 동장이 재선되는 것으로 마무리되었다.

실 거주자가 아닌 사람들까지 선거에 참여시켰지만 결국 합의서에 도장을 찍은 주민들도 현 동장에게 표를 던졌다. 이 마을은 마을 안팎의 관심 속에 오히려 무사히 선거를 치를 수 있었지만 다른 마을에서는 송전탑 건설 반대 의사를 밝힌 마을 자치회의 반장이나 동장에게 그만두라는 압박이 들어오기도 하고, 찬성 의사를 강력하게 표명한 사람으로 동장을 교체하려는 움직임이 일어나기도 했다. 이는 모두 송전탑 건설 찬성 의사를 갖고 합의에 이르려는 주민들이 주도하는 것으로 한국전력과 밀양시 공무원, 면사무소의 직원과 면장 등이 그들의 뒤에 있었다.

새로 선출된 동장(이장)들은 한국전력이 제시한 돈과 권력에 관심이 있었다. 그들은 한국전력이 지급하는 개별 합의·보상금을 주민들에게 배분하는 과정에서 모든 정보를 독점하고 전권을 행사할 수 있었고 이것은 한국전력의 묵인과 지원 아래 이루어졌다. 이 때문에 해당 지역에 살지 않는 동장의 지인이 합의·보상금을 지급받기도 하고 해당 지역에 거주하는 사람이 못 받게 되기도 했으며, 한 마을 안에서도 개인들이 받은 합의·보상금의 총 금액이 달랐다.

일부 동장(이장)들은 송전탑 건설에 관한 정보를 미리 알게 된 후에도 이를 마을 사람들과 공유하지 않았고 일부는 본인이 미리 알게 된 정보를 이용하거나 가까운 이들과 공유하여 부동산 거래에 활용함으로써 개인의 사적인 이익을 취하기도 하였다. 이들 중 일부는 한국전력과의 대화 및 협의 채널을 독점하여 합의 과정에서 생기는 이익을 사유화하려는 의도를 드러내기도 했다. 이로 인해 마을공동체 내 송전탑 관련 정보 획득 수준이 위계적으로 재편되었으며 이 과정에서 동장(이장)들은 경제적 이익뿐 아니라 마을공동체 내에서의 정치적 영향력을 높일 수 있었다.

이처럼 동장(이장)들은 송전탑 관련 정보를 독점하고 합의·보상 관련 전권을 행사하면서 마을 내에 이들을 지지하는 쪽과 그렇지 않은 쪽 사이에 선을 긋고 자신들과 입장과 같지 않을 경우 불이익을 당할 수 있다는 메시지를 가시적으로 확실하게 주민들에게 각인시켰다. 이렇게 해서 송전탑 건설 이후 지금까지 지속되는 마을 자치의 붕괴와 이로 인한 마을공동체 내의 갈등과 분열, 그리고 마을 자치 내 정치의 부당하고 불건전한 흐름들이 만들어지게 된 것이다.

협상 및 소통 채널 독점을 통해 이익을 취득하는 동장(이장)을 선택하고 승인하는 것은 마을 주민들이 아니라 한국전력이었으며, 이와 같은 선택과 승인의 기준이 되는 것은 합의 여부와 마을 주민들 사이의 합의

자 비율이었다. 이 때문에 동장(이장)들은 주민들의 합의서를 받고 마을 단위 합의서를 작성하는 데 혈안이 될 수밖에 없었다. 사실상 주도권을 가진 것은 한국전력이었으며, 마을 전체의 합의 여부와 마을 주민 가운데 합의서 서명자의 비율에 따라 한국전력으로부터 부여받을 수 있는 자원과 권력의 질과 양이 달라졌다. 결국 한국전력에 대한 협력 정도와 합의 역량에 따라 합의를 적극 추진하는 동장(이장)들 사이에서도 위계가 만들어졌다. 그리고 이 위계를 통해 동장(이장)들을 서로 경쟁하게 만든 것 또한 한국전력이었다.

한국전력을 배후에 두고 전권을 갖게 되었다고 생각한 동장(이장)들은 매우 과감하고 노골적으로 마을 자치 역량과 공적 논의 체계를 무시해 나갔다. 모든 일은 주민들의 의사를 묻는 논의 과정 없이 진행되었으며 1년에 한 번 열리는 동회마저 생략되거나 형식적으로 치러졌다. 마을의 합의 의사를 묻는 마을 회의를 형식적으로 치르기 위해 실제 마을에 거주하지 않는 사람들을 데려다 놓고 진행하거나 송전탑에 대한 반대 입장을 밝힌 주민들을 의도적으로 배제한 채 일을 추진해 나갔다. 마을 총회의 성원이 채 차지 않는 소수의 인원을 데리고 합의 문제를 협의하는 시늉을 하거나, 상당수의 마을에서는 이와 같은 형식적인 절차조차 없이 동장이 단독으로 합의를 결정했다.

몇억에 이르는 마을 합의·보상금은 그 금액의 규모 면에서 동장들의 지대한 관심을 받았다. 동장들은 실제 주민들이 알지도 못하고 주민들에 의해 선출되지도 않은, 혹은 실제 마을에 거주하지도 않는 사람들로 주민 대표 5인을 구성하고 그들과 함께 한국전력과 합의서를 만들었다. 합의 결과에 따라 수억대에 이르는 합의금을 받은 주민 대표와 동장은 서로의 담합 아래 개인 명의나 공동 명의로 부동산을 구입하고 거기에서 생기는 수익금까지 나눠 갖기도 하였다.

이 모든 과정에서 주민들은 배제되었으며 합의 사실이나 합의금의 존재, 합의금의 액수를 모르는 주민들도 다수였다. 합의 의사 자체를 주민들에게 묻지 않고 단독으로 합의서 작성을 강행한 동장도 많았다. 1년에 한 번 열리는 동회에서 마을 예산에 대한 결산 보고를 해야 하지만 이 역시 형식적으로 진행하거나 건너뛰는 경우가 많았다. 그리고 한참 시간이 흐른 뒤에 부동산 가치 하락으로 손실이 발생하거나 함께 담합했던 주민 대표들과의 갈등으로 인한 고소·고발 사건이 발생하면서 이와 같은 일들이 수면 위로 드러나게 되었고 이때에서야 비로소 주민들은 저간의 사정을 알게 되었다. 마을 자치 질서가 붕괴되고 공적 논의 체계가 무너지면서 오래 지속될 분란과 갈등의 씨앗이 만들어진 것이다.

"뭐 회계도 없고 이장이 무슨 개인 돈같이 마을 보상금을 써 버리는 거지요. (중략) 마을에 대동회를 하거든요. 회를 시켜 마을 결산 보고도 하고 하는데 돈 받은 놈들은 한 놈도 안 나옵니다." 남, 60대

"마을에서 지금 이거 12억 나온 거, 돈도 나온 것도 모르고 이게 어디를 산 것도 모르거든요. 결산한다고 지금 말이 많던데 '하루속히 결산 좀 해라' 이러니까 동장이 총무한테 시키야 되거든. 12억에 대해서 보고를 해야 하는데 동네에 회의를 해야 되는데……. '주민들을 모아 놓고 얼른 밝혀라. 주민을 무시하는 것이 아닌가, 12억 건에 대해서' 그랬더니 총무한테,

'○○○[구술자 이름]한테 모든 결산 해서 갖다줘라' 이라는 기라요. '동네 전부에다가 한전도 모인 자리에서 다 알려야지, 내한테 왜 가져오노', 이라이까 이렇게 모이면 또 싸운다고 이카는 기라요. 즈그들이 쫄리는 게 있으니까⋯⋯." 남, 80대

"한 집에 보상을 두 사람도 받고, 한 사람도 못 받기도 하고, 콘테이너(컨테이너) 하나 갖다 놓은 사람도 아는 사람이면 보상이 지급되고⋯⋯. 한전에서는 이장에게 도장만 받으면 나도 보상을 받을 수 있다고 얘기했어요. 뭐 물어봐도 기준이 없어. (중략) 한전에서 도장 받으러 다닐 때, 다 마을에서 받은 도장도 아니고 가짜가 많더라고요. 매스컴에 ○○마을 50퍼센트 이상이 합의했다고 나왔는데, 주소지가 동일한데 도장 두세 개를 찍어 주기도 했기 때문에 이게 사실이 아닌 거예요. 사실혼 관계인데도 세대를 분리한다든가 이러는 거지요. 그러니까 동장이 마음대로 하고 주민들은 아무것도 모르는 거예요. 마을 보상금으로는 밀양 시내에 건물을 산 것 같은데 아무것도 들은 게 없어요." 남, 60대

"마을 이장이 같이 간 사람과 마을의 몇몇 사람을 동원해서 합의를 해야 한다고 도장을 찍어라 했어요. 처음에는 완전히 합의를 한다는 것이 아니라, '유동 인구가 많기 때문에 외부에서 들어온 사람이 많다. 그런 경우가 많기 때문에 이런 사람들이 합의를 보려고 하고 있다. 이걸 막아야 하지 않겠냐'는 식으로 이야기했어요. 진짜 합의하는 게 아니라고.

'한전으로 이 사람들이 가서, 이제 막 이주해 온 사람들이 가서 마음대

로 돈을 달라 하고 한전에서 그 사람들에게 돈을 주니까 우리가 그것을 막기 위해서 탄원서를 제출해야 한다. 그렇기 때문에 도장을 찍어야 한다' 이렇게 말하는 거예요. 그래서 나도 도장을 찍었어요. 말로 설명을 하고, 그 말대로 그런 의미라고 생각했기 때문에 도장을 찍은 거예요. 그 이후로 동네에서 나이 많은 할머니들에게 도장을 찍으러 돌아다녔어요. 동장과 새마을지도자, 청년회장 등이 서류를 갖고 돌아댕기면서(돌아다니면서) 주민들한테 '이렇게 합의를 하면 돈이 얼마 지급되고' 뭐 이런 이야기를 하면서 도장을 찍으라고 한 거죠." 남, 60대

"마을 회의나 회계 결산 같은 건 한 적이 없어요. 찬성 주민끼리는 내용을 공유하겠지만 동회 등에서 결산서 등을 만들어서 공식적으로 보고한 적이 없어요." 남, 70대

"그때 합의는 주민 회의를 한 결과였나요?" 김영희, 질문자 이하 동일

"자기네는 회의를 했다고 하는데……." 구술자1: 남, 40대

"96번 현장을 끝까지 지켰는데, 바드리와 우리 마을 지키는 데 양쪽을 지키느라 사람 수가 모자랐어요. 그래가 정신없이 있는데 어느 날 갑자기 회의가 있다고 내려오라 하더라꼬요. 우리 가족은 안 내려가고 있었어요. 있는데 밑에 전화를 했더이 부녀회에서 회의가 있으니 내려오라 카는 거라예. 우리가 내려온 사이에 한전이 경찰을 투입해서 점령해 뿠어. 그 다음부터 못 올라가게 막아서 못 올라갔어예. 근께 그게 다 저쪽 작전이라. 우리가 마 안 내려올 수도 없고 그렇다 아입니까." 구술자2: 여, 50대

"내려왔더니 그게 무슨 회의였나요?"

"합의한다는 회의……." 구술자2

"마을분들이 다 동의하셨어요?"

"안 했다. 난리가 났어요." 구술자2

"잠깐 모였는데, 일방적으로 해서 사람들이 다 모이지도 않았어요. 이야기도 제대로 마무리 안 된 상황에서 회의 끝나고 그 저녁부터 도장을 받더라고요. 받아 놓은 건지 받으러 다녔는지, 암튼 끝나자마자 벌써 도장이 다 들어가 버렸더라고요." 구술자1

"자기들끼리 5명이 말을 다 맞춰 놓고 한전하고도 이야기가 다 되어 있었어요. 회의가 마무리가 되었는데, 며칠 안 있어서 합의 본다고 다시 모였던 거지. 합의서를 처음 다 나눠 줬거든요. 그날 저녁에 다시 회의를 하는데 급하게 퇴원을 해가지고 급하게 동장을 찾아갔어요. 한 2시간을 이야기를 했어요. '동장님, 동네 주민들 마음이 다 모이면 나도 합의서 도장을 찍겠구만 꼭 이렇게 해야겠는지 말을 해 보자' 살살 달래면서 사정을 했어요. 일단 막아야 하니까요. 그 이야기를 하는데 2시간을 했어요. 근데 동장 마누라가 나오더이 말을 탁 끊어 뿌가(버려서) 대화를 더 할 수 없게 된 거예요. 결국 그날 저녁에 회의를 한다고 동장이 마을에 방송을 하고 그 자리에서 합의서가 다 돌았어요. 그 다음 날 도장을 가져오고 통장을 가져오라고 하고 합의서에 적으라고 캤다 캐요." 여, 60대

각 마을 단위로 합의 의견이 정리된 과정을 살펴보면 이렇게 주먹구구로도 일을 처리할 수 있을까 싶게 절차와 과정을 무시하고 서두른 인상

을 받는다. 그만큼 한국전력이 구석에 몰린 상황이었음을 알 수 있다. 이런 편법적인 방식이 아닌 형태로는 마을 주민들의 논의를 통해 송전탑 건설에 찬성하는 합의에 이르기 어렵다는 것을 파악하고 있었던 것이다. 이렇게 쫓기듯 서두르고 무리를 해서라도 기한 안에 착공을 해서 송전탑을 올리는 것이 한국전력에 긴요한 일이었음을 짐작할 수 있다.

동장(이장)들 중에는 반대 운동 과정에서 맨 앞에 나섰다가 순식간에 입장을 바꾼 이들도 많았다. 심지어는 어제까지 송전탑 건설 예정지에 공사를 막기 위해 세워 둔 농성 천막에서 같이 싸우다가 다음 날 내려가 '우리 마을은 합의했다'고 발표를 하고 언론에 인터뷰를 한 이들도 있었다. 산속에서 한국전력이 고용한 용역 직원들과 대치하며 싸움을 이어가던 주민들은 산 아래 마을에서 걸려 온 전화를 통해 언론 보도를 접한 후에야 사실을 파악할 수 있었다. 그러나 대부분의 주민들은 언론 보도 내용을 보고도 그 사실을 믿을 수 없었다.

"마을이 합의됐다는 보도가 된 게 2013년 11월인가요?" 김영희, 질문자 이하 동일

"단식 끝나고." 구술자1: 여, 40대

"11월 20일에서 30일 사입니다. 단식하러 서울에 간 사이에 동장이 공권력에 기가 죽어서 혼자 합의한 거예요." 구술자2: 남, 40대

"주민들의 동의 없이 동장이 기자 회견을?"

"그렇습니다. 내가 서울에 있으니까 자기와 맞는 몇 명과 회의를 해서, 그렇다고 정상적으로 과반 이상 참석해서 한 게 아니라, 의견도 합의하자

고 나온 것이 아닌데도 합의를 발표한 겁니다." 구술자2

"제가 그때 회의에 있었그든에. 그 사람이 인제, 제가 보니까 단식하러 올라간 새에 주민들한테 '○○○[구술자2] 도망갔다'라고 얘기하면서 사람들한테 댕긴 거 같애요. 그러면서 '이거는 안 되는 게임이다' 뭐 이렇게, 그거를 온 주민한테 다 한 게 아니고, 보니까 자기네들한테 조금 가까운 사람들끼리 고래 해가지고 일단 말을 맞춘 거 같더라고요. 그래서 그때 제가 단식 끝나고 나서 회복하고 있는 중에 인자 회의가 있다 캐서 제가 회관을 갔는데, 뭐 회의하면서 말을 하는 게 보니까 말을 맞춘 거 같더라고.

뭐, '힘들다. 우리는 안 된다. 더 이상 해 봤자 우리는 소용없다. 우리가 경찰을 어떻게 이길 끼고', 뭐 이렇게 카면서 다른 사람들 의견 물어보는 거 아니고 이 사람한테 물어보고 저 사람한테 물어보고, 그러니까 그 사람들이 그런 식으로 이야기하고, 그렇다고 해서 뭐 회의를 막 한 것도 아니에요. 그런 이야기만 하고 회의를 끝나고 나가면서, 뭐 '그라면 인자 그만해야 안 되겠나', 뭐 쌓더만은 그 다음 날 되니까 마, 합의 봤다는 식으로, 이런 식으로 나오더라고요. 그게 회의인 것처럼 얘기를 하더라고요." 구술자1

"내가 딱 보이까 이미 2013년 10월부터 달라진 것 같애요. 제가 그렇게 느낀 게, 가벼운 태풍이 왔었는데 126번 철탑에 ○○*마을과 ○○마을이 같이 농성을 벌이고 있었어요. ○○*마을 이장은 단식을 하고 있었는데, 태풍이 온 날 저녁에 함께하는 연대자들이 조금씩 돈을 모아 밥차를 불렀어요. 그날 동 회관에서 마을 주민들을 모두 모이라고 했는데, 새마을지도자나 청년회장이 마음을 좀 달리 먹었다 싶은 게 밥차에 대해 막 불만을 말하는 거예요. 양도 엄청 적다꼬 트집을 잡으면서 ○○○ 총무가 갖다주면서 아주 불성실하고, 양도 적다고 하면서 동네 주민들을 선동하기 시작하더라꼬요. 그라이 마 분위기가 묘해지는 거라요. (중략) 이장이 어느 날 갑자기 단식을 딱 끊티만(중단하더니) 여기서 서울까지 걸어가야 우리의 결의를 보인다면서 막 이상한 말을 하는 거예요. 그래가 내가 '아, 여 뭔 다른 술수가 벌어지고 있구나' 생각을 한 거예요.

서울까지 걸어갔는지는 모르겠지만, 가서 마지막 날 서울에서 돌아오는 날 주민을 모아 놓고 서울까지 올라갔다 온 경과를 말하는데, 경과에 대해서는 자세히 말 안 하고 서울에서 에너지 국장을 자기는 만날 생각이 없었는데 한전에서 집요하게 만나자는 말이 나와서 만났었다, 뭐 이런 말만 하는 거예요. 그래 이장하고 셋이서 한전 앞까지 가서 기자 회견을 했는데 어떤 기자 회견을 했는지는 모르는데 국회까지 행진을 했는데 '자기들은 뒷전이고, 연대자들은 ○○○만 연호를 하더라. 그래서 자기들은 굉장히 서운했다'고 하는 기라요. 그래서 셋이 빠져서 자기들을 집요하게 만나자는 에너지 국장을 만나 자기들이 건의 사항을 요구하고 그쪽에서 들어준다고 했다, 뭐 이런 말을 하더라고요.

건의 사항에 대해서도 내용은 자세히 말도 안 해. 그라이드만 그날부터 마 우리 마을은 반대 시위를 그만둔다 카믄서, 오늘로 끝이라 카믄서 급속도로 합의가 이루어졌어요. 마을 이장이 같이 간 사람하고 몇몇 사람 동원해가 합의를 해야 한다고 도장을 찍어라 했어요." 남, 60대

"남편이 산에 올라갔는데, ○○○가 다쳤다고 사진을 찍어 달라고 캤

다 카는 기라예. 2012년 7월인가 8월인데 다른 지역에서 투쟁하고 잠깐 중단됐을 무렵인데, 누가 다쳤다고 전화가 왔어예. 남편이 그카는데 누가 다쳐서 헬기도 불렀는데 많이 다치지 않았는데 쇼 같은데 아무튼 이상하다 캤어예. 그때는 ○○○가 이장이 아니었어예." 여, 50대

"그리고 나서 산에서 이장을 바꾸자는 이야기가 나왔다는 거예요. 그때 나는 없었는데 산에서 이야기가 다 됐다꼬 하더라고요. 2012년 8월 당시 벌목할 때 이장이 할머니들을 산에 데리고 가 놓고는, 오히려 할머니들에게 벌금을 문다고 겁을 줬다 카는 거라요. 그래가 마을 사람들이 의논해서 이장을 바꿨어요. (중략) 그 뒤로 마 ○○○이 이장이 되더이만은 동네에 합의 도장을 받으러 다녔어요. 내용도 없고, 그냥 도장을 찍어 달라고 한 뒤에 내용을 갖다 붙인 건데, 그런 식으로 다 했어요. 동네를 위한 거니까 찍어 달라고 하면서, 할머니들은 몰라서 다 찍어 줬지요. 좀 피해가 덜한 데 사는 사람들 중심으로 도장을 먼저 받으러 다니더라고요. (중략)

서명 받으러 다니는데 내랑 딱 마주쳐갖고 내가 막 서류가 불법이라고 막 그라이 인자 동네 사람들끼리 멱살을 잡고 서로 싸우면서 난리가 났어요. 경찰도 부르고 그 서류 위증이라 해가지고 불로 태우고 이랬다꼬요. (중략) 그래가지고는 아예 인자, 서로 알은체를 안 했죠. 왜냐면 그 자리에서 멱살까지, 동생한테 멱살 잡히고, 손자뻘한테도 멱살 잡혔으니까 그기 되겠습니꺼? 그 뒤로 인자 그 사람들한테는 배제가 돼갖고, 그러니까 그렇게 되면서 고 주변에 있는 사람들하고는 아예 진짜 알은척을 안 하게 됐었죠. [김영희: 일가분 아니세요?] 다 일가죠." 남, 40대

"96번 공사 시작할 무렵인데, 경찰이 많이 투입돼서 산을 빙 둘러 올라갔어예. 물건을 놔두고 온 게 있다고 하고 들어가서 하루를 잤는데, 다음 날 ○○○ 이장이 올라와서 황토방 뜯기면 니가 책임질 거냐며 내려가자고 하더라꼬예. ○○○[연대자] PD가 반발하니까 이장이 빠지라고 얘기했어예. 그래가 안 내려가겠다고 버티면서 싸웠지예. 그날 밑에서는 ○○○ 씨 남편이 경찰과 실랑이하다가 뒤로 넘어져서 병원에 실려가기도 했어예. 그때는 몰랐는데 나중에 보니까 그때 이미 다 합의를 했던 거예요. 그날도 약간 기분 나쁘게 얘기했었어요. 뭔데 여기 지키고 앉아 있냐면서, 협박하듯이 이야기했어요. 즈그들은 마을에 올라와서 지키지도 않으면서……." 여, 40대

"경찰 투입할 때 이미 합의하려고 마음을 먹었던 거라요. 2013년 9월 무렵 내가 새로 온 사람이라 마을 사정 잘 모를 때, ○○○ 아내가 나를 불러서 조금 뒤에 도장 찍으면 돈 나오는데 이주해 놨냐고 물어서 이주해 놨다고 말했어요. 난중에 가만히 생각해 보이까 그때부터 벌써 마음을 먹었던 거예요." 여, 50대

합의를 주도적으로 이끌어 나가기 시작한 마을 이장들은 반대 운동을 중단하게 된 사정을 설명하거나 합의가 필요한 이유를 설득하는 과정 없이 주민들의 도장을 합의서에 찍어 가기도 하고, 형식적인 마을 회의로 합의를 선언하기도 했다. 이 과정에서 일부는 이미 합의 의사를 갖고 있었거나 합의를 결정한 상태에서 주민들을 기만하면서 연대자들을 비난하는 등의 행동을 하기도 했다. 나이 많은 주민들은 얼마 전까지 같이 반

대하던 이장이 갑자기 합의를 하자고 하니 그만한 사정이 있을 거라고 생각하기도 하고, 오죽하면 그럴까 싶어 선뜻 도장을 내주거나 무슨 일이 일어나는지 알지 못한 채 자기도 모르는 사이 합의서에 날인한 주민이 되었다. 이장은 합의를 하지 않으면 젊은 사람들이 고생한다거나 자기가 잡혀갈지도 모른다는 등의 말로 어른들을 압박하기도 하고, 이제 다 끝난 일이니 더 싸워 봤자 소용없다는 말로 마을공동체 내 패배감을 조장하기도 했다.

농촌 지역 마을공동체의 자치 활동 가운데 가장 중요한 단위는 마을 대동회 총회 성격을 띠는 '동회(洞會)'다. 이 동회 자리에서 동장(이장)이 선출되고 한 해 사업과 예산이 결정되며 집행된 예산에 대한 결산 보고가 이뤄진다. 주민들은 동회나 임시 마을 회의에 참여하여 마을의 현안을 이해하고 이에 대한 자신의 의견을 밝힘으로써 지역 단위 소규모 공동체 내에서 정치적 효능감을 경험한다. 우리 마을의 일을 내가 결정한다는 감각을 경험하고 학습하게 되는 것이다. 따라서 동회의 권위와 기능을 무시한 일부 동장(이장)들의 행동은 마을 주민들이 갖고 있는 가장 기본적인 민주적 권리와 정치적 권한을 침해한 것이다. 또한 이것은 마을 회의나 동회를 통해 정당성과 권위를 부여받는 동장(이장)이 자신의 존립 기반을 스스로 무너뜨리는 일이기도 하다.

특히 일부 동장(이장)들은 마을 자치 권력을 독점하여 사적으로 활용하면서, 자신과 가까운 사람들만을 모아 놓고 마을 회의를 개최하여 마을 합의를 이끌어 냈다고 공표하거나 합의·보상 관련 문제를 본인과의 관계 거리에 따라 조절하는 등의 일을 자행했다. 누가 마을 주민인가를 확인하는 문제는 누가 합의·보상금을 받을 수 있는가 하는 문제에 결부되어 있어 민감한 사안이었는데, 이때 동장이 독점적 권한을 행사하여 '합의·보상금을 지급받을 수 있는 주민의 자격'을 정하기도 한 것이다. '어느 마을이 합의했다'는 발표를 하기 위해서는 주민 과반 이상의 합의서 날인이 필요했기에 실제로 거주하지 않거나 평상시 마을 일에 참여하지 않는 주민들까지 끌어들여 합의서를 받아야 했다. 그러나 막상 마을 합의가 공표되고 나면 마을 단위로 나오는 합의·보상금을 나누어 가질 때 한 사람이라도 인원이 줄어드는 것이 개별 보상금을 더 많이 받을 수 있는 길이었으므로 마을 주민의 자격을 제한할 필요가 있었다. 이 때문에 주민들은 '돈 때문에 마을이 커졌다 작아졌다 한다'는 말을 우스갯소리처럼 내뱉기도 했다.

  마을 자치의 공적 언로가 차단된 곳에서 넘쳐나는 것은 민의에 등 돌린 거짓과 독선이었다. 중요한 것은 마을의 자치 질서와 공적 논의 체계를 중심으로 한 마을공동체의 골간을 무너뜨린 일이 마을공동체 내에 폭력이 계속해서 일어나는 구조를 만들었을 뿐 아니라 일상에서 지속되는 폭력과 갈등을 해결할 공동체의 역량 자체를 훼손시키는 결과를 초래했다는 사실이다. 마을 자치 역량이 붕괴된 마을공동체는 스스로의 힘으로 갈등을 해결하지 못한다. 사실상 한국전력은 자신들이 설득하고 협상해야 하는 대상인 마을공동체를 대상화하고 무력화함으로써 제대로 된 협의를 할 수 있는 가장 기본적인 전제 조건을 스스로 무너뜨린 셈이 됐다.

  오늘날 사회 여기저기서 이야기하는 대로, 민주 사회의 기본 동력이 아래로부터의 자치 실현이라면 사실상 이것을 오랜 기간 가장 잘 구현해 온 단위 가운데 하나는 농촌 지역의 마을공동체다. 농촌 사회 마을공동체들은 도시의 마을공동체들과 달리 매우 역동적이며 실질적인 자치 역량을 보유하고 있다. 도시의 '이웃'들로 구성된 '반'이나 '동'이 실질적인 공동체로 기능하지 못하는 데 반해 농촌에서는 이들 공동체가 공적 담론을 형성하는 핵심적인 장(場)으로 기능하며 사회적 여론을 형성하는 데 있어서도 주요한 역할을 수행한다.

제대로 작동할 수만 있었다면, 송전탑 건설과 같은 공동체 현안에 대한 의견 수렴과 협의 과정에서 이와 같은 마을공동체의 공적 담론 체계와 시스템이 의미 있는 역할을 할 수 있었을 것이다. 마을 구성원들의 의견을 청취하고 관련 내용을 실질적인 측면에서 협의할 수 있는 통로가 될 수 있기 때문이다. 바로 이런 이유로 한국전력은 마을공동체의 자치 역량을 무너뜨리는 데 집중했다. 그리고 편의적으로 구성한 주민 대표를 앞세워 송전탑 건설에 대한 합의를 이끌어 내는 회유와 압박의 도구로 활용한 것이다. 이렇게 보면 사실상 한국 사회는 표면적으로 민주적 절차와 자치 역량 등을 강조하면서도, 실제로는 중앙 정치의 필요에 따라 국가 기관의 권력과 자원을 동원하여 농촌 마을공동체가 보유한 아래로부터의 정치 역량을 억누르고 무너뜨려 왔다.

마을 자치 질서와 공적 논의 체계의 틀은 오랜 기간 역사적인 과정을 거쳐 형성되어 온 문화적 자산일 뿐 아니라 마을공동체의 구성원들이 자랑스럽게 생각하는 사회적 자원의 하나라고 할 수 있다. 그런데 한국전력이 이 질서와 체계를 마구잡이로 휘두르며 무너뜨린 것은 이들 '마을'과 '마을'에서 살아가는 사람들의 역사와 문화를 뿌리에서부터 뒤흔들어, 마을공동체가 공들여 쌓아 올린 기억의 시간을 일그러뜨리는 결과를 초래한 일이었다.

"참 화목했습니다, 이 부락에. 조그만한 음식 있으면 서로 불러 갈라 묵고 말이지예. 그랬는데 한전에서 이래 해서, 고 네 사람, 한전에 붙어갖고 말이지, 한전에서 그 사람들을 대표라꼬 해서 말이지예, 상대를 하고 있거든예. 그런데 그 대표라 하면은 마을에서 무슨 회의를 한다든지 마을에서 선출을 해야 되지, 우째 해서 한전에 붙은 사람 네 사람을 자기들이 대표라고 할 수 있나 말이지예.

그래서 그분들이 그래 하니까 마을이 완전히 갈라져서, 지금은 반대하는 분들은 이게 참 화목하게 잘 지내예. 그런데 찬성한 사람하고 반대하는 사람하고 영 갈렸으예. 만나도 말도 안 하고 인사도 안 하거든예. 그리고 50대, 우리 마을에서 제일 젊은 사람인데, 나(나이) 많은 사람보고 절대 인사 안 해요. 그래 그기 참, 내가 그거를 갖다가 어떻게 해결을 할라고 애를 많이 썼어요. 그래도 철탑은 철탑이고, 마을이 화목은 화목하게 지내야 되는데, 이게 지금 우리 마을이 엉망 돼 있어예. 우리 반대하는 분들만 화합이 돼 있어가지고 아주 친목이 잘 돼 있어예. 찬성하는 사람들하고는 완전히, 그네들도 네 사람, 다섯 사람인데 걔네들도 돈이 있으니까 서로 알력이 생겨져 있는 모양이지. 그래 돈이라 카는 게 참 그래, 그게. 언젠가 나는 이 마을을 갖다가 바로잡아 놓고 그만둘라고……" 남, 80대

"우리 아들이 내가 이런저런 일을 겪는 거를 옆에서 다 보고 있다 아입

니까. 그라고 가-도(그 아이도) 우리 마을의 한 일원이라예. 그라이 참 생각하는 게 많겠지예. 나도 마음이 복잡합니다. 근데 내가 아지매들하고 이러니저러니 온갖 이야기를 다 하는 걸 가만히 듣고 있더만 아들이 이라더라고요. '어머니, 맨 마지막에 웃을 수 있는 사람이 승리자라 합디다'……. 내가 요새 이 말만 믿고 살고 있어요." 여, 60대

무너진 관계와 부서진 마을, 그리고 일상에 뿌리 깊게 자리 잡은 폭력의 문화가 쉽사리 회복되거나 사라지지 않을 것을 주민들은 모두 알고 있다. 그래서 차라리 이 관계와 마을을 모두 포기하고 떠나고 싶다는 마음을 내비치기도 한다. 그런데 이제 아흔을 바라보며, 수십 년 전에 마을로 들어와 이제는 토박이 주민처럼 마을에 애착을 갖게 된 이주민은 자신이 죽기 전에 마을이 분열과 갈등을 극복하고 회복하는 모습을 보고 싶다고 말한다. 그는 이 마을로 들어와 이장도 맡고 다른 자치회 회장도 맡으면서 마을 사람들과 함께 어우러져 살아가는 일에 가치와 보람을 느끼고 있었다. 그런데 어느 날 갑자기 송전탑이 들어선다 하더니 자신이 살아생전 볼 일 없다고 생각했던, 한 번도 상상해 보지 않았던 일들이 눈앞에서 벌어졌고 자신이 자부심을 갖고 있던 마을이 순식간에 무너져 내리는 모습을 바라봐야 했다. 그는 이제 세상을 떠났고, 마을은 아직 무너진 채 그대로이다.

아들이 보는 앞에서 불과 얼마 전까지 함께 싸우던 이웃에게, 속옛말다 하며 친밀하게 지내며 신뢰를 쌓았던 그 아들 친구의 엄마에게 모욕을 당해야 했던 주민은 아들이 주는 격려에 힘을 얻는다. 그 아들은 단순

히 주민의 아들일 뿐 아니라 그 자신이 현재 마을공동체의 일원이며 내일의 마을을 이끌어 갈 사람이다. 그 아들은 모든 것을 보고 듣고 생각했다. 그리고 그 어머니에게 어머니가 가는 길이 옳고 어머니는 결국 승리자가 될 것이라고 말해 주었다.

무너진 관계는 쉽게 회복되지 않을지 모른다. 또 여전히 한국 사회 어딘가에서는 밀양에서 일어났던 것과 같은 일이 벌어지고 있을지 모른다. 이미 송전탑 경과지인 청도의 주민은 '할매들이 회관에 가지도 못하고 가서도 왕따를 당하는 게 너무 슬프다'고 말했다. 주민들은 '깨진 그릇이 다시 붙냐'는 말로 마을공동체 해체의 절망감을 토로하기도 했다. 주민들의 말처럼 부서진 마을을 다시 이어 붙이긴 어려울 것이다. 그런데도 왜 주민들은 부서진 마을의 이야기를 계속해서 들려주는 것일까. 절망 어린 이야기를 계속하는 마음에는 어떤 바람이 스며들어 있는 것일까.

이야기하고자 하는 마음에는 살고자 하는 의지가 깃들어 있다. 살고자 하는 것은 회복하고자 하는 것이며, 회복하는 것은 바로잡는 것이다. 주민들이 바라는 회복은 이전의 관계, 예전의 마을로 돌아가는 것이 아니라 잘못을 인정하고 같은 잘못을 반복하지 않도록 서로의 마음을 다지는 것이며, 동시에 부서진 채로라도 그 안에서 상처를 위로하며 살아가는 것이다. 서로의 상처를 들여다보는 일은 괴롭겠지만 같은 잘못을 반복하지 않도록 서로를 비추는 거울이 될 수 있다고, 주민들은 믿고 있다.

지금에라도 할 수 있는 것은 같은 이야기가 반복되더라도 가만히 그 이야기에 귀 기울이는 일이다. '또 그 이야기냐'며 나무라지 않고 지겨워하지 않으면서 말하고 싶은 그 마음을 고스란히 받아 주는 일이다. 이야기하는 것은 상처받은 이가 스스로의 회복을 위해 할 수 있는 가장 최선의 노력 가운데 하나다. 그들의 이야기를 듣는 것은 상처받은 마음을 함께 들여다보고 회복을 위한 노력을 존중하며 다음의 발걸음을 내딛을 수 있도록 격려하는 일이 될 것이다.

다른 한편 이야기를 하고, 또 듣는 것은 기억을 만들어 가는 일이라고 할 수 있다. 기억은 기억하는 자로 하여금 어떤 마음을 품게 하고, 이 마음은 기억하는 자를 움직이게 만든다. 이야기를 하고 들은 이들은 기억하게 될 것이고, 기억하는 이들은 회복을 위해 노력하는 동시에 자신이 살아가는 세상에서 같은 일이 반복되지 않도록 노력할 것이다. 절망을 토로하는 것처럼 보이더라도 '부서진 마을'의 이야기를 나누어야 하는 까닭이 여기에 있다. 부서진 것들은 부서진 채로 남아 있지 않고 그 위에 새로운 기억을 만들어 나간다. 회복은 과거로 돌아가는 것이 아니라 새로운 미래를 만들어 가는 것이다.

포크레인 아래

"외부 사람이 있습니꺼, 누가 있습니꺼. 오로지 우리 요, 할매들하고 요 여남은 명이 날마다 날마다, 욕이란 욕은예, 띠바가지로(무더기로) 들어 묵고……. 욕도 욕도 한전 저 일하는 인간들이 욕도 드럽게 또 잘합니다. 교묘하게 욕을 하고예……. 이 겨울에 그 나무를, 전신에(여기저기에) 할매들마다 그 나무 그거 못 베라고 저 나무를 하나씩 끌어안고예, 그래갖고 그래 싸움을 했습니다." 여, 50대

"난 저거 생각만 해도 가슴이 찡해. 저거 이제 알리기(탈송전탑 싸움이 알려지기) 전이야, 세상에. 그때 할머니들이 막 눈빛이 막 바뀔 때야. 저기 막 하청업체들이 와가지고, 한전에서 하청업체들이 와가지고 군화로 막 짓밟으면서 할머니들 막 욕을 막, 입에 없는 욕을 하면서……. 할머니들

나무 빈(벤) 거를 끌어안고 막 못 비라고 할 그때였었어." 남, 60대

몸을 맞아도 아프지만 더 아픈 것은 인간으로서의 '나의 자존'이 짓밟힐 때다. 어떤 폭력은 몸을 때리면서 존재 그 자체를 때린다. '네가 인간이냐', '너는 인간이 아니다' 말하는 것처럼, '나는 네가 인간이라는 사실을 인정하지 않는다', '너는 사람이 아니어서 내게 맞는 것이다'라고 말하는 것처럼 그 사람의 '사람됨'을, '사람됨의 존엄'을 부수고 박살 내는 그런 폭력이 있다. 때로는 한마디의 말이, 조롱 섞인 비웃음이, 경멸을 담은 눈빛이 이런 폭력이 되기도 한다. 송전탑 건설 반대 운동에 참여했던 주민들은, 또 그중에서도 '밀양 할매'들은 내내 이런 폭력에 맞서 자신의 '사람됨'을 지켜야 했다.

밀양 송전탑 건설 반대 운동은 공사가 본격적으로 시작된 2011년 이후에 송전탑 건설 예정지로 주민들이 올라가 벌목을 막기 시작하면서 새로운 국면을 맞았다. 2005년 처음 밀양 상동면 여수마을 주민들이 밀양시 가곡동 한전 밀양지사 앞에서 시위를 벌인 이래 마을마다 대책위원회가 만들어지고 밀양시 송전탑 건설 예정 마을 전체가 송전탑 건설 반대 운동을 시작하긴 했지만 눈앞에서 공사 차량이 이동을 하고 나무를 베어 내는 벌목 작업이 시작되자 송전탑 건설은 코앞에 직면한 문제가 되었다. 2011년 이전에도 마을 대표들이 단식을 하고 대규모 집회를 열기도 했으며 갈등조정위원회 활동들이 벌어지기는 하였다. 그러나 갈등조정위원회는 별 성과가 없었고, 이 시기에는 탈송전탑 탈핵 운동의 목표와 의미가 운동에 참여한 주민들 마음에도 깊이 자리를 잡은 것은 아니었다.

그러나 2010년 12월 벌목부터 시작해 동시다발로 송전탑 건설 예정지에 공사 차량과 인부들이 드나들면서 공사가 개시되었다. 말로만 듣던 송전탑이 정말로 내 집 앞에, 우리 마을 앞에 세워진다는 사실을 목격하고 실감하는 순간이었다. 주민들은 우선 벌목부터 막아야 한다는 생각에 준비도 없이 산을 올랐다. 마을에 한국전력 직원들이 시도 때도 없이 드나들기 시작했고, 처음엔 사근사근한 젊은이의 미소를 띠고 선물을 건네기만 하던 직원들의 눈빛에 다른 의도가 선명하게 드러난 것도 이때였다.

2011년부터 본격적으로 송전탑이 건설될 예정인 바로 그 현장에서 한국전력이 고용한 용역 인부들에 맞선 주민들의 싸움이 시작되었다. 2011년 1월을 지나 늦봄에 들어설 무렵까지 산속 싸움의 현장은 춥기만 했다. 이때는 아직 농성 천막이 제대로 세워지지도 않았고, 밀양의 소식을 듣고 다른 지역의 연대자들이 물밀 듯 찾아오기도 전이었다. 매일 연대자들이 찾아와 산속 천막 농성장에서도 외롭지 않게 싸움을 이어 갈 수 있었던 건 2013년 봄 탈핵 희망버스가 밀양을 찾아온 이후였다. 공사가 시작된 초기 밀양 주민들의 싸움은 고립되어 있었고 고립된 현장에서의 싸움은 참혹했다.

주민들은 산 아래 마을로 내려가 농사를 짓고 살림을 살고 아이들을 학교 보내고 병든 가족의 식사를 챙겨 둔 후 산에 올랐다. 공사는 농번기도, 밤낮도 고려하지 않았다. 한창 농사일이 바쁠 때에도 한밤중이나 새벽녘에 공사 차량이 올라간다 싶으면 하던 일을 제쳐 두고 산 위로 올라야 했다. 말 그대로 산 위의 싸움과 산 아래의 일상생활을 영위하는 일은 체력적으로도 힘든 일이었다. 또한 마을 사람들의 속내는 어떤지, 정말로 모두 송전탑을 반대하는 건지 알 수가 없었고 하루 이틀 시간이 지날수록 같이 산에 올랐다가 오르지 않는 사람들이 나타나기 시작했다.

카메라나 캠코더를 들고 지켜보며 찍어 주는 연대자들이나 기자들의 눈이 없을 때, 오로지 주민들끼리 맞댄 어깨만으로 산속 추위를 이겨 가며 싸움을 이어 갈 때 용역 인부들의 행동은 거칠 것이 없었다. '당신들을 마음대로 할 수 있다'는 태도, '나이 든 할머니들을 다루는 건 식은 죽 먹기'라며 비웃는 듯한 모습, '여기서 무슨 일이 생긴다 해도 아무도 모를 것이며 문제가 된다 하더라도 한국전력이 알아서 다 해결할 것'이라는 자신만만함이 그들의 무례한 언행에 고스란히 담겨 있었다.

2014년 6월 행정대집행 때 올라온 경찰이라고 크게 다를 것은 없었지만 용역들의 언행은 차원이 달랐다. 지켜보는 눈이 없는 곳에서, 그 춥고 고립된 산속에서 그들은 할머니들을 짓밟고 조롱하고 팔을 비틀었다. 나무를 베는 톱이 눈앞에서 왔다 갔다 흔들리더니 어느 순간 내 다리를 파고들기도 하고, 땅 위에 누운 사람들의 몸이 짐짝 들리듯 들려 거꾸로 매달린 상태로 내던져지기도 했다. 용역들이 내는 소음과 새소리, 바람 소리 외에는 '우리'밖에 없는 산속에서 고작해야 서너 명, 혹은 많을 때라고 해 봐야 채 열 명이 안 되는 주민들이 용역에 맞서 싸움을 이어 나갔다.

"용역이고 경찰이고 욕을 그래 많이 하고, 막 목을 함부로 비트는 것도 예사라. 오죽 하믄 우리도 핸드폰으로 사진 찍는 거 배와가(배워서) 사진도 찍고 녹음도 하고 그랬다니까네. '씨발년'이라는 건 예산(예사인) 기라. 손목도 막 비틀고……." 여, 50대

"109번 가가지고 갑빠(천막지) 깔고 비닐 덮고 드러눕어가 자는데 춥어가 한숨도 못 잤다. 대책위에서 마 내려가자 카는데, 추워서 못 잔다고 카는데 안 내리간다 했지. 우리 내리가믄 바로 공사해 뿐다고……. 바람을 막을 기 없어가 오돌오돌 떨고 잤다꼬. 평생 그리 추운 건 처음이라. 바닥에서도 마 냉기가 올라와가……. 하이고 마 말도 못한다꼬." 여, 80대

"밤이고 낮이고 마 용역 아-들이(사람들이) 들바다보는데(들여다보는데) 마 잠을 잘 수가 있나 화장실을 갈 수가 있나. 많기는 또 우에 그리 많던지, 말하자믄 입 아프다." 여, 80대

"외부에 알려지기 전에, 외부에서 연대자들 오기 전에 한 1년 정도를 집요하게 비인간적으로 어르신들을 완전히 개 취급하듯이, 행동과 말로 가지고 상상을 못 할 정도로 그래 했어요. 그 용역들이 마 할매들을 깔고 앉아 깔아뭉개는 거라. 막 밀어붙이고, 손목도 잡아 비틀고 막 그랬다꼬요. 완전 무법천지라. 그때 당시에 사람들을 누질리는(누르는) 압박의 정도가 성인 남자도 마 버티기 힘든 거라. 그런 걸 그래 할매들한테 했다고 생각해 보이소.

인자 그 용역이라 카는 사람들이 시공사에서 일 띠(떼어) 주믄 그 다음에 하청에, 한백이라고 있습니다. 거기 띠 주고, 거기서 한백에서도 정식 직원을 옇는다거나(넣는다거나) 그냥 일하는 직원들을 옇지는 않고, 막 함부로 다룰 수 있는 그런 사람들을 옇은 거예요. 이 사람들을 무마시키기 위한 정도의, 그러니까 조폭 내지 조폭 비슷하게, 뭐 이런 사람들을 옇어

가지고 이 어르신들을 무차별하게 그냥 그대로 공격을 핸 거예요, 그냥. 그걸 1년 정도를 했으니까 사람들이 사람 대접을 못 받고, 짐승 대접을 받으신, 받은 거예요." 남, 60대

"한전 용역이 끌어내는 기라. 아무리 안 끌려 나오려 해도 남자 서이(셋) 네이가(넷이) 끌어내는데, 양쪽에 팔 하나씩 들고 다리 하나씩 들고 끌어내는데 안 끌려 나오고 배기나. 2011년 10월 30일이었을 끼구만. 내가 날짜도 아즉 기억한다. 그래가지고 끌려 나오고 몇 번을 반복하다 보니까 기진맥진해지는 거야. 그래 마 쓰러져 버리니까 앰불란스 오고……." 여, 70대

"산에 화장실이 없는데 마 화장실에도 못 가게 했다 아입니꺼. 그래가 사람 없는 데 가서 볼일 보고 올라 카는데 가는 데마다 따라오는 기라. 그래 다 따라다니고 가지를 못하게 해. 그래가 '내 몸에 손대지 말라'꼬, '오줌 누고 갈 테니까 가라'고 했는데 내 몸을 잡았어. 그래가 '손대지 마라'고 막 악을 쓰면서 다퉜지. 근데 그기 뭐 참을 수가 있나. 그래가 마 그냥 보라고 하고 거-서 오줌을 눴다꼬요. 그기 사람이 할 짓입니꺼. (중략) 그 정도라니까네 한전이나 용역이……. 그 경찰이……. 그만큼 사람을 갖다가 그거를, 열을 딱 올리게 만든다니까네. 그러니까네 이기, 사람이 죽고, 이기 순간적이라니까네에. 순간적으로 사람이 죽고 어떻게 이래 하는 기, 순간적이라니까네. 얼마나 보골을(화를) 채우는지. 정말 칼이 있으면 때리직이고(때려죽이고) 싶을 때가 천지였다니까네예(많았어요). 법

이 있어서 못 하지만······. 그 정도였다니까네에." 여, 50대

　용역 인부들의 폭력은 날이 갈수록 심해졌다. 애초에 한전에서 그렇게 해도 좋다는 허락이나 그렇게 하라는 지시를 받고 온 것처럼 아무렇지도 않게 폭언을 퍼붓고 폭력을 행사했다. 고령의 주민들에게 욕을 하는 건 예삿일이어서 어떤 주민은 '평생 듣도 보도 못한 욕을 다 들어 봤다'고 말하기도 했다. 주민들을 더욱 절망시킨 것은 주민들을 지켜 주리라 믿었던 경찰들이 폭력 사태를 예방한다는 취지로 산에 올라와서는 용역들에 의해 자행되는 폭력을 묵인하고 방조하거나 때로는 폭력에 동참한다는 사실이었다.

　한국전력 용역 인부들이 경찰들에게 음식을 접대하고 이를 당연한 듯 경찰들이 받아 먹는 장면을 목격하거나 경찰이 한국전력 용역 인부들 천막에서 장시간 대화를 나누고 나오는 것을 볼 때 주민들의 분노는 더욱 높아졌다. 주민들의 입에서 '저놈들 같은 편이다'라는 말이 절로 나왔다. 이때부터 주민들은 평생 처음 경찰들을 믿지 않게 되었다. 말 그대로 '개놈의 경찰'이 된 것이다. 주민들이 마음을 완전히 내려놓은 것은 목에 쇠사슬을 걸고 앉은 주민들을 향해 용역 인부들이 사슬을 끊겠다며 쇠 날을 들이대는 장면을 보면서도 아무런 조치도 취하지 않는 경찰을 보았을 때였다. 칼이나 다른 날카로운 금속이 목에 닿는 선득한 느낌 속에서 무표정하게 서서 방관하거나 설핏 웃음을 짓기도 하는 경찰들을 보면서 주민들은 '용역들도 경찰들도 경찰을 보낸 이들도 모두 사람이 아니'라고 생각했다고 말했다.

"88번에서 한 열흘, 열흘을 아주 그냥 심하게 대치를 했어요. 우리는 그때 교대로 산에 올라다닐 땐데 우리 마을에서도 조금이라도 산을 탈 수 있으면 거진 다 올라왔어요. 그래가지고 한 열 명, 열 명, 열 몇(몇) 명 이래 되게끔 올라간 거 같아요. 계속 우리를 끄잡아내니까(끄집어내니까) 우리가 서로 막 같이 안 끌리갈라고(끌려가려고) 서로 몸을 묶고 막 이랬는데 나는 묶을 로프가 없어가지고 그냥 사람 껴안고 같이 있고…….

그런데 경찰이, 이렇게 칼 있잖아요, 커터칼. 커터칼 이거를 어, 한전이 경찰한테 줬던가 아님 용역들이 한 건가 암튼 이래가지고 그 커터칼을 그 안에서 막 엉, 뒤엉킨 상태에서 커터칼을 막 들이대기 시작하더라고요, 그거 끊으려고. 연필도 깎고 하는 이, 이, 쭉 빼는 그 칼 있잖아요, 커터칼. 그래가지고 그 포크레인 밑에서 막 후다닥 하니까 그 포크레인에 막 머리가 받치고(부딪치고)……. 옛날에는 이제 반쯤 안 묶여 있었으니까 굉장히 좀 빨리 끌려 나왔어요. 끌려 나와가지고 그 삽 있잖아예. 포크레인 흙 퍼내는 그 삽, 그 삽 안에 다시 들어갔어예, 이렇게 삽 안에. 그러고 나머지 두 사람은 그 안에서 이래 하다가 많이, 머리를 많이 다쳤어요. 막 커터칼 들이대고 이라니까 그거 피한다꼬 하다가……. [김영희: 마을 사람 두 분이요?] 예.

그래가 그 사람들 두 사람이 이제 기절해가지고 이제 헬기로 실려 나갔죠. 그 고때 우리 주민들이 처음 이렇게 그 한전하고 그 인부, 인부들하고 맞닥뜨려가지고, 경찰하고 맞닥뜨려서 이제 어떤 그 좀 되게 순한 주민들은 되게 막 떨고 힘들어하고 그랬어요. 팽생 그런 싸움은 처음이니까요. 언제 할매들이 그런 일을 겪어 봤겠습니까. 그 이후에야 싸움도 좀 하고

이라니까 이골이 났지만서도 그때는 마 처음 겪은 일이라…….” 여, 60대

"우리 할아버지 같은 경우에는 우쨌는가 아요? 2000, 그게 2012년도 1월 달이다. 엔진 톱 가지고 나무 비는 데 발로 넣었는가 봐, 이 다리를. 옷이 바지가, 겨울 두껍은 바지가 반틈 짤렸드라고(잘렸더라고). 내가 그거 보는 순간에 말도 안 나오고 입맛도 없고……. 넋 잃은 사람매로(사람처럼) 한참 치다보고(쳐다보고) 있었어. 그런데 그 바지를 이치우 어르신 돌아가시고 분향소에다 그거를 갖다 놔라 캐서 갖다 놨는데, 이놈들이 빼돌리 뺐는(빼돌려 버린) 거라, 그거를. 그기 증거물이 되는데 그걸 빼돌리. 그 바지가 없어져 뿌렀어. 잃어버리고…….

지금까지 있었으면 많은 학생들이 요 오면서 그거를 봤으면 진짜 섬뜩할 거야. 솜바진데 그기, 딱 거짓말 아이게 반틈 짤렸어. 딱 여기야. 우째 저기 저래 짤렸는데 살이 안 베이노 캤어. 그러고도 우리 집 아저씨가 제일 고소, 고발 제일 많이 당했어요." 여, 80대

"가루가 되는 그걸, 마대를, 우리 둘러서가지고 이기 나무 아닙니까? 비(베) 놨으면은 이래 서가 있는데 이래 비는 데 거 발 우에 이래 얹었거든요. 그럼 '비까(벨까)?' 이랬거든요? 약 올리듯이 막 그래 묻는 거예요. 이 발이 누가, 누구 발인고 하면 내 발이라예. 내 발인데 '발도 빌까?' 이랬거든요. 그래 내가 마 '발 비라', 그래 내가 그캤어요.

그래 '비라' 이라는데 경찰이 밀양 경찰서에서 올라와가지고 '아줌마 이거는 너무 심하다' 이라는 거예요. 그래 마 내가 '느그, 느그 도와줄 거 아

니거든 말하지 마라. 민주 경찰, 그 경찰이면은 치안을, 산속에서 치안을 이렇게 하나? 주민을 이렇게 보호하나? 동네에서 보안을 하든가 왜 산속에서 보안을 하노?' 마 이래 캐 삤어요(이렇게 해 버렸어요). 우리가 맞아도 어째도 마 그냥 가만히 보고만 있고 이라이 우리가 마 경찰도 믿을 수가 없고 이란 기라요. 마대 이걸 둘, 둘러 서가지고(세워서) 앞을 가리가지고(가려서) 이래 있다가 이걸 놔 뿌리고(놓아 버리고), 마대 이거 집어 던져 뿌렸어예." 여, 60대

"막 그냥 자동으로 우리가 내려가기를 자기네들은 유도를 했는데, 우리가 안 내려가고 꿋꿋하게 앉아 있었더니······. 그 광경이 마······. 끌리(끌려) 나오가지고 전부 뜯기(뜯겨) 나오가지고 쇠사슬, 쇠사슬을 카트기(커트기)로 짤리가지고 여 목에 카트기 갖다 대면 살인미수잖아요. 저거는 그런 거 죄, 죄 없는 걸로 무마시켜 버리잖아. 우리는 쪼금만 잘못하면 연행하고 빼 가고 벌금 매기고 하는데······." 여, 60대

"천막을 지키러 산에도 올라가고 했는데 경찰들이 막 주위로 다니는 게 너무 꼴 뵈기 싫은 거라. 그래가 경찰들 못 다니게 하구로(하려고) 문을 만들었는데, ○○○[옆에 앉은 사람 이름]이 그때 구속이 됐어요. 딴 사람이 자리를 지키고 있다가 시어머니 기일이라서 ○○○에게 부탁하고 잠깐 나가는 순간에 그냥 마 경찰이 쫙 깔려 뿐 거라예." 여, 50대
"문을 붙들고 있었는데 공무집행방해라고 카는 거예요. 남자 경찰이 오더니 어디를 찼는데 아파서 뒤로 누워 뿠는데 누가 머리카락을 밟았어요.

내가 머리카락이 이래 기니까……. 여경들이 발로 팔을 밟았는데, 그땐 몰랐는데 지금도 팔이 아파요.

때린 거 즈근데(자기들인데), 내가 밟혔는데 그때 내가 여경을 발로 찼다 카믄서 한 여덟 명 정도가 나를 끌고 내려갔어요. 처음에는 김해 서부인가 경찰서에 가서 조사를 받았는데, 처음에는 폭행죄였는데 다음 날은 공무집행방해로 바뀌어 있더라고요. 머리카락도 많이 뽑히고, 누워 있을 때 여경 한 명이 음부를 눌러서 며칠 동안 아파서 볼일을 제대로 못 봤어요. 병원에 며칠 있었는데도 온몸이 쑤시더라니까요." 여, 40대

사슬을 끊는 물건이나 방법, 화장실을 못 가게 하고 모욕을 주는 방식 등이 모든 송전탑 건설 예정지 농성 천막 싸움 현장에서 거의 똑같이 나타났다. 미리 사전 협의가 있거나 지시가 있지 않았다면 있을 수 없는 일이었다. 용역들이 주민들을 대하는 태도와 방식, 그리고 경찰들이 방관하다 한 번씩 개입해 주민들을 대하는 태도와 방식에는 모두 일관성이 있었다. 이들의 폭력은 생각보다 교묘해서 여성일 때는 머리카락, 손목, 음부 등을 공격하는 경우가 많았다. 산속 천막을 지킨 것은 대부분 여성 주민들이었고 그중 절대 다수는 최소 70대 이상의 고령이었다.

가진 것이 없고, 싸울 줄도 모르니 '밀양 할매'들이 할 수 있는 건 베어질 나무를 끌어안고 버티는 것, 포크레인 안에 들어가 앉아 있는 것, 곧 다져질 땅을 파고 들어가 누워 있는 것이 전부였다. 말 그대로 몸뚱아리 하나, 옆에 누운 이웃 할매가 그들이 가진 것의 전부였다. 막무가내로 베고, 비틀고, 끌어당기는 통에 하루가 멀다 하고 부상자가 속출했다. 모두

가 자리를 비우면 순식간에 나무를 베어 내고 공사가 금세 마무리되어 버릴 것만 같아서 아파도 자리를 뜨기가 어려웠다. 찾아오는 이 하나 없는 산속에서 서로를 의지해 자리를 지키면서 나이 든 어른들은 자연스레 '여기서 내가 생을 마감하게 되나 보다'라는 생각을 하게 되었다.

"우리가 땅굴로 파 놔 놓은 그 땅굴 안에 들어가가지고, 개목걸이 안 있어요. 그거를 허리에 감고 목에 감고 쇠말뚝에 매고……. 그래 감아가 매고, 이렇게 해 놓고 있었는데……. 그, 129번 마을 주민들이 어떻게 했노 하면은, 여자들이 옷을 할랑 다 벗었어요. 왜 벗었냐? '이렇게 벗고 있으면은 경찰이고 인력들이고, 못 뿌사 내겠지(박살 내겠지)', 그카고……. 할랑 다 벗고 쇠고리 그거 감고 있었는데 '비끼라(비켜라)' 소리 한마디 없이, '옷 입으세요' 소리 한마디 없이 개 끌듯이 끌어냈어요.

끌어내고……. 수녀님들이 우옜노 카면은(어떻게 했나 하면은), 그 굴 안에 못 들어가게끔 밖에 차악 이래 눕었는데……. 수녀님들로 우옜는고 하면, 이기 다리 겉으면 거꿀로(거꾸로) 들고 끄사냈어요(끄집어냈어요). 거꿀로 드니까 수녀님들 옷은 치마잖아. 다 벗겨지고……. 그 당시에 수녀님들이 팔 절골이, 두 분이 팔이 절골됐어예. 그래 꺾이(꺾여) 나갔죠. 그래 갖고, 끄사내고, 그 알몸으로 있는 주민을 전부 개 끌듯이 다 끄사내고……. 그거 하는 데요, 20분도 안 걸렸어요. 그래 끄사내는 데……." 여, 80대

"내가 이 팔이, 팔이 데모 가서 뿌사졌는데(부러졌는데) 지금도 이 팔이 아파요. 안 아픈 데가 없지만 특히 여기 이 팔이 아프고 힘이 없어가 이렇

게밖에 안 돼. 힘이 없으니 뭘 들어도 툭 놓고……. 여기서 여기까지 따갑고 쑤시고 쓰라리고……. 병원 다니면서 침 맞고 뭐 해도 안 나아." 여, 80대

"송전탑 만드는 건 뚝딱이라. 그래가 우리도 안 내려가고 버텼지. 자리만 비우면 그냥 싹 몰아치가 금방 세운다 카이까는……. 즈그도 사전에 싹 다 준비해 놨다가 왕창 달려들어가지고……. 그래가 이 할매들 다 홀랑 벗고 철탑 설 자리에 땅굴 파고 들어앉아 있는데, 그것도 그냥 들어앉아 있는 것이 아니고 알몸으로다가 열 명의 할매가 목과 목 사이사이에 쇠사슬을 걸어가지고 그래 앉아 있었어. 쇠사슬 딱 걸어 있으면 한 명을 끌어내면 다 딸리(달려) 나와야 하잖아. 그럼 잘 못 끌어내제? 그래서 이렇게 다 목과 목 사이에 쇠사슬을 감고 감아서 연결해갖고 그래 앉아 있었는데, 경찰들이…….

할매도 여자야. 벌거벗어 실오라기 하나 안 걸치고 죽을 각오로, 그 죽을 각오의 정신은 뭐냐 하면……. '왜 우리 보금자리를 아무런 대책도 없이 이렇게 짓밟고 있고, 땅도 집도 사람도 못 쓰고 못 살게 하면서 이게 지나가는 게 말이 되느냐'……. 무슨 대책을 세우고, 그자? 문제를 해결하고 세워서 지나가든가 해야 될 거 아니가? 근데 아-무런 그것도 없이 즈그 마음대로 동네에 출입구를 가로막고 지나가는 거야." 여, 70대

"경찰 5백 명이 쳐들어왔을 때, 내하고 저 할매하고, 저 할매 옷 벗고, 저 할매가 45키로 나가는데 경찰이 때기(패대기)를 쳐갖고, 완전 개구리만치 탁 엎어지고, 나는 좀 덩치가 커 놔 논께, 나도 옷을 벗었어. 옷을 벗

었는데, 풀이 세가(억세어서 긁혀) 있어, 세가. 온-데 때기쳐갖고, 한쪽으로 다 넘어지면서 온-데 비-가지고(베여서) 궁뎅이가 피가 흐르고……. 이루 말할 수가 없습니다, 당한 거, 그런 거는…….

진단서 끊어가 고발했는데예, 즈그는 아무것도……. 저 할매 때리갖고 널짜갖고(떨어뜨려서) 기절해갖고 죽었다꼬 우리 소문 다 났어예. 그렇는데도 우리 세 명, 경찰 5백 명하고, 아까 우리 ○○○ 씨하고 세 명이서 우리가 달라들었거든예(달려들었거든요). 딱 이래 바리케이트(바리케이드)를 치고 그쪽으로 몬 가구로(못 가게)…….

그기 인자 왜 갔나 하면, 할매 서이가 거-서 지키다가 경찰 5백 명한테 포위가 됐다 캐서 그 할매, '우리가 같이 가 주야 할매들이 안심을 할 끼다'……. 그것도 다 아파 다 죽어 가는 할매가……. '당뇨가 있고 다리도 아프고 기어댕기는 할매들인데, 그 할매들을 좀, 우리가 같이 함께 있을라고 간다. 길을 비키라' 해도 죽어도 안 비키(비켜) 주는 거예요, 이놈들이. 그래서 제가 아, 내가 요게서(여기서) 숨이 멈춰서 죽겠다 싶어가지고 옷을 벗었어요. 옷을 벗고 쳐들어갔어요. 가다가 둘이서, 할매하고 당했는 기라." 여, 70대

머리카락이든 옷이든 잡히면 쉽게 끌려 나가니 생각다 못해 주민들이 떠올린 대처가 옷을 벗고 있는 것이었다. 옷을 벗고 있으면 잡을 데가 없으니 끌려 나가지 않으리라 생각한 것이었다. 어떤 경우엔 물통에 똥물을 담아 준비하기도 했는데 해 보지 않은 일이라 어설프기만 해서 결국 어떻게 해 보지도 못하고 자기 몸에 쏟아 버린 일도 있었다. 몸도 몸이지

만 용역들이랑 경찰들이 주는 모욕감이 더욱 괴로웠다. 저들이 우리를 사람으로 대하지 않는다는 걸 선명하게 느낄 수 있었다. 칠십 평생, 팔십 평생 누구처럼 유명한 사람이 되지는 못했지만 그래도 성실하게, 부끄럽지 않게 살아온 평생이라는 자부심이 있었는데 내 몸이 발로 짓밟힐 때마다, 몸이 짐짝처럼 들려 나갈 때마다 그 자부심이 짓뭉개지는 느낌이 들었다.

"나는 뚱뚱해 놔 놓이께네 가시나들이, 들어내면서 색색색색 해쌓더라고. 나는 뚱뚱해 놔 놓이께네 경찰 가시나들이, 그기 끄집어내면서 막 즈그가 디-가지고(힘들어서) 색색색 이 지랄 하면서 끄집어내더라. 내가 뚱뚱해 놔 놓이께네, 그 지랄……. 그래가 흙바닥에 떼기장치 났다(패대기 쳐 놓았다). (중략) 나무 비면서도(베면서도) 저 나무 빌라 카면(베려 하면) 내가 저- 가이(가에) 기대 서 뺐거든. 또 저 나무 빌라 카면 또 저 나무 기대 서 뺐거든. 다리가 아파 댕길 수가 있나. 그래 놓이께네 사람을 갖다가 꼭 눌리 뿌드라(눌러 버리더라). 또 나무에 대고 한전 놈이 꼭 눌리 뿌드라고, 날로 갖다가(나를 가지고)." 여, 70대

언젠가 주민 한 명이 송전탑에 올라가서 외치고 싶은 말이 있다고 했다. 그게 뭐냐고 여쭤보니 생각할 틈도 없이 곧바로 '개-새끼들, 한전 놈의 개-새끼들, 한전 놈의 개-새끼들'이라고 목청껏 외쳤다. 그분의 외침 속에 존재하던 '한전 놈'들은 마을에 찾아와 웃는 낯으로 합의서를 내밀던 직원부터 마을에 분열을 조장한 한국전력이라는 조직까지 포함하는

말이었다. 그러나 그분의 마음에 가장 깊은 상처를 남긴 '한전 놈의 개-새끼들'은 송전탑 건설 예정지에서 마주쳤던 그들일 것이다. 한국전력이 고용한 용역 인부들은 모욕에 그치지 않고 때로 생명을 위협하는 폭력을 휘두르기도 했다.

"말 몬 합니다, 그거는. 저, 뭐고, 나무를 이렇게 비고(베고), 인자 비는 데 안고 있다가 우리가 인자 저짝(저쪽) 나무 비러 오는 기라. 그러면 우리가 기어서 이래 가. 가다가 낙엽이 항그 쌓여져 있으니까 미끄러져 삐면 '저 할매 저거 씨발년 뒤져 삐구로(죽어 버리게) 라이타 갖고 불붙이라', '불붙이가(불붙여서) 타서 죽으면 내일 안 나오니까'……. 이런 식으로 모욕을…….

그라고 저 보살님하고 내하고 제사 지내느라고 다 가 뺐는데(가 버렸는데) 나무를 항그 다 비어 놓고 마, 우리가 나무 밑에 그 깔리(깔려) 죽을 뻔했어요, 그 새끼들이 못 나오구로(나오게) 해가지고……. 나무를 쳐 비 넘가가(넘겨서) 둘이서, 사람을 인자……. 제사가 있으면 또 제사를 지내야지, 사람이 몇이 안 되니까 집에 가 삐고 없을 때 딱 둘이고 서이고 하나 남으면은, 완전히 마, 톱을 들이대고, 톱을 뺏들면은(뺏으면) 마, 그거 하면서 나무를 많이 비갖고(베어서) 둘이서 나무 밑에 갇히갖고, 사람 아무도 없고 우리 1년 동안 그래 할 때, 우리를 죽일라꼬 했어요. 말도 몬 합니다. 나도 이 다리를 뿌사가지고(부러져서), 한전 놈이 딱 쳐갖고(쳐서), 다리 기부스 해가지고 병원에 입원하고……." 여, 70대

"못 들어가게끔 앞에 앉아가 평상을 만들어 놓고 거기에 있는데, 그 내나 공사하는 업체가 어디냐 하면은 하청업체가 한백인데, 한백 사장하고 일꾼들이 와가지고 사람이 거기 한 일고여덟 명 앉아 있는데, 안 비킨다고 평상을 드는 거예요, 그 장정들이. 앞에서 들어 버리니까네 그 할매들이 전부 미끄러져가 뒤로 넘어져가, 미끄러져서 말이지 다쳤단 말입니다. 다치가지고 그래 입원하고, 앰불란스 불러갖고……." 남, 70대

'밀양 할매'에게 가해졌던 폭언과 폭력은 '여성혐오(misogyny)'의 한 단면을 보여 준다. '밀양 할매'가 경험한 젠더 폭력은 생활 곳곳에, 현장 곳곳에, 지역 사회 곳곳에 존재했다. 마을 사람들의 조롱과 폭언, 지역 내 권력자들의 차별과 무시, 한국전력이 고용한 용역업체 직원들이나 경찰들이 휘두른 폭력, '밀양 할매'를 '무식하고 폭력적인 사람들'로 그려 낸 언론 등은 모두 '밀양 할매'가 경험한 '여성혐오'의 폭력이었다. '밀양 할매'는 폭력에 기인한 신체적 외상도 힘들었지만, 이들의 말과 행동이 자신들을 고립시키고 무력감이나 분노에 빠져들게 만들었다고 말했다.

"그때는 연대자라는 것도 없고, 한전 직원이라는 것도 없고……. 용역이 이, 삼십 명씩 들어와 할매들한테 장난치는 거라. 나무 붙잡고 싸우는데 요쪽에 있으면 저쪽에 뛰어가고, 또 가면 할매들 다리 아파 저 가면 와갖고 할머니들 놀린다고……. 욕 비스무리하게 할머니들 놀리고……."
남, 60대

"아주 그런데 나쁘게 주민들한테 뭐라코 캤나……. '아이고 당신들 뭐 막는다고 해쌓는데, 할매들, 앞으로 1년 후에 손, 손발 앞발 뒷발 다 든다. 두고 봐라, 내 손에 장을 지지라', 이놈들이 그렇게 할머니들한테 욕을 하고 무시하고 그런 야유를 보내고 그런 짓을 했어요.

처음에 들어왔을 적에 한전 인부들이 공사하러 완(온) 놈들이 그런 짓을 했어요. 그 당시에는 무법천지고, 뭐 늘 알지만은 이치우 어른이 돌아가시기 전에는 이 무법천지 비슷해요. 이거 뭐 한전이, 인부들이 뭐 주민들을 그냥 뭐 마음대로 그냥 뭐, 뭐, 응, 저거가 무슨 뭐, 뭐, '이 국책 사업에 느그 손대면 느그는 전부, 전부 다, 뭐, 뭐라카노, 범법자다' 하는 식으로 이렇게 몰아세우고, '왜 국책 사업을 반, 반대하다 느그 어쩔라고 하느냐' 이런 식으로 할매들 말에 딴지를……. '집에 가서 뭐 아나(아이나), 손자나 보이소'……. 막, 오만, 그 야유와 그런 아주 그 뭐, 안 좋은 그런 언사들을 아주, 그거를 하고. 주민들한테 그런 거 같은 그, 아주 그런 걸 마이(많이) 했지요." 남, 70대

"산이 비탈이 져, 겨울이, 낙엽이 져 미끄럽기는 얼마나 미끄럽노. 미끄러져 쭉 내려가 처박혀 있으니까 '저 불질러 버려라' 하는 인간도 있고, 어떤 놈은 바위 위에 올라서서는 '씨발년, 씨발년' 하면서 노래라고 부르고……. 그 지랄 하고 있고……. 할매들은 그 미끄러운 데 못 가가지고 뿔뿔 기어 올라가는데 지들은 젊으니까 쫓아 뛰어다니잖아." 여, 70대

저항에 나선 '밀양 할매'의 행동은 지역 신문 등에 연일 과격한 노인들

의 극단적인 행동으로 보도되었다. 혹은 아무것도 모르고 순진한 노인들을 '데모꾼'들이 부추겨서 더욱 극단적인 상황으로 내몰고 있다는 비판이 이어지기도 했다. 그러나 현장에 있었던 이들은 모두 이를, 자신들을 조롱하고 멸시하는 사람들을 향한 최소한의 항거로 기억한다. 한 주민은 '국가에서 조금이라도 우리 말을 들어 주려 했다면 그런 행동까지 할 필요도 없었을 것'이라며, '아무도 우리 이야기를 들어 주려 하지 않아서 할 수 있는 최선을 다했을 뿐'이라고 말했다.

"우리 주민들이 어, 저, 싸울 때 막 나체로 옷을 벗고 막 그랬어. 그 경찰관들캉(경찰관들이랑) 싸울라(싸우려) 칼 때……. 그런 것도 그러고, 뭐 여러 가지 가슴 아픈 일들이 많았었어. 그 다 표현을 못 해도 우리도 마 쓰러져도, 쓰러지면 경, 여경들이 인자, 주로 인자 여자들이, 할머니들이 많으니까 여경들이 많이 왔었거든? 여경들이 오면 난중은, 나는 이제 이 무게가 있잖아. 있으니까 담요 같은 거 깔아 놓고 거기에다 막 밀치여 옇는(밀쳐 넣는) 거야. 그래가 담요를 여덟 사람이나 이래갖고 막 들고 나가고 막 이런 식으로 했어.

그리고 그 아줌마들이 뭐 농촌에서 뭐 크게 배운 것도 없고 막 그냥 국민학교 정도 나와갖고 그냥 단란하게 살고 있는데 어, 이렇게 인저 동네를 이렇게 망치고 이렇게 융화 관계를 자꾸 요래 해 버리고 마니께 너무 안타까워갖고……. 막 거 가(거기 가서) 쓰러져갖고 막 길거리에 쓰러져가 있는 걸 밟고 이랬어, 경찰관들이. 그런데 그거는 아무 벌금이 없고……. 몸을 갖고 막아, 인저 할머니들이. 그라니께 얘들이 인제 막아서는 걔들은

'몇 달 몇 달, 또 벌금 얼마' 이런 식으로 했어. 그래 그런 거 보면 국가에서 조금만 우리 농촌 사람들도 사람같이 생각한다면 이렇진 않을 것 아이가? 우리는 아무것도 안 가지고 있잖아.

그리고 지금 국가에서 하는 거 보면 막무가내로 막 막 바로 밀고 나가는 거야. 옛날에는 조금 아, 돌이켜 생각해 보는 그런 것도 있었는데 지금 막 무조건 앞으로 밀고 나가는 거야. 그러니께네 우리 서민들이, 또 이런 게 주민들이 억울하잖아. 무시당하고 그러니께 나는 인저 생각할 때 '조금 이런 분들을 이해하고, 이런 분들을 그거를 조금이라도 어, 수긍을 해 주면 이런 결과가 안 올 것 아니야' 싶은 그런 생각이 나는 거지. 그러니까 저 마, 고, 이 송전탑에 대해서 내력을 알라 카면 저분들이 잘 알고 있어. 나는 마 늙은 할머니니까 도와주기만 도와주는 거지." 여, 80대

"외부에 사는 국민들한테는 밀양 할매들 못됐다 소리 듣고……. 저도 밀양 시내를 내려가기 싫어예. 저도 아는 분이 참 많거든요? 그러면 그분들이 뭐라고 그러냐면은 '당신들 전기 안 쓰냐. 그냥 보이는 부분만 가지고 그라지 마라'……. 구체적으로 자기들이 알면 그런 말을 안 할 껀데……. 그러면은 제가 그라지예. '그러면은 아지매, 아지매 집 앞에, 바로 집 앞에 아파트 40층 높이 철탑이 서가지고 전기, 76만 5천 볼트 전기를 보내는데 우리 요즘 전자렌지(전자레인지)도 안 좋다고 안 쓰고 핸드폰도 전자파 때문에 전부 이라는데, 그 쎈 전기가 오는데 그러면 내 집 대문 앞에 서는데, 아지매 가만 계시겠습니까' 딱 이래 뿄으예.

다른 말 안 했어예. 하도 '느그는 전기 안 쓰나. 이제 언간히(어지간히)

하지', 계속 그런 소리를 하니까 너무 억울한 거예요, 우리들은. 진짜 우리는 최소한의, 인간으로서 누릴 수 있는 생존권을 위해서 싸운 건데……. 그래가지고 참, 밀양 시민들하고도 많이 저거하고……. 병원에 가서도 불이익을 당하고예. 이 다쳐가지고 가가지고 이거, 한전한테 팔을 비틀리고, 할머니 같은 경우도 그렇고 전부 우리 한전들한테 많이 당했거든예, 말리면서. 팔 비틀리고 이래갖고 뼈 사진 같은 거 찍어 가면, 어디서 짜고 오냐고 병원에서 그랬다 아임니꺼." 여, 60대

'아무것도 가지고 있지 않은 우리가 할 수 있었던 건 온몸으로 부딪쳐 우리 이야기를 들어 달라고 외치는 일밖에 없었다'고 주민들은 말한다. 부끄러움을 모르거나 두렵지 않아서가 아니라 지켜야 할 것이 '나'의 자존이고, '우리'의 존엄이고, 후손들의 삶을 포함한 모두의 미래이기에 온몸으로 부딪칠 수밖에 없었다는 것이다. 그러나 되돌아오는 것은 여전히 고령의 노인들을 조롱하거나 모함하는 말뿐이었다. 한 주민은 밀양시 공무원이 '저 노인들이 저러는 것은 돈을 한 푼이라도 더 받으려고 하는 일이다'라고 말했던 것을 잊지 못한다고 말했다. '돈을 더 받자고 들었으면 예전에 많은 돈을 받고 그만뒀을 것'이라며 '돈 때문에 저 지랄 한다'는 말이 가장 뼈에 사무친다고 말했다.

2012년 1월 이치우 씨의 분신은 이와 같은 분위기에서 일어난 일이었다. 주민들은 모두 '누가 죽어도 죽을 만한 상황이었다'고 말했다. 그래서 그의 죽음이 주민들에게는 더 가슴 아픈 일이 되었다. 구체적으로 어떤 일이 있었는지, 그분의 속내가 어떠했는지 들어 보지 않아도 알 수 있

는 일들이, 그가 풀어내지 못한 속내가 살아남은 주민들 가슴 안에도 있었다. 누가 먼저랄 것도 없이 주민들은 빈소로 모여들었고 장례 이후 이전과는 다른 각오로 새롭게 대책위원회가 꾸려졌다.

이치우 씨가 돌아가신 후 전 사회의 관심이 밀양으로 쏠리기 시작했다. '도대체 무슨 일이 일어나고 있는가'라는 관심 어린 질문이 쏟아지면서 연대자들도 밀양으로 모여들었다. 3월에는 밀양 탈핵 희망버스를 타고 1천 2백 명의 연대자가 밀양으로 왔다. 주민들은 자연스럽게 송전탑 건설 반대 싸움이 탈핵 운동이라고 인식하게 되었다. 싸움의 과정에서 고리 원자력발전소에서 만들어진 전기가 다른 곳으로 옮겨져야 한다는 명분으로 송전탑을 짓기 시작했다는 사실을 알게 되었기 때문이다. 이때부터 '밀양 할매'의 탈송전탑 운동은 '탈핵 운동'으로 이어졌다. 이것은 체르노빌 원전 사고나 후쿠시마 원전 사고 이후에도 한국 사회의 주요 의제가 되지 못했던 '탈핵' 문제를 전 사회적인 관심이 집중되는 의제로 만든 첫 장면이었다.

이치우 씨가 돌아가신 후 잠시 중단되었던 공사가 재개되면서 2012년에는 송전탑 건설 예정지에 세운 천막을 중심으로 한국전력 용역과 경찰에 맞선 주민들과 연대자들의 싸움이 이어졌다. 그러나 이제 농성 천막은 비닐 하나 깔고 자던 허술한 천막이 아니라 난로를 들이고 바닥에 간이 난방 시설을 설치한, '밀양 할매'와 연대자들의 집이었다. 싸움은 고통스러웠지만 어른, 아이부터 학생들, 인근 지역 생협 조합원들, 노동자들, 시민사회단체 구성원들과 활동가들에 이르기까지 다양한 사람들이 농성 천막 안의 '밀양 할매'들 곁을 지켰다. 그 사이에도 산 아래 마을에서는 합의·보상금을 둘러싼 회유와 압박이 계속되었고 다음 날 아침 눈만 뜨면 '어느 마을이 합의했다더라'는 소식이 들려왔다.

산속 천막 농성장에서의 싸움이 치열해지면서 부상자들이 속출했고 2013년 봄 공사를 잠시 중단하면서 정치인, 전문가, 주민들이 참여한 전문가협의체가 만들어졌다. 그러나 이 역시도 별 소득 없이 끝났고 6월에 「송·변전설비 주변지역의 보상 및 지원에 관한 법률」이 국회를 통과했지만 주민들의 주장과 요구를 반영한 법은 아니었다. 훗날 주민들은 결국 이와 같은 모든 과정이 '최종적인 폭력을 집행하기 위해 명분을 쌓아 가는 형식적 절차에 지나지 않은 것'이었다고 회고했다. 말 그대로 한순간에 농성장을 싹 쓸어 버릴 마지막 카드를 집행하기 위해 보상과 협의와 타협과 위로의 절차를 밟아 나갔다는 것이다. 그 사이 대통령의 담화도 있었고 산업통상자원부 장관이나 국무총리의 밀양 방문도 있었다. 그즈음 밀양의 관변 단체들이 '외부의 불순 세력이 세상 물정 모르고 순진한 밀양 할머니들을 세뇌시켜 계속 시위를 하게 한다'며 '불순외부세력 척결 밀양시민 궐기대회'를 개최하기도 하였다. 그러는 사이에도 공사 강행과 폭력이 계속 이어졌고 수많은 주민들이 부상을 입는 동시에 경찰에 연행되었다. 어떤 주민들은 치료도 받지 못한 상태에서 경찰서로 연행되어 조사를 받기도 했다.

그러던 와중 또다시 밀양 주민인 유한숙 씨가 음독하여 사망에 이르는 사건이 발생하였다. 또 한 사람을 지키지 못하고 떠나보냈다는 자책과 다시 이런 일이 발생하도록 내버려두지 않겠다는 결의 속에 2013년 겨울의 혹독한 바람과 영하의 추위를 견디며 산속 천막 농성장에서의 밤샘 농성이 계속되었다. 해를 넘기며 연대자들의 발길이 이어졌고 희망버스도 계속 밀양으로 내려왔다. 산 아래 마을에서는 거의 대부분의 마을이 합의에 이르렀다는 공표가 이어졌고 산속에서 싸움을 이어 가는 밀양 주민들을 고립시키지 않겠다는 연대자들의 결심 또한 단단하게 다져졌다.

그러나 이미 2014년 봄에 경찰 공권력으로 천막 농성장을 싹 쓸어 버리겠다는 행정대집행 예고가 있었고 주민들은 농성장을 끝내 지킬 수 없으리라는 걸 알면서도 더 열심히 농성장을 쓸고 닦았다. 6월에 행정대집행이 임박했다는 소식 속에서 더 많은 주민과 연대자들이 산속 천막 농성장으로 모여들었다.

"우리가 마 경찰이 새까맣게 올라오는데, 구름 떼겉이 몰리오는데, 마 머리에 쓴 거 안 있는교. 그기 마 햇빛에 반짝반짝한데……. 뭐 2천 명인지 3천 명인지 왔다 카는데 우리는 그런 인원은 본 적도 없으니까 모르겠어. 그냥 '저 개만도 못한 놈들' 그래 생각했지. 죽기 살기로 버틴다고 생각한 거야. 그래가 이래 땅 파가 들어가 눕었잖어. 무덤에 관을 파 넣은 거야. 무덤 들어간다고 생각핸 거야. 관에 들어간다 하고 들어간 거야. 죽기 살기로 싸운다 캤으니까……." 여, 80대

"나는 만날 천날 생각이, 정치가 개정치다 이기라. 사람이 이런 정치 하는 기 어딨노. 사람이 국민 하나 살릴라고 국가에서 애로(애를) 쓰고, 할매들 다 경로당 지어 주고 뭐 하는데, 왜 여 우리 데모하는 사람들은 개겉이도 취급 안 하고……. 데모할 때 한창 막 뜯고 할 때에, 나오라 캐서 내가

안 나갔는데 내가 쇠줄로 걸어가(걸어서) 있었거든……. 절단기로 가 여대가(가져와서 여기 대고) 끊는데 똑 기분이 내 모가지 끊는 기분이더라. 절단기로 쇠줄로 끊는 기라, 우리가 안 푸니까.

그리고 그 막(천막) 치갖고(쳐서) 몇(몇) 년을 살았는데, 칼로 가 전부다, 막을 경찰들이 째면서……. 그래서 내 그랬어. '옛날에는 허가 없는 집을 뿌시는(부수는) 것도 경찰들이 안 뿌시고 특공대라고 있었어. 그런 사람들이 뿌시지, 정상적인 경찰들이 이거를 뿌시는 법이 어데 있노'……."
여, 80대

"경찰 아-들이 마 새카맣게 몰려 올라오는 기라. 아이지 화이바 때문에 빛이 비치가 마 반짝반짝했다꼬. 나-(나이) 많은 할매들이고 하이께네 마 대충 해도 될 낀데 이놈들이 어찌 극악시럽게 하는지. 그래가 내가 그캤다꼬. '너놈들은 에미 에비도 없나' 카고 말이야. 소리를 막 쳤다꼬, 내가."
여, 80대

"내가 어찌 부애가(화가) 나는지. 이놈아-들이 생전 입에 담도 못할 욕을 하는 기라, 우리한테. 그라이 마 보골이 차이까네 나도 마 욕을 마 쌔리 해 뿌렀어. 뭔 욕을 했는지도 몰라. 기억도 안 나. 그냥 입에 주- 상키는(올라오는) 대로 마 씨부린 기라." 여, 80대

"2012년 5월 20일인가, 암튼 그 무렵에 철탑 장소에 경찰 5백 명이 들어와서 옷을 벗고 뛰어 들어가서 말렸어요. 그때부터라. 산에 가가 굴 파

서 거서 먹고 자고 쇠사슬을 감고 투쟁하기를 3년을 했다꼬요. 그렇게 10년 동안을 싸워서 한 번도 진 적이 없었어요. 어떤 수단, 경찰이 5백 명이 들어와도 우리가 다 이기고 했는데, 6월 11일 날 행정대집행 때 박근혜 대통령이 경찰 3천 명을 풀어가지고 우리를 그 움막에서, 할매들 전부 다 요, ○○[지명] 움막이 네 군데가 있었는데 우리는 연결 연결 해가지고 쇠사슬 딱 감고, 남자분들은, 또 움막이 두 개였어요. 밑에 움막에서 쇠사슬 하고 있고, 이랬는데 우리를 개 끌듯이 끌어냈어요.

그것도 행정대집행은 공무원이 하는데, 경찰이. 칼을, 사바키칼[회 뜰 때 쓰는 일본 칼]을 이렇게 딱 쥐고, 그 뉴스에도 나올 낍니다. 영화에도……. 이렇게 딱 위협하면서 우리를 반 죽이가지고, 개 끌듯이 끌어내고……. 사람, 수녀님들이 우리를 지키 줄라고 와서 딱 앞에 막고 있는데 수녀님들 팔을 이리, 쌩 팔을 뿌러트리(부러뜨려), 경찰이. 완전 쌩 팔을 뿌러트려갖고 병원에 전부 다 호송하고…….

이런 식으로 해 갖고 즈그가, 경찰이 바리케이트를 딱 쳐 놓고……. 사람이, 우리 다 끌어내 뿌고……. 우리 할매 요 여남은 명, 사람 몇이 됩니까. 할아부지 먼저, 할아부지들은 먼저 다 개 끌듯이 끌어내고, 할매들 끌러(끌어내려) 왔는데, 할매들도 엄청 많아 놔 놓으니까 우리가 어찌 할 수가 없는 기라. 내가 그 당시에 그 칼이 들어올 때, 이 연결 안 됐으면 그 칼을 잡을라고 했어예. 그 칼을 잡고 내가 그놈을……. 죽을라꼬, 그런 마음을 먹었어요. 그래가지고 공사를 즈그가 우리한테 이깄어요." 여, 70대

"11일 날, 2014년도 6월 11일 날, 침탈당할 때 10일 날 밤에 비가 왔다

꼬. 밤에 비가 오는데 9일 날부터 올라오는 길목을 전부 경찰들이 다 막았어요, 연대자들 못 오게. 다 막아 놔 놓이까네 이 사람들이 여기의 산길을 모르잖아? 서울서 오고 부산서 오고 대구서 오고 저기 뭐 저, 대전서 오고 이래 오는데 모르니까, 내리니까 이리 가이까 여도 길 막아, 저리 가도 길 막아. 다 길을 막아 놔 놓이까네 산으로 산으로 밤새도록 헤매다가 난중에 이거 자꾸 전화를 하이끄네 휴대폰도, 충전기도 떨어지잖아. 떨어지고 까시밭에, 옷은 쫄딱 다 베리고(버리고) 그래가지고 옷을 다 찢, 찢기고 이래가지고 새벽에 들어오는 사람이 있나, 하면은…….

밤새도록 헤매다가 몬 들어오고 날이 새니까, 인자 딴 마을로 저쭉(저쪽)에 다른 면 철탑 자리로 인제 가는 기라. '여게 침탈당했다' 캐 놔 놓니까……. 그래가 새벽에 들오는 사람 끌어안고 얼마나 울었는지 몰라. 즈그도 울고 우리도 울고……. 그 사람들이 뭣이 답답해서르 서울서 대전서 그 밤새도록 응, 차 타고 내려오가주고, 오는 길목마다 다 막으니까 응, 그 막는 길 피해 피해 가면서르 밤새도록 산을 헤매가 새벽에, 아침에 들오고 하는 거……. 너무 감동적이잖아요. 그래가 끌어안고 즈그도 울고 우리도 울고……." 여, 70대

"방이라 캐도 하우스였거든. 하우스였는데 딱 그 하우스 기대가지고 쇠사슬 다 감고 그래가지고 기대 있었는데 이래 기리더래(오리더래). 기리는데 할매가 '제발, 인자 오늘은 죽는 기다. 오늘 날 죽여라' 카고 있는데, 얼마나 용하게 잘 기맀는지 그 칼이 하나, 사람이 똑 가지도 안 하고 그 하우스를 다 찢었는 기라. 기리고 쇠사슬 끊고……. 다 가 뺐어. 내 있고도

와가지고 들오길래 내가 딱 입구에 몬 들오도록 입구를 탁 괴었는데도 기어코 거 들와가주고 있는데 '날 죽이고. 철탑 세와라. 제발 죽여다오. 제발 날 죽여다오. 죽고 싶다. 죽여다오'……. 쇠사슬 끊고 뿌사 내고 이래 가는데 우째 그래가지고 뭐, 기절을 했는가……. 인자 굶었제, 들어내니까 발악했제, 하니까 인자 기절을 했는가 봐. 그리고 난중에 정신 차려 보이까 병원이더라고." 여, 70대

2014년 6월 11일 주민과 연대자들은 언제 들이닥칠지 모를 경찰들을 기다리며 긴장 속에 밤을 지새웠다. 새벽 3시 40분경 경찰버스 6대가 부북면 위양마을의 도방동 쪽으로 이동하기 시작하면서 행정대집행이 시작되었다. 새벽 6시 10분경 부북면 평밭마을 129번 송전탑 건설 예정지 농성 천막을 시작으로 마지막 단장면 용회마을 101번 송전탑 건설 예정지 농성 천막까지 차례로 2천~3천 명의 경찰과 공무원들에 의해 철거되기 시작했다. 101번 농성 천막이 철거되었을 때는 거의 해 질 무렵이 다 된 시간이었다. 농성 주민과 연대자들은 서로의 몸을 쇠사슬로 엮어 묶었고, 구덩이를 파고 몸을 뉘였으며, 옷을 벗고 끌려가지 않으려 안간힘을 썼다.

이들 가운데 끝내 농성 천막이 철거되지 않으리라 생각한 사람은 없었다. 그러나 마지막 순간까지 마지막 남은 한 톨의 힘을 다 빼서라도 저항하리라는 다짐이 이들에게 있었다. 서로의 곁을 지키며 함께 일궈 온 저항의 순간을 맥없는 투항으로 마무리할 수 없다는 공감대가 농성장을 지키는 사람들 마음에 있었다. 입 밖으로 말을 내뱉은 이는 없었지만, '끝

려갈 때 끌려가더라도 마지막 순간까지 저항한다면 이 싸움은 끝내 지지 않으리라'는 확신이 이들 마음에 자리 잡고 있었던 것이다.

휴대전화를 통해 전화와 문자로 다른 농성장의 소식이 쉴 새 없이 전해졌다. 시간대별로 순식간에 철거된 이웃 농성 천막 소식이 이어지면서 주민과 연대자들은 마지막 순간을 대비했다. 어디에서 누가 어떻게 다쳤다더라, 주민들이 몇 명이나 연행되었다더라, 천막이 1시간도 안 돼 철거되었다더라 등의 소식이 전해졌지만 동요하는 사람은 없었다. 먹던 그릇을 챙겨 경찰들의 발길질에 채이지 않게 했고 싸움이 끝난 다음 먹을 김밥을 주문했다. 곧 철거될지 모르는 천막을 야무지게 다시 묶고 몇 년을 이어진 산속 살림의 세간살이들을 씻고 닦았다. 누구는 노래를 불렀고 누구는 욕을 했다. '밀양 할매'들이 사슬로 몸을 묶었고, 옷을 벗었고, 땅에 몸을 뉘였다.

'끌고 가지 마라', '손대지 마라', 소리치고 아우성치는 소리와 안간힘을 쓴 몸부림이 엄청난 굉음의 헬리콥터 프로펠러 소리에 묻히고, 경찰들이 손을 대기도 전에 헬리콥터가 일으키는 바람에 천막이 뜯겨 나가기 시작했다. 눈을 뜰 수 없이 흙먼지가 바람에 날리는 가운데 어디선가 날카롭고 차가운 금속의 날붙이가 겨드랑이 밑이나 옆구리를 파고들어 사슬을 잘라 내기 시작했고 옷을 벗은 이들이 짐짝처럼 들려 나갔다. 여기저기 비명이 들렸고 '할머니들에게 손대지 마라'는 젊은 연대자들의 날카로운 고함 소리가 헬기 진동 사이로 울려 퍼졌다.

폐허가 되다시피 한 곳에 앉아 좀 전까지 앉아 있던 천막이, '우리들의 춥고 따스하고 다정했던 집'이 헐려 나간 곳을 바라보며 넋을 놓고 있을 무렵 어디선가 부스럭거리는 소리가 들렸다. '밀양 할매'가 쇠사슬을 줍는 소리였다. 다음번에 또 써야 한다며 잘게 부서진 쇠사슬을 줍는 모습에 넋을 놓고 있던 활동가들과 연대자들의 정신이 번쩍 들었다. 누군가 '우리 싸움은 끝난 게 아니다'며 '시즌1을 끝내고 시즌2를 시작하자'고 말했고 '와' 하는 웃음과 함께 힘찬 결의가 이어졌다.

"이제 거기 끌려 나왔, 거기서 끌려 나오고 정말 그 보셨겠지만, 영상 자료 보셨겠지만 그 흙먼지와 바람과 그 우리 앞에서 거기가 다 이렇게 난도질당하는 모습을 봤잖아요. 너무 사실 예, 전 두 가지 마음이 있었어요. [김영희: 어떤 건데요?] 밀양에서 오랫동안 제가 사실 버틴 거잖아요. 몇 년이에요. 사실 밀양에 거의 1년은 제가 밀양에 거의 살다시피 했고요, 그리고 이제 그 101번 산에서도 계속 '내일 온다. 내일 온다' 이렇게 하면서 우리 피를 말린 거예요. 그래서 저한테 제일 두려움이 뭐였냐면요, 이렇게 피를 말려서 사람들 아무도 없을 때, 저 그러니까 '끌려 내려오는 게 아니고 다 미리 내려가 버릴까, 아마 지쳐서' 그런, 그런 두려움이 있었고요. 물론 스스로한테 느끼는 마음이었죠.

어……. 그래서 막상 거기 뜯, 이렇게 다 뜯겼을 때는 너무 아픈 마음도 있었지만, '아, 끝났다, 내려간다' 이런 마음도 있었을 거 아니에요? '나 다 끝났어. 나 이제 안 해' 이게 솔직한 마음이에요. 그런 마음 있었는데, ○○○ 선생님이 그 울음바다가 되고, 사람들 쓰러져 실려 나가고, 이 피폐된 정말로 이런 환경에서 뭘 하셨냐면요, 쇠사슬을, 끊어진 쇠사슬을 주워서 가방에 넣으셨어요. 다음에 쓸 거라고, 내려가서, 이거 다시 써야 된다고……. 전 그때 완전히 제가 너무 부끄러운 거예요. '끝났다, 나 집에 간다'라는 마음이 제가 오는 마음과 같이, 같이 있었잖아요. 그런데 다시 쇠사슬 줍는 어른을 보면서, ○○○ 선생님 보면서 '어, 내가 정말 운동을 사랑하는 걸 머리로 했구나. 내가 얼마나 가벼운가'……. 그거 되게 부끄럽더라고요. 그래서 저는 내려와서는 하나도 안 지쳤어요. 뭐 당연히 같이 노래하고, 위에서도 내려와서 서로 위로해 주고 그리고 다음 주에 뭐 할지 의논해서 다시 만나게 되는 게 사실은 ○○○ 쌤 쇠사슬 때문이었어요."

연대자: 여, 50대

산을 내려가는 마음은 무겁기도 했지만 발걸음은 가벼웠다. 행정대집행이 있었던 그날 그 자리에 있었던 이들은 모두 '싸움이 끝나지 않았다'고 생각했고 다시 이곳을, 이 마을을 찾아오리라 다짐했다. 흙먼지가 잔뜩 묻은 얼굴에 찢어진 옷을 입고 마을 입구 바닥에 앉아 '시즌2의 운동'을 이야기했다. 진심으로 '우리는 지지 않았고 우리 싸움도 끝나지 않았다'고 생각할 수 있었던 것은 여전히 내 옆을 지키고 있는 사람들 덕분이었다. 주민들은 '연대자들 때문에 우리가 여기 있다'고 말했고 연대자들 또한 '어르신들 덕분에 우리가 여기 있다'고 말했다.

"여-가 산이 억수로 깊어. 을매나 깊은지 몰라. 옛날 어른들이 가라치(호랑이과 동물) 나온다 카고 그러던 데라. 한밤중에 그런 데를 올라가이 우예 됐겠노? 경찰들이 사방을 막아 놓-이 우리가 할 수 없이 길도 아닌 데로 돌아 돌아 험한 데로만 간 거라. 저짝에서는 인자 난리가 난 기지. 집에서 출발했다는 사람들이 몇 시간이 지났는데도 안 나타나이. 그때 사람들이 우리 못 찾았으믄 큰 날 뻔했다꼬. 우리가 마 사람 꼴이 아니었다고. 몇 시간을 산을 헤매 놓-이 머리카락이고 어데고 온 천신에 나무 까끄래비 마 붙어가 있고. 제정신이 아닌 기지, 그때는. 그 천막 올라가는 길이 그래 높고 깊었다꼬. 근데 그런 산을 뚫고 새벽에 딱 우리 눈에 나타난 기라. 인자 우짜노 하고 있는데 우리 구해 주러 온다꼬 그래 고생해가 와가 그래 딱 나타난 기라. 어찌 반갑든지 돌아가신 울 아배가 온다 캐도 그리 반갑진 않을 기라." 여, 80대

"연대자들 없었으믄 우리 마 이-(여기)까지도 못 왔심더. 우리끼리만 있었으믄 벌써 끝났을지도 몰라예. 밤낮없이 와가주고 먹을 것도 가오제(가져오지) 병원도 델따주제(데려다주지) 마 친 동기간도 그래 살갑게 못할 낍니더. 요새는 요 할매들 목욕도 모시고 가가 시키 주고, 쑥뜸도 놔 주고 안 그랍니꺼. 농사일 바쁠 때는 농사일도 거들고, 김장도 하러 오고, 감도 따러 오고 카지예. 마 친 동기간이랑 진배 없습니더." 여, 60대

그러나 연대자들의 마음을 단단히 붙든 것은 '밀양 할매'들이었다. 행정대집행이 끝나고 정신을 잃고 병원에 실려 갔던 '밀양 할매'는 곧바로 집으로 돌아와 머리를 단장하고 '이제 새로운 시작'이라며 다음에 이어질 싸움을 준비했다. 그런 모습을 지켜보며 연대자와 활동가들은 무기력과 좌절에 빠져들 새가 없었다. 누군가는 힘에 겨워 현장을 잠깐 떠나기도 하고, 또 다른 누군가에게는 몸과 마음을 추스릴 시간이 필요하기도

했지만 결국 그들 모두가 돌아온 곳은 '밀양 할매'의 옆자리였다.

"저 6월 11일 날 행정대집행 받고 나서르 우옜노 카면 '절망할 끼 아이다, 우리가'……. 우리는 할 수 있는 데까지 다 했거든. 수단과 방법을 안 가려서 할 수 있는 데까지 다 했으니까 응. '실망할 끼 아이고, 절망 속에 빠지야 되는 게 아이다. 우리가 정신 차려야 되겠다' 나는 그랬어. 그 이튿날, 산속에 몇 달로 있다가 보이까네 머리도 길어서 엉망이고……. 그 이튿날 내가 아침밥 해가 먹고 그날 병원에 실리(실려) 가가지고 저녁에 정신 차리가 보이 병원이더라. '아, 내 숨 쉬네. 숨 쉬면 나 집에 간다. 집에 가자. 숨 쉬는데 뭐 할라꼬 여 있을 꺼고, 병원에 있을 꺼고. 병원에 있을, 병원에 돈 보태 줄 필요 없다. 집에 가자 캐라' 해가 집에 와여 정신 차려가지고……. 그 이튿날 내가 미장원을 가서르 머리 치 뿌고(잘라 버리고), 머리하고 와가주고……. 새로 우리는, 이거는 여기서 우리가 좌절하고 주저앉으면 안 되거든. '해야 된다' 그래서 새로 시작했어요." 여, 70대

국가폭력

"6.25 사변은 사변도 아닙니다. 6.25 사변은 안 봐서 모르지만, 경찰이 양쪽으로 이쪽저쪽을 새카맣게 덮어갖고 올라오는데에, 그거에 인자 우리도 끌려 나와서 보니까 그래 경찰이 많드라고. 우리는 굴 안에 있어서 몰랐는데. 이런 식으로 이 나라가, 우리가 어데, 교수님도 보다시피 우리가 어데 총을 들었습니까, 칼을 들었습니까. 우리가 어데 범죄잡니까. 우리 생존권을 지키려고 우리는 그렇게 맞선 것뿐인데 우리를 범죄자로 몰아가지고, 저는 지금 징역 1년, 집행 유예 2년, 우리 아저씨도 그렇게 돼 있고…….

저 아까 ○○○ 씨도 그래 돼 있고……. 전부 앞장선 사람은 즈그가 다 그렇게 당해야 되는데 우리를 도로 모아갖고, 우리를 뒤엎어갖고 우리를 범죄자로, 지금 이렇게 흘러가고 있습니다. 그래서 우리 지금 사는 기에,

이 동네 분들 이렇게 안 만나면에 살 수가 없습니다. 그래도 저런 분들이 안 넘어가고 지금 같이 함께 그 앞에부터 그 정신으로 계속 함께하고 있으니까 힘이 생겨서 이때까지 이렇게 흘러가고 있는데, 정말로 우리는 지금 인자 칠십, 팔십 묶어서 죽을 거 아닙니까. 언제 죽을지 모르는데, 죽어도 여러분들이 이거를 밝혀내서 거짓이 무엇인지, 참이 무엇인지 그거를 밝히 주고 죽으면 우리가 죽을 때 눈을 감고 가겠어요." 여, 70대

"그러니까네 이 한전이나 국가가 완전히 이거는 뭔가 모르게 정책을 잘못해가지고 마을만 분열시키고……. 우리 마을만 그런 게 아니라 가는 곳곳마다 한전이 이 짓거리를 하고 다닌다니깐요. 이거를 지금 여, 나쁜 한전 놈들이 요걸 하는데, 정부가 그걸 막지는 못할망정 고 뒤를 봐주고 요거부터 고쳐야 되고, 즈그가 그렇게 해선 안 된다는 거, 이거를 전부 온 국민이 알아야 되고, 알려야 됩니다." 남, 70대

"우리가 마 죽었다 깨어나도 이해가 안 되는 거는 우예 경찰들이 우리를 조롱하고 핍박하고 때리고 이카는가 하는 깁니다. 경찰들은 우리를 지킬라꼬 우리가 세금 주고 일 시킨 사람들 아입니꺼. 맞지예? 그란데 우예 우리를 도로 잡아 가두고 그라는가 말입니다. 우리는 막 범죄자 취급하고 즈그는 온갖 나쁜 짓을 다 하믄서 아무런 처벌도 안 받고, 세상이 이리 불공평해가 되겠습니까. 나는 인자 마 알라(아이)들한테 할 말 없다 싶습니다. 뭐 나라에 충성할 끼 뭐 있는교? 나라에서 이래 우리를 죽어라 죽어라 캐쌓는데, 안 그렇습니까?" 여, 70대

"우리가 딱 겪어 보이 알겠는 거라. 사람들이 와 데모를 하믄서 그래 경찰들 욕을 하고 대통령 욕을 하고 그카는지. 진짜 욕이 절로 나와요. 안 나오고 배깁니까? 우리가 뭐 반역자들도 아니고 전쟁하는 적군도 아이고 뭐 도둑이나 강도도 아이고 조폭들도 아인데 무슨 헬기에다가 마 수천 명씩 몰려와가 그래 사람 옆구리에 대고 칼 겉은 걸 막 집어넣어가 느그사 죽든지 말든지 우리는 모른다 카는 그런 태도로, 마 그런 태도로 우리를 막 그래 사슬을 끊고 그래 막 끄잡아냈잖아요. 그기 대한민국 경찰입니다."

여, 60대

행정대집행이 분명하게 일깨운 것은 '국가'는 우리의 생존이나 삶에 관심이 없고, 오히려 필요에 따라 삶의 기반을 깨부수는 존재라는 사실이었다. 이전 싸움에서도 경찰들과 부딪히며 그런 생각을 하지 않은 것은 아니지만 행정대집행은 농성 주민들에게 '내가 뽑은 대통령이 나를 깨부수러 대규모 경찰 병력을 보낸 일'로 각인되었다. 주민들은 이 일을 계기로 한국 사회의 정부나 공권력이 시민들의 안녕과 평화를 위해 존재한다는 사실을 절대로 믿지 않게 되었다고 말했다.

그러나 행정대집행이 끝나고 10년이 다 되어 가는 시점에 이르러서 더욱 새롭게 깨닫게 되는 것은 국가가 휘두르는 폭력에 경찰 공권력과 같은 물리력만 있는 것은 아니라는 사실이다. 국가가 휘두를 수 있는 힘과 자원은 생각보다 많아서 농성장이 철거되고 산 아래로 내려와 송전탑이 들어서고 전기가 송전되는 장면을 모두 지켜보는 가운데에도 '국가의 폭력'은 지속되었다. 사람들은 차라리 산속에서 오돌오돌 떨면서 농성 천막을 지킬 때가, 경찰에게 밟히고 짐짝처럼 들려 나갈 때가 더 나았다고 생각하게 되었다.

한국전력이 밀양에서 어떤 일을 자행했는지 밝혀내기 위해 정당한 절차를 거쳐 자료 공개를 요구했으나 대부분 받아들여지지 않았고, 법정 다툼도 대부분 송전탑 건설 반대 운동 참여 주민들의 패배로 귀결되었다. 국가의 힘과 자원으로, 한국전력이 밀양에서 했던 일들은 모두 묻혔고 마을의 분열과 주민들이 받은 상처도 모두 개인이 감당해야 할 몫으로 남았다. 불현듯 떠오르는 참혹했던 폭력의 기억을 곱씹으면서, 그때의 감정이 마음속에 불처럼 일어나는 순간을 다스리며 견뎌 내는 것 또한 고스란히 한 개인의 삶의 조각으로 남았다.

"2013년에 천막을 지킨다고 당번을 정해서 올라갔었어예. ○○○이 당번이었는데, 밥을 가져다주러 같이 올라갔지예. 올라갈 때도 경찰이 주민등록증을 검사하고, 올라가서도 밥인지 아닌지를 막 뒤비가(뒤져서) 검사하더라꼬예. 그래서 겨우 올라갔는데 가니까 한전이 전부 장악하고 경찰이 계속 왔다갔다 하고 있더라꼬예. 밥을 주고 가운데 이래 앉아 있었더니 경찰이 '옆에 처박혀라' 이카는 거라예. 화가 나서 막 실랑이를 했디만 한전 직원들은 막 좋다고 구경하고……. 경찰 옷자락을 잡았드니만 공무집행방해라고 구속한다 카더라꼬예. 내가 막 따졌더이 끝내는 경찰들이 잘못했다 캤어예. 어떤 경찰이 '억울하지요?' 하기에 내려가겠다고 하고 경찰들 보호 받아가매 내려왔어예. 내려와서도 화가 나서 위에서 자려고 다시 올라갔는데, 입구에서 또 못 올라가게 해서 실랑이를 핸 거라예. 막

에 못 들어가게 못으로 박아 놨기에 뜯어내라고 하니까 한전 직원이 사진을 막 찍더라꼬예. (중략)

　내가 제일 억울하고 분한 기 뭐냐면, 경찰 저것들은 딱 한마디로 보면 우리를 갖다 개 짐승겉이 취급합니다. 이 개보다 못하게 딱……. 내가 끌리 나올 때는 있지예, 우리 그냥 이래 시체 죽어 가는……. 개가 시체로 죽어 있다 아입니꺼. 그거보다 못하게 끌리가 나오는 적이 천지로 많았습니다. 질질질질 끌리가지고 턱 처박아 옇어(넣어) 놓고. 그런 식이라니까네예. 우리가 무슨 죄가 있습니꺼?" 여, 50대

　마을은 온통 폐허고 사회적 관계 또한 이전과 비교할 수 없이 부서졌는데 잘못한 개인이나 기관은 아무도 없는 상황 속에서 송전탑 건설은 끊임없이 정당화되었다. 마을 어디서 보더라도 한눈에 들어오는 송전탑은 그 자체로 국가폭력의 상징이었다. '거 봐라, 너희가 무슨 짓을 해도 결국은 우리가 하려고 마음먹은 일은 이뤄지고 만다'는 선언이, 한밤중에도 불을 반짝이며 커다란 소음과 함께 전기를 흘려보내는 송전탑의 존재 그 자체로 온 마을에 울려 퍼졌다.

　비가 오면 유난히 웅웅웅 소리를 더 크게 내는 송전탑은 국가폭력이 송전탑이 들어섬으로써 끝난 것이 아니라 송전탑이 들어선 이후 더 다양한 방식으로 지속되고 있음을 증명한다. 마을 사람들은 송전탑을 가리키며 반대 운동 참여 주민들을 향해 '목숨 걸고 싸우더니 송전탑 다 들어섰네'라며 조롱 섞인 말을 참지 않았다. 송전탑이 뽑혀 나가지 않는 한 송전탑 건설이 정당하다는 사실을 강제하고 설득하는 국가폭력은 중단되지

않는 것이다.

 국가폭력의 가장 큰 위력은 법과 각종 규제, 정부 기관와 여러 공적 기구들, 언론과 교육 등 국가가 동원할 수 있는 모든 자원을 활용하여 '저항하는 이'들의 정치적 정당성을 박탈하고 이 정당성을 자신들의 것으로 독점하는 순간 발휘된다. 몸과 마음에 남은 상처는 견딜 수 있지만 '내가 옳은 일을 했고 하고 있다'는 정당성을 잃어버리는 순간 곧게 세웠던 몸이 꺾이고 만다. 송전탑 건설을 둘러싼 물리적 충돌이 계속되던 때에도 국가는 반대 운동에 참여한 주민들의 '정당한 자리'를 박탈함으로써 이들을 '돈 몇 푼 더 받으려고 무식하게 생떼나 쓰는 노친네'들로 만들어 버렸다.

"한전 사장이 먼저 와서 주민 설득한다고 왔고, 한두 달 후에 산자부 장관이 와서 주민을 설득한다고 하고……. 그게 안 되니까, 당연히 안 되지요. 국무총리가 왔는데 온 자리가 면사무소 2층이에요. 우리 주민 대표하고 이야기한다고 하다가 회의가 무산됐죠. 그런 수순으로 공권력이 투입되고, 3천 명을 투입해가지고 한 서너 달 지났는데 밀양 할배, 할매들 때문에 '아이들(전투 경찰들) 먹고 재우는 데 백억이 들었다'……. 하루에 8천 4백만 원이 든대요. 1억 이상 들었을 거예요. 먹고 재우는 거 말고 부수되는 경비……. 밤에 기름 대야죠, 여러 가지 경비……." 남, 70대

 국가가 이행하는 '형식적 절차'는 국가폭력의 전형적 장면을 보여 준다. 국가가 행사할 수 있는 가장 강한 폭력을 동원하기에 앞서 언제나 '어

떤 절차'들이 진행된다. 갈등조정위원회가 구성되고 전문가협의체가 만들어진다. 물론 이 모든 기구에서 한국전력은 자료를 제출하지 않고 활동을 지연시키는 불성실함을 보인다. 애초에 이 기구들은 어떤 활동을 하기 위해 구성된 것이 아니라 어떤 절차를 거치고 있다는 사실을 과시하기 위해 구성된 것이었다. 이들 기구의 활동이 무위로 돌아가고 '최선을 다했지만 역부족이었다'는 말이 떠돌아다닐 무렵 적절한 보상안을 내세워 송전탑 건설을 정당화할 수 있는 법을 만든다.

한편으로 공권력을 통해 물리적 폭력을 행사하면서 다른 한편으로 한국전력 사장, 밀양시장, 산업통상자원부 장관, 국무총리가 순서대로 밀양을 방문한다. 대통령의 담화도 중간에 끼어든다. 모두가 '안타깝지만 송전탑이 들어서지 않으면 전력 수급량을 감당할 수 없고, 여러분들이 생각하시는 것보다 송전탑은 안전하다'는 말을 되풀이한다. 나긋한 표정으로 '여러분들이 겪고 계신 어려움들을 잘 알고 있으니 믿고 기다려 달라'는 말을 앵무새처럼 되뇐다.

이것은 모두 절차다. 사회적 합의에 이르기 위한 절차가 아니라 마지막 물리력을 행사하기에 앞서 정당성을 쌓아 나가는 형식적 절차다. 그리고 이 모든 절차가 마무리된 이후 기존의 모든 폭력은 지워지고 이와 같은 '정당한(?)' 절차를 거쳐 결정된 일에 여전히 문제를 제기하는 이들은 '무식해서 생떼를 쓰는 것'이거나 '사회 불순 세력에 속아 넘어간 것'이거나 '이미 불온한 자'들이 된다.

말 그대로 '했다 치고'로 진행되는 절차들 뒤로 한차례의 폭력이 휩쓸고 간 자리에 소송과 송주법을 둘러싼 또 다른 갈등과 공적 시스템에서의 수많은 배제가 이어졌다. 얼마 지나지 않아 행정대집행을 명령한 대통령이 탄핵되었고 농성장을 방문해 주민들의 손을 잡고 힘을 보태겠다 약속한 정치인이 새로운 대통령이 되었다. 주민들은 이제 곧 송전탑이 뽑힐 것이고 그러면 모든 싸움이 끝날 거라고 생각했다.

새 대통령의 부임 초 대통령 당선을 축하하고 당부의 말도 전할 겸, 2014년 6월 행정대집행 당시 경남경찰청장을 맡고 있던 이철성 씨와 당시 밀양경찰서장을 맡고 있던 김수환 씨가 각각 경찰청장과 종로경찰서장에 부임한 사실을 규탄하면서 이들의 파면을 촉구할 겸 해서 탈송전탑 탈핵 운동에 참여한 밀양 주민들이 다시 서울로 향하는 버스에 몸을 실었다. 청와대로 가기 전 광화문 앞 세종문화회관 계단에 모여 앉아 집회를 하는데 쌍용자동차 해고 노동자가 나와 연대 발언을 했다.

"사람들이 모두 침묵하며 기다리라고 말합니다. 이제 막 대통령이 되었으니 아직 시간이 더 필요할 거라고, 새로운 정부가 문제를 하나둘 풀어갈 테니 기다려 보자고 합니다. 저는 잘 모르겠습니다. 왜 침묵해야 합니까. 왜 기다려야 합니까. 얼마나 더 기다려야 합니까. 기다리지 않고 우리의 요구를 들어 실행할 사람이 필요해서 새 대통령을 뽑았습니다. 얼마나 더 기다리면 말할 수 있습니까. 하고 싶은 말 할 수 있는 세상을 만들려고 이 정부를 세운 것 아닙니까. 지금이야말로 어떤 문제들이 있고 어떤 문제를 어떻게 해결해야 하는지 목소리 높여 말해야 할 때라고 생각합니다."
(쌍용자동차 해고 노동자 발언 요약)

주민들은 해고 노동자의 발언을 들으면서 그의 말에 공감했지만 그래도 조금 더 기다려야 한다고 생각했다. 하지만 지금 대통령이 해야 할 일이 무엇인지에 대한 의사는 분명히 전달해야 한다고 판단해서 주민들의 요구안을 청와대에 다시 한 번 전달했다. 당시 요구안에는 '밀양 송전탑 건설 사업 추진 과정에서 한전이 저지른 일을 철저하게 조사하고 마을공동체 파괴에 대한 진상을 조사하고 책임자를 처벌할 것', 그리고 '주민들의 재산권과 건강권 침해 내용을 실사하고 에너지 3대 악법을 폐지 및 개정할 것', '노후 핵발전소를 폐쇄할 것', '신고리 4/5/6호기 건설을 중단하고 밀양 송전선로를 철거할 것' 등의 내용이 담겼다.

이때 주민들은 대통령에게 축하의 인사도 전할 겸 주민들의 갈망이 얼마나 간절한 것인지 보여 주기 위해 대통령에게 편지를 쓰기로 했다. 한글을 잘 쓰지 못하는 주민들이 많아 활동가나 연대자들의 도움을 받았다. 그다지 길게 쓰지는 못했지만 대통령에게 해야겠다고 생각한 말은 분명하게 담아서 쓰려고 했다.

> 문재인 대통령님 축하합니다.
> 나는 고정마을에 살고 있는 76세 김쾌능입니다. 송전탑 대모(데모) 때문에 엎집(옆집) 사람하고 말도 안 합니다. 거기다 한전에서 마을에 준 돈 때문에 이웃간에 원수가 돼었습니다(되었습니다). 이렇게 마을이 박살난 우리 마을을 옛날처럼 이웃사촌으로 살아갈 수 있도록 좀 해주세요.
> 부디 건강하시고 우리 일 꼭 좀 해결해주세요.
> 감사합니다.

문재인 대통령님

저는 많이 배우지도 못했지만 그래도 좋고 나쁜 것은 알고 있습니다.

무가(뭐가) 올고(옳고) 무가 나쁜 것이는(것이라는) 것을요.

나쁜 거는 무엇인가 하면요,

송전탑이 건강에 안 좋다는 것

한전의 마을 돈 잔치(잔치)

경찰의 무지막하게(무지막지하게) 철거한 움막

밀양 시청 공무원의 마을 주민 이간시키는 것 말이요.

올고(옳고) 좋은 것은요,

문재인 대통령이 당선되었다는 것

그리고 원전 짓는 것 중단하는 것

그리고 나쁜 짓 하는 놈들 잡아넣는 것

문재인 대통령님 재발 나쁜 것 확실히 조사하여 가슴에 매친(맺힌) 엉어리(응어리) 좀 풀어 주십시오.

그리고 필요 없는 밀양 송전탑 뽑아 주십시오.

사랑합니다, 문재인 대통령님.

밀양 송진댁 할매 나이 82세 박윤순

호소문

손희경

문재인 대통령님

저는 밀양 부북면 위양리에 사는 덕촌할매입니다.

한평생 농사만 지으면 자식 4명 성장시켜왔습니다.

그런데 송전탑 반대 운동 하면서 너무도 억울하여 대통령님께 하소연 올립니다.

시내 목탕(목욕탕)에 가면 돈 받고 반대 운동 한다든지는 누구는 빨갱이 이라고 하고 정말로 분하고 억울합니다.

저는 세금도 꼬박꼬박 내고 남한테 싫은 소리 안 들으며(들으며) 살아왔는데 왜 이런 소리를 들어야 합니까.

돈 좋아하지 않은 사람 있습니까.

그렇지만 고향 지킬려고 온갖 유혹도 뿌리치고 양심을 지켰습니다.

문재인 대통령님. 2014년 6월 8일날 대통령께서(대통령께서) 127번 움막을 방문하신 것 기억을 하시나요. 그날 울면서 간곡히 부탁했습니다. 살려달라고. 그때 무언가 도울 길을 찾겠다 하셨습니다.

이제는 밀양 송전탑 문제을(문제를) 해결해주시기을(해결해 주시기를) 간곡히 부탁드립니다(부탁드립니다).

이제 얼마 남지 않은 여생 송전탑을 뽑아내는 것이 저 소원입니다.

문재인 대통령님 나 많은 할매 소원 들어주시기 바랍니다.

문재인 대통령께 편지 올립니다.

저는 요즘 세상이 바뀌는 재미에 등실등실(덩실덩실) 춤을 추고 싶습니다. 왜야고요(왜냐고요)?

석탄 발전소, 원전 건설 계획 중단 뉴스를 보고 너무 좋아 마을 주민에게 전화을(전화를) 해서 좋아했답니다.

이렇게 바꿀 수 있는데 지난 12년 세월, 정말 분하고 원통하고 억울하고 이루 말할 수 없는 세월 두 분이 밀양 송전탑 반대을(반대를) 외치며 돌아가셨을 땐 희망이 보이지 않았습니다.

저는 송전탑 건설을 반대하는 이유는 이 땅과 숲 그리고 자연을 잠시 일생동안 빌려 쓴다고 생각합니다.

그리고 후세을(후세를) 위해 깨끗이 쓰고 돌려주어야 한다고 생각합니다.

그런데 송전탑이 건설된 고향에 누가 살러 들어오겠습니까.

송전탑의 재산상 건강상 피해는 누구보다도 잘 아실 것입다(것입니다).

그래서 우리는 세월호, 강정마을, 용산 참사, 쌍용차, 기흥전자, 유성기업 등 이 나라의 아픔이 있는 곳에 찾아가 서로 위로하며 용기를 얻고 희망을 가졌습니다.

진실은 언제가(언젠가) 밝혀지고 어둠은 빛을 이기지 못한다는 사실을 알았습니다.

문재인 대통령님

탈핵으로 안전한 나라가 되면 먼 거리의 송전탑도 필요가 없어집니다. 조금은 비싸지만 안전한 신재생 에너지로 변경하여 주시기 정말 부탁드립니다.

두서없는 편지 죄송합니다.

항상 건강하시고 정의가 바로 서는 나라을(나라를) 위해 힘써주시기 바랍니다.

2017년 6월 4일

밀양시 부북면 위양리 동래할매 정임출 42년생.

'밀양 할매'들은 편지지에 한 자 한 자 공들여 쓴 글씨로 신임 대통령에 대한 기대와 축하와 지지의 뜻을 적어 보냈다. 주민 중에는 몇 날 며칠을 걸려 편지를 완성한 이도 있었다. 나랏일이라는 게 우리 생각과는 다를 수 있으니 좀 더 기다려 보면 될 거라는 마음으로 큰 걱정 없이 밀양으로 내려왔다. 그리고 얼마 지나지 않아 새로운 정부가 내놓은 답은 전문가와 시민들로 구성된 '공론화위원회'를 거쳐 시민의 뜻을 묻고 그 결과에 따라 노후 원전의 폐쇄 여부와 신고리 원전 5·6호기의 공사 재개 여부, 새로운 원자력발전소의 건설 유무를 결정하겠다는 것이었다. 이때에도 주민들은 탈핵을 향한 민주적 절차를 밟아 나가는 과정일 것이라고 믿어 의심치 않았고, 전국을 돌면서 노후 원전을 폐쇄하고 신고리 원전의 공사를 중단할 뿐 아니라 더 이상의 원자력발전소를 짓지 말아야 한다는 내용의 선전 활동과 시민 토론회를 펼쳐 나갔다.

  공론화위원회는 신임 대통령 취임 2개월이 지난 2017년 7월에 구성되었다. 공론화위원회는 다양한 성별, 연령, 계층을 고려하여 선발된 5백 명의 시민들로 구성되었으며, 7월 24일부터 8월 10일 사이에 4차례의 전체 회의를 개최하고 조사 용역을 실시한 후 간담회와 총 12차례의 전체 회의, 그리고 한 달 정도의 숙의 과정을 거쳐 10월 13일에 2박 3일 동안의 최종 토론회로 논의를 마무리하기로 하였다. 이 과정에서 원전 주변 지역 거주자 등의 '당사자'와 원자력공학박사 등의 '전문가'들이 초대되었고 시민들의 질문과 응답, 토론이 진행되었다.

  시민참여단은 3개월 남짓의 논의 기간과 최종 토론회를 거쳐 공론화위원회 권고안을 정부에 제출했는데 그 내용은 '노후 원전을 폐쇄하고 더 이상의 원전을 짓지는 말되 신고리 5호기와 6호기의 공사는 재개하라'는 것이었다. 이 결과를 두고 어떤 이들은 '숙의 민주주의의 가장 훌륭한 모범 사례'라고 추켜세웠고 다른 이들은 '원전을 확대하지 말라'는 것은 논의된 적도 없는 사안인데 정부가 자의적으로 해석하고 있다고 열을 올렸다. 세 달 동안 신문, 방송을 비롯한 각종 매체에는 연일 원전의 필요성과 경제적 효과를 설득하는 '전문가'들의 인터뷰 내용과 성명서, '전문 지식'으로 무장한 기자들의 기사가 실렸고 그 양을 가늠하기 어려울 정도로 많은 원전 홍보물이 거리에 뿌려지기도 하였다.

　권고안의 내용이 아직 발표되기 전에는 국가의 중대사를 전문가도 아닌 일반 시민들의 결정에 맡겨 둘 수 없다는 주장을 펼치던 이들이 권고안이 발표된 후에는 너나 할 것 없이 숙의 민주주의의 결정을 따른다고 하면서 그럼에도 여전히 '비전문가들은 신뢰할 수 없고 탈원전은 제대로 논의된 바 없다'는 발언을 이어 가기도 하였다. '탈핵'을 주장하던 이들 중 일부도 '숙의 민주주의의 결정 과정을 존중하며 그 결과를 수용한다'는 입장을 발표하기도 했다.

　공론화위원회에서 가장 강조된 것은 '전문가'와 '당사자'였다. '전문가'만이 말할 수 있다는 전제 아래, 원자력이나 핵 에너지 관련 분야의 '전문 지식'을 갖고 있고 해당 분야의 학술적 권위나 직업적 경력을 가진 이들이 '전문가'로 호출되었다. 이에 따라 전문가로 인정받은 이들은 주로 '원자력공학자'나 '핵 에너지 개발 전문가'들이었다. '당사자'로 인정받아 호명된 이들은 원전 건설 지역 인근의 주민들이었다. 이들이 '당사자'로 호명된 근거는 원전 건설이 지속되거나 중단되었을 때 받게 될 피해가 가장 크다고 판단했기 때문이었는데 그중에서도 한국 사회가 주목한 것은 '경제적 이익과 손실'이었다. 심지어 원자력 발전 전문가도 일자리 창출과 전기 생산 비용 절감, 산업에의 기여 등을 근거로 '원자력 에너지'의 필요성을 설득했다. 이 논리에 밀려 탈핵 전문가들도 '탈핵이 더 경제적이다'는 주장을 하기에 이르렀다.

"단적으로 드러나는 게 거기에 커리를 짜면서, 서로 합의를 하면서, 잘 안 되기도 했지만 놀랄 이슈가 이게 핵 문제와 관련되어서 '경제성'을 같이 우리도 얘기하겠다고……. 이게, 이게 말이 되냐……. 왜 우리가 경제성을 가지고 얘기를 해야 되냐……." 활동가1: 남, 50대

"탈핵이 더 경제적이다……." 활동가2: 남, 40대

"이런 발상 자체가 가지는……. 저는 좀 놀라웠죠. 뭐, 그럴 수 있죠. 뭐, 아껴 쓸 수 있다는데……. 저는 발상 자체가 대단히, 현장이나 이런 흐름들과는……. 어, 이런 괴리가 생겨 버렸고, 그 다음에 뭐……. (중략)

중간에 얼토당토않은, 저희들은 부당한 대우가 있으면 중간에 저희는 보이콧이라든가 유예라든가 이런 선언들도 가능할 것이라고 생각했는데, 거의 불가능한 걸로 갔었어요. 그분들이 그렇게 하시는 걸 보면서 저는 그때 생각이 들었던 게……. 이제 저희 대책위도 예전에 전문가 유치라는 과정을 한번 거쳤었죠. 그때는 어, 상황이 달랐죠. 뭐, 그거는 완전히 전문가들이 중심이 됐던 거기는 하지만, 거기는 전쟁터였죠. 전쟁터, 전쟁터. 필요하면 우리는, 거의 그 판을 깰 걸 각오하고 기자 회견을 열어서라도 문제점을 드러내고, 이렇게 갔었거든요. 그런데 여기선 철저하게 봉쇄했죠,

철저하게……. [김영희: 다른 행동은 하지 않는다…….]

'대중들 앞에서 그렇게 격렬하게 가선 안 된다'……. 마치 그렇게 싸우면, 철 지난 옛날 방식 투쟁 일변도와 같은 느낌들? 어, 그런 것들에 대해서, 근데 이런 판이 되기까지 얼마나 많은 사람들이, 하다못해 진짜 촛불이 있었던 것도 그럴 건데……. 어, 거기선 철저하게 그런 논리로 승복시켜야 되고……. [활동가2: 경제 논리.] 그 논리라는 건, 대단히 저기, 뭐라 그럴까, '과학적이고 기술적인 논리로만이 이게 승부가 되어야 한다'……. 감정에 호소하는 내용도 별로 없어요, 내용들도.

그니까 철저하게 그렇게 간다는 것들에 대해서, 필요성에 대해서 이제 합의를 본 거고, 어 이제 그런 식으로 운영이 됐다는 것, 그래서 어 불가피하게 들어갔지만 그 사이에 이제 자기 논리 속에서 나올, 빠져나올 수 있는 여지가 전혀 없었던 것은, 제가 보기 좀 안타까웠던 거는, 그중에 현장이 어떤 현장들이 깊숙이 같이 개입했었다면 그런 판단을 할 수 있는 것을 던질 수가 있었다는 거죠. 근데 그걸 긴급하게 회의를 해서 문제제기를 해도, 그게 전-혀 먹히질 않았어요, 전혀." 활동가1

원전의 피해와 이익을 가늠하는 논의에서 '안전'보다 힘을 얻은 것은 '경제'였다. 경제적 이익을 중심으로 직접적인 이해 당사자로 인정된 이들이 '당사자'로 승인되었고, 공적 논의의 장에서 '당사자성'을 인정받지 못한 이들의 발언은 가볍게 무시되었다. 더 중요한 문제는 한국 사회 구성원들 모두가 해당 문제의 '당사자'라는 점은 제대로 논의된 적조차 없다는 사실이다. 모든 사회 구성원들이 '당사자성'을 획득하지 못하고 경제적 이익의 당사자들만이 '당사자'로 인정을 받으면서, '원전'은 한국 사회 전체의 이슈가 아니라 서로 다른 지역 주민들 사이의 갈등 문제로 인식되었다.

  이 공론장에서 발견된 모순은, 분명 과학자와 에너지 전문 기술자들이 '전문가'로 호출되어 발언을 주도해 나갔는데 담론의 장에서 가장 초점화된 문제는 '비용'이었다는 사실이다. '탈핵'을 둘러싼 '공론화'의 논의에서 결국 쟁점이 된 것은 이미 건설 공사가 어느 정도 진행된 '원전'을 아직 드러나지 않은 위험을 근거로 중단한다면 그때 버려지는 비용을 누가 부담하게 되는가 하는 문제였다. 그리고 이번에는 경제 전문가들이 그 비용은 불필요한 것이며 이 비용을 부담해야 하는 것은 사회 구성원 모두라고 말했다. 과학자들이 최우선 순위의 '전문가'로 호출된 장에서 왜 과학 기술의 안정성 문제가 가장 심도 깊게 논의되지 않았던 것일까? 왜 과학자도 아니고 전문 기술자도 아닌 송전탑 경유지 지역 주민들만이 과학 기술의 불안정성을 말해야 했던 것일까? 공론화위원회는 탈핵 이슈에서 '당사자'가 누구이고 '전문가'는 또 누구인가 하는 문제에 대한 깊은 성찰의 필요성을 제기했다.

  공론화위원회 활동 기간 내내 가장 강조된 것은 '전문가'의 말을 청취하는 것이었고 '당사자'의 말에 귀 기울이는 것이었다. 그리고 '전문가'와 '당사자'는 특정되었고, 이들을 구분해 내는 경계선을 따라 어떤 사람들은 '전문가'나 '당사자'가 아닌 것으로 배제되었다. 왜 '전문가'의 말에 귀 기울여야 하는지, 해당 사안의 '당사자'는 누구인지 등의 문제는 심각하게 거론되지 않았고, 무엇보다 누가 혹은 무엇이 '전문가'와 '당사자'

를 결정하는지, 또 어떤 구조가 이런 구분과 경계를 만들어 내는지에 대한 질문은 지워졌다. 어떤 과정을 거쳐 결정되었는지 알 수 없지만 명백하게 드러난 사실은, '탈핵'을 고민해 온 인문학자나 '탈핵' 운동을 전개해 온 시민운동가, 탈송전탑에서 시작하여 탈핵으로 나아간 송전탑 경유지의 지역 주민과 활동가들, '탈핵'에 공감하여 관련 정보들에 접속해 온 시민들은 '전문가'도 아니고 '당사자'도 아니라는 판단이 이미 공적 논의 이전에 전제되어 있었다는 점이다.

한국 사회에서 맨 처음 탈핵의 문제를 전 사회적 의제로 끌어올린 것은 '밀양 할매'였다. 사실상 공론화위원회가 가능했던 것, 혹은 공론화위원회를 설치하게 된 계기도 '밀양 할매'에게 있었다. 그리고 탈핵을 둘러싼 사회적 논의의 흐름을 만들어 내기까지 '밀양 할매'는 수많은 폭력과 고통에 직면해야 했다. 그러나 공론화위원회에 '밀양 할매'의 자리는 없었다. 그들은 전문가로 불릴 수도, 당사자로 불릴 수도 없었다. 전문가의 말을 이해할 수 없다고 간주된 '밀양 할매'는 처음부터 공론장 바깥으로 밀려나 있었다. '밀양 할매'에 연대해 처음 탈핵의 문제를 자기 삶의 의제로 받아들인 이들도 이 공론화위원회가 인정하는 '시민'으로 호명받지 못했다.

'밀양 할매'가 자신들의 마을에 세워지는 송전탑 건설에 반대했을 때 그들이 생각한 것은 경제적인 문제가 아니라 건강과 안전에 대한 위협과 생태 환경의 파괴 문제였다. 그리고 그들은 살날이 얼마 남지 않은 자신들이 아니라 앞으로 송전탑이 들어선 땅에서 살아가야 할 다음 세대의 사람들과, 그들과 함께 살아갈 꽃과 나무와 땅과 물과 공기를 걱정했다.

그들은 곧바로 자신들의 집 앞에 송전탑이 들어서야 하는 이유가 고리 원자력발전소에 닿아 있다는 사실을 발견했다.

한글로 글을 읽거나 쓰는 일이 부담스러운 사람들이 많았지만 열심히 공부했다. 한국에 원자력발전소가 몇 기나 있는지, 원자력 발전 이외에 어떤 발전 시설이 있는지, 각각의 시설이 어떤 문제를 안고 있는지, 유럽 등 각 지역이 탈핵 탈원전을 선택한 까닭은 무엇인지, 체르노빌과 후쿠시마에서는 무슨 일이 일어났는지 등을 듣고 배웠다. 원자력발전소가 정말로 안전하다면 수도 서울 근처에 세웠을 것이고 해외 다른 지역에서도 대도시 인근에 건설했을 것이며 다른 잘사는 나라에서도 원자력발전소의 숫자가 크게 늘어났을 것이라는 걸, 이들은 금세 알아차릴 수 있었다.

그리고 주민들은 오랜 삶의 시간 동안 인간이 모든 것을 통제할 수 있다는 믿음이 얼마나 오만한 것인지 깨달을 수 있었다. 주민들뿐 아니라 인류 역사상 중요한 성취를 이룬 과학자들 가운데 과학 기술이 완전하다고 말하거나 인간이 과학 기술을 완벽하게 통제할 수 있다고 말한 사람은 단 한 명도 없었다. 원자력 발전처럼 효과가 큰 힘이야말로 인간의 통제 범위를 벗어나 뜻하지 않은 결과를 만들기 쉽다는 것을 그들은 인식하고 있었다. 그리고 만약 예기치 못한 재난이 발생한다면 그 피해는 자신들만이 아니라 한국 사회 전체, 그리고 다음 세대와 그 다음 세대, 그 다음 세대로까지 이어질 것이라는 사실이 이들에게 너무도 자명한 일이었다. 그리고 그런 재난이 얼마든지 일어날 수 있다는 사실을 체르노빌과 후쿠시마가 보여 주었다.

공론화위원회를 지켜보면서 '밀양 할매'들은 본인들이 그 숙의 민주주의 장 어디에서도 초대받지 못한 이들이라는 사실을 절감할 수 있었다. 처음부터 '시민들로 구성된 민주적 토론과 합의의 장'에 들어갈 수 있는 자와 들어갈 수 없는 자가 결정되어 있었고 '밀양 할매'는 후자에 속하는 이들이었다. 그의 연대자들도 마찬가지였다. 고리 원자력발전소 인근에 거주하는 울산과 부산의 연대자들은 '밀양 할매'를 통해 '탈핵'을 배우게 되었는데 이 탈핵 연대자들 또한 공론화위원회에 초대받지 못한 손님이었다.

"공론화위원회 발표하는 날 아침은 되게 외롭고 쓸쓸한 느낌이었어요. (중략) 아침에 그 기자 회견문을 읽는데, 저한테 맘에 와닿았던 것 중에 하나는, 여기 선생님이 쭉 쓰셨어요. 3개월 동안에 전국을 다니시면서 스물 몇 개 지역을 다니셨던 거를 하나하나 쓰셨어요. 울산, 부산 어디, 순천, 저희 같은 경우는 두 번 오셨거든요. 순천 어디 어디 사이에 있고 또다시 순천, 이거를 쭉 나열하셨어요. 근데 그게 제가 머릿속에서 쭉 지나가는 거예요. 그 3개월 동안 어머니들이 하셨던 것들 그리고 저도 생각해 보면 우리 회원들이 곳곳에 있어서 그 일을 같이 했었던 거를 쭉 지나갔죠.

그러고 나서 발표를 들었잖아요. 듣고 나서 사람들이 보이는 반응이 되게 어마어마한 일이라고 생각이 돼요, 우리는. 막 긴장해가지고 손이 막 떨리고 이런 순간이었는데 사람들한테는 그냥 발표 났네 뭐 이 정도······. 그래서 뭐, '생각했던 대로네' 내지는 이런 거······. 그 이후에 벌어지는 일들은 공론화위원회가 무슨 마치 민주주의의 어떤 엄청난 발전을 한 것처럼 뭐, 그게 뭐 한겨레를 비롯한 그런 신문들이든 경향이든 오마이뉴스든

시사인이든 마, '이런 것들 이게 얼마나 우리 사회에 시발점이 될 것이냐', 민주 언론 이런 거에 대한 얘기를 쭉 하고 있는데 '겨우 3일 숙의한 거로 가지고 민주주의를 논한단 말이야?' 뭐 이런 생각…….

그리고 저는 그날 딱 들었던 생각은, 되게 외롭고 쓸쓸한 느낌이었다고 그랬잖아요. 그 공간 안에 엄청난 기자들이 와 있고 우리를 바라보고 있는데 사람이 몇 명 없다가 아니라 여기에 많은 연대자들이 안 왔다 이거 때문만은 아니고, 이 어머니들하고 우리가 여기 같이 있는 이 순간에 많은 사람들이 오지 않아도 되는데 여기에 집중하지 않고 있는, 쳐다보고 있지 않은 느낌이 들었어요. (중략)

그래서 그런 느낌에다가 더해서 그날 인제 집으로 내려오면서 들었던 합리적인 생각이라는 것과 합리적인 판단이라는 것과 어떤 객, 객관적인 사실에 의한 합리적인 판단, 뭐 그 다음에 이성, 뭐 이런 것들이 도대체 뭘까? 이런 고민이 드는 거예요. 그러니까 제가 바라는 대로 공론화위원회가 결론을 짓지 않아서가 아니라 이게 만약 꺾……. 만약에 제가 바라는 대로 안 돼서 이런 생각을 한 거죠, 분명히 그거는. '근데 모여서 다 같이 의논하면 되는 건가, 그리고 거기에서 결론 내면 그거는 맞는 답인가, 정답인가?' 뭐 이런 생각…….

저도 지금까지 계속 어떤 활동을 하거나 사람들하고 이야기를 하면서 합리적인 판단을 하려고 노력하고 이성적으로 감정을 싣지 않고 이런 걸 판단을 해 보려고 굉장히 노력하고 있었는데 이런 것들이 과연 어떤 기준에 의해서 고민들, 이런 결론 내어지는 걸까? 뭐 이런 고민들 되게 많이 들더라구요. 그래서 거꾸로 '만약 제가 원하는 결론이 났다면 이런 생각을 못 해 봤겠구나, 민주주의란 무엇인가, 합리적 이성적 판단이란 무엇인가, 그거는 무엇을 위해서 존재하는가? 뭐 그런 고민들을 못 해 봤겠구나' 이런 생각을 하면서……." 연대자: 여, 40대

"대통령이 우리한테 악수를 하면서 지나갔어요. 근데 그 다음 날 언론에 나오는 건 뭐냐 하면 '다 들어주는 문재인 대통령' 이것만 있는 거예요. 우리가 말하고자 했던 거는 하나도 없어졌어요. 저는 이번에 공론화위원회도 똑같다고 생각이 들어요. 이런 형식적인 절차만 딱 해 놓고는 이거에서 반대하면 우리가 다시 그걸 받아들이지 않으면 민주화가 안 되는, 생꼬, 땡깡 치는 사람으로, 존재로 몰아 버리는 이 방식이 저는 정말로 '차라리 예전에 적이 분명할 때보다 더 어렵구나'가 있구요.

또 하나는 공론화위원회에서 하는 진행하는 방식 중에 하나가 저는, 당사자라고 말할 때 우리 모든 여기 사는 사람들이 다 당사자이기도 하지만 현장에 있는 당사자 사람들의 발언들이 있잖아요. 실제로 그 진행하신 분이 갈등조정위원회? 뭐 그런 거 공부하시는 교수님이라고 하시면서 이렇게 진행을 하셨는데 그게 얼마나 엉터리인가가 저는 정말 현장에서 느껴지더라구요. 여기 양쪽에 우리가 세운 이 사람들이 다, 이 사람들만 말할 수 있으니 '너희는 듣기만 해라, 듣고 판단해라'라고 얘기하는 이 방식이었거든요. 저는, 그게 말이 안 되지 않아요? 그 두 사람은 거기 지정한 두 사람일 뿐이고……. 그때 부산이었어요. 부산에 현지에, 현실에서 사는 이 사람들 얘기를 안 듣고 무슨 얘기를 들을 수 있나……. 그렇잖아요?

그런데 갈등조정위원을 한다는 거예요. 그게 갈등 조정을 하는 건가,

너희들은 다 무식하고 모르니 여기 있는 몇 사람들 얘기만 들어라, 이렇게 말하는 거 자체가 어떻게 민주적이라고 말할 수 있는지……. 이건 정말로 탈만 쓴 거잖아요. 그리고 그 다음에 다시 울산에 그, 다시 토론회가 왔죠. 울산에서는 어떻게 했는지 알아요? 쪽지를 돌렸어요. 여기다가 질문을 써라. 아예 발언 기회 자체를 주지 않았어요. 그리고 그 질문 중에 자기가 골라서 사회자가 진행해 버리는……. 그게 뭐, 뭐, 정말로 이게 겉으로는 사람들의 여론을 듣는 것 같지만 철저하게 무시한 이 상황이에요. 그래 놓고 지금 와서 우리가 다른 얘기를 하면 땡깡 쓰는 것으로 취급하는 이 방식, 이걸 저는……. 숙의라고 하는 게 사실 없지 않아요?" 연대자: 여, 50대

"저는 약간 이거 보면서 약간, 뭐지, 경쟁하는 느낌이었어요. [김영희: 누구랑요?] 그 반대쪽이랑……. 왜 그런 거 있잖아요. 친구들이랑 저희는 항상 대학교 가서도 경쟁이어서 A^+ 받을려면 내가 잘하는 게 아니라 저 사람이 못해야 되고 저 사람보다 잘해야 되고……. 그 다음에 늘 어떤 대학을 들어갈 때도 날 선택할려면 저 사람, 쟤보다 잘해야 되잖아요. 그래서 이게 안에서 진솔한 얘기, 우리가 뭘 생각하고 어떤 얘기를 하느냐가 아니라 쟤보다 잘해야 된다, 쟤보다 그럴듯하게 PPT를 만들어서 더 그럴싸한 얘기 계속, 사람들이 대중들이 와- 놀랠 만한 이야기, 그래서 '와 진짜?' 놀랠 만한…….

그래서 약간, 그래서, 자극적인 기사들만 계속 쏟아져 나오는 거예요. 이 우리 중에서, [김영희: 서로 경쟁적으로…….] 네. 비리 이거 봐라 하면 얘네는, 사실 세 배의 경제, 전기 요금이 오른다, 뭐 이런 식으로 늘 그런,

자극적으로……. 쟤네들이 나쁜 그것……. 그니까 저는 원전이 되게 안 좋다고 생각하지만 그래도 뭐든 흑과 백이기 때문에 어쨌든 쪼그마한 부분에도 좋은 부분은 있을 거 아니에요. 그런 부분을 서로 얘기해서 뭔가 합리적인 거를 따지는 게 아니라 굉장히 자극적인 뉴스거리로 사람들한테 뭐가 더 이슈를 끌 수 있는가라는 그런 경쟁을 계속하는 느낌이었어요. 그래서 서로한테 뭐가, '아, 쟤네들은 저렇게 생각하는구나'를 하나도 이해 못 한 것 같애요, 저는. 쟤네들이 하는 이야기들을……. (중략)

아, 이런 느낌이었어요. 나는 달리기를 해야 된다고 해서 나왔는데 누가 달릴지, 어떤 사람이 어떤 방식으로 달릴지 모르는데 이겨야 되는 거죠, 무조건. 근데 나온 상대 사람이 우샤인 볼트인 것 같은 거예요. (웃음) 달리기를 하는데 그게 그렇잖아요. 왜냐면 나는, [김영희: 출발선에 섰는데…….] 예, 예. 걔들은 돈 많은, 사실 기업가하고도 같은, 많은 걸 가지고 있는 사람들과……. 근데 어떤 방식으로 어떻게 될 것인지 한 번도 논의되지 않은 그냥 숙의 민주주의다, 이게 독일식이다, 하는데 어떤 형태의 독일식인지도 모르지만……. 예, 그래서 약간 '며칠 날부터 경쟁하니 나와' 그래서 나, 끌려 나왔는데 상대는 우샤인 볼트인……. 그런 느낌이 들어서 되게, 그러면, 그래서, 도중에 포기할 수도 없고 시작했으니 끝을 가야 되는 상황이었는데 그 경기를 끝나고 나서 '이 경기가 잘못된 것 같아요'라고 그런 말도 할 수 없다면 우리는 도대체 어떤 사회를 살고 있는 건가…….” 활동가: 여, 30대

"우리가 깽판 치고 들어갔어야 돼요, 공론화위 안으로." 활동가1: 남, 20대

"그래서 저는 오히려 그런 생각을 더 많이 했어요. 아, 진-짜 마이너구나……. [활동가1: 마이너 오브 마이너지.] 어 어. [활동가1: 어 어, 진짜.] 그러니까 예를 들면 저는 좀 그런 생각도 해요. 사실은 경제 논리가 아니라, 그 사람들에게 우리가 어, '우리가 가치 중심적으로 얘기를 했다면 안 졌을까?' 하는 생각……. 왜냐면…… 그니까……. [활동가3(남, 50대): 설령 지더라도 이렇게, 이렇게, 이렇게…….] 아이, 그렇죠, 그렇죠." 활동가2: 여, 30대

"그거는 싸움이 이제 지면 끝나는 싸움이기 때문에 우리가 무슨 소리를 하건 지거나 이기거나 2개밖에 없는 거잖아, 5백 명 안에 들어가는 순간……." 활동가1

"아니 아니, 그게 아니라 내가 하고 싶은 말은, 그건 뭐야, 그…… 아이, 그러니까…… 이 정도까지는 안 될 것이다라고 가정하지만, 혹시 저, 저렇게 했다면 안 졌을까 하는……. [활동가1: 아 물론 질 가능성이 훨씬 높았지.] 이게 '진다'라는 개념 안에서 '내가 마이너구나'라는 생각을 한 게, 예를 들면 그런 거야. 제가 아무리 제 또래 친구들한테 밀양 송전탑 이야기를 하고 아, 뭐 할머니들이, 이렇게 해도, 뭐 그니까 감정에 호소해도, 거기에 감정 이입하는 사람들이 음……. 한국에 되게 많이……. 줄어들었다는 생각이 들어요. (중략) 그 마이너가 경제 논리를 얘기했을 때……. 가치, 그니까, 내 말은 그런 거야. 우린 이미 너무, 많이……. 가치가 훼손돼 있다…….." 활동가2

"그니까 제일 속상한 거는 그, 우리가 가지고 있는 마이너적인 가치는 이야기도 해 보지 않고 적당히……." 활동가1

"아니, 그래, 알지, 알지. 근데 그 안에 나는 또 다른 생각을 하는 거야. 아이 알지. 우리가 그렇게 어설프게 했기 때문에 더 많이 격차가 났고, 아까 말했던 것처럼 그 체제에 맞춰 그런 걸 했던 거에 대해서는, 우리가 그러니까 이걸 그렇지 못한 방향으로 바꿀 수 있었던 걸 놓친 계기도 있었지만, 그렇지 않고 다른 길로 우리가 제대로 갔으면 물론 많이 변했을 거지만……. 일단 대한민국의 이 정서라는 게 어, 그렇지 않다는 거를 난 느꼈다고, 그냥. 아, '내가 마이너구나'라는 걸 이걸 하면서……. 마이너 중에서도 진-짜 마이너라는 걸 느꼈다고……." 활동가2

공론화위원회는 민주적 절차의 허구성, 혹은 그 민주적 절차 안으로 초대된 시민의 개념에 대해 질문하게 만들었다. 공론화위원회는 마치 사회 구성원 모두에게 열려 있는 공론장인 것처럼 선전되었지만 실상 이 장에 초대되는 '민주 시민'은 제한된 대상이었다. '합리적 이성에 토대를 둔 민주적 토론과 중립의 가치'라는 공론화위원회의 이상은 이 담론장이 만든 규칙과 질서를 따르는 자들만을 경계 안으로 포섭하는 효과를 만들어 낸다는 사실이 분명해졌다. 또한 한편으로 누군가를 담론장 바깥으로 밀어내면서 그 밀어내는 행위마저 정당화하는 폭력의 기제가 그 안에 숨어 있었다.

밀양765kV송전탑반대대책위원회에서 활동하는 이들은 공론화위원회의 담론 구조에 대해, '선수도 룰도 공개하지 않은 채 경기를 시행하겠다고 했지만 경기장은 누군가(agent)에 의해서 이미 세워져 있었으며, 경기장의 구조도 확정되어 있었다'고 말했다. 처음부터 누군가는 경기장에 들어설 수 없었고, 또 어떤 이들은 경기장의 규칙을 모른 채 경기에 돌입해야 했다. 또 어떤 사람들은 누구와 경쟁하는지 알지 못한 채 경기에 임해야 했고, 어떤 이들은 다른 시간대에 다른 규칙의 적용을 받으며 경기에 임해야 했다. 이 과정을 통해 이들이 깨달은 것은 '이 담론장에 우리를 위한 자리는 없다'는 것이었다.

분명한 것은 이 담론장이 일종의 경합을 위한 '경기장'이었다는 사실이다. 그리고 이 경기장은 '주변'이 아닌 '중심'에 세워졌으며, 중심의 규범과 관습, 언어들로 채워져 있었다. 이 경기장에서 발언할 수 있었던 이들은 '전문가'와 '전문가가 승인한 이들'이었으며, 이 경기장에서 허용된 언어는 그들에게 독점된 것이었다. 이 담론장을 가로지르는 구조를 고려했을 때 가장 먼저 떠오르는 것은 '중심'과 '주변' 사이의 비대칭성이다.

어떤 사람들은 문재인 정권과 같은 민주적 정권 아래에서는 국가폭력이라는 것이 있을 수 없다고 말했지만, 송전탑 건설 운동에 참여한 활동가와 연대자, 주민들이 가장 어려워진 것은 문재인 정권하에서였다. 모든 싸움은 정치적 정당성을 잃을 때 어려워진다. 문재인 정권은 탈핵 운동을 이끌어 나갔던 '밀양 할매'의 정당성을 앗아가 독점적으로 전유했다. 스스로를 탈핵 정권으로 가시화하면서 실제로는 탈핵을 의제화했던 이들을 담론장 밖으로 밀어냈고 본인들이 만들어 낸 장 안에서만 '탈핵'을 이야기할 수 있는 것처럼 만들었다. 그래서 그 장을 벗어난 사람들의 말문을 닫아 버린 것이다.

공론화위원회의 결정을 두고 이마저도 새로운 원전을 만들지 못하게 되었으니 문제라고 말하거나 문재인 정권의 탈핵 정책에 정치적 음모가 있다고 주장하는 사람들 앞에서 '밀양 할매'는 더욱 할 말을 잃었다. 문재인 정권이 탈핵 정권으로 규정되었으니 문재인 정권의 탈핵 정책을 비판하는 일은 더욱 어려워졌다. 마을에서는 '너희가 바라는 탈핵 정권이 들어섰는데 송전탑은 그대로네'라며 비웃는 소리가 더 높아졌고 '밀양 할매'들은 싸울 대상과 싸울 장소를 잃어버린 채 '말할 수 있는 장소'를 잃어 갔다.

말하고자 하는 이들의 말문을 닫게 하는 것은 폭력이다. 침묵은 대부분의 경우 폭력의 증거다. 국가가 스스로 가진 모든 자원과 기구와 각종 사회적 기제들을 총동원하여 말문을 닫게 했다면 이것은 분명히 국가폭력이다. 말할 자들이 말문을 닫은 곳에서 다른 이들이 입을 벌린다. 윤석열 정권은 문재인 정권의 탈원전 정책 배후의 비리를 밝히겠다고 나섰다. 텔레비전과 유튜브 채널에 매일같이 원자력 발전은 깨끗하고 싸고 안전한 전기를 만든다고 선전한다. 심지어 더 많은 원자력발전소를 만들겠다고 선언하고, 이에 맞춰 여러 지역에서 '우리 지역에 원자력발전소를 만들어 달라'고 앞다투어 경쟁하기 시작했다. 원자력발전소를 우리 동네에 세워 달라는 이들도, 더 많은 원자력발전소를 세워 주겠다 공언하는 이들도 모두 원자력발전소 건설이 만들어 내는 경제적 이익에 주목한다.

원자력 발전이 안전하다고 말하는 정권에서 이제는 에너지 정의와 기후 정의를 실현하겠다고 말한다. 에너지 부정의와 기후 부정의를 감추고, 기후 위기가 어떤 이들에게는 더 큰 재난으로 다가오고 에너지 문제가 어떤 지역에는 그 자체로 재앙일 수밖에 없는 현실을 외면하면서 원자력발전소를 더 세워 에너지 정의와 기후 정의를 실현하자고 말한다.

이 과정에서 기후 위기에 직면하는 이들이 경험하는 '위험'이 모든 지역과 모든 사회 구성원들에게 동등하지 않다는 사실은 지워진다. 기후 위기의 피해가 비대칭적이며 기후 위기가 만들어 내는 재난에 더 취약한 대상, 취약한 지역이 존재한다는 사실도 은폐된다. 누군가는 값싼 전기를 사용할지 모르지만 다른 누군가는 그 전기를 만들기 위해 자신의 건강과 안전을 담보 잡힌다. 현세대의 값싸고 편리한 전기 사용을 위해 다음 세대의 미래가 사라진다. 어느 나라에서나 원자력발전소는 대도시나 수도에서 멀리 떨어진 지방에 건설되고, 후쿠시마 원전 청소에 들어가는 이들은 일본 사회의 최하층민이며, 폐허가 된 체르노빌 지역에 들어가 사는 이들은 내전의 피해자와 난민, 유랑자들이다.

그러나 이와 같은 일들이 밀양에서 처음 벌어진 것도, 밀양을 마지막으로 더 이상 벌어지지 않는 것도 아니다. 또한 밀양에서마저도 처음 있는 일이 아니다. 국가폭력이 국가가 동원 가능한 자원으로 폭력의 구조를 만들어 내는 것이라면 이와 같은 폭력의 대표적인 예로 송주법(「송·변전설비 주변지역의 보상 및 지원에 관한 법률」)을 들 수 있다. 이 법은 일명 '밀양법'으로 불리기도 했는데 정작 밀양에서 탈송전탑 운동을 주도했던 이들은 이런 명칭을 달가워하지 않았다.

2013년에 국회를 통과하여 2014년에 공포된 「송·변전설비 주변지역의 보상 및 지원에 관한 법률」은 밀양에서의 싸움의 결과로 만들어진 법이었으되 송전탑 건설로 인한 피해 측정과 이에 대한 보상을 제대로 검토하여 만들어진 법이 아니었으며 전문가들의 의견과 주민들의 요청이 제대로 반영된 결과도 아니었다. 애초 발단이 되었던 2011년 토지공법

학회의 연구 결과에 따른 제안 내용과 제도개선추진위원회의 논의 결과와도 일정한 거리를 둔 것으로, 탈송전탑 운동에 참여한 밀양 주민들에게는 '오히려 적은 보상금을 지급하고 전국에 얼마든지 송전탑을 세울 수 있게 만든 법'이자 '좁게 설정한 보상 대상 지역 범위로 인해 마을 내 새로운 갈등을 만들어 낼 소지가 있는 법'으로 인식되었다. 이 법의 시행 이후 실제로 전국의 송변전 시설 인근 주민들이 역사상 최초로 피해를 인정받고 보상을 받기 시작했으나 밀양에서 이 법은 다음 단계의 공권력 진입을 위한 신호탄이었다.

송주법이 시행되기 전 밀양에서는 전문가협의체가 구성되었는데 당시 핵심 검토 내용은 송전 시설의 우회 가능성 검토와 지중화 가능성 검토 등이었다. 한국전력 사장, 산업통상자원부 장관, 주민 대표와 국회의원들이 참여한 전문가협의체는 몇 가지 대안의 가능성을 확인하긴 했으나 실효성 있는 성과를 남기지 못하고 마무리되었다. 이것은 결국 다음 단계 행정대집행과 같은 공권력 집행을 위한 수순이었기에, 한국전력이나 국가 기관, 정치인들이 성실하고 책임감 있는 자세로 임하지 않은 데 따른 결과였다.

전문가협의체 기간 동안 잠시 중단되었던 공사가 재개되면서 다시 곳곳에서 한국전력과 주민 사이의 충돌이 격화되었다. 송주법은 이처럼 공권력의 압력이 높아지는 가운데 여론이 악화되자 이를 무마하기 위해 급하게 꺼내든 보상 카드의 하나였다. 송주법의 시행은 다시 한 번 밀양에서 보상금을 둘러싼 논란과 갈등을 불러일으켜 마을의 분열과 관계의 파탄을 더 이상 회복할 수 없는 수준으로 끌고 갔다.

우선 송전탑 건설 추진 초기 단계와 마찬가지로 송전선로 주변 지역 주민들에게 송주법의 내용이 자세하게 안내되지 않았다. 송주법에 따르면 송전탑 주변 1km 이내 지역에 거주하는 주민에게 보상이 주어지는데, 주민들 가운데 본인이 보상 대상인지 여부를 정확하게 알지 못하는 이들이 많았다. 또한 송주법에 따르면 개인에게 지급되는 보상금과 마을에 지급되는 보상금이 있는데, 원칙적으로 마을에 지급되는 보상금은 현금으로 지급되는 것이 아니라 마을 공동 사업 기금으로 집행되어야 하며 마을에 필요한 물품을 사거나 마을에서 어떤 사업을 실행할 때 실비로 사용되어야 하는 돈이다.

　개인에게 지급되는 보상과 이에 대한 법률적 기준의 내용 역시 정확하게 알고 있는 주민이 드물었다. 한 마을에서 만난 주민은 '한전이 전기세를 감면해 주는 게 있는데 노인들이 많이 쓰지 않아서 돈이 많이 남는다'고 말했고 다른 마을에서 만난 주민은 '전기세를 감면받는데 마을 단위로 보상받는 공동 기금에 대해서는 그 금액 등을 잘 알지 못한다'고 말했다. 마을 단위 보상금은 어떻게 지급되고 어떻게 사용하는지 마을의 몇몇 사람만 알고 있어, 과거의 마을 합의·보상금처럼 말 그대로 몇 사람이 손안에 쥐고 마음대로 쓸 수 있는 돈으로 인식되는 곳이 많았다.

　특히 지역의 고령 여성 노인 대부분은 송주법 관련 보상 기준이나 보상 금액, 보상금 사용 제한 등의 내용에 대해 전혀 알지 못했다. 송주법에 따른 개별 보상금의 지급 기준과 사용 방식은 천차만별이라 어느 마을에서는 병원비나 인터넷 통신 비용, 휴대전화 사용료 등을 감면받는 형식으로 사용하기도 하고 어느 마을에서는 전기 요금만 감면받기도 했다. 보상금 지급 기준과 활용 방법 등에 대한 안내가 자세히 이뤄지지 않고 실제로 고령의 주민들이 사용할 곳도 많지 않아 제대로 된 보상이 이뤄지진 않고 있다고 말하는 이들이 많았다.

"한전에서 마을발전기금이 나와서 그 돈으로 여행 다녀왔지. 한전에다 사진을 보내야, 보내야 해서 현수막 같은 거 들고 사진 찍어가 보낸다. 그라믄 돈이 나온다 카데. 송전탑 때문에 마을발전기금이 조금 나오거든. 여행 갔다 왔다. 강원도, 전라도, 통영……. 뭣 때문인지는 모르는데 암튼 송전탑 근처 산다꼬 돈이 나온다 카더라. 그 돈은 이장이 관리하고, 우리는 모르지 뭐." 여, 70대

개인이 받는 보상은 대체로 전기 요금 감면 형태로 지급되며 개인이 지급받는 것과 같은 금액이 마을 공동 사업 기금으로 적립된다. 마을마다 송주법을 통해 지급받는 이 보상금 성격의 마을 기금이 수천만 원에 이르는데 마을 가운데는 7천만 원이나 그 이상의 금액을 지급받는 곳도 있다. 중요한 것은 마을 공동 사업 기금은 법적으로 개인에게 지급되지 않는 보상금인데도 불구하고 마을마다 편법으로 이를 활용하는 경우가 많았다. 예를 들면 마을 기금 법인 카드를 개별적으로 돌려 사용하면서 각 세대에 필요한 가전제품을 구입하고 잠깐 마을회관에 비치하여 사진을 찍은 후에 가져가는 식이었다. 이는 한국전력의 묵인하에 마을 이장이나 마을 합의·보상금 수령 당시 구성된 5인의 주민 대표가 주도하는 일이었다.

송주법으로 인해 마을에 새로운 갈등의 씨앗이 싹트게 된 것은 송전탑 및 송전선로 피해 대상 범위를 1km 이내로 설정했기 때문이다. 이는 탈송전탑 운동에 참여한 주민과 활동가가 이미 예상하고 경고한 내용이었다. 송주법에 따른 마을 보상금으로 여행을 가거나 물건을 구입하여 나눠 갖는 경우가 많았는데 이럴 때마다 1km 이내 거주하는 주민과 1km 밖에 거주하는 주민 사이에 갈등이 빚어졌다. 일부 마을에서 마을 사람들이 모두 공동으로 물품을 구매하거나 단체 관광 여행을 떠나면서 1km 밖의 주민을 배제했기 때문이다. 마을 보상금으로 다 같이 야유회를 가거나 회식을 하는 경우에도 1km 바깥에 있는 몇몇 세대를 제외하는 경우가 많았다. 콩 한 쪽도 나눠 먹던 마을에서 선을 그어 놓고 그 선을 넘으면 콩 한 쪽도 나눠 먹을 수 없다고 등을 돌리는 마을이 된 것이다.

"송주법 관련해서는 개별로 나온 건 다 타고, 동네 돈으로 나온 걸 어떻게 쓰느냐가 문젠데 그 사용 내역을 만들어야 하는 거거든요. 그라이까네 그것 땜시 일부러 놀러도 가고 먹으러도 가야 되는 기라요." 구술자1: 남, 40대

"마을 안에는 1km에서 벗어나는 주민도 있지 않나요?" 김영희, 질문자 이하 동일

"안 데려가는 거지." 구술자2: 여, 40대

"동네 기금으로 치면 그 사람들도 동네 사람이기 때문에 마을 공동 사업비에서 혜택을 보게 해 주야 한다는 쪽하고 해당되는 개인한테만 돌리 주야 된다는 쪽하고 말이 많습니다. 놀러 갈 때도 마 그 사람을 데려가느냐 마느냐로 맨날 싸웁니다. 계속 사소한 게 싸움이 되는 기라요." 구술자1

"1km를 벗어나는 주민들 문제는 어떻게 됐어요?"

"잘 모르는데, 동장은 데려가고 싶은데 해당 주민들이 강하게 반발하는 갑더라고요. 또 그 사람들이 예전에 처음에 데모할 때 적극적으로 안 했었기 때문에 뭐 하러, 왜 보상을 주느냐는 얘기도 있어요. 자기들도 어차피 합의해가 돈 받아 써 놓고도 그란다 카니까요. 말이 아주 많애요. 진짜 같이 갔는지 안 갔는지 우리는 모릅니더." 구술자2

"원래는 돈으로 주믄 안 되는데 마을 기금도 마 농협 상품권, 농자재, 소고기 같은 거 사갖고 나눠 쓰고예 각 집에 필요한 거 있으믄 법인 카드 갖다가 사고 사진 잠깐 찍어가 보내고 집에 가져가고 마 난립니더. 그것도 인자 1km 밖에 있는 사람들은 빼고……." 구술자1

"송주법 혜택은 전혀 못 받았어요. 1km 벗어나는 자기 집안 사람들, 친한 사람들은 다 줬는데도 나는 못 받았어요. 이 집은 1km 안에 있는데도. 송주법 관련 보상도 전혀 듣지도 못했다고요. 전기세 감면은 작년부터 나와서 그것만 받아 봤어요. 듣기로는 50퍼센트는 개인에게 지급되고 50퍼센트는 마을 기금이라던데, 개인에게 지급되는 것도 아직 한 번도 안 받았습니다. 그런 게 있는지 없는지 안 받아 봐서 잘 모릅니다. (중략)

원래는 송주법 그 마을 카드로 산 거, 그거 마음대로 사고팔고 못 한다고 하더라고요. 한전 카드를 가지고 마을 사람이 공동으로 뭘 사고 나눠 갖고 하는데, 카드를 주민들이 돌아가면서 쓰는데, 세 명인가 여섯 명인가 같이 가서 대표가 정해 주는 곳에서 물건을 사고 그란다 하더라고요. 한 가구당 120만 원가량 쓰게끔 했다 하데요. 품목은 농기계나 전자제품 뭐 이런 거, 필요한 거 이런 거 산다 하더라고요. 사고 나서 한전 사진 찍어 보내고 모델 넘버도 찍어서 보내고 그래야 한답니다." 남, 60대

송주법 보상 지급 과정에서 배제된 것은 이들만이 아니었다. 송전탑 건설 반대 운동에 참여했던 주민들 또한 배제되었다. 이들 가운데 송전탑 1km 이내 거주하는 주민들이 많았는데, 송전탑 건설 합의·보상금과 별개로 송주법에 따른 보상금임에도 불구하고 마을 공동 사업 기금 집행 과정에서 이들을 배제하는 경우가 대부분이었다. 이 돈의 집행과 사용에 대해 마을 회의를 통해 결정하고 집행 결과 역시 보고해야 하는데 마을 합의·보상금과 마찬가지로 이 역시 한국전력과 연결된 몇몇의 독단으로 집행되었다.

송주법 시행 초기에 탈송전탑 운동에 참여한 주민들은 송주법에 따른 보상을 거부했었는데 이 때문에 이후에도 이들이 송주법 보상과 관련된 모든 논의와 집행에서 배제되는 경우가 많았다. 특히 실제로 송전탑 1km 이내 거주하는 마을과 1km 밖에 거주하는 마을이 하나의 행정구역 단위로 묶여 있는 경우 1km 이내 거주민이 송전탑 건설 반대의 의사를 가진 사례가 많았는데 이런 경우 1km 밖에 거주하는 마을의 대표가 1km 이내 마을의 보상금까지 모두 수령하여 1km 이내 거주자들의 동의 없이 일방적으로 집행하는 사례가 많았다.

이미 마을공동체의 공적 언로가 봉쇄되고 마을 자치 질서가 붕괴된 데다 공동체적 소통과 협력의 문화마저 소멸되다시피 한 상황에서 이런 갈등을 해결할 수 있는 방법은 없었다. 송주법은 기존의 합의·보상 체계가

만들어 놓은 마을의 골을 더 깊게 만들었고 마을공동체 내 사회적 관계의 파탄은 더 깊은 수렁으로 빠져들었다. 실제로 다른 지역의 경우 1km 이내이거나 이를 벗어난 주민이거나 간에, 혹은 1km 이내에 있는 마을이거나 밖에 있는 마을이거나 간에 차등 없이 보상금을 나누어 쓰는 방법을 모색하여 이를 합의한 후 실행하는 곳들이 있었지만 밀양에서는 이와 같은 합의가 이루어지기 어려웠고 오히려 이를 편법적으로 이용하는 경우가 더 많았다. 더구나 거액의 돈이 오가는 상황이 되자 밀양의 마을들은 다시 한 번 '돈의 힘'이 만들어 낸 갈등의 도가니 속으로 빠져들지 않을 수 없었다.

"연말에 동장이 집집마다 LED 등을 다니 집을 비우지 말라고 방송을 했어요. 마을 돈으로 다는 것인가 하고 생각을 했는데, 내 남편이 동장에게 우리 집에도 달아 주냐 했더니 그 집은 내가 있어서 안 달아 준다고 했다더라고. 송주법에서 나오는 돈에서 힐링비가 몇 프로 떼어 놓는다고 하데요. 그 돈으로 놀러 가자는 이야기가 나왔나 봐, 연말에. '왜 그런 식으로 돈을 쓰려 하냐. 집에 LED 등이라도 달지. 전기세가 적게 나오는데', ○○○ 씨가 의견을 냈나 봐. 송주법에 의해 서류를 넣은 사람만 달아 주고, 아닌 사람은 안 달고……. 나는 반대를 해 놓-니까……." 여, 60대

"우리 할매들 회관에 앉아 있는데 즈그끼리 그 송주법 그 돈으로 놀러 가면서 막 약 올리고 이란다 안 캅니까. 멸치 같은 거 뭐 그런 거 사가지고 자기들끼리 나눠 가지면서 우리 반대한 할매들만 쏙 빼놓고……. 그 멸치

그거 얼마 된다고 그거 그냥 우리가 사서 드리도 됩니다. 그래도 사람 기분이 그게 아니잖아예. 내도록 같이 한 마을에서 어른으로 모시고 살던 분들인데 그라믄 되겠습니꺼. 그라이 마 속이 상하는 기라. 우리 젊은 사람 겉으믄 '에라 더럽다' 카믄서 한마디 쏘아붙이고 말 낀데 어른들은 그라지도 못하고. 즈그가 우리 싸운 덕분에 그거 받아 먹으면서 감사하지는 못할망정 할매들한테 그래 한다 카는 게 말이 됩니꺼." 여, 60대

　보상을 위한 법률의 집행도 다시 새로운 갈등과 분란을 만드는 상황에서 주민들은 한국전력은 물론이고 국가에 대해서 더 이상 기대하는 것이 없다고 말했다. 분명한 것은 2014년 행정대집행으로 국가폭력이 끝난 것이 아니라는 점이다. 국가가 만들어 놓은 구조 속에서 지금 이 순간에도 밀양에서는 부당한 폭력이 계속되고 있다. 더 큰 문제는 이것이 청도와 봉화, 홍천과 삼척, 그리고 그 밖의 무수히 많은 지역에서 반복되는 일이라는 사실이다.
　탈송전탑 탈핵 운동에 나섰던 '밀양 할매'들은 아직 한국전력과 밀양시와 경찰 및 행정 권력이 어떤 일을 저질렀는지 정확히 알지 못한다. 그들이 제대로 된 자료를 제시한 적도 없고 본인들이 저지른 잘못을 제대로 인정한 적도 없기 때문이다. 제대로 된 조사가 이뤄진 적도, 책임자가 누구인지 밝혀진 적도 없다. 한국전력이 아무리 많은 돈을 '힐링비'로 지급한다 하더라도 진실이 규명되고 부당한 폭력의 과오가 제대로 밝혀져 '밀양 할매'가 생각하는 정의가 실현되는 과정 없이 아픔이 치유되고 갈등이 봉합되는 일은 없을 것이다. 부서진 마을과 파탄 난 관계 역시 이 정

의의 실현 없이 회복되는 것은 불가능하다.

　최소한 밀양에서 무슨 일이 있었는지 명백하게 밝히고 누군가 자신의 책임을 인정하며, 송전탑을 건설하려는 계획의 과정과 결과가 모두 잘못된 것이었다는 사회적 합의와 승인의 과정 없이 '밀양 할매'가 생각하는 정의가 실현되기는 어렵다. 송전탑 건설 반대 운동에 참여했던 이들뿐 아니라 그들과 함께 살아가는 마을공동체의 구성원들 모두에게 이와 같은 정의가 확인되고 실현되는 과정 없이 '국가폭력'이 끝났다고 말할 수는 없는 것이다.

　탈송전탑 운동에 참여했던 '밀양 할매'를 조롱하고 멸시하던 이들까지도 '송전탑 건설은 잘못 추진된 일'이었고, '한국전력이 이러저러한 부당 행위를 자행'했으며, '국가 권력이 이를 은폐하거나 지원한 일이 있었을 뿐 아니라 그것이 잘못된 일이었다'는 사실을 확인하고 인정하는 과정이 없다면 송전탑 건설을 반대해 온 주민들은 여전히 '파괴된 마을' 안에서 상처를 헤집으며 살아갈 수밖에 없다. 더구나 이들은 모두 한국전력과 국가의 힘을 실감했고 그 힘에 굴복하지 않는 삶이 얼마나 고단한지 목격했다. 이를 확인하고 목격한 이들은 다시는 국가가 자본과 손 맞잡고 추진하는 일들에 대해 반대하려 들지 않을 것이다. 이것은 권리를 스스로 포기하게 만들 뿐 아니라 정치적 주체로서의 자존을 훼손하는 일이므로 명백한 국가폭력이다.

　자본주의 사회에서 국가가 자본의 가치를 최우선으로 하거나 경제적 성장이 그 어떤 정의보다 우선되는 가치라는 말을 공공연하게 설파할 때, 그리고 이 공공의 경제적 이익을 위해서는 어떤 희생도 감수할 수 있어야 한다고 은근히 설득하거나 폭력을 정당화할 때 '국가폭력'은 언제든지 어디서나 상존할 수 있다. 또한 시민들의 대중적 지지를 통해 정치권력을 획득한 것으로 스스로를 정체화한 정권이 자신들의 정치권력을 정당화하는 온갖 종류의 신화에 파묻혀 내적 성찰의 기회를 잃고, 해당 권력을 유지하기 위해 결탁한 자본의 힘을 은폐하거나 이를 정당화할 때, '국가'의 이름으로 행해지는 폭력은 도처에서 지속되고, 새롭게 만들어질 수 있다.

사실상 한국만큼 '국가'의 이름으로 숱한 폭력들이 오래도록 정당화되고, 지속된 사회도 많지 않을 것이다. 이 오랜 국가폭력의 역사는 폭력의 피해를 입은 이들마저 '국가는 정당한 것'이라는 이념에서 벗어나지 못하는 역설적 장면들을 만들어 낸다. 국가는 정당한 것이되 지금 국가의 권력을 휘두르는 정권이 부당한 것일 뿐이라는 신념은 '시민 권력으로 탄생한 정당한 권력'으로 기술되는 정권하에서 여전히 폭력이 지속되는 순간 혼란에 빠진다. 그러나 이 혼란의 장소야말로 국가폭력이 무엇인지 그 의미를 물을 최적의 공간이다. 국가폭력은 완료되거나 완전히 사라지는 것이 아니라 끊임없이 성찰하고 의심하고 두드려 보아야 할 무엇일지도 모른다. 언제든지 쉽게 정당화될 수 있는 것이기에, 언제든지 쉽게 해결할 수 있는 문제처럼 이야기되는 것이기에 오히려 더욱 끈질기게 질문하고 눈을 부릅뜬 채 지켜보아야 하는 것이다. 밀양의 '파괴된 마을'은 마을에서 살아가는 개인들 사이의 앙금이나 상처, 혹은 심리적 요인에 의해 유발된 갈등의 결과가 아니라 명백하게 '국가폭력'이 지속되는 증거요, 현장이다.

즐거운 나의 집

"마을에 있는 집에 내려와 있어도 온통 거(거기) 생각뿐이라. 마 어서 할 일 대충 해 놓고 빨리 올라가고 싶은 마음밲이(마음밖에) 없어. 먹을 것도 뭐 막, 그냥 불편한 거 없나, 가져갈 거 없나, 전화하고……. 요새는 뭐 스마트폰이 좋으니까……. 뭐 불편할 것도 없어. 막 서로서로 의논해 가미시로(의논해 가면서) 척척 해결하이끼네. 막 산에서도 막 요거 필요하다 이카면(이렇게 하면) 척척 가져오는 사람, 산에 오는 사람들이 순서대로 오면서 다 사 오고, 불편함이 없이……. 그래도 막 물 없고 전기 없어서 그렇지 산 위에서도 불편함 없이 그냥 공기 좋은 데서 재밌게 그냥 잘 살았던 거 같아요, 그래도.

그때가 좋았지. [김영희: 어떤 게 좋으셨어요?] 아, 그냥 뭐 올라가면 뭐 마음이 후련하고 편안하고 눈에 일 안 보니까 일 안 해도 되고, 연대자들이 줄줄이 찾아와 주고……. 그러니까 집에 내려오면 나는 남의 집에 온 것처럼 '빨리 올라가야지' 이 생각밖에 없는 기라. [김영희: 오히려 산에 막 가고 싶으시고?] 저 빨리 밥해 놓고 빨리 또 먹을 거 챙겨가지고 올라가느라고 막……. (웃음) 금방 그냥 막 그 위에서 자고, 아침에 내려와 저녁에 또 올라가 자고, 또 내려와 밥 챙겨 놓고 또 올라가고……. 아, 지금은 못 할 거 같애. 그때가 좋았어요." 여, 60대

한국전력이 본격적으로 송전탑 건설을 시작할 무렵 이를 반대하는 주민들은 송전탑 건설 예정지에 천막을 짓고 농성에 들어갔다. 2014년 6월 11일 행정대집행으로 인해 철거될 때까지 이 천막 농성장은 송전탑 건설 반대 운동에 참여한 주민들과 연대자들에게 또 다른 '집'이었다. 농성에 참여했던 주민과 연대자들 가운데 몇몇은 이 집을 '즐거운 나의 집'이라고 불렀는데 천막 농성장이 이런 별칭을 얻게 된 것은 어느 늦은 밤 찬 바닥에 누워 서로의 체온으로 추위를 이기며 "즐거운 곳에서는 날 오라 하여도 내 쉴 곳은 작은 집 내 집뿐이네"로 시작하는 같은 제목의 노래를 부른 일에서 비롯되었다. 행정대집행의 기억은 쓰라렸지만 천막에서의 일들이 슬프고 우울했다고 말하는 이들은 없었다. 하루라도 천막 농성장을 찾았던 이들은 천막에 누워 도란도란 사람들과 이야기를 나누고 노래를 부르던 이때의 일들을 모두 즐겁고 행복한 기억으로 간직하고 있었다.

주민들은 이상하리만치 이 천막을 '집'처럼 꾸미는 데 공을 들였다. 송전탑 건설 예정지에 들어선 천막마다 농성을 주도적으로 맡고 있는 마을

주민들과 연대자들이 경쟁하듯 '새로운 설비'를 만들어 갔다. 주민이나 연대자들이 다 같이 모이는 자리에서는 너 나 할 것 없이 '우리 천막에는 ○○도 있다'는 자랑을 늘어놓곤 했다. 어느 마을 농성 천막에는 화목 난로가 들어섰고, 어떤 마을 천막에서는 심지어 바닥에 온수관을 설치하여 간이 난방 시스템을 만들기도 했다. 천막 주변에 화장실을 만들고 천막 위에는 방수 천막을 덮었다. 전망 좋은 곳엔 앉을 곳을 만들어 '카페'라고 쓴 명패를 달기도 하고, 천막 안에 간이 선반을 만들어 과자나 라면 같은 것들을 쇼케이스처럼 늘어놓고 '전방'이라 부르기도 했다.

사람들이 가장 공들여 꾸민 것은 부엌이었다. 각종 조리 도구와 그릇, 식자재들을 실어 날라 먹을 것을 만들어 나눌 수 있는 부엌 겸 식당을 만들었는데 어떤 천막에서는 큰 솥을 내다 걸어 두고 요리를 하기도 했다. 송전탑 건설 예정지 중에는 산속 깊은 곳, 고도 400~500m 이상의 높이에 위치한 곳들도 많았다. 한번 올라오면 내려가기 어려워서 먹고 싸고 자는 모든 문제를 천막에서 해결해야 했다. 농성에 참여했던 주민과 연대자들은 이 천막에서 만들어 먹었던 음식들을 오래도록 기억했다. 천막에서 구워 먹었던 고등어를 자기 생애 최고의 음식으로 꼽는 이들도 많았다. 음식을 만들기 위해 나물을 뜯고, 채소를 다듬고, 다시용 멸치를 손질하는 이 모든 과정이 농성의 일부이자 싸움인 동시에 연대와 생활이었다. 말 그대로 이들은 '식구'였고 천막 농성장은 이들의 '집'이었다.

그래서 6.11 행정대집행 당시 이 천막이 뜯겨 나갈 때 이들은 자신의 집이 허물어지는 상실감을 느껴야 했다. 공들여 지은 자신의 집이, 식구들과 정답고 즐거운 추억을 쌓은 자신들만의 공간이 국가 공권력이 휘두른 폭력에 의해 흔적도 없이 사라지는 장면을 지켜봐야 했던 것이다. 예고된 행정대집행을 앞두고 주민들과 연대자들은 챙겨 갈 수도 없는 냄비와 그릇, 조리 도구들을 공들여 닦았다. 다 찌그러진 냄비고 이빨 빠진 접시였지만 손때 묻은 이 추억의 도구들이 누군가의 발길에 짓밟히고 버려질 것이 못내 안타깝고 슬펐기 때문이다. 곧 쓰러질 천막에서 이들이 가장 아까워한 것은 된장찌개를 끓여 먹던 낡은 양은 냄비였다. 행정대집행 직후 폐허가 된 천막 농성장을 바라보며 이들이 가장 오래 바라본 것도 부엌 살림들이었다. 발길에 채여 깨지고 부서진 그릇들을 보면서 자신들이 제 몸처럼 아꼈던 '집'이 무너지고 살붙이처럼 정겹게 마주했던 '식구'들이 상처 입은 현실에 울분을 삭였다.

    산속 천막은 한여름에도 밤중엔 한기가 들 정도로 추운 곳이었다. 어떤 곳은 농성장을 오르는 길이 없어 농성에 참여한 사람들이 직접 길을 만들기도 했는데 산골 지리에 익숙하지 않은 연대자들은 길을 잃기 일쑤였다. 천막으로 오르는 길 중에는 40~50도 이상의 경사로로 이루어진 곳들도 많았다. 그리고 이 경사로는 모두 굴러떨어지기 쉬운 돌자갈이나 험한 바위들로 구성되어 있었다. 등허리가 거의 90도 가까이 굽은 나이든 주민들이 이런 길을 오르내리는 것은 결코 쉬운 일이 아니었다. 이 때문에 젊은 주민과 연대자들은 매일같이 농성장에 오르는 길을 닦고 나무 사이 줄을 묶어 어른들이 잡고 오를 수 있는 난간을 만들었다.

    한겨울에도, 아직 추위가 가시지 않은 초봄의 쌀쌀한 날씨에도 한번 농성장에 오르면 등이 땀에 젖어 옷이 흥건했다. 그런 길을 주민들은 순번을 정해 돌아가며 하루도 빠짐없이 몇 달을 올랐다. 한밤중이나 새벽에 공사를 진행할까 봐 돌아가면서 천막에서 잠을 청했고, 천막 바닥은 아무리 두꺼운 매트를 깔아도 바닥 냉기가 고스란히 올라오는 열악한 환경이었다. 그럼에도 불구하고 주민과 연대자들은 천막을 좋아했다. 천막에서 보내는 시간을 즐거워했고 농성이 끝난 이후에도 그 시절을 그리워했다. 힘든 줄 모르고 살림살이며 먹거리를 등에 져 날랐고, 멀쩡한 자기 집보다 춥고 엉성한 천막 농성장을 더 자신의 '집'처럼 여기며 애지중지 가꿨다. 마을 안에 있는 집에 내려와 있을 때면 천막에선 뭐 해 먹나 궁금해하다 집에 있는 저녁거리를 싸 들고 산에 올라갔고, 밤이고 낮이고 천막 '집'에 오르고 싶어 엉덩이가 들썩거렸다.

"그랬는데 저희가 이제 되게 위에서 즐거웠어요, 101번에서. 저기, 그래서 영화도 만들어졌잖아요. '즐거운 나의 집, 101번'. 그런데 진짜 내 집 같았거든요. 왜냐하면, 거기에 카페도 있었어요. '준s 카페'라고……. 그래서 저희가 그 안에서 카페도 만들고요, 그래서 저녁 때 되면 늘 노래하고……. 공연은 또, 공연을 했어요. (중략)

저, 캄캄한 밤에 이렇게 노래 부르면서 공연하고 하니까 저희는 사실 너무 즐거웠어요. 서로 나누고……. 예. 그러니까 진짜 집이었던 거예요. 사람들하고 같이 거기 깜깜한 데에서 호롱, 거기 불 켜 놓고……. 그리고, 예. 밥 먹고……. (중략)

연대자 중 한 분이 거기서 행위예술 같은 거를, 빛 예술 있잖아요. 예술을 하셔가지고, 깜깜한 밤이면 칠흑 같잖아요, 산꼭대기니까. 그런데 그분이 거기서 그 발표회 같은 것도 하셨거든요. 그래서 되게 공연도 하고

노래도 즐기고 저희가 거기서 되게, 저희 나름대로 되게 즐거운 곳이었어요." 여, 50대

 "이렇게 연대자들이 많이 와가지고 둘러앉아서 밥 먹을 때……. 또 음악회가 한 몇 번 있었거든요. 그럴 때 인자 막 다른 데 분들도 불러서 같이 하고, 밤중에 불 켜 놓고 음악회 하고, 그런 거 참 좋았어요. 밤중에 뭐 하는 게 참 재밌데예. 밤중에 앉아서 막 그거 자리 깔고 앉아가 도란도란 이야기하고, 이런저런 이야기하고 그랬던 거……. 또 움막 안에서 이제 또 서로 이야기하다가 또 불 끄고 하면 또 노래 부르고…….

 뭐 또 인제 밑에서 이렇게 올라오는 사람 맞이하는 그것도 참 재미있데예. 늘 같은 사람이 오진 않잖아요. 또 오래간만에 보는 사람들, 반가운 사람들 막 올라오잖아요. 그라면 막 또 좋아라 하고 그랬던 것……. 그라고 거기가 이제 2월 달부터 올라가면은 2월 달부터 행정대집행 때까지 그 계절, 이제 겨울에서 어, 여름 초입까지 그 꽃 피고 하는 그걸, 그게 산에서, 그게 참 좋더라고예.

 그 조금만 가면 진달래 군락지거든예. 그래서 그 진달래가 확 펴 있는 그거 다 볼 수가 있었고, 또 밑에서 올라오면 '막 저리로 가라, 빨리 진달래 보고 온나' 카고 보내고 했던 것……. 막 그때 용식이라 카는 개도 키웠거든요. 그래가지고 막 너도나도 개 똥 뉘러 한 번씩 갔다 오고, 아침마다……. (중략)

 그렇게 잠도 잘 오고 왜 그렇게 편한지 하나도 안 무서웠어요, 산인데도. 정말 하나도 안 무서웠어요. [김영희: 멀쩡한 집을 놔두고…….] (웃

음) 예. 멀쩡한 집 놔두고……. 예. 사실 바닥은 울퉁불퉁하거든예. 울퉁불퉁한데도 ○○ 씨도 거 되게 편해했던 것 같애요, 올라와서 자고 하면……. 이 머리맡에 막 쥐들이 왔다갔다 하거든예. 그래도 거기 그래 편하데.

그게 우리는 이제 둘 다 이제 산에 있으니까 집에서는 거의 살림을 안 살고 ○○ 씨는 이제 남편이 농사지으니까 오르락내리락하고, 또 내려와서 뭐 먹을 것도 갖고 올라오고 그랬죠. 그래 뭐 밑에서 오는 사람들 또 뭐 맛있는 거 갖고 오노 막 기대하고 그런 것도 재밌었고 그랬죠." 여, 70대

천막 농성장을 가장 '집'처럼 만든 것은 사람들이 만들어 내는 연대의 온기였다. 산꼭대기 천막에서는 항상 모든 것이 부족했는데 사람들은 또 '부족한 걸 느낄 수 없었다'고 말했다. 천막 '집'에서 제일 많이 필요하고 가장 무거운 것은 물이었다. 천막에서 필요한 모든 것들은 산 아래에서부터 사람이 직접 짊어지고 날라야 가질 수 있었다. 산을 오르는 사람들은 다른 사람들이 하나라도 덜 짊어져 가볍게 오를 수 있도록 하나라도 더 짊어지고 오르려고 노력했다. 천막에 있는 사람들은 짊어지고 오는 이들의 수고로움을 덜고자 무엇이든 아껴 쓰고 아껴 먹으려고 애썼다.

"한밤중에 산에 있으면 바람 소리 쌕쌕 나고 짐승 울음소리도 들리고 억수로 무섭거든. 그라이 마 할매들이 옹기종기 붙어가 안 떨어질라꼬……. 그래가 마 딱 붙어가 잔다꼬. 잠이 오나? 안 오지. 그라이 이런저런 이야기 하다가 잠깐 눈 붙였다 일어나고 그라는 기지. 바닥은 뭐 암만 두껍게 깔아

도 냉기가 한도 끝도 없이 올라와. 그라이 마 젊은 사람들이 우리 고생할까 봐 난로도 갖다 만들고 온수 밸브도 깔고 그랬는 기라." 여, 80대

천막 농성장을 더 '집'처럼 꾸미려 노력했던 열정 안에는 밤만 되면 서늘해지고 변변한 뒷간도 없는 곳에서 밤새 고생하시는 어르신들이 조금이라도 덜 고생했으면 하고 바라는 연대자들의 마음이 있었다. 주민들도 그 마음을 모를 수 없었다. 한밤중에 한 치 앞도 보이지 않는 험한 산길을 몇 시간씩 헤치고 올라와 자신들의 곁을 지켜 주는 사람들, 하루 종일 굶은 뱃속에 달콤한 바나나 한 쪽을 채워 주던 이들이 바로 '연대자'들이었다. 주민들은 '우리가 이 싸움을 포기하지 않고 이만큼 지탱해 온 것은 모두 연대자들 덕분'이라고 늘 입버릇처럼 말하곤 했다. 연대자들의 마음에 어긋난 채로 다른 길을 모색할 수는 없었던 것이다. 한번 발길이 닿았던 연대자들은 잊지 않고 주민들을 찾아왔고 이 발길은 행정대집행 이후에도 계속 이어졌다. 함께 모여 바느질을 하기도 하고 같이 뜸을 뜨기도 하면서, 농사일이 바쁠 때는 농사일을 거들고, 거동이 불편한 어르신들을 모시고 주기적으로 병원을 가거나 목욕탕에 가는 것 또한 연대자들이 지금까지 이어 오고 있는 일이다.

"만난 사람, 연대자들, 그러니까 연대자들이 너무 잘하니까……. 우리가 뭐 공부가 돼가지고 하는 면도 있지만, 연대자들이 너무 착하게 우리를 도와주고, 형제, 부모 형제들도 그만하라고 난린데……. 그 사람들 막, 뭐 싸가지고 와가지고 위로하고, 불편한 게 없는가 매 그냥 눈여겨보고…….

가족들처럼 보살펴 주고 그러니까, 우리는 뭐, 형제나 자식이나 다시 얻은 거처럼 그냥 그 사람들 보면 너무 좋고 그냥 서로 그렇지 뭐. (중략) 그 사람들이 우리 동네를 전적으로 다 총괄해가지고, 먹는 거며 할머니들 뭐 잡숫는 거며 뭐며 다 갖다 대 주고 그러니까, 헌신적으로 하니까 그냥, 우리가 그 사람들을 그냥 배신할 수가 없지." 여, 60대

"깜깜한 데 눕어(누워) 있으믄 마 무섭거든. 짐승 우는 소리도 들리고 그래가 마 요래 웅크리고 둘이서 이래가 있는데 저기서 불빛이 빤하이 비치(비쳐). 그래가 요래 내바다보이(내다보니) 누가 막 소리를 지르면서 우리 왔다고 막 캐(해). 그라고 보이 우리 천막에 오는 그 연대자들인 기라. 어찌 반갑든지 말도 못 해. 안 글캤는교? 밤에 무섭은 데 깜깜하이 있다가 깊은 산중에 사람이 찾아오이⋯⋯. 올라오느라 얼마나 고생을 했겠노. 온몸에 수풀, 검댕이라. 여-가 올라오는 데 엄청 험하거든. 한밤중에 뭐가 눈에 비겠노(보이겠노). 그라고 고생하고 깜깜한 밤길을 헤쳐가 우리 보겠다고 와 주이 고맙지 안 고맙을 텍이 있나." 여, 70대

"배가 너무 고픈 기라. 할매들이 올라온다고 물이나 겨우 지고 왔지 다른 건 갖고 오도 못 해. 근데 마 또 밤새 몰래 와가 공사할까 봐, 새벽에 또 막 쳐들어올까 봐 내려가지도 못해. 그라이 할매 둘이서 하루 종일 묵은(먹은) 것도 없이 쫄쫄이 굶었어. 눈에 마 별이 반짝반짝하지. 그런데 마 한밤중에 연대자들이 올라왔는데 노란, 샛노란 바나나를 몇 개 사갖고 왔어. 허겁지겁 먹는데 어찌 맛있는지⋯⋯. 내 평생에 그렇게 맛있는 건 먹어 본 적

이 없는 것 같은 기라. 내가 잊지를 못해. 천막 하믄 생각나는 기 그기라고. 뭐가 생각나노 물어보니께네 그기 젤로 먼저 생각나누마." 여, 80대

연대자들의 마음도 이와 다르지 않았다. 그들은 산속 '집'에서 새로운 '어른'을 만났고 이들과의 만남을 통해 새로운 세계를 배웠다. 삶이란 무엇이고 관계는 어떤 의미인지, 사람이 어떤 존재고 함께한다는 것이 어떤 일인지 등을 새롭게 배워 가기 시작한 것이다. 한번 산속 천막 농성장을 찾아와 할머니들과 밤을 보낸 연대자들은 다시 이 '집'을 찾지 않을 방법이 없었다. 집에 돌아가 따뜻한 방에 등을 대고 누우면 어김없이 천막이 떠올랐고 '오늘은 안 추운가', '식사는 제대로 하셨나', '오늘 천막에 오른 사람들은 누구일까' 등이 궁금해 며칠 만에 다시 천막 농성장을 찾기도 했다. 그분들을 그 춥고 시린 곳에 덩그러니 홀로 둘 수 없다는 마음, 그것이 연대의 시작이었다. 연대자들은 산속 천막을 찾아온 자신들의 손을 따듯하게 잡아 주고 김이 모락모락 올라오는 밥을 지어 주고 돌아갈 때 빈손으로 가지 않도록 산에서 캔 나물이라도 비닐봉지에 담아 주던 그 마음을 저버릴 수 없었다.

"그니까 그게 한 번이라도 그분들이 지어 주신 밥을 먹어 보면, 먹고 나면 다시 안 갈 수가 없어요. 그 밥을 먹고, 그 손을 잡고 다시 안 갈 수는 없는 거죠. 집에 와 뜨신 방에 누워 있으면 눈물이 나고 막 그러는 거예요. 남편이 허구한 날 산에만 가냐고, 집은 다 내팽개치고 거기만 가면 어떡하냐고 타박을 해서 싸운 적도 있었어요. 어찌 화가 나던지, 당신이 도대체 뭘

아냐고 막 쏘아붙였죠. 어떤 때는 차분히 앉아서 밀양에서 어떤 일이 벌어지고 있는지 설명을 해 주다가도 한 번씩 그렇게 속 긁는 소리를 하면 '당신이 거길 안 가 봐서 그렇다' 막 소리를 지르게 되는 거예요. 너무너무 화가 나더라구요. 사람들이 너무 모른다, 너무 모른다 싶은 게……. 나중에 남편한테 좀 미안하기도 했어요." 여, 50대

"산에서는 뭐든지 귀해요. 우리가 짊어지고 오지 않으면 물 한 방울도 입에 넣을 수가 없어요. 그걸 우리가 너무 잘 알잖아요. 그러니까 물 한 방울도 아껴 쓰지 않을 수가 없는 거예요. 설거지 같은 거 할 때도 어떻게 하면 물을 좀 덜 쓸까 고민하고 화장실 배설물 문제도 어떻게 처리하는 게 좋을까 고민하게 되고……. 그러면서 깨닫게 된 게 있어요. '아 우리가 필요 없는 것들을 엄청 소비하면서 살고 있구나', '그거보다 좀 덜 써도 살 수 있구나', '그렇게 흥청망청 써 대지 않아도 살 수 있구나' 이런 걸 깨닫는 거죠. 그러니까 자연적으로 쓰레기를 덜 만들게 되고……. 쓰레기도 우리가 다 짊어지고 내려가야 되거든요. 그러니까 생태적인 삶을 자연히 배우고 실천하게 되는 거예요. 어떻게 하면 배설물 처리도 자연을 훼손하지 않는 방식으로 할 수 있을까 고민하게 되고……. 정말 산에서 배운 게 많아요." 여, 50대

산속에서 새로운 환경에 처해 생전 해 보지 않은 싸움과 연대의 생활을 이어 가면서 연대자들과 주민들은 모두 자신의 삶을 돌아보게 되었다. 내가 살아온 방식, 관계 맺어 온 방식은 어떠했던가, 나는 사람들을

어떤 시선으로 보고 어떤 마음으로 만나 왔던가 돌아보게 되었던 것이다. 평생 한 번 만난 적도 없는 사람들이 이렇게 서로를 피붙이처럼 느끼게 되는 일은 정말로 아무리 다시 생각해 봐도 이해할 수 없는 일이었다. '그분들은 나를 언제 봤다고 그렇게 환대해 주셨을까', '내 가족들보다도 더 애틋하게 내 손을 잡아 주고 내 손에 좋은 것을 들려 보내고 내 입에 맛있는 걸 넣어 주려 애쓰셨을까', '그 마음은 무엇일까' 생각하고 또 곱씹게 되는 것이다.

"저희가 이제 담당해서 저랑 울산에 있는 다른 친구랑 같이 예……. 해서 마을 분들이랑 같이 자는 거예요. 그러면 그 매주 자는 멤버가 있잖아요. 그러니까 그 멤버들이랑 이렇게 같이 술도 먹고, 노래도 하고, 얘기도 하고, 뭐 이런 광경들……. 그리고 밤에 별 보는 거……. 어, 그리고 어른들 부부싸움 하는 거 구경하는 거……. 옛날에 우리가, 저 같은 경우는 거의 같이 일주일 내내 있으니까요. 그러면 이게 살아가는 모습들이 되게 좋은 거예요. 저는 뭐 부부싸움 하는 것도 보면서 아 되게 좀 많이 배우고요, 얼마나 지혜롭게 살고 계시는가……. (중략)

우리는 책 토론 거기서 하고 그 다음에 음악회 열고 뭐 그런 일들이 이렇게 일상적이었고요. 음 만약에 다른 거라고 얘기한다면 이런 거 같아요. 우리가 밑에서 살면서 너무 바쁘잖아요. 예. 바빠서 서로를 볼 시간이 없었다면 위에서는 뭘 하고, 서로를 같이 지낼까가 고민인 거예요. 밑에서는 그렇잖아요. 뭔 일을 위해서 사람, 누군가를 만난다 한다면, 위에서는 이 사람들하고 내가 뭔가를 할 건가를 고민하는 거예요. 다르죠? [김영희:

예, 예.] 예. 목적 자체가 달라지는 거예요.

 그, 밑에서는 사람이 목적이 아니었잖아요. 그런데 위에서는 이 사람하고 내가 잘 지내는 게 목적인 거예요, 재밌게. 그러면 뭘 할까 하다가, 그러면 카페도 만들고, 음악회도 열고 같이 술도 먹고, 맛있는 것도 같이 해 먹고 얘기도 하고……. 이런 것들을 계속 고민하게 되고, 그 속에서 관계가 깊어지고, 그 다음에 다른 말로 하면 내가 내를 즐겁게 하는 것, 우리를 즐겁게 하는 것도 많이 연구하게 되고 예……. 그래서 좋은 경험이었어요. 그래서 뭐 게으른 거, 아니면 재밌게 사는 거, 이런 것들을 밑에서는 사실, 예, 좀 다른 개념이었다면, '어, 이렇게 살 수 있구나' 이런 거를 저는 많이 배웠죠. 그러면서 삶이 달라지고 있는 것은 맞아요." 여, 50대

 "관계라는 것은 어, 우리가 그동안에 해 온 관계가 있기 때문에 이 사람이 이렇게 어느 순간에 자기 입장으로 확 돌아서도 딱 안 잘라 내고. '뭐 저 사람 진짜 웃기는 사람 아니야' 하고 딱 잘라 내는 게 아니고……. 이 관계 때문에 저 사람을 '얘 근데 왜 저러지?'라고 해서, 예, 거기서 멈추지 않고, 정말 '왜 저럴까?'라고 해서 이 관계 때문에 그거를 참고 지켜볼 수 있는 그 시간이 생기는 거 같아요. 그래서 어, 기다리거나 조금, 조금 한 템포 낮춰서 지켜보면서, '아 저, 저분이 저래서 저랬구나'……. 예. 이렇게 하면서 알게 되, 마음을 알게 되면, 아, '좋아, 나빠?'의 기준으로 보게, 보는 게 아닌 거죠.
 예, 전에는 진짜 좋은 사람, 나쁜 사람으로 구별했어요. 그래, 어느 지점에 딱 부딪혔을 때 '와 저거 웃기는 사람이야, 저 사람' 하고 딱 그냥 전에

는 딱 잘랐죠. '나하고 안 맞아'……. 네. 그런 관계가 생겼어요. 그러니까 지속 가능하다는 게, 쭉 지속된다는 게 그런 건 것 같아요. 좀 불편하고, '아우 진짜', 그래도 좀 참을 수 있는 마음이 좀 생기는 지점이 분명히 있는 거 같아요. 애정이 생기는 거잖아요. 우리가 애정이 생겨야 그 참음이 생기는 거잖아요. 예, 예. (중략)

그렇죠. 저희도 뭐 되게 그랬는 적이 되게 많아요. 그래서 어 이게 뭐 우리가 이제 뭐 늘 이 안에서 저희가 이제 오랜 시간도 함께하고 있지만, 그렇다고 해서 중간에 막 어떤 문제가 안 생기는 게 아니잖아요. 끊임없이 사람 사는 곳에는 문제가 생겨요. 싸움도 일어나고, 되게 많이 그래요. 틀어지기도 하고……. 예. 그런데 그때, '아 진짜 문제야'라고 딱 제끼잖아요. 왜냐하면, 예, 그래도 내가 좋아하는 누구 할매잖아요. [김영희: 아, 네, 네.] 예. '어, 언니잖아. 할매 언니잖아', '왜, 왜 그래, 왜?' 이렇게 되는 거죠. 예. 그런, 그러면 쑥 들어가서, 쑥 들어갈 수 있는 용기가 생기는 거잖아요.

전에는 쑥 들어가는 게 귀찮은 거잖아요. 내가 애써야 되고……. 그러니까 '아 내가 굳이 막, 저기, 뭐 저렇게?' 이렇게 생, 생각하거든요. 딱 거리, 일정한 거리, 사람 관계에 있어서……. [김영희: 네, 네.] 지금은 훅 들어갈 수 있는 용기가 생겼어요. 네, 네. 물론 내가 가면, 속 시끄럽고 힘들어요. 그런데 그걸 기꺼이 감수하겠다라는 마음이 생긴 거죠. 예. (중략)

그러면서 제, 전에는 도시의 삶에서 이렇게 이런 일들을 별로 해 본 적이 없잖아요. 그래서 진짜 시골에서 이 저희도 양쪽 부모님이 농사를 짓는, 이 농사를 져요. 친정이랑 시댁이랑……. 한데 가끔 손님처럼 가서 하,

음식, 이러게 뭐 저, 저는 농산물, 농작물만 확 가지고 실어 오고, 하는 일만 했단 말이에요. 그런데 여기 와서는 함께 깻잎도 따고요, 함께 풀도 뽑고요. 뭐 이렇게 되, 이렇게 해서 너무 매주 그걸 계속하고 있는 거잖아요? 그러니까, '아 내가 여기서 뭔가 이 사람들과 뭘 해도 좋겠다'라는 것이 생겼어요. 그러니까, '어, 굳이 내가 도심에서 사는 게 아니고 여기서 와서 살아도 괜찮겠다'라는 생각이 들었어요.

그래서 이제 공동체에 대한 고민을 더 이제 해 보게 되는 거죠. 그래서 이들하고 뭔가를 도모하고 함께 같이 의지하며 살면 참 좋겠다는 생각, 그러니까 그런 것까지 생각들이 이제 가는 거죠. 예, 예. 뭐 친정 같고 막 되게 그래요. 오면 막 된장이니 뭐니 바리바리 싸 주시거든요, 저희 갈 때……. [김영희: 아, 네, 네.]

예. 그냥 안 보내시거든요. 저희도 올 때 할머니들이 단, 할매들이 단, 단 거 좋아하세요. 도심의 불량 식품들을 저희가 막 가져오지만, '어 이거는 뭐 당, 당뇨 때문에 안 돼요', 막 이런 게 아니고, 그죠? [김영희: 네.] '단 거, 뭐 불량 식품 한번 드세요' 뭐 이러고 그냥 서로, 예, 그러면서 나눠 먹고……. 여기서 농사지은 거 저희한테 이제 싸 주시고……. 뭐 이러면서 되게 그런 여지들이 되게 생겼어요. 전에는 '아 내가 시골 가서 살 수 있을까? 그리고 뭐 어른들하고 이렇게 뭔가를 해 볼 수 있을까?' 이런 생각을 했는데……. 어, 그걸 구체적으로, 공동체에 대한 꿈을 꾸는 거잖아요."

여, 40대

6.11 행정대집행으로 폐허가 된 천막 농성장을 떠나 산을 내려왔을 때

사람들은 모두 넋을 놓고 마을 초입의 큰길에 주저앉았다. 어디로 가야 할지, 당장 무엇을 해야 할지 알 수 없었고, '집'을 잃어버린 상실감을 무엇으로도 채울 수 없을 것 같은 기분에 휩싸였다. 그런데 그때 누군가 갑자기 '시즌2 갑시다', '송전탑 반대 운동 시즌2 시작합시다'라고 외쳤다. 주저앉아 있던 사람들에게 이 말은 가뭄의 단비이자 구원의 말이었다. 갑자기 힘이 생겼고, '그래 우리의 싸움은 아직 끝나지 않았다'는 기운이 샘솟았다. 새로운 싸움을 시작할 때이지 싸움을 멈추고 주저앉을 때가 아니라는 생각을 한 것이다. 서로 한마디 말도 나누지 않았지만 이 말을 듣는 순간 모두의 마음 안에 같은 열정과 희망이 솟아오르는 것을 느낄 수 있었다.

주저앉지 않고 새로운 싸움을 시작할 수 있는 힘은 천막 농성장의 '즐거운 집'에서 쌓아 올린 시간과 관계에서 비롯된 것이었다. 들판을 쏘다니며 꽃구경도 하고, 진달래 화전도 부쳐 먹고, 멸치 머리를 따면서 수다도 떨고, 밤하늘의 별을 보며 노래도 부르고, 시답잖은 농담을 주고받으면서, 서로의 어깨에 짊어진 짐을 대신 지고 산을 오르내리면서 얽어 온 시간들이, 그 시간의 기억들이 고스란히 사람들 사이에 남아 있었다. '즐거운 나의 집'을 잃어버린 것이 아니라 '즐거운 나의 집'을 산 아래로 내려와 이어 짓기 시작한 것이다.

이 집은 즐거운 곳이되 '꽃밭'은 아니었다. 편안하고 안락하고 따뜻해서 '우리들끼리의 닫힌 울타리'로 만든 집이 아니라 춥고 어설프고 불편한데도 서로를 끌어안고 노닥거리며 즐겁게 싸워 가는 열린 싸움의 현장이자 저항의 거점이었다. 그러나 그 싸움을, 그 저항을 엄숙하고 무겁게 세상 온갖 근심과 무게를 짊어진 표정과 발걸음으로 이어 간 것이 아니라 실수하고 다퉈 가며 발랄하고 재미나게, 그래서 지치지 않고 이어 간 것이다. 산속의 '즐거운 나의 집'은 단란한 가정의 울타리가 아닌 새로운 연대의 공간을 만드는 경험이었다. 그리고 그 과정에서, 아무것도 할 게 없어서 서로를 마주 보고 이야기할 수밖에 없는, 함께 노닥거리며 즐겁게 보낼 궁리 외에는 다른 할 일이 없는 그런 집을 꾸려 간 것이다. 그것은 온전히 서로를 마주하는 것 외에는 다른 할 일이 없는, 그래서 자기 자신과 내 앞에 있는 사람과 함께 나누는 말과 숨결에 오롯이 집중하지 않을 수 없는 시간이었다.

'6.11 행정대집행 당시 얼마나 엄중하고 참혹한 폭력이 있었냐'는 질문에 열을 내며 그날의 울분을 토해 내던 사람들도 채 5분이 지나지 않아 천막에서의 즐거운 기억들을 소환해 냈다. '아니 그거 말고 얼마나 힘들었는지' 다시 물으면 '새카맣게 올라오던 경찰 놈들'에 대한 분노를 터트리다가도 금세 '천막에서 구워 먹던 고등어 구이가 얼마나 맛있었는지' 흐뭇한 표정으로 말하곤 했다.

송전탑 건설 반대 운동에 참여했던 주민들이 그린 그림으로 부산에서 전시회를 열 때 전시 공간 한복판에 천막 농성장을 재현하기로 했다. 이 소식을 들은 주민들이 전시 기획 회의에 참여했는데 저마다 앞다투어 '전방을 만들어야 된다', '화장실을 만들어야 된다', '개집도 만들어야 된다', '할매들 지팡이도 걸어 두어야 된다' 등 아이디어를 내놓기 시작했다. 그러더니 금세 누가 양은 냄비를 가져올지 의논하기 시작하고 그 양은 냄비가 너무 낡지 않았으니 돌로 좀 문질러서 낡게 만들어 가져와야 한다는 주의를 건네기도 했다.

　천막 농성장을 재현한 전시물을 설치하기로 한 날 주민들이 손에 저마다 무언가 잔뜩 들고 전시장을 찾아왔다. 산에서 주워 온 지팡이용 나무 작대기에서부터 행정대집행 직후 농성장에서 가져와 고이 모셔 두었던 낡은 현수막에 이르기까지 순식간에 수많은 아이템들이 전시장 바닥을 채우기 시작했다. 그중 가장 시선을 끈 것은 산에서 며칠 동안 긁어모아 가져온 낙엽 한 포대와 철거된 천막 농성장에서 가져와 간직하고 있던, 서로의 몸을 묶었던 쇠사슬이었다. 누가 먼저랄 것도 없이 주민들은 지팡이용 나무를 다듬고 낙엽을 바닥에 깔고 현수막을 천막 위에 두르고 산속에 만들었던 간이 화장실을 재현해 냈다. 천막 농성장을 떠올리고 그것을 다시 만들어 내는 것만으로도 주민들은 무척 즐거워 보였다.

　서로의 기억이 달라 다투는 일도 종종 있었다. 라면이 놓여 있던 '전방'의 위치가 거기가 아니라거나 지팡이가 걸려 있던 장소가 다르다거나 화장실 모양이 다르다거나 개집 위치가 잘못되었다거나 쓰던 것 말고 새로 사 온 쇠사슬 일부가 너무 새것 같으니 치우든지 녹이 좀 슨 것처럼 만들어야 한다는 둥 모두가 눈을 반짝이며 열의를 불태웠다. 천막 농성장이 어느 정도 제 모양을 갖추자 누군가 천막에서 하던 걸 해야 한다고 말했다. 그러자 다른 누군가가 바닥에 모포를 깔았고, 또 다른 누군가가 챙겨 온 화투를 꺼냈다. 그리고 거기 주민들과 연대자들, 그리고 전시를 위해 달려온 또 다른 연대자들이 함께 모여 앉아 즐겁게 '고스톱'을 치기 시작했다. 그러자 몇 사람이 '우린 거기서 낮잠도 많이 잤는데, 그때 그 산바람이 얼마나 좋았는지 아냐'고 말하더니 바닥에 드러누웠고 다른 누군가는 노래를 불러야 한다며 기타를 가져와 치기 시작했다.

순식간에 천막 농성장이 산속의 '즐거운 집'처럼 시끌벅적해졌다. 아무도 말하지 않았지만, 모두 온몸으로 '싸움은 즐겁게 하는 것'이고 '즐겁게 싸워서 우리가 여기까지 이어져 올 수 있었다'고 말하고 있었다. 언젠가 주민 한 명이 마을에서 조롱받으며 살지 말고 우리끼리 모여 살았으면 좋겠다고 말한 적이 있었다. 그때 자리에 앉아 있던 사람들이 모두 행복한 상상을 하는 듯 즐거운 표정으로 '나도, 나도'를 외쳤다. 연대자 한 명이 말했다. 어떤 사람들은 우리를 실패했다 말하고 낙오자라고 부르지만 이건 모두 우리가 스스로 원해서 한 일이고, 우리의 낙오는 오로지 즐거운 일일 뿐이라고, 즐거운 낙오도 이만하면 좋지 않냐고 말하며 웃는 그의 표정이 어느 때보다 단단해 보였다.

밥의 무게

"처음에는 싸우는 현장에서 여성들이 밥을 짓는 걸 보면 불편했어요. 왜 여성들은 밖에 나와서도 밥을 짓나 하구요. 그런데 그 밥을 먹으니까, 연대 가는 곳마다 거기서 밥을 먹으니까 생각이 달라져요. 밥을 먹으면 그 현장을 떠날 수가 없어요. 밥을 먹으면 거길 다시 가게 되더라구요. 밥이란 게 그래요. 정성껏 지어 주신 밥을 먹은 곳은 떠나기 어렵더라구요. 다시 가게 되고……. 밥이란 게 그런 거더라구요. 그래서 생각이 달라졌어요. 밥이 그냥 밥이 아니구나……." 여, 60대

"5.18 때 도청에서도 밥 짓는 사람들이 제일 힘들었어요. 어디서나 사람들이 밥은 먹어야 해요. 싸울 때도 밥 먹는 게 제일 중요해요. 그런데 그 많은 사람 밥을 누가 해요. 그게 보통 노동이 아니에요. 다른 건 몰라도 사

람들이 밥해 준 사람은 기억해요. 밥 얻어먹은 건 기억이 나죠. 그래도 공은 없어요. 유공자 이름에도 안 올라가고, 그 밥한 사람들이 자기 공을 내세워 이름 올려 달라고도 하지 않아요.

정리 해고 싸움할 때 현대차 식당 노동자들이 그랬잖아요. 식당 노동자들만 해고하는 걸로 정리하고 나중에 다시 같이 싸운다 하구선 나 몰라라 했을 때 그때 그랬잖아요. '너네가 우리가 지은 밥 먹고 파업해 놓고 이럴 수가 있냐'고……. '87년 7, 8, 9 노동자 대투쟁 할 때도 그 땡볕에 수천 명, 수만 명 밥을 해서 먹였는데 그 밥 먹고 싸운 사람들이 그럴 수 있냐'고……. 그 말이 참 뼈에 사무치더라구요." 여, 60대

밥의 연대가 있다. 함께 밥을 만들고, 둘러앉아 함께 밥을 나눠 먹고, 밥해 준 사람들의 마음을 먹고, 밥을 나눠 먹은 사람들의 마음에 기대 가는 '연대'가 있다. 밥을 먹으면 떠날 수 없는 현장, 밥을 먹고선 외면할 수 없는 현장이 있다고, '연대의 밥'을 먹어 본 사람들은 말한다.

단식을 하지 않는 모든 싸움의 현장에서 사람들은 밥을 먹는다. 어쩌다 거리로 나서는 날엔 김밥 같은 걸로 간단하게 요기를 하지만 싸움이 길어지면 어디서나 솥단지를 건다. 한두 명도 아니고 수십 명, 수백 명이 몇 날 며칠 싸움을 이어 갈 때 제일 중요한 건 밥이다. 밥을 먹지 않으면 싸움에 나설 수가 없고, 싸움을 끈질기게 이어 갈 수가 없다.

밥을 먹은 사람들은 누군가 자신에게 밥을 만들어 주었다는 사실을 기억한다. 그러나 싸움의 역사에서 밥을 지은 사람들의 존재는 종종 지워진다. 때때로 그것은 자식을 돌보는 어머니의 마음이나 남편을 보살

피는 아내의 마음에 빗댄, 추상적인 상징으로 남는다. 집에서 밥을 지어 누군가를 돌보던 '여성'들이, 싸움의 현장에서도 돌봄의 연장선상에서 누군가를 위해 밥을 짓는 것으로 인식되곤 한다. 그것은 모두가 집중하고 있는 바로 그 '싸움의 일'이 아니라, 울타리를 넘어선 '가정의 일'로 여겨진다.

그런데 밥을 짓는 것은 싸움에서 가장 중요한 일일 뿐 아니라 엄청난 강도의 중노동이다. 밥을 먹지 않으면 싸움의 현장에 서 있을 수 없고, 간단히 끝나지 않는 싸움을 버티며 오래도록 현장을 이어 갈 수 없다. 그런데 수십, 수백 명이 먹을 밥을 짓는 일은 농성 천막을 짓거나 철제 망루를 짓거나 비계를 쌓아 단상을 만드는 것만큼이나, 때로는 그 이상의 힘과 끈기를 요구하는 노동이다.

언젠가 식당 노동자들의 노동 현장을 다룬 다큐멘터리를 본 적이 있는데 중장비가 동원되는 어떤 대규모 노동 현장보다도 더 스펙터클한 노동의 장면[scene]이 거기에 있었다. 컨베이어 벨트 위로 식판이 끝없이 밀려 들어오고 노동자들은 삽을 들고 채소를 볶는다. 쉴 새 없이 흘러드는 땀방울로 노동자들은 눈을 뜰 수 없고, 밥을 짓는 현장은 온갖 소음으로 간단한 대화조차 나누기 어렵다. 식재료를 옮기고 식판을 나르는 그 모든 노동이 만들어 내는 하중 때문에 노동자들의 관절과 근육은 이미 너덜너덜해진 상태다.

"맨날 먹는 게 일이었어요. 오늘은 뭐 해 먹나 궁리하면서, 서로 의논도 하고……. 뭐 특별한 걸 먹은 건 아니에요. 그냥 그때그때 생각나는 대로,

눈에 보이는 대로……. 우리는 까막눈이라 모르지만 어른들 눈엔 지천에 먹거리 천지인 거예요. 봄에는 산에 올라오는 거 중에 먹을 수 있는 게 태반이라, 그때그때 나물 같은 거 캐서 무쳐 먹고 그랬어요. 맨날 앉아서 멸치 똥 따면서 수다 떨고……. 다시 국물 낼 일이 많으니까 허구한 날 앉아서 멸치 똥을 따는 거예요. 그거 따면서 얼마나 이야기를 재미있게 많이 했는지……. (중략) 그래도 제일 기억나는 건 고등어예요. 고등어 구워 먹은 건 잊지를 못해……. 얼마나 맛있었는지 몰라요. 평생 먹은 것 중에 제일 맛있었어요." 여, 50대

밀양에서의 싸움과 연대를 기억하는 이들이 가장 많이 말한 것은 '밥'에 관한 것이었다. 밀양 어른들이 연대자들에게 어떤 음식을 만들어 주셨는지, 먹었던 것 가운데 어떤 것이 정말 맛있었는지, 산속 천막 농성장에서는 무엇을 만들어 먹었는지, 누가 가장 많이 먹을거리를 만들어다 날랐는지, 산꼭대기 농성장에서 없는 재료로 만들어 먹은 음식의 종류는 무엇이었는지, 그것들의 맛은 어떠했는지, 재료를 조달하고 음식을 만들기 위해 어떤 노동을 해야 했는지 등 사람들의 이야기는 끝도 없이 이어졌다.

밥을 먹은 기억을 이야기하는 사람들의 표정은 아이처럼 천진하고 즐거워 보였다. 봄날에 천막 농성장 앞 들판에서 진달래를 따다가 화전을 부쳐 먹은 이야기, 혹은 나뭇가지를 주워 불을 피우거나 연탄불을 피워 생선을 구워 먹은 이야기를 할 때면 입에 침이 고이는 것처럼 입맛을 다시며 당시의 기억을 생생하게 떠올리곤 했다.

밀양765kV송전탑반대대책위의 요청으로 송전탑 건설 추진 과정과 2014년 '6.11 행정대집행' 당시 자행된 '국가폭력'에 대한 구술 인터뷰에 나선 적이 있다. 당시 구술 인터뷰의 목표는 송전탑 건설 과정에서 자행된 폭력을 고발하는 것이었고, 인터뷰 질문은 이에 관한 내용으로 이어졌다. 그러나 폭력의 기억을 묻는 나의 모든 질문은 싸울 때 얼마나 맛있는 걸 많이 먹었는지 떠올리는 사람들의 표정으로 마무리되었다. 내가 '얼마나 잔인하고 끔찍한 폭력'이 있었는지 물으면 사람들은 '정말 그랬다'며 울분을 토하는 내용을 늘어놓다가도 금세 천막에서 만들어 먹은 음식 이야기나 농성장에서 사람들과 어울려 음식을 준비하던 '그때'를 떠올렸다.

싸움이 때로 얼마나 참혹했는지 그 기억을 잊은 것은 아니었다. 인근 농성장이 경찰 병력에 의해 모두 뜯겨 나갔다는 소식을 듣고 이제 곧 '이곳'으로 덮쳐 올 그들을 기다리는 시간은, 피를 말린다는 표현으로도 부족한 아득함이었다. 사람들은 덤덤한 듯 천막 안 물건들을 정리했지만 그 떨리는 손끝의 긴장과 불안을 모르는 이는 없었을 것이다. 그때에도 사람들은 그들의 먹거리를 나누어 담았던 밥공기와 그릇들을, 손때 묻은 수저와 냄비를 소중하게 갈무리했다.

새카맣게 올라오던 경찰들과 햇볕에 반사되어 은색으로 빛나던 그들의 헬멧, 눈이 부실 새도 없이 몰아치던 헬리콥터 프로펠러의 바람, 그 바람에 날려 가는 천막과 가재도구들을 보는 사람들의 표정은 본인의 집이 헐리는 모습을 지켜보는 철거민들과 다르지 않았다. 집을 잃은 아이의 표정에서 나타나는 상실감이 그들의 얼굴 위에도 있었다. 그 집은 함께 둘러앉아 밥을 먹던 '식구'들의 공간이었다.

그 상실감과 참혹함을 덮을 만큼 행복하고 즐거운 기억이 밥을 먹는 시간 안에 있었다. 서로의 몸을 묶은 쇠사슬을 끊고 들어오던 날 선 절단기의 기억으로도 덮이지 않을 일상의 안온함이, 밤이면 산속 깊은 천막 안 어깨를 나란히 한 '식구들'과 나눠 먹은 음식의 따스한 기운 안에 있었다. 밥을 먹으면 뱃속이 뜨뜻해지고 뱃속이 뜨뜻해지면 무너지던 마음을 일으킬 수 있는 힘이 솟는다. '밀양 할매'들이 연대자들에게 무언가를 먹이려고, 천막을 찾는 그 누구도 텅 빈 뱃속으로 싸우지 않게 하려고 그토록 애쓴 까닭이 여기에 있었다. 그들은 싸울 용기와 기운이 오로지 '밥심'에서 난다는 것을 믿는다.

연대자들 또한 이 마음을 느끼지 않을 수 없었다. 그들은 기꺼이 이 '뜨신 밥'을 먹었고, 이 '뜨신 밥'을 만드는 일에 동참했고, '뜨신 밥'을 짓기 위해 물을 져다 날랐다. '뜨신 밥'을 짓는 노동의 수고로움을 아는 연대자들이 도시락을 싸 오기 시작했고, 천막에 솥이 걸린 뒤엔 함께 밥을 짓기 시작했다. 연대자들이 싸 온 작은 도시락과 바나나 몇 개가 스산한 천막 안을 뜨겁게 데우고 '할매'들의 뱃속을 뜨뜻하게 만들어 주었고, 천막 안의 사람들은 자신들이 먹는 밥 한 그릇에 물을 지고 오른 이의 땀 한 바가지와 쌀을 지고 오른 이의 땀 한 바가지, 불을 때고 밥을 지은 이가 흘린 땀 한 바가지가 담겨 있다는 사실을 알았다.

"물도 마음껏 마시지 않았어요. 한 모금씩 아껴 먹었죠. 설거지할 때도 물을 함부로 쓰지 않았어요. 모두 산에 오를 때 물 한두 병씩 지고 날랐으니까……. 내가 쓰는 이 물이 어떻게 여기까지 오게 되었는지 너무 잘 알았으니까……. 함부로 쓸 수가 없는 거죠. 그때 알았어요. 우리가 산 아래에서 물을 쓸데없이 너무 많이 사용하고 있다는 걸……. 그거보다 훨씬 적게 쓰고도 충분히 생활할 수 있다는 걸요. 거기서 생태를 배운 거죠." 여, 50대

함께 먹은 밥은 이들 서로에게 '환대'면서, '책임'이고, 또한 말로 나눌 필요도 없이 서로의 마음에 새긴 '약속'이었다. 서로를 두 팔 벌려 환영한다는 의미, '네가 쓰러지지 않고 살아갈 것을 응원한다'는 의미, '내가 당신과 함께하겠다'는 의미, '네 뱃속에 음식이 들어가 그 음식이 네게 살아갈 힘을 주었으면 하고 바란다'는 의미가 깃들어 있다.

밀양 탈송전탑 탈핵 싸움에 연대한 이들 중에는 '여성'들이 많았는데 이들은 연대자들에게 밥을 만들어 주는 '할매'들의 노동을 당연한 것으로 여기지 않았다. 그리고 이들은 싸움 이후에도 이런 싸움의 현장에서 '밥을 짓는 여성'의 모습에 담긴 의미를 여러 각도로 생각해 보게 되었고 이 일을 계기로 이들 중 일부는 싸움 이후 '페미니즘'을 공부하기도 했다.

"처음에 연대하러 왔는데 할머니들이 연대자들 밥을 하시는 거예요. 그게 너무 속상했어요. 집에 할아버지 드실 밥 해 놓고 농성장 나와서 또 연대자들 준다고 밥을 하시고 하는 게, 그때는 디-게(무척) 속상하더라구요. 그래서 지회별로 의논해서 '우리 먹을 건 우리가 싸갖고 올라오자' 그랬죠. 그때부터 도시락을 싸가지고 다닌 거예요. 나중에는 같이 밥을 해 먹고 그랬지만 한동안 저희들이 도시락을 싸갖고 다녔어요. 어른들이 연대

자들 밥 하시게 하지 말자 하면서……." 여, 50대

"근데 밥이 연대가 된 게 뭐냐면, 그 수많은 연대자들이 오는데 그 밥을 해결해야 되는 어르신의, 할머니들의 그 상황을, 우리가 제일 먼저 이해가 되는 거예요. 우리가 이거 살아 봤잖아요. 그래서 그거 아무것도 아닌 것 같지만 사실 그 힘듦을 알기 때문에 저희가 할 수 있는 건 '도시락을 싸 가자'였지 가서 '밥을 하자' 의미는 아니었어요. '우리가 집에서 하는 밥 좀 들고 가면, 나눠 먹으면 훨씬 그 힘을 덜어 줄 수 있을 거다', 그 부분에서 밥 연대가 시작됐던 거고……. 그래서 그런 할머니들의 그런 고단함을 우리가 제일 잘 이해하기 때문에 일어난 일인 것 같구요. (중략) 그러니까 모든 사람들이 다 도시락을 싸 올 수는 없지만 '우리가 그래도 좀 싸 가면 어르신들이 할 수 있는 일들의 고단함을 좀 더 덜어 드릴 수 있다', 이런 게 있었던 것 같구요. 그 다음에 인제 그 일 조직하고 하는 것도 저는 저희가 되게 잘했다고 생각하거든요." 여, 50대

송전탑 건설 반대 운동의 시작 단계에서 싸움의 전면에 나선 건 지역의 권위 있는 '남성'들이었다. 그러나 마지막 최후까지 그 어떤 회유와 압박에도 굴하지 않고 싸움의 현장에 남은 다수의 사람들은 '여성'이었다. 이 때문에 싸움의 현장에 남아 있는 '남성' 주민들도 밀양 송전탑 건설 반대 운동의 주역이 '밀양 할매'라는 주장에 다른 말을 덧붙이지 않는다. '밀양 할매'들에게 한 사람 앞으로 수백만 원씩 주어지는 보상금이 결코 적은 돈은 아니었다. 일흔 살, 여든 살이 넘어선 고령의 주민들에게

산속 농성 천막이 춥고 불편하지 않았던 것도 아니었다. 짐승 울음소리 밖에 들리지 않는 깊은 산중에서 80대 이상의 '여성'들 두세 명이 서로를 끌어안고 잔 밤도 여럿이었다. 이 때문에 이 농성 천막을 방문하여 할머니들과 하룻밤을 보낸 이들은 다시 이곳을 찾을 수밖에 없었다. 그곳에, 그 깊은 어둠과 침묵의 시간 속에 그분들만 두고 도시의 담벼락 안 안온한 공간에 몸을 누인 채 잠이 들 수는 없었기 때문이다.

'밀양 할매'들은 종종 '우리가 이때까지 버텨 온 건 모두 연대자들 덕분'이라고 말한다. 그리고 그 연대자들 역시 '우리가 밀양을 송전탑이 들어선 이후 지금까지 찾아오는 건 할머니들 덕분'이라고 말한다. 그리고 이들은 서로를 만나는 과정을 통해 성장했고, 서로를 발견했고, 함께 연대했다. 연대의 장소에서 서로를 통해 그들은 서로 다른 장소를 발견했고 예전에는 생각하지 못했던 사람들의 다른 면을 찾게 되었다. 그리고 그 다른 면들이, 다르다고 생각했던 그 이면들이 모두 자신의 삶과 연결되어 있다는 것을 발견하기도 했다.

"나 부산에 있을 때는 '미쳤다, 데모하고' 그랬지. (웃음) 근데 내가 데모하는 기 왜 하냐면 나는 젤 처음에 데모하려고 여기 안 왔어. (중략) 그러니까 왜 그러냐면 연대자들 정말 보니까 억울한 그 자체가 많더라고요. 그리고 가 보니까 그 현장도 정말 억울하잖아. 왜 사람이 굴뚝에 올라가고 그럽니까? 억울하니까……. 그 지금 서울 집회만 보면 억울한 거 누가 들으려고 했습니까? 그냥 잘못된 집회만 했다고 잡아가지. 왜 올라간지는 언론에서 한마디를 안 해. 그 자체는 참 잘못됐더라고. 안 그래예? '저 사람이 왜 올라갔을까?'……. 그 할아버지 돈 많아갖고 그래 간 것도 아니고, 그지예? 저는 SNS에도 그런 글을 계속 올리고 그러고 있습니다. 그리고 연대해갖고 우리 억울한 이야기도 하고 억울한 이야기도 듣고……. 너무 잘못된 게 많더라고……. 그리고 방사능 우리도 그거 잘 몰랐잖아요. 다 유실되고 해갖고 요즘은 밥도 잘 못 먹겠더라고요. 그래서 그 후쿠시마 관심 가졌죠." 여, 50대

주민들 중에는 송전탑에 올라가고 싶다는 이들이 많았다. 송전탑에 올라가 속에 있는 말을 한껏 쏟아 내고 싶다는 말이었는데, 그냥 말을 하는 게 아니라 고래고래 소리를 지르고 싶은 심정이라고 말하기도 했다. 그러면서 주민들은 고공 크레인에 올라가 구호를 외치는 노동자들을 떠올렸다. 송전탑 건설 반대 운동에 참여하기 전에는 미처 생각해 보지 않았던 그 노동자들의 마음을 생각하게 되었다고, 그 마음이 지금 송전탑에 올라가고 싶은 자신의 마음과 다르지 않다고, 주민들은 말한다. 그 가슴 속에 맺힌 말을 아무도 들어 주지 않아서, 맨땅 위에서는 아무도 들어 주는 이가 없어서 그 높은 곳에 올라가 목숨을 걸고 속엣말을 털어놓을 수밖에 없는 자신들의 마음을, 그 노동자들의 모습 속에서 발견하게 되는 것이다. 그래서 주민들은 세상에 '쓸데없는 데모'는 없고, '데모하기 어려운 형편'도 없다고 생각하게 되었다. 그래서 주민들이 제일 좋아하는 노래 가운데 하나는 대중가요를 개사한 '내 나이가 어때서 데모하기 딱 좋은 나인데'이다.

야 야 야 내 나이가 어때서
데모에 나이가 있나요
마음은 하나요 느낌도 하나요 오오
그대만이 정말 내 사랑인데
눈물이 나네요 내 나이가 어때서
데모하기 딱 좋은 나인데
어느 날 우연히 거울 속에 비춰진
내 모습을 바라보면서
세월아 비켜라 내 나이가 어때서
데모하기 딱 좋은 나인데

말하는 이의 장소를 만드는 것은 듣는 이들의 존재다. 다른 누군가의 말을 듣겠다는 이들이 나타나고, 그런 사람들이 모여 누군가의 이야기에 귀 기울이는 '장소'가 만들어질 때 '말하는 이'는 더 이상 높은 철탑이나 고공 크레인에 올라가지 않고도 말할 수 있게 된다. 높은 곳에 올라 목숨이나 그 밖의 것들을 내걸지 않아도 말할 수 있게 될 때 소리 높여 외치던 말들도 제자리를 찾아 자분자분 이어진다. '아무 문제 없다'며 스스로를 다독이며 불안을 누른 채 일상에 안주하려는 이들을 가로막고 '자 이런 문제가 있는데도 외면하고 살 테냐'라고 큰소리로 외치는 것은 때론 불편한 일이 된다. 하지만 그렇게라도 하지 않으면 누군가는 금방이라도 터질 듯 가슴을 가득 메운 '삼킨 말'들을 토해 낼 길이 없다. 그리고 억눌린 불안은 기필코 어느 순간엔가 터지기 마련이다.

오래 삼킨 말들은 조각조각 부러지고, 듣는 이 없이 말할 기회를 잃었던 입은 억눌린 울음이나 성난 포효를 터트린다. 우리는 드러난 울음과 포효 앞에서 '자, 이제 들어 줄 테니 찬찬히 말해 보라'고 말하지만 조각난 말을 잇고 삼킨 말을 내뱉는 일은 갑작스레 이뤄지기 어렵다. 그래서 그 말이 모두 끊기기 전에, 삼킨 말들이 너무 깊이 가라앉아 밖으로 나오는 길을 완전히 잃어버리기 전에 누군가 다가가 그 말을 들으려는 연대의 노력이 필요하다. 말하는 이들의 장소를 만드는 것은 청취의 연대이며, 이 연대를 가능하게 하는 것은 어떤 문제든 그것을 '너'의 것으로 두지 않고 '서로'의 문제이자 '나'의 문제로 인식하려는 노력이다.

문제가 없는 것이 아니라 문제가 발견되지 않은 것이라는 사실을 연대자들은 밀양에서 깨달았다. 살아가는 동안 직면해야 하는 문제는 너무 많고, 당장 발 앞에 떨어지는 문제를 해결하느라 정작 중요한 문제는 외면하기 일쑤다. 문제가 바로 내 앞에 떨어지지 않는 한, 혹은 그 문제가 내가 발 딛고 선 땅을 무너뜨리지 않는 한 그것은 나의 문제가 아니라 누군가의 문제일 뿐이다. 그리고 이 누군가의 문제는 안타깝긴 하지만 내가 가던 길을 멈추고 돌보고 해결해야 할 내 몫의 과제는 아니다. 그러기엔 이미 내 삶은 고단하기만 하다.

고도로 발달한 자본주의 사회에서 살아가는 우리에게 요구되는 것은 언제나 일정한 '삶의 속도'다. 이 속도는 무척 빨라서 이 속도대로 살아가는 사람들은 한눈을 팔거나 좌우를 둘러볼 겨를이 없다. 삶의 이면을 들여다보거나 감추어진 연결 고리들을 들여다보기는커녕 당장 내 발 앞에서 시한폭탄이 재깍재깍 소리를 내며 시계를 돌리고 있다고 해도 가던 걸음을 멈추지 못할 정도로 우리는 이 속도에 내몰려 있다. 이 속도를 따라가지 못하는 순간 우리가 어떤 삶의 경계 바깥으로 내몰리는지, 경계 바깥으로 내몰린 삶이 어떤 비참과 파탄을 선사하는지 너무나 잘 알고 있기 때문이다. 서울 한복판에 나가 사람들이 걸어다니는 속도를 무심결에 관찰하다 보면 이 속도의 여운을 조금은 짐작할 수 있다. 이 속도에 내몰려 사람들은 시간을 쪼개고 동선을 줄이며 삶의 반경을 좁힌다. 한 번에 한 가지 일을 하는 것이 아니라 한꺼번에 여러 가지 일을 처리하느라 주의력이 떨어지고 이렇게 정신없이 내몰린 사이에 미처 살피지 못한 위기들이 몸집을 키워 일상을 엄습하는 순간 우리 삶의 기반이 순식간에 무너진다.

세월호 유가족이 언론사 기자의 질문에 답하면서 '내가 삼풍백화점이 무너졌을 때 관심을 가지고 그 문제가 어떻게 해결되는지 두 눈 부릅뜨고 지켜봤더라면 내 아이가 바다에 빠져 죽지는 않지 않았을까 생각한다'고 말한 것을 읽은 적이 있다. 건설 현장에서 나의 가족이 추락했을 때, 빵 만드는 공장에서 반죽 기계에 내 가족의 몸이 끼었을 때 우리는 질문한다. '내가 산업 현장의 노동 환경이 열악하고 위험하다는 누군가의 목소리에 귀를 기울였더라면 내 가족이 죽지 않을 수 있었을까' 하는 생각을 떨쳐 버릴 수 없는 것이다. 물론 이 모든 것은 누군가의 관심이 부족해서 일어난 일들이 아니다. 그보다는 이런 문제들을 만들어 내는 구조가 한국 사회 깊숙이 똬리를 틀고 있기 때문에 일어난 일들이라고 할 수 있을 것이다. 그럼에도 불구하고 결국 이 구조를 세상에 드러내고 이를 통해 결국 변화를 만들어 내는 것은 감추어진 현상의 이면을 들춰 내고 외면해 왔던 수많은 삶의 연관들을 환기시키는 누군가의 관심이다.

그러나 이 관심은 너무나 어렵고 고단한 일이다. 엄청나게 빠른 속도로 내몰리는 와중에 그 속도감을 유지한 채 자신의 일 가운데 어떤 것도 빠뜨리거나 실수하지 않는 상태에서 기울이는 관심이기 때문이다. 이런 관심을 기울이는 일은 어렵거나 거의 불가능하다. 그래서 대부분의 사람들은 관심을 기울이지 못하고, 간혹 관심을 기울인 이들은 자기 삶의 현장에서 자신의 실수에서 비롯된 크고 작은 문제들에 직면한다. 그래서 이런 '신자유주의 시대'를 살아가는 이들이, 드러나지 않은 연결 고리를 찾아 스스로의 삶을 성찰하고 이 엄청난 속도 아래에서 작은 틈새를 만들어 직접 '연대'에 나서는 것은 어쩌면 어마어마한 결심이 깃든 실천일지 모른다.

연대자들을 위해 밥을 짓는 사람들은 이 결심의 무게를 이해하려 노력한다. 그래서 '연대자들이 없었다면 이 싸움을 이어 갈 수 없었노라'는 깊은 감사의 마음을 전하는 것이다. 그리고 현장을 떠나 자신의 삶으로 돌아간 이들이 죄의식을 갖지 않기를 바란다. 오랜 삶의 경험 속에서 이들은 '미안하면 멀어지고 멀어지면 끊기게 되어 있다'는 걸 잘 알고 있기 때문이다. 그래서 밥을 짓는 사람들은 자신들이 짓는 밥을 즐겁게 먹고 연대자들이 부른 배를 안은 채 든든한 마음으로 살아가길 기도한다. '밀양 할매'들이 어느 싸움 현장의 사람들보다도 더 '즐겁게' 싸우려 하고, 싸움터를 찾은 사람들의 밥 한 끼를 가장 먼저 챙기려 드는 까닭이 여기에 있다.

"아, 먹는 건 내가, 뭐 가가(가져가) 봤자 된장찌개 끓이 앉히(끓여서) 가고, 거(거기) 가면 물만 부으면 먹게 만들어 가고 이래 봤자 한 끼 먹으면은, 사람이 또 먹을 때는 또 되게 많아져, 되게……. 있을 때는 또 뭐 서너 명 있다가도 막, 밥 먹을 때 되면 그때 되면 또 올라오니까, 먼 데서라도 다 오니까 점심 먹을 때……. 그럼 또 자기네들도 해갖고 오지만은, 인자 아침저녁으로 먹을 게 또 좀, 아침은 대충 누룽지 끓여가 먹고 막, 저녁에도 대충 먹고 낮에는 조금 ○○○○[연대 단체명]에서 해 오니깐 좀, 좀 잘 먹고, 그런 식으로……. (중략) 집에 와가 있어도 내- 올라갈 생각뿐이라. 위에서 뭐 해 먹나 싶으고……. 궁금해가 죽겠는 기라. 그라이 마 빨리 올라가고 싶지. 뭐 퍼뜩 해 먹을 수 있는 거 챙기가, 뭐 손에 잡히는 대로 뭐 대충 챙기가, 뭐 특별한 건 없지 뭐. 그래도 다 맛있다 카이까 재미가 있지 뭐. 다 잘 묵고, 맛있게 묵고 카이까……. 집 생각은 머릿속에 있도 안 해. 얼른 올라가 밥해 믹일 생각밖에 없지. 그기가 그리 재미가 있어갖고…….」 여, 60대

준비한 음식을 이고 지고 가파른 산길을 오르면서도 올라가서 밥을 같이 나눠 먹을 생각을 하면 즐겁고 설레기만 했다고 한 주민은 말했다. 별 것 없는 반찬에도 허술한 천막 안에 옹기종기 둘러앉아 맛있게 밥을 먹는 사람들을 보면 그 장면을 보는 것만으로도 보람이 느껴지고 행복한 기분이 들었다는 것이다. 산 아래 마을의 집 안 살림은 엉망으로 내버려 두고 이것저것 닥치는 대로 챙겨서 어서 빨리 산에 올라갈 생각밖에 없었다고 그는 고백하였다. 행정대집행 이후 더 이상 산에 올라갈 일이 없

을 때에도 그는 연대자들이 찾아올 때마다, 대책위에서 행사를 치를 때마다 맛있는 음식을 준비해서 찾아오는 이들을 '환대'했다. 그가 짓는 밥이 그에게는 환대의 표현이자 연대의 마음이었다.

세상엔 응답받지 못하는 마음들이 많지만 밥에 깃든 마음은 응답받을 수 있다고, 현장의 사람들은 믿는다. 밥에 깃든 마음의 무게를 어렴풋이 짐작하기 때문이다. '싸움 현장에서 밥을 먹은 사람은 그 현장으로 반드시 돌아오게 되어 있다'는 누군가의 말은 경험에서 우러나온 말일 것이다. 1980년 5월 수많은 사람들의 죽음 속에서 정신없이 내달렸던 이들은 이후 자신의 삶에서 가장 오래도록 품은 기억이 '내게 밥을 만들어 준 사람들'에 관한 것이었다고 말한다. 5.18 항쟁에 참여했던 한 시민군은 어느 다큐멘터리에서 '내게 따뜻한 밥을 만들어 내밀었던 그분들을 한 번쯤 꼭 만나고 싶었다'고 하면서, '그 밥을 먹으니 기운이 나고 내가 옳은 일을 하고 있다는 확신이 들었는데 내가 살면서 다른 길로 접어들지 않은 것은 그분들에 대한 기억이 있었기 때문이다'라고 말하기도 했다.

고립된 싸움은 불안을 증폭시키고 싸움을 피폐하게 만든다. 어느 곳이든 싸움의 현장에 섰던 사람들은 싸움이 길어질수록 '여긴 나, 혹은 우리 밖에 없다'는 생각이 만들어 내는 공포에 가까운 감각을 기억한다. 산속에서 오들오들 떨면서 천막을 지키던 할머니들이 지어 준 밥을 먹고 그 곁에 한 번이라도 누워 봤던 사람들이 다시 천막을 찾은 이유가 여기에 있다. 어떤 짐이든 그것을 여기 있는 몇 사람이 지게 하지 않겠다는 생각, 그것이 어떤 무게의 몫이든 함께 들어 나누겠다는 마음이 연대의 시작이라면 연대를 지속하게 하는 힘은 '누구도 고립된 상태로 홀로 이어 가는 싸움을 하지 않게 만들겠다'는 경험에서 우러난 각오다. 이 경험의 기억은 연대만이 고립이 만들어 내는 불안의 감각을 해소할 수 있다는 것을 깨닫게 만든다.

'고립'은 대상을 특정할 수 없는 분노를 사납게 키우며, 툭툭 끊어지는 '조각난 말'을 만든다. 때론 이 때문에 함께 싸움을 이어 가는 이들을 향해 날 선 분노가 쏟아지기도 한다. 그리고 그 날 선 대립은 힘겹게 싸워 가던 이들 스스로에 대한 혐오와 자괴감을 남긴다. 어떤 사람들은 싸우는 이들에게 논리 정연하고 조리 있게 말할 것을 요구하기도 하고, 함께 싸우는 이들을 향한 따뜻한 시선과 응원의 마음을 품어 달라 말하기도 한다. 그러나, 싸움은 마음을 단단하게 만들기도 하지만 그 단단한 마음 이면에 어떤 고단한 '잉여'를 만들어 낸다. 처음 송전탑 건설 반대 운동에 나설 때 함께 섰던 사람들, 생사의 길목에서 서로를 더 강하게 끌어안았던 사람들 가운데 지금 나란히 서 있지 않은 사람들도 많다. 그래서 탈송전탑 탈핵 운동에 참여한 주민들은 '열심히 싸울 때가 제일 좋았다'고 말하기도 한다.

많은 사람이 떠나기도 했고, 또 그들이 떠난 자리에 아쉽고 슬픈 감정들이 스며들어 있는 것도 사실이지만 그래도 여전한 것은 즐겁게 나눠 먹은 밥의 기억이다. 그 춥고 시린 밤공기 속에서도 서로 수다를 떨고 웃음을 나누며 부족한 음식을 배불리 나눠 먹었고, 그 충만한 배로 든든하게 현장을 지킬 수 있었다. 밀양 탈송전탑 탈핵 운동의 현장에는 늘 맛있는 먹거리들이 있고, 그 먹거리들은 언제나 따뜻하고 풍족하다. 대책위 활동가들과 연대자들은 행사를 준비할 때마다 가장 먼저 먹거리를 고민하고 준비한다. 따뜻한 밥을 나눠 먹고 함께했던 사람들이 자기 삶의 현장으로 돌아가서도 '부른 배'가 주는 따스함과 어딘지 모르게 '채워진 느낌'을 안고 살아가기를 바라기 때문이다. 이것은 모든 연대자들을 향한 응원이자 다음 싸움을 약속하는 마음이다.

바느질과 여성 연대

"하루를 거기서 계속 버티려면 무료하잖아요. 그래서 '아 그러면 우리 여기서 낮에 책 토론 하자'……. 저희가 이제 회의도 거기 가서 하고요. [김영희: 아, 네, 네.] 그리고 토론도 거기 가서 하고요. 각 회의, 회원들이 모여서 돌아가면서……. '야 오늘은 어, 오늘은 밀양지회에서 올래?' 아니면, '오늘은 서울지회에서 올래?' 아니면, '오늘은 순천에서 와' 아니면 '오늘은 창원지회에서 와' 이렇게 해서 돌아가면서 도시락 싸가지고 와서 회의도 하고 거기서, 토론, 책 토론도 하고……. 막 이렇게 해서 돌아가면서 했죠.

그러다가 매일 그럴 건 아니잖아요. 이제 그런데 중간에 시간이 비는 게 있잖아요. '아 근데 계속 누워 있고, 사람들이랑 얘기해도 조금 무료하네? 우리 여기서 뭘 한번 해 볼까?' 이래서 '아 그러면 바느질 시작해 보자' 이렇게 해서 이제 시작된……. 그러면 여기서 필요한 거, 이제 '여기 산에 계속 있으니까 이 어깨가 욱신욱신해, 우리 팥 팩 한번 만들어 봐서 우리 지져 볼래?' 이렇게 된 거죠." 여, 40대

"우리 같은 경우는 뭐 책을 읽고 책 토론도 하고 하지만, 주민들하고 뭐 얘기하고, 놀아요. 경찰들 기다리는 거예요. 언제 올지 모르니까 기다리는데……. 직전에 어, 어 '우리 이렇게 그냥 있지 말고 바느질이나 하자' 이런 얘기를 한 거예요. (중략) 행정대집행 이후에 주민분들이 상실감이 아주 컸어요. 어르신들은 이렇게 힘들게 했는데 송전탑은 들어섰고, 허무해지고 허탈해지는 거예요. 여기서 인제 그 송전탑 바라보면서 살아야 되는 주민분들이 계시고……. 근데 그때 우리가 행정대집행을 앞두고 '이렇게 있지 말고 바느질이라도 하는 건 어때?' 했던, 인제 잠시 나왔던 이야기 가지고 우리가 시작을 한 거죠. 다시 어, 연대자들 모으고, 어르신들 모으고 우리 아직 어, 연대자들 기억 다 하고 있고, '다 이제 같이 다 살자'……. '살자'는 표현이 웃기긴 하다. '송전탑 밑에서 우리 그냥 우리끼리 재밌게 있자'……. 그렇게 시작을 하게 됐죠. (중략) '일주일에 한 번 만나서 우리도 같이 모여서 있자', 그런 걸로 시작을 하게 되었는데, 이게 참 좋은, 좋아, 좋은 거 같아요. 네, 계속 밀양을 잊은 것도 아니고, 어, 송전탑 들어섰다고 끝난 상황도 아니고……." 여, 40대

"이제 사람들을 제가 모아야 된다고 생각하는 게 많았잖아요. 이 사람들 끊임없이 와야 되니까, 힘들면 안 올 거니까……. 예. 그래서 뭘 해 볼

까 막 생각을 하다가, 예, 이제 그 ○○○, 지금 바느질 선생님, 그 이제 그 친구가 그 전에는 좀 바쁜 일이 있어서 많이 못 왔었거든요. 그런데 하반기 그 이후 내려오기 직전에 같이 거기를 오게 됐어요. 그래서 어 '오, ○○ 씨 이 바느질 잘하잖아. 이제 우리 할 일 없으니까 이게 사람들이랑 같이 하는 거 해 보자' 이렇게 얘기를 한 거예요. 그래서 사람들이 '와 좋아, 좋아' 이렇게 된 거죠. 우리가 뭘 할까 늘 고민이었으니까요. 사람이 오면 이 사람은 뭘 할까를 생각하는 게 이제 제 일이었어요. 그래서 ○○○ 씨를 보자마자 제가 그 일을 하자고 했고, 사람들도 다 기뻐했죠. 그런데 그걸 하기도 전에 우리가 천막에서 끌려 내려온 거예요." 여, 40대

행정대집행이 끝나고 산 아래 마을로 내려온 사람들은 다 같이 흩어지지 말고 함께 이 싸움을 계속해 나가자고 다짐했다. 산속 농성 천막의 추운 바닥에 밀양의 어른들을 홀로 둘 수 없어 농성장을 찾았던 연대자들은 같은 마음으로 행정대집행을 함께 기다렸고, 행정대집행의 폭력을 견뎠고, 그리고 다시 마을로 이분들의 집에 찾아들었다. '패배도 함께 견뎌내고 싶었다'고 말했지만 그들은 결코 졌다고 생각하지 않았고, 다만 기쁘고 즐겁고 행복하지만 슬프고 고단하고 힘든 시간도 함께 보내고 싶었다. 행정대집행을 기다리면서도 산에서 내려가면 뭘 하고 또 언제 만날까 생각했던 이들은 산 아래 마을로 내려와 만난 뒤에도 산속에서 있었던 일들을 추억하며 즐거운 수다를 이어 갔다. 어른들이 행여나 좌절해 계실까 염려하며 마을로 찾아들었지만, 주민들과 함께하는 시간은 그들에게도 치유와 회복의 시간이 되었다.

만나서 앞으로 뭘 할까 생각하던 중에 산속 천막에서 장난 삼아 '바느질이나 해 볼까' 했던 말을 누군가 떠올렸고, '그럼 한번 해 보자' 하고 의기투합이 되었다. 누가 먼저랄 것도 없이 바느질방 모임을 하자고 나섰고 매주 한 번씩 주민의 집에 모여 바느질을 하며 즐거운 수다를 이어 갔다. 밀양에 살거나 인근 지역에 사는 연대자들만이 아니라 전라도와 충청도에 거주하는 연대자들이 찾아왔으며 이들의 손에는 항상 맛있는 먹거리들이 들려 있었다. 맛있는 음식을 나누고 바느질을 하면서 만남을 이어 나갔다.

 바느질방 외에도 쑥뜸을 뜨거나 주말 텃밭을 운영하는 연대자들과 주민들의 모임이 이어졌다. 주기적인 모임 외에도 고령의 주민들이 병원을 가거나 목욕을 가야 할 때 연대자들이 모시고 가기도 하고, 주민과 연대자들이 같이 모여 된장이나 고추장을 담거나 김장을 하기도 했다. 연대자들이 주민들과의 만남을 이어 간 이유 중의 하나는 '우리가 그저 한번 왔다 가는 사람들이 아니라 앞으로도 계속 만날 사람들'이며 '지나온 시간만큼 앞으로의 시간도 함께 하겠다'는 다짐과 믿음을 주민들과 나누기 위해서였다.

 싸우는 동안 내내 '저 연대자들을 믿지 마라. 당신들을 이용하러 온 사람들이다'라는 말과 시선이 많았지만 밀양 탈송전탑 탈핵 운동의 주민과 연대자들은 이런 시선에 아랑곳하지 않고 자신들만의 연대를 이어 나갔다. 그때 '산속에 홀로 두지 않겠다'고 먹었던 마음이, 한밤중에 수풀 속에서 나타난 모습이 반가워 눈물지었던 그 마음이 송전탑이 들어선 이후에도 이어지고 있는 것이다.

"막상 와서 해 봤을 때, 뭘 저희가 이제 다시 이렇게 알고 시작한 게 아니고요, 그때부터는 일 때문에 시작했는데, 딱 해 보니까 그게 치유가 되는 거예요. 이 단순한, 단순 반복하는 바느질이 그동안 우리가 막 상처받았던 스스로한테, 아니면 서운했던, 분노 이런 것들이 가라앉아지는 게 느껴졌어요.

그리고 이 바느질을 하면서 그런 얘기들을 서로 하는 거예요. '그때 니가 어땠지? 그때 내가 얼마나 마음이 아팠는지 아냐?'······. 이런 얘기를 하면서 바느질을 하게 되면서, 아 우리가 아까 잠시 잊었던 사람이잖아요. 거기 위에 있을 때 서로 즐거운 일, 서로 마음을 살피는 일, 이런 일을 바느질을 하면서 다시 알게 됐죠. 깨닫게 됐죠. 그래서 뭐 우리가 흔히 하는 일 있잖아요. 느리게 사는 삶, 뭐 소박한 삶 이런 것들이 어떤 의미인가를 좀 다시 깨닫게 됐다고 할까요? 저는 101번 산에서 그거를 맛봤고요. 그 다음에 내려와서 다시 바느질을 하면서 다시 하, 그래 이런 거구나······. 그냥 이렇게 훅 가서 사 입고 이런 거 아니고······. 저는 저 바느질 안, 못 하거든요." 여, 40대

"계속적으로 연대할 때 그 저쪽 다른 마을 사람들이 계속 분쟁이 일어나잖아요. 이렇게 마음이 상하고, 이렇게 할 때 어떤 얘기를 많이 했냐면, '저 연대자들 믿지 마라. 잠시 너희 이용하고 떠날 사람이다. 그런데 느그 우리하고, 마을하고 잘 살아야지, 왜 쟤네들을 믿고 싸우느냐' 뭐 이런 얘기들이 사실 계속 돌았죠. 그리고 '그것 봐라. 이 송전탑 세워질 건데 왜 헛일했냐, 느그가 바보같이'······. 그러니까 이런 기류가 계속 있었던 거예요.

그런데 그런 속에 저는 그런 어르신들을 그냥 내버려둘 수는 없다는 생각이 사실 들었어요. 우리 같이 했고, 그 다음에 그걸 같이 나누고 싶고, 그게 저는 연대라고 생각했어요. 그래서 뭐 만약에 세워져서 패배감을 느낀다면 그것도 옆에서 같이 하는 게 맞다고 생각이 들어서 저도 계속 이 일을 하고 있는 거 같애요. 그래서 지금도 밖에서는 아마 그런 사람들 있을 거예요. '왜 밀양 싸움 다 끝났는데 쟤네들은 저기 가서 일해? 다른 일 안 하고?'…….

그래서 제가 그런 얘기 듣거든요. 예, 그런 비난을 앞에서든 뒤에서든 사실 하는 분위기가 있죠. '얼마나 할 일이 많은데 끝난 밀양 싸움을 아직도 해?'……. 이게 아마 예, 그렇게 생각하는 분들이 꽤 많을 수도 있다고 생각이 들어요. 그런데 저는 어, 물론 할 일 되게 많아요. 이 세상에, 그죠? 도움이 필요한 데도 많지만 저는 내 삶에 대해서 같이 이 패배도 같이 겪어 나가고 하는 게 저는 진짜 연대가 아닌가, 그리고 그게 제가 처음에 연대를 할 때 거리를 일정하게 두고 와서 뭔가 하고, 말고, 가는 거였다고 생각했는데, 그게 아닌 걸 알았잖아요. 그래서 그냥 송전탑이 이, 예, 지어졌고. 거기서 어, 바보 취급을 당하면 그것도 같이 겪는 거라고 생각이 들어서 같이 오는 거 같아요. 그리고 그게 바느질방 하는 이유예요." 여, 40대

바느질을 잘 하지 못하는 사람도 바느질방 모임에 나온 것은 바느질 자체가 목적이 아니라 바느질을 하면서 사람들을 만나 이야기를 나누고 시간을 보내는 것이 좋았기 때문이다. 바느질을 하면서 살아가는 이야기와 서로의 고민을 나누고, 산속에서의 기억과 그때 품었던 마음을 돌아

보게 되었다. 이 과정에서 자연스럽게 힘들었던 마음이나 분노와 설움, 서운함과 속상함을 풀어내고 누그러뜨릴 수 있었다. 바느질은 이들에게 치유의 시간이었다.

한편으론 바느질을 하면서 탈송전탑 탈핵 운동의 자금을 만들어 나갔다. 주민과 연대자들은 대부분 '여성'들이었는데 이들은 항상 모였을 때 주변을 살피고 필요한 일들을 찾아냈다. 송전탑반대대책위원회 활동은 언제나 자금이 필요했고 밀양 주민들이 연대 활동을 가거나 모여서 식사라도 한번 하려면 자금이 풍족할수록 좋았다. 바느질방 사람들은 자신들이 만든 물건을 들고 전국 방방곡곡 시민사회단체의 활동 현장이나 행사장을 찾아가 바느질방 물품을 팔았다.

'밀양 할매의 얼굴'을 수놓은 손수건이나 뱃지, 호두 목걸이 등을 만들다가 손뜨개로 모자와 덧신을 만들었다. 새로운 아이템을 개발하고 수놓는 연습을 계속하면서 바느질방 물품의 종류도 많아지고 바느질 수준도 점차 높아졌다. 가방, 노트북 케이스, 마스크, 마스크 끈, 스카프, 한복, 바지, 상의, 조끼, 앞치마 등 새로운 물건들이 '밀양 할매'의 바느질 상품으로 연대자들 손에 들어갔다. 바느질방 사람들은 열심히 먹고 수다를 나누는 한편으로 새로운 수를 디자인하고 연습했다. 곱고 아름다운 색을 다루고 무언가를 만들어 내면서 허전했던 마음도 채워져 갔다.

싸움의 현장에 선 '여성'들이 바느질을 하는 것은 우연이 아닐지도 모른다. 언젠가 일본 오키나와에서 미 해군기지 이전 반대 운동을 하는 주민단체의 천막을 방문한 적이 있다. 그 지역의 주민들은 매일 같은 시간에 해군기지 앞 바다에 나가 해상 시위를 하고 있었는데 눈에 띈 것은 해군기지 펜스를 둘러싼 현수막들이었다. 현수막을 자세히 들여다보니 일본 각지의 여성단체들이 수를 놓아 글자를 새긴 현수막들이었다. 한편 5.18 당시 항쟁에 참여했던 여성들로 구성된 단체가 있는데 이 단체의 구성원들도 항상 다른 싸움의 현장에 연대를 갈 때면 〈임을 위한 행진곡〉을 수놓은 현수막을 들고 간다. 서로 모여 의논하거나 협의한 적은 없지만 어느새 바느질은 '여성'들이 참여하고 주도하는 싸움의 현장에서 활기 넘치고 지속적인 연대의 상징이 되었다.

"왜 바느질을 하게 됐나 나중에 곰곰이 생각해 보니까 어려서부터 엄마가 바느질하는 걸 보고 자랐어요. 엄마가 미싱 밟거나 바느질할 때 그 옆에서 천 쪼가리를 갖고 놀았던 기억이 있는 거죠. 그래서 바느질이 뭐랄까, 그 이야기가 딱 처음 나왔을 때 전혀 낯설지 않고 익숙했어요. 연대 활동으로 시작했지만 지금은 이게 제 삶에 중요한 의미를 갖게 되었어요. 앞으로는 바느질을 하면서 더 많은 사람들을 만날 생각이에요. 그동안에도 청소년인권단체 연대를 가거나 지역 주민들을 만나거나 독서 모임을 가거나 어디를 가더라도 그 사람들과 바느질을 했어요. 바느질을 하면 생각이 없어져요. 그리고 바느질을 하면서 사람들과 이야기를 나누다 보면 생각지 못한 사이에 자기 속이야기를 하게 돼요. 엄청 가까워지죠. 바느질이 뭔가 그런 힘이 있는 것 같아요. 힘들긴 힘든데, 집에 가면 온통 사다 쟁여 놓은 천들밖에 없고, 집이 아주 터져 나갈 지경이에요. 한 번씩 재단하면 집 안에 먼지가 가득해서 정신이 없어요." 여, 40대

"아버지가 일을 못 하시게 되면서, 인제 다니던 데 몸이 불편해져서 못 나가시게 됐는데 그때부터 어머니가 삯바느질을 해서 식구들을 먹여 살렸던 것 같아요. 어머니 생각하면 항상 삯바느질하시던 모습이 떠올라요. 그걸 옆에서 보고 자랐으니까 저도 익숙한 거겠죠. 살면서 그 사이에 바느질을 막 하고 그러진 않았는데 바느질 이야기가 나왔을 때 '아 그거 하믄 되겠다' 이런 생각이 딱 들었어요. 지금은 연대자들도 만나고 너무 좋지예. 같이 와서 밥 한 끼 나눠 먹고 사는 이야기도 하고……. 밤을 새워 가며 바느질을 해서 식구들이 좀 걱정을 하긴 하죠. 한번 빠지면, 바느질도 헤어나질 못해요." 여, 70대

바느질은 혼자 하는 것이 아니다. 혼자 하는 바느질은 외롭고 고단하지만 함께 하는 바느질은 즐겁고 힘이 난다. 바느질은 오래도록 실을 만들거나 베를 짜는 일과 함께 '여성'의 고단한 일상적 노동 가운데 가장 중요한 부분을 차지하는 일이었다. 젠더화된 여성의 일상적 노동이 '여성 연대'의 중요한 장면으로 자리매김하면서, 바느질의 의미도 새롭게 자리 잡게 되었다. 집 안에서 홀로 하는 노동이 아니라 사회로 나와 운동에 참여하고 연대를 실천하면서 자신의 삶과 다른 삶을 살아가는 사람들을 만나는 연결 고리가 된 것이다. 이것은 삶의 경계를 확장하는 일이면서 여성 연대를 통해 사회적 실천을 이어 가는 일이다.

오랜 신화의 전통에서 베를 짜거나 옷을 만드는 것은 '여신'의 상징에 닿아 있었다. 옷은 자연적인 날것의 상태와 대비되는 '문화'를 상징한다. 옷을 만들거나, 옷을 만드는 재료인 실을 삼아 천을 짜는 일은 모두 '문

화'를 창조하는 일이다. 창조는 신화적 사건이며, '문화'를 창조하는 것은 신의 영역에 대응하는 상징성을 지닌다. 누에를 치는 것이 조선시대 왕후의 상징적인 일이었던 까닭도 여기에 있다. 이때 왕후는 '세계의 중심'을 상징하는 유일한 존재인 왕의 배후자로서 그 역시 이와 같은 상징성을 지닌다. 그런 그가 '문화'를 창조하는 실을 만드는 일에 동참하는 것이다. 또 민요 가운데 베를 짜면서 부르는 〈베틀 노래〉는 해와 달과 우주의 창조적 질서를 이야기하는 신화적인 내용의 사설로 구성되어 있다. '견우(牽牛)와 직녀(織女)의 이야기'에서 직녀가 베를 짜는 여인인 것도, 〈삼국유사(三國遺事)〉에 나오는 '연오랑과 세오녀의 이야기'에서 세오녀가 짠 베를 가지고 와 제사를 지낸 다음에 사라졌던 해가 다시 나타난 것도 이와 같은 맥락에 닿아 있다.

바느질은 이처럼 '여성'에 연관된 문화사적 맥락 위에 있으면서 고유의 상징적 의미를 지닌다. 오늘날 수많은 싸움의 현장에서 여성들이 바느질을 통해 만나고 사회적 운동에 참여하는 것은, 이런 문화적 맥락 위에 있는 일이면서 이전과는 다른 '여성 연대'의 장면을 열어젖히는 일이다. 집 안의 노동, 사적 영역의 돌봄, 개인적 교양에 머무는 것이 아니라 집 밖으로 나와 사람들을 만나고 공적 영역에서 정치적 주체로 실천하는 동시에 다른 사람들과 연대하는 행위의 의미를 띠게 된 것이다.

밀양 탈송전탑 탈핵 운동에서 가장 주목할 점은 에너지 정의나 탈핵 문제에 관심을 갖고 있는 젊은 활동가나 오랜 운동의 경험을 갖고 있는 누군가가 아니라 밀양에서 살고 있던 주민들이 처음부터 지금까지 이 운동을 이끌어 가고 있다는 사실이다. 그들은 자기 삶의 문제로 탈송전탑과 탈원전의 문제를 발견한 이후 지금까지 젊은 활동가들이 이끄는 대로 따라가는 것이 아니라 스스로 운동의 핵심 주체로 성장해 왔으며, 현재 활동가로서 그들의 곁을 지키는 연대자들 또한 이 운동의 과정에서 주민들과 함께 탈송전탑 탈핵 운동의 주체로 성장해 왔다. 이들 연대자들이 지금까지 밀양 주민의 곁에 서 있는 것은 운동의 당위에 대한 추상적 동의에서 비롯된 일이 아니라 밀양 주민들에 대한 구체적 신뢰와 연대의 다짐에서 비롯된 일이다. 밀양 주민들이 만들어 준 밥을 먹고 그들과 함께 이야기를 나누고 바느질을 하면서 연대를 이어 가게 된 것이다.

언젠가 활동가 한 명이 '밀양 싸움은 수많은 연대자들 덕분에 가능했는데 그 연대자들을 밀양으로 오게 한 것은 밀양 할매들이었다'고 말한 적이 있다. 밀양 탈송전탑 탈핵 운동의 주체로 활동하는 주민들 중에는 분명 '남성'들이 있지만 이 운동을 표상하는 핵심 주체를 사람들은 '밀양 할매'라고 부른다. 그것은 이 운동에서 밀양 지역 '할머니'들의 활동이 가장 눈부셨고 가장 강력했고 가장 오래 지속되었기 때문이다. 무엇보다 처음 이 싸움을 이끌었던 지역 유지이자 실세인 '남성'들이 싸움의 현장을 떠난 이후에도 그 현장을 지킨 것은 '밀양 할매'였다. 그리고 활동가의 말처럼 밀양 싸움의 중요한 근거가 연대에 있었다면 이 연대를 가능하게 한 것도 '밀양 할매'였다.

"그것도 끝까지 반대한 할머니들이나 아는 거지, '아 참 잘못됐구나'……. 그렇게 이제 끝까지 가는 거지. 정말 우리가 모르고 했으면 이렇게 끝까지 남아 있지도 못했을 겁니다. 그러니까 정말 잘못된 거를 아니까 모르면은 말 못 하는데 이거 잘못됐다 한마디 하니까 할머니들 끝까지 버티고 계시는 겁니다. (중략) 아무래도 여기 저, 다 보수주의잖아요. 할아버지들은 뭐 집에만 앉아 계시는 추세고……. 그리고 뭐 어떻게 말해야 하는가는 잘 모르겠는데 저들 마찬가지, 젊은 사람들도 집사람이 다 나가서 하지 남자들은 뭐 돈벌이를 해야 된다 이 자체가 되니까 뭐 그런 게 있었어요. 그리고 실제로 할머니들이 더 많아요. 할머니들 많아요." 남, 40대

"근데 할배들은 그냥 가만-히 쳐다보고 있어예. 남자들은……. (중략) 할매들은, 우리 할매들은, 여자들은 끈질기고 좀 엄마의 힘이 있다 아입니까. 그 이거를 한다 하면 끝까지 한다 이러거든. 그라고 전부 다 이런 거 보면 할매들이 악착같이 물고 늘고, 이런 거 보면 할매들이, 또 우리 할매들이 정말 대단해요. 할아버지들은 그냥 가만-히 이래 보고 이래 또 치게 하면 경찰들이 이게 또 더 세게 더 처벌이 심하니까……. 나서질 못해. 할매들은 그리 심하게 처벌은 못 하지. 나-(나이) 팔십 먹은 할매가 뭔 죄가 있습니꺼. (중략)

그래도 할매들이 저래 같이 하니까네, 뭐 그 할매들이 나는 안 올 줄 알았어예. 그 합의했다고 하니께 할매들 내는 전부 다 넘어갈 줄 알았드만은, 아니드라고. 이거는 아니다 해가지고 한 명씩 한 명씩 해가지고 사랑방에, 농성장에 오더라고. 그래가 앉아서 놀고 그래가 우리는 한 평 농사 하고 이런 걸로 제2의 투쟁을 한다고……. 연대자는 자꾸 와야 하거든예. 연대자가 끊기 뿌면……. 할매들은 연대자들 보고 데모를 하기 때문에…….

그래가지고 한 평 농사를 해가지고 우리는 젤 처음에 생각난 거는 꽃차 그거를 젤 처음에 팔고, 할매들하고 같이 다듬고 해가지고 해서 팔고, 그 다음에 땅을 한 600평 빌렸어예. 그래가 맥문동 심고, 저 봄에는 감자 심고 완두콩 심어가지고 그거 전부 다 팔고, 작년에 이맘때 돼가지는(돼서는) 배추 절여가지고 팔고……. (중략)

근데 행사를 많이 간 할매들은 마음이 완전히 굳어져갖고 그 돈 받아갖고 뭐 하겠냐고 하고 차, 차이가 있더라고……. 행사를 많이 안 뛰는 할매들은 뭐 흔들리는 기 있으면서 우리가 가끔 할매 오이소 하면서 하면 또 와가지고 같이 놀고 하면은 또 이리 굳어지고 이른(이런) 방향이 있더라고." 여, 50대

'밀양 할매'들은 '연대자'들과 '여성 연대'를 통해 함께 성장하였다. 노동과 돌봄의 '집'에서 벗어나 세상을 만나고 자신이 살고 있는 사회를 새롭게 바라보게 되었으며 개인적 삶의 장면들만이 아닌 사회적 장면 속으로 걸어 들어가기 시작했다. 이것은 연대자들 또한 마찬가지였다. '밀양 할매'는 연대자들을 통해, 연대자들은 '밀양 할매'를 통해 세상을 배워 나갔다. '밀양 할매'라는 표상은 이제 밀양에 거주하는 할머니를 가리키는 말이 아니라 특정 시기 한국 사회에서 탈송전탑 탈핵 운동을 이끈 이들을 가리키는 말이 되었으며 이 주체의 장소 안에는 '여성' 연대자들의 몫이 포함되어 있다. '밀양 할매'는 밀양 지역 주민과 연대자가 함께 만들어 낸 '여성 연대'의 상징적 이름이기도 한 것이다.

"여, 송전탑 싸움 안 했으믄 내가 이래 많은 사람을 우예 만나 봤겠습니까. 학생들도 보고, 외국인도 만내고, 또 이래 교수님 같은 사람도 만내고 안 그렇습니꺼. 내 촌구석에 처박혀 살았을 낀데 송전탑 때문에 서울 가서 데모도 해 보고, 세월호도 만나고 제주 강정도 가 보고 그랬지예. 그라고 세상에 우리보다 더 힘들게 싸우고 있는 사람들도 많다는 것도 알게 됐지예. 우리 싸움도 다 연결돼 있는 기라예. 성주 사드고 뭐고 다 같은 기라예. 우리가 그런 걸 알게 됐으예." 여, 60대

"전국 방방곡곡 어디 안 가 본 데가 없이 다 갔어요. 우리 밀양 사람들 왔다는 것만으로 해도 자기네들이 힘이 되는갑드라고(되는가 보더라고). 그래서 '우리가 거기 가 줘야 된다. 우리가 도움 받았으니까 가가지고 거기서 힘을 줘야 된다'……. (중략)

그래갖고 우리는 밀양 765보다도 더 심각한 데가 있더라고. 저 강원도에 가니까 골프장 그런 데 가니까, 거 강제로 막 집을 뺏다시피 하고, 막 그냥 나가가 원룸 같은 데 들어가……. 공기 좋은 데 살러 들어왔다고……. 땅이 몇만 평 되는데……. 그냥 원룸 같은데 그런 데 내쫓고, 돈 쪼그마이 보상 주고……. 그런 이야기 들으니까, 우리는 그래도 뭐, 그 뭐 아직까지 뺏긴 건 없다 이거지요. 철탑만 지나가는 그거뿐이지만은, 그 사람들은 진짜로 보니께는 너무 우리보다 더 안됐더라고. 그럴 때 우리는 그냥 우리가 위로를 받고 위로해 주고, 그래 오는 거지. (중략)

만나고 다니는 사람 중에, 강정에 갔는데, 강정에 거기에 가는, 갔는데 ○, ○○이? ○○○이라는 사람이 있어. 거기 저 친정에 엄마가 배 사업을

하고 이러는데, 자기가, 잠을 안 자고 우리가 그 집에 가서 자 잠을 자고 있었는데, 그 사람은 뭐 세금도 많이 나오고……. 막 누구누구 뭐 우리보고 그냥 잡아가는 거 보고 뭐라 카노. [김영희: 구속? 연행?] 연행해 가고, 연행해 가고, 당하고 막 이런 게 말도 못 하게 많더라고요. 그런 사람 보니깐 진짜로 뭐 우리는 그래도 그냥 그 정도는 아닌데, 참말로 슬쩍 지나가는 말로 들어도 마음이 그래 무겁고 그렇더만은……. 어떻게 지냈을까 싶은 걱정이 되더라고.

그런데도 활발, 활발하게 우리가 가니까 너무 활발하게 대해 주고, 우리 걱정을 더 해 주고 하는 거 보니께 인자 아, 댕기면서 이래 이런 데도 가 가지고 들을 만하구나 싶어가지고, 많이 공부가 많이 되는 거지. 그러니께 인생 공부……. 그러니까 농사만 짓고 밭 맸으면 그런 걸 못 해 볼 건데 765를 만나가지고 안 해 본 거 없이 다 가 볼 데 다 가 보고, 만날 사람 못 만날 사람 다 만나 보고 좋은 사람 많이 만나고……. 그런 게 또 좋은 거 같아, 인생에서. (중략)

지금도 어데 가면은 대접 많이 받는다 아입니꺼. 서울 같은 데 가면은……. 농사만 지으면 그런 거 ○○[본인 이름]라 하고 누가 알아보겠노. 가면은 나 보면 영화 봤던 사람들은 다 알아보는 거라, 그냥. ○○ 언니, ○○ 언니……. 민망해서, 나는 모르는데 그냥 알아보니까 좀 이상해. 기분이 좀 이상해가지고 그냥 아이고 어떻게 아나 그러는데, '영화 봤어요! 영화 봤어요!' 이러는데 아, 영화에 나오긴 나오지…….” 여, 60대

'밀양 할매'는 세상으로 나가 성장하면서 한국 사회 탈송전탑 탈핵 운

동의 핵심적인 활동가들이 되었다. 그들은 훌륭한 대중 연설가였고, 대중과 호흡하는 정치적 감각 또한 뛰어났다. 수백, 수천 명의 대중이 있는 곳에서 그들의 마음을 움직이는 연설을 하고, 자신들을 필요로 하는 곳에 가서 가장 필요한 지원을 하며 든든한 연대자의 자리를 지켰다. 다큐멘터리 영화의 주인공 가운데 한 명이 되어 관객과의 만남을 이어 갈 때도 머뭇거리거나 움츠러들지 않고 적극적으로 자신의 경험과 생각을 드러냈다. 연대자들 또한 마찬가지여서 밀양 싸움의 중요한 장면마다 이들이 제안하고 실천한 운동의 계기들이 있었다.

"예를 들면 노역형 살 때두요, [청중(동료 연대자): 765 봉투?] 예, 제가 노역형을 들어갔잖아요. 근데 사실, 이 밋밋한 시기였어요. 어른들은 인제 재판이 오면 그 노역을 살아야 되고 우리는 인제 노역을 받았잖아요. 봉투를 받았는데 사실 저는······. 우리 두 사람 받았죠. 사실 그거 돈을 해결할 수 있는 능력은 되잖아요. 근데 이게 그렇게 할 문제가 아니라고 일단 생각이 들었구요. 이거에 대해서 부당함을 사람들한테 알려야 되겠다도 있었고 그 다음에 앞으로 이 노역형 금액, 아니 노역이 아니고 그 벌금을 감당해야 될 어르신들의 이 상황을 저는 같이 해결해야 된다고 생각이 들었거든요. (중략)

[김영희: 그러니까 벌금형을 받았을 때 그 벌금에 해당하는 금액을 연대자들의 모금으로 받고, 벌금형 대신 노역을 살겠다고 선언하신 거잖아요. 어르신들이 벌금을 내기 어려우신 상황도 고려하고 연대자들이 참여할 수 있는 새로운 운동을 고민하면서······.] 예, 예. (중략) 저희 회의에 들

어가서 그런 상황을 알리고 '나는 노역형을 살겠다. 그러니 우리 회의에서는 그런 765 모금 봉투를 조직하면서 이 사실을 전국에 알려 달라' 이 얘기를 회의 안에서 같이 얘기를 했던 거죠. 그래서 우리가 밀양 계속 있다 보니까 여기 사람이 필요하고, '아, 저기가 지금 되게 열악하구나' 그런 것들이 훨씬 더 잘 보이더라구요, 계속 있으니까. 그런저런 것들을 계속, 인제 실제로 대책위랑 얘기를 하기도 하고 아니면 우리가 또 필요하다고 짐작되는 일을 같이 이렇게 해서 하기도 하구요. (중략)

근데 되게 우스운 건 내가 지금 머리카락 잡고 내가 아픈 게 보이는, 느껴지는 게 아니고 상대가 아픈 게 보이는 거 있잖아요. 사실 그 힘이 되게 대단했던 것 같애요. 또 하나는 우리가 여성이라서 그런 것 같은데 어디가 모자라는지, 지금 상황이 어떤지가 훨씬 잘 보이더라구요. 그래서 여기에는 무슨 도움이 필요하겠다가 사실 되게 빨리 좀 알게 되는 것 같애요. 그래서 저희가 막 회의에서 이걸 좀 해 보자, 이걸 해 보자 이렇게 하는 거였던 게 많았죠." 여, 50대

연대자들은 밀양을 지속적으로 방문하고 주민들의 가장 가까운 곳에서 그들과 함께하면서 활동가들이 보지 못하는 것까지 알아차릴 수 있었다. 이들은 이런 알아차림에 머물러 있지 않고 자신들이 알아차린 문제를 어떻게 해결할 것인지 궁리했고, 궁리한 결과를 주민들과 적극적으로 상의하여 대책위원회에 새로운 해결 방안을 제안하기도 했다. 밀양 싸움 도중 기소된 일로 벌금형을 받은 한 연대자는 그 명령에 불복하면서 밀양 주민들이 부담해야 하는 벌금을 연대자들과 함께 해결하기 위해 스스

로 벌금 대신 노역을 택하고 연대자들과 함께 밀양 주민들의 벌금에 해당하는 금액을 모금해 나갔다. 이것이 '765kV 모금 봉투'의 시작이었다. 이것은 밀양 주민이 부담해야 하는 벌금과 대책위 활동 자금을 해결하는 실질적인 대안이기도 했지만, 희망버스 이후 흩어졌던 연대자들이 다시 한 번 밀양에 연대할 수 있는 중요한 계기가 되는 일이기도 했다.

이와 같은 활동은 '여성' 연대자들이 스스로를 '운동하는 사람 곁에 선 사람'이 아니라 '함께 주도적으로 운동하는 사람'으로 인식했기 때문에 가능한 일이었다. 이들은 대부분 한국 사회가 '아줌마'라는 이름으로 호명해 온 이들이었다. 행정대집행 이후 10년 가까운 시간이 지난 지금까지도 밀양 주민의 곁에서 송전탑반대대책위원회 활동을 주도하며 함께 하고 있는 것은 바로 이들 '여성' 연대자들이다.

이들이 집의 경계를 벗어나 새로운 사회적 장면 속으로 걸어 들어가는 일이 수월했던 것은 아니다. '며칠씩 사라져 집에 들어오지 않는 엄마 때문에 제대로 먹지도 못한다'고 투덜대는 아이들에게 자신이 하는 활동의 내용을 설명하고 그 의미를 알려 주었다. 그리고 아이들의 손을 잡고 농성 현장을 방문하기도 하였다. 배우자나 시부모님께도 밀양 탈송전탑 탈핵 운동의 과정과 의미를 설명하고 자신이 왜 그곳에 가야 하는지 설득하기도 했다. 이들은 사회적으로 탈송전탑 탈핵 운동의 이슈를 확산시켜 가는 동시에 자신의 가족들에게도 탈송전탑 탈핵 운동의 필요성을 설득했다.

"남편들이 막 전화 오는 거예요. 예. 오라고. 예. 그래서 울면서 내려간 친구도 있어요. 이, 이해되시죠? 되게 저희한텐 되게 정말로 어, 어려운 시간들이었어요. 어려운 시간들이었고, 내려갔고……. 그런데 제가 너무 감동이었던 건 뭐냐면 내려갈 때 남는 사람들의 그 두려움도 있고 서운한 마음도 있는 거예요. 이해도 가지만 사실 그런 마음 서로 교차했을 거 아니에요.

그런데 그 다음 날 이제 공권력이 침투해고 그랬을 때, 저는 제가 너무 놀라웠던 건 뭐냐면, 사실 저희가 되게 오래, 제일 오래 버텼거든요. 이 다른 마을 다 뜯겨 나갈 때 오래 버틴 이유는 뭐냐 하면 밑에서 막아 준 거예요. 그때 그 떠났던 회원들이 다 그 밑에 와서 막았던 거예요. 여러 많은 사람들이……. 그러니까 물론 밤 사이에 많은 연대자들이 산으로 올라온 분들도 있고요. 그런 분, 감격은 당연히 그 기쁨도 있지만 저희 회원들이 다시 그 밑으로 와서, 같이 막으면서 같이 울면서 지켜 주던……. 저는 그때 그 감동을 잊을 수가 없어요.

그래서 예, 내가 할 수 있는 최선을 다하는, 그리고 서로 되게 깊이 생각하는 그런 마음들이 저는 이 밀양 싸움에서 되게 많이 배운 거 같애요. 완벽하지는 못해요, 저도. 부끄러운 거 되게 많거든요. 제가 안에 가서 이렇게 쇠사슬을 못 걸었다는……. 못 걸었어요. [김영희: 못 걸었다고요?] 예, 못 걸었다고요. 원래는 같이 하려고 그랬었는데, 뭐 어르신들이 물론 말리기도 했지만, 제가 사실 그거를 받아들인 게 있는 거죠. 되게 부끄럽고 미안하거든요? 예.

그런 것처럼 똑같이 마음을, 또 떠나 내려갔던 사람들도 저랑 똑같은 마음인 거예요. 그래서 그런 마음 서로 다 이해하는 거예요. 내가 쇠사슬을 안 걸었고, 그렇게 한 부끄러움이나 미안함이나 내려간 친구의 마음이나 똑같았고, 그래서 또 다른 방법으로도 최선을 다하는 친구들도 있고 저도 있는 거죠. 살면서 많은 걸 배우는 계기였던 것 같아요." 여, 40대

"밀양 할머니들, 할아버지들 주민들 얘기를 했었거든요. [김영희: 그러니까 누구한테요? 조금 다르게 하셨을 것 같아 가지구요.] 저는 뭐, 남편이든 애들이나 다 마찬가지로 '엄마 거기 안 갔으면 좋겠다, 왜 힘든 걸 하냐' 뭐 이런 의지였는데, 계속 사람 얘기를 했었어요. 어, 그래서 봤는데 찬성을 한 건 아니지만 '엄마가 거기에 가, 갈 수밖에 없겠구나' 하는 거를 그냥 조금 어쩔 수 없이 받아들였던 것 같구요.

근데 저는 인제 얼마 전에 추석 즈음해서 저희 인제 큰딸이 그러더라구요. '엄마 그때 왜 갔어? 그때 무슨 일 있었어? 그럼 엄마는 몇 년 동안 그걸 한 거야? 엄마 뭘 위해서 그걸 한 거야?'……. 얘가 그냥 인제 열여덟 살이니까 지도 그때는 지금보다 어렸고 지금 생각하니까 그런저런 생각이 드는지 질문을 던지더라구요." 여, 40대

"저는, 저도 우리 신랑이 뭐 100퍼센트 동의를 하고 이랬던 건 아니에요. '그냥 동의를 해서 내가 너 가는 거 지지하고 이런 건 아니고'……. '전제가 밀양에 살고 있고 멀리서 회원들이 와서 인제 거기에 있는 거예요', 저는 그렇게 얘기했어요. '지금 바드리에서 잘 때 아주 추웠는데 기름 떨어졌대요'……. 그래서 '지금 춥단다. 멀리서 와서 자고 있는데 그 사람들 추워서 잠을 못 자겠단다. 기름 사 줘야 되겠다' 그러고 인제 나오고…….

보통은 출근하고 나니까 낮에는 저 마트 다니고 밤에 그렇게 나올 때나 이럴 때는 필요한 게 있는 거예요, 우리 회원들이 와서 잘 때……. 그래서 그걸 사다 준다는 이유로 저는 계속 나왔어요. 그게 필요하다고, 사람들에게. '너는 집에서 따뜻하게 자지만 사람들 추워서 잠을 못 잔다' 이러면서……." 여, 40대

"우리 신랑은 본인 하는 일 하러 거의 바깥 생활이 많았기 때문에 [청중(옆에 앉은 연대자): 나도 내 일 한다?] 아이하고 나랑 둘이 있는 경우가 많았기 때문에 굳이 그거를 설명……. 나한테 관심도 없었고……. (웃음) 그래서 그때는 그냥 남편한테 설명을 안 했고 이후에 인제 계속 지속되니까, 밀양에서 하게 됐죠. (중략) 그 이후에 밀양에서 바느질이 이어지고 계속 그러니까 '그런 일이 있었다' 하고 계속 조금씩 얘기를 하게 되니까 그 이후에 탈핵까지도, 신고리 그거까지도 다 계속 하고 있었던 그 부분은 그냥 자연스럽게 동의는 해 주더라구요. 단 너무 자주 나가서 집이 비는 거에 이런 거에 불만을 하곤 하지만 이후에 나중에 인제 납득한 거 같애요. 그때 한창 천막 농성 하고 이럴 때는 딱히 그 현장이 이렇다고 막……. [김영희: 그 이후에는 어쨌든 그 과정에 대해서는 설명을 해 주신 건가요?] 제가 나가서 할 일이, 제 시간이 필요하면 '나 나가야 되겠다' 그러고 나가요. (웃음) [김영희: 가족들이 '나'의 활동이거나 '나'의 삶으로 인정하도록 하신 건가요, 그러면?] [청중: 아, 이게 엄마 생활이다…….] 내 생활이다 이렇게, 좀……. (중략)

참, 저는 우리 애들한테도 그렇게 인정받고 다녔던 것 같지는 않고, 제

기억상에. 그런데 어쨌든 엄마 하는 일이라는 거였지. 그리고 애가 자기가 인정해 주고 말고 한다는 생각까지는 안 했던 것 같애요. 그냥 엄마 일이라고 생각했던 것 같고……. [청중: 그게 인정하는 거 아냐?] 그냥 그거는 엄마 일이고 이런 생각인데……. (중략)

저도 우리 애가 요즘에 그런 얘기 해요. 작은애가 엄마 하는 일은 뭐든지 옳은 일이라고 얘기해 줘요. [청중: 엄청나게 인정해 주는 거구만.] 그렇군. 저는 처음에 우리 신랑이 동의하지 않았지만 저는 그 활동 계속했고 그 얘기를 계속 형식적으로 했을 거 아녜요, 우리 신랑하고. 우리 신랑이 지금은 탈핵하는 게 옳다고 생각하고 하는 부분에 대해서 저는 정말 다행이라고 생각해요.

제가 안 하고, 안 했다든지 아니면 그런 말 없이 몰래 다녔다든지 이러면 여전히 신랑은 탈핵이라는 것도 몰랐을 것이고, 저는 그런 걸 몰랐을 거라고 생각하기 때문에 저는 얘기를, 납득을 처음부터 100퍼센트 받은 건 아니지만 하는 동안에 계속 받았던 것 같애요. 100퍼센트 받았다는 게 아니고 그냥 남편도 좀 달라졌겠죠." 여, 40대

"저는 인제 저희, 어 그러니까 이런 밀양의 이야기 그리고 그 이후 행정대집행 내려오는 그날부터 해서 '어, 그러면은 우리 다음 주부터 바느질하는 거야?' 그렇게 해서 계속 바느질이 시작됐잖아요. 그런데 집에서는 바느질하면서 애들한테는 그냥 사람에 대한 얘기를 계속 했던 것 같애요. '엄마가 거기, 가는 거기에 할머니가 계셔. 근데 그 할머니들이 사는 그 마을에 송전탑이, 어마어마한 송전탑이 지나가. 근데 그게 사람한테 엄청나

게 해로운 것인데 이 어르신들이 그걸(송전탑 반대하는 신념을) 지키기 위해서 9년, 10년 동안 싸우셨어. 근데 그걸 아무도 몰랐대' 이러면서 그런 얘기를 하기 시작했구요.

그래서 계속 엄마가 어제 그, 그러면 그 다음에 또 갔다 오면 '엄마가 어제, 오늘 어디 갔다 왔는데' 이런 얘기를 계속했구요. 이 얘기를 그냥 자연스럽게 저희 시어머니한테도 했구요. 그래서 저희 시어머니가 여기 되게 오시고 싶어 하셔갖구요, 몇 번 오셨거든요. 그래서 아침에 저희 시어머니가 그 뭐지, 그 저희 골안 그 위에 송전탑, 송전, 그 전류가 흐른다고 해서 어르신들이 거기서 밤새 눈보라 맞으시면서 송전탑 둘레 주위를 이렇게 해서 싸우셨거든요. 근데 그날 아침에 저희 어머니가 국을 끓여서 가자고 하시더라구요. 그래서 어머니하고 시래깃국을 한 들통을 끓였어요.

그래가지고 같이 밀양에 넘어와서 어머니가 어르신들이, 할머니들이 싸우시는 걸 그냥 보셨거든요. 그니까 송전탑의 송 자도 모르고 주먹 이렇게 해서 손 한번 들으시지 않았던 분이었는데, 그게 계속 기억에 너무 남으셨나 봐요. 그러고는 '이렇게 하면 안 되지' 그러시더라구요. 그러면서 오셔가지고 그 다음부터 계속 밀양 얘기를 물으시고 그리고 오시면 밀양 가보자 해서 몇 번 오셨거든요. 그런데 저희 그게 너무 자연스러운 게 여기 사람 이야기를 계속해서 어머니가 인제 아시는 분이 된 거잖아요. ○○○샘이랑 ○○○*샘이랑 아시는 분이 되고 이렇게 하니까 계속 안부를 묻게 되고, 오셔가지고……. 저희 어머니가 구호 이렇게도 못 하시던 분이었는데요.

밥을 같이 나눠 먹는 데서 건배사를 하시면서요, '송전탑 뽑, 뽑는 그날을 위하여!' 이렇게 건배사를 하시는 거예요. 너무 놀랬거든요, 저두요. 그래서 이게 어떤 특별하게, 내가 대단한 일이고 '이게 뭐예요'라고 설명하는 거가 아니고 우리가 사는 곳에 이런 일들이 일어나고 이런 일들이 일어나는 게 내가, 이 누구고 먼 이야기가 아니고 이런 것들에 대한 이야기를 그냥 전 자연스럽게 하죠. 저희 큰애가 그래서 그, 태양열을 이렇게 전공하는 일을 하고 싶다고 이렇게, 송전탑 계속 하면서 그쪽으로 전공도 이렇게 하게, 예, 됐거든요.

그게 계속 살면서 이렇게 내가 계획해서 되는 게 아니고 그걸 계기로 하여 모르던 걸 알게 되고 그걸로 인해서 자기가 '그럼 난 이 일을 하면 좋겠다'라고 해서 자기, 그런 것들이 자꾸 생겨나는 계기가 된 것 같아요. 저희 어머니는 팔십이신데, 제가 늘 집에서 계속 바느질을 하잖아요. 오시면 하나라도 어머니가 손수건 같이 꿰매 주실려고 계속 옆에서 바느질 같이 하시거든요. 그래서 '이게 도움이 됐으면 좋겠다' 이러면서……. 예. 근데 그게 진짜 송전탑이 뭔지도 모르셨고 핵발전소가 뭔지도 모르시고 하시던 분이었거든요. 근데 그게, 예, 계기가 됐어요." 여, 40대

'여성 연대'는 연대자의 시어머니에게까지 확장됐다. 비슷한 동년배의 '여성'들이 송전탑 건설 반대 운동에 참여해 여러 가지 일들을 경험하는 것을 보면서 남다르게 느끼고 생각하는 부분이 있었을 것이다. 사람과 사람 사이의 연결을 통해 경험과 기억이 공유되고 감정이 공유되지 않았다면 일어나지 않았을 연대의 장면이었다. 연대자들을 포함하는 '밀양 할매'의 관심은 점차 한국 사회 전반의 문제로 확대되었다. 이들은 청소

년 인권 문제에도 관심을 가졌고 페미니즘 리부트 시대 이후에는 함께 모여 페미니즘을 공부하고 강사를 초빙해 강의를 듣기도 했다. 누군가 이 목소리에 귀 기울였으면 좋겠다고 간절히 소망했던 산속 천막에서의 기억을 살려 산 아래 마을로 내려온 뒤에도 이들은 어디선가 들려오는 다른 누군가의 목소리에 귀 기울이기 위해 노력했다.

특히 이들은 젠더 이슈가 민감하게 대두되는 사회 분위기 속에서 자신들이 밀양에서 경험했던 일들을 다시 반추하게 되었다. 할아버지들 밥을 지어 놓고 산에 올라 다시 연대자들의 밥을 짓는 할머니들을 보면서 내가 느꼈던 불편한 감정의 실체는 무엇이었을까 생각해 보고, 지역 사회 여론이나 언론을 통해 '밀양 할매'가 무식하고 폭력적인 이미지로 고착되었던 것 역시 '여성혐오'는 아니었을까 생각해 보게 되었다.

"그거 할 때 ○○ 어머니라고 계셨잖아요. 그러니까 이제 그때도 거기, 거기가 지킬 사람이 없이 자리가 빌 때, 이럴 때 제가 자러 가는 일이 한 번씩 나서 지키는 일이 있었어요. 왜냐하면 연대자는 항상 있어야 되니까요. 그래 있었는데, 한번 ○○ 어머니랑 이렇게 같이 이제 같이 있으면서 산책 가시는 거 그걸 도울 때가 있었어요.

둘이서 이제 산책을 하는데 ○○ 어머님 항상 어떻게 하시냐면 되게 예의 바르시고, 자기의 품위를 잃지 않는 자부심이 있는 분이시거든요. 그래서 늘 연대자들에게도 되게 깍듯하게 하시는 분이세요. 어른 노릇을……. 그러셨는데 그날 어떻게 말씀하셨냐면, '나는 항상 너희들 오는 여자들한테 고맙다고 이야기를 하는데, 사실 고마운 거 아니'라고, '나는 너희가 부럽다'고……. '그러고 내가 부러운 거는 나는 내가 느그만 할 때 살 때는 살림 사는 것밖에 몰랐다. 그래서 내 가족 건사하는 것밖에 몰랐는데 느그는 이 사회를 위해서 이렇게 여기 와서 하는 걸 보면서 나는 참 부럽다. 나는 내가 내를 돌아보면 내 있는 가족 챙기는 것밖에 못했다' 이렇게 얘기를 하시는 거예요. 되게 진짜 감동이었어요. [김영희: 음, 음, 그러게요.] 예.

그런데 실제로 그 어르신은 그때도 내 재산 위해서가 아니고 내 이 미래의 자손들, 이 사람들을 위해서 나는 여기를 반대한다고 얘기하신 분이었거든요. 물론 그런 분이니까 우리가 같이, 우리한테 그런 말씀도 해 주시는 거겠죠. 그래서 어, 저는 되게 정말 감동이었어요. 그래서 사실 저는 뭐 첨에 그런 게 아니라 날 위해서 가는 거였잖아요. 네. 저의 안전을 위해서……. 어, 울산 위험하니까 이렇게 오는데, 그 말씀을 들으면서 참 부끄럽기도 하고, 그 다음에 내가 살아가면서 뭔가, 내가 좀 그래도 좀 누군가를 위해서 할 수 있는 일이라는 걸 다시 좀 깨닫게 되기도 했죠." 여, 40대

'나는 너희가 부럽다'는 '밀양 할매'의 말은 자기 삶을 성찰한 진솔한 고백이면서 탈송전탑 탈핵 운동을 통해 성장하고 있는 자신과 연대자를 향한 진정한 지지와 격려의 말이었다. '고맙다'기보다는 '부럽다'고 말했지만 그것은 진심에서 우러난 감사의 인사였다. 동경의 마음을 표현했지만 거기엔 연대자들을 향한 경외와 존경, 존중의 마음이 담겨 있었기 때문이다. 그리고 여기엔 한국 사회에서 '여성'이, 특히 '기혼 여성'이 어떤 위치에 있는가, 어떻게 비가시화되고 어떻게 자기 장소를 갖지 못한 채 떠돌게 되는가에 대한 인식이 담겨 있다.

그리고 탈송전탑 탈핵 운동의 계기를 통해 함께 사회 운동에 참여하고 당당하게 자기 목소리를 내는 동시에, 사회적으로 기여할 수 있는 자기 장소를 가진 것에 대한 축하와 격려, 지지의 마음이 담겨 있다. 이것이 바로 연대자와 주민을 아우르는 '밀양 할매'의 '여성 연대'가 보여 주는 상호 격려와 지지의 순간일 것이다. '밀양 할매'는 서로를 탈송전탑 탈핵 운동가로 존중하며, 존경과 경외의 태도로 서로를 격려한다. 한국 탈핵 운동의 역사는 '밀양 할매'의 등장을 통해 새롭게 쓰여야 할 것이다. 그리고 그 등장 이후의 장면들을 풍부하고 두텁게 써 내려 갈 수많은 이야기가 '여기'에 있다.

나는 탈송전탑 탈핵 운동가다

"우리는 딴 거 없어예. 돈을 더 받아 물라고 하는 것도 아니고, 너무 한전과 정부와 경찰과, 이렇게 딱 짜고 치는 고스톱 해갖고, 지금 그게 드러났잖아요. 우리는 이, 그거 드러나기 전에 이거를 다 알았는 것 같애요. 그래서 우리는 후손들이 우리처럼 살지 마라고, 지금 우리 ○○면 요 ○○마을 어르신들은 우리 후손들을 잘 살게 하기 위해서 이렇게 지키고 있습니다, 이거를 보여 줄라고……. 딴 거 없습니다.

그래서 하루하루를에 완전히 사는 게 아닙니다. 지는 어디 인자 시내를, 바깥에 나가면, 서울이나 가면 집에 들어오기 싫어요. 저 철탑 때문에……. 보기도 싫고, 고생을 너무 많이 해갖고……. 그래서 내가 요전에 어떻게 생각했나 하면, 최순실이 때문에 서울에 전부 데모 다 갔을 때, 내가 저 철탑 한 번만 올라가 보고 죽으면 소원이 없겠다고, 그런 악한 마음이 듭니다. 저 경찰을 없을 때 우리가 올라가서 거기서 농성을 한번 하고 죽었으면, 그만한, 그런 마음을 품고 우리가 지금 이 동네 어른들이 살아가고 있습니다." 여, 70대

"근데 땅이 중요합니까, 사람이 중요합니까. 첫째로 사는 게 중요한 거 아닙니까. 그런 말 하는 사람들이 있더라고. '논이 있나 땅이 있나 왜 합의를 안 하고 저러고 있나'……. 물론 자존심도 있지만은 사람이 중요하지, 땅입니까. 저게 들어오면 안 좋다 하니까……." 남, 80대

"이게 부당하고 우리 진짜 이제 우리는 참, 참말 지금 내 나-가(나이가) 많으니까 오늘내일 죽을지 모르지만은, 그리고 또 우리도 우리 자식들은 여기 살지도 않거든? 일본 살고, 인저 서울 사니까……. 그런데 왜 내가 이렇게 하냐 하면 나만의 일이 아니고 저 이웃도 우리 가족과 마찬가지인데 저 사람들 후손이 살 거 아니야? [김영희: 네, 네.]

할머니가 돌아가셔도 후손이 살 끼거든(거거든). 어, 그런 애들에게, 지금 과학적으로 뭐 '17세 이하는 뭐 전파에 의해서 암이 많이 생긴다' 이런 결과도 나오고 이런 거를 나왔을 때, 만일 우리 후손, 자식들이 그렇게 되면 안 되잖아. 그러니까 나는 이 동민들도 내 가족이라고 생각하면 걔들 자식들도, 그 사람들 자식들도 우리 후손과 마찬가지니까, 우리가 살아 있을 때 부당한 거를 막아야 한다……. 난중 후손에게 어, 그런 안 좋은 거를 안 물려줘야 안 되겠느냐……. 그래 싶어서 그런 거지.

그리고 실제 내가 봤어. 우리 뒷집에 거기 소를 믹이는데(먹이는데) 소

가 새끼를 낳을 거야. 새끼를 낳을 건데 헬리콥터가 막 짐 실어 나르고 그런데 새끼를 막 난산을 해 버리는 거야. 아직 달이 안 됐는데 막 낙태를 해 버린 거지. 그런 거를 실제로 봤어. 봐갖고 인저 은어라 카는 그거 다 디비지는(죽는) 것하고……. 그런데 은어가 딱 디비지는데 그기 이 부당하다 카는 걸 왜 나타났냐면 한전에서 와서, '이거 매스컴에 내지 마라, 우리가 보상해 주꾸마'……. (중략)

그래 그런 부당한 일을 어 우리가, 내가 살아 있는 동안에, '아 우리 할머니들이 이렇게 싸워서 우리가 이 좋은 공기 마시고 이 좋은 곳에 살 수 있구나' 이런 거를 후손에게 물려주고 싶은 그런 마음이지." 여, 80대

'밀양 할매'들에게 왜 송전탑 건설을 막고 원자력 발전을 반대하는 운동을 하냐고 물으면 대부분의 주민들이 미래 세대를 위해서라고 대답한다. 회유와 압박을 비롯한 한국전력의 다양한 대응 전략은 '밀양 할매'의 동기와 의지를 한계 끝까지 밀어붙이는 상황의 연속이었기에, 이와 같은 압력에 굴하지 않고 탈송전탑 탈핵 운동을 이어 간 가장 큰 이유가 '미래를 향한 마음에 있다'는 말에는 거짓도 과장도 없을 것이다.

심지어 이들은 한국에서 정책 입안자나 관료, 정치인, 전문가 등이 모두 건강이나 안전보다 경제적 이익을 말할 때에도 경제적 이익보다 건강과 안전을 말했다. 이들은 자신들의 집이나 땅의 부동산 가치를 알지 못하지만 송전탑을 통해 송전되는 전기의 양이 얼마나 되는지, 그 전기가 어디로 가고 잉여 전기는 어떻게 처리되는지, 원자력 발전의 위험성은 무엇인지, 한국에는 어디에 어떤 종류의 발전소가 몇 개나 있는지 등을

모두 분명하게 알고 있다. 그래서 공론화위원회가 한창이었을 때 거리에서 어떤 시민을 만나더라도 이와 같은 이야기를 건넬 수 있었던 것이다.

언젠가 '밀양 할매'들과 송전탑 그리는 일을 했었는데 그때 이들은 모두 송전탑을 거대한 로봇처럼 그리면서 그 옆에 꽃과 나무와 새와 나비를 그렸다. 미리 이야기를 나눈 것처럼 대부분의 주민들이 그렇게 그려서 왜 그런 거냐고 물었더니 '원래 저 산과 땅은 모두 소나무와 진달래와 산새와 나비의 것인데 송전탑이 들어서서 모두가 살 수 없게 된 것'이라고 대답했다. 그래서 어서 빨리 송전탑을 뽑아내고 그 산과 땅의 원래 주인들에게 생명의 토대를 돌려주어야 한다는 것이다.

'밀양 할매'는 송전탑이 들어선 산과 땅이 자신들의 것도 아니고 지금 살아가는 세대의 소유도 아니고 다음에 올 미래 세대가 살아갈 터전이라고 말했다. 그 산과 땅에서 다음 세대의 인간이 살아갈 것이지만, 그렇다고 해서 그곳이 인간 소유의 터전인 것도 아니라고 말했다. 그곳은 살아있는 모든 생명의 터전이며 인간도 그 생명 가운데 일부일 뿐이다. '밀양 할매'는 이처럼 탈송전탑 탈핵 운동가이면서 생태 운동가다. 또한 그들은 송전탑과 원자력 발전과 생태 환경의 가치에 대해 누구보다 잘 알고 있는 전문가이며 당사자다.

평생 맨손으로 땅을 일궈 만든 전 재산이 자그마한 집과 약간의 땅인데 그 앞에 송전탑이 들어섰을 때 자신이 소유한 것들의 가치가 하락하는 것을 염려하지 않을 사람은 없다. 그리고 그 집과 땅은 그들 평생의 노동의 대가로 만들어진 것이다. 또한 사람이라면 누구나 다른 누구의 건강과 안전보다도 자신과 자기 가족의 건강과 안전이 가장 중요하다고 여길 것이다. 그러나 이 싸움의 과정 속에서 '밀양 할매'는 한 사람의 개인으로서 자기 삶에 매몰되지 않는 지평의 확장을 경험했다. 나의 삶에 대한 관심에서 출발했으되 거기에서 멈추지 않고 나의 이웃과 다음 세대와 살아 있는 모든 생명에 대한 관심으로 확장시켜 나간 것이다.

"처음에는 그 내 뭐 개인적인 그런 욕심이겠죠. '이 내, 내 땅 내놓을 수 없다. 내 땅 피해, 내 목숨 그거를 내가 부지하려고 했는데'……. 이런 과정에서 뭐 국가나 한전이나 이렇게 한 짓거리들이 정말로 이거 어쩌고 뭐 우리 삶을 파괴한다고 할까요? '공동체를 파괴하고, 삶을 파괴하고, 내 재산, 이거 거 얼마나 피눈물 나게 만들은 그거 땅, 한 밭뙈기 하나 이걸 갖다가 한순간에 뭐 무용지물로 만들고 하느냐'……. 그 그거에 대한 것 때문에 싸우다가, 방금 내가 똑같은 말 반복되는데, 이거를, 이거를 뭐라고 할까? 이 국가가 한전이 공, 공기업이 한전이 주민들한테 하는 행태를 봤을 때 이거는 정말로 이거는 묵과할 수 없는 일이고, 이 있을 수 없는 일을 자행하니까, 거기에 주민들은 더 분노하고, 어, 항거, 항거해요. 거의 뭐, 거의, 거의 악에 받쳤다고 할까…….

그런 것이 밀양 싸움의 끝 무렵에는 그런 거하고, '좋다, 하여튼 우리는 세상 뒤집는 데, 확 뒤비는 데 그 우리가 앞장서겠다' 이렇게 된 거예요. 그게 동력이 그렇게……. 물론 자기들이 인저 그렇게 만들은, 주민들을 그렇게 만들은 거죠. 그래 이런 일이 있을까……. 다른, 다른 데서도 안 벌어지고 하는 이런 게 되어야 하는데…….

이래, 그래, 그래서 이제 요번에 이제 '신울산에서 신경기로 뭐 200km

까지 뭐 765 그게 계획이 거의 다 돼가 있었고 마지막 변전소를 어디 짓느냐 그 후보지까지 정해 나왔었는데, 그게 최근에 얼마 전에 뭐 완전히 폐기되었다꼬……. 한전이 스스로 거둬들였다, 안 한다……. 그래서 3배나 더 많이 돈이 드는데……. 뭐, 뭐, 교류를 직류를 바꿔서 지중화하는 그런 쪽으로 뭐 설계 변경을 한다' 뭐 그런 발표를 했다 카데요. [김영희: 네.]
 그런 것이 뭐 밀양 할매들이 죽기 살기로 한 결과가 아닌가. 뭐 ○○[활동가] 님은 그 이야기를 하는데 '뭐 그거는 그, 거게는(거기에는) 잘됐는데 우리, 우리, 우리 할매들한테는 아무것도 없잖아' 이, 이제 이런 식으로 이야기를 하더라고요. 그래도 그게 밀양 할매들이 만든 성과가 아니겠는가……." 남, 70대

 밀양 주민들의 문제의식은 자신들이 겪고 있는 일의 의미를 역사적인 관점에서 살펴보는 데까지 확장되었다. 자신이 겪고 있는 일을 하나의 개별적인 현상으로 보지 않고 사회적인 문제로 바라보았으며, 이런 현상을 발생시킨 구조를 통찰했다. 또한 지금 겪고 있는 일이 밀양에서 처음 발생한 것이 아니라 과거 역사를 통해 오래 반복되어 온 일이라는 것, 그리고 그 역사적 과정을 관통하는 구조나 조건이 존재한다는 것을 이미 알고 있었다. 이 때문에 밀양 주민들은 밀양 이후에도 다른 지역에서 이와 유사한 일이 일어날까 염려하면서, 탈송전탑 운동이 단순히 송전탑만을 반대하는 것이 아니라 한국 사회를 오래 지탱해 온 구조와 그 구조의 역사를 바꾸는 일이라고 생각한다.

"어떤 상황이 일어나는 데에 따라가지고 자기들은 어떤 사례별로 대응책이 무궁무진합니다. 정말로 한, 몇, 30년 동안 이루어져 왔던 일들이 있으니까……. 초창기에는 요런 식으로 가가지고 밀어붙이고, 그 다음에 요런 상황이 갔을 때는 또 요런 방법으로, 그 다음에 요런 식으로 갔을 때는 요런 방법으로, 최후에는 돈으로……. 그게 안 되면은 아예 그냥 이념적으로 분리를 시켜가지고, 깽판을 만들어가지고 여기서, 쉽게 얘기하면 공권력으로 한다든지 강압적인, 이런 수단으로 해가지고 망치는…….

그런 방법으로 하다 보니까 자기들은 목표를 달성하기 위해서는 수단과 방법을 가리지 않는, 그런 작태를 70년대 군사 정권 시대에 하는 일을 지금도 하고 있고, 그게 거기서 끝나는 게 아니고, 일어나고 있는 일들을……. 지금도 사람들이 그걸로 인해가지고 상처를 받았던 사람들이 많거든요. 그라면 그거를 치료해 줄라 카는 그런 상황이 아니고, 그 사람들을 매도를 해 버려요. 그라면 그 사람들은 현재의 발생되어 있는 문제를 해결하는 거는커녕, 거기에 매도당하는 데 대해가지고는 더 어떻게 입도 못 떼고 하는 그런 상황이 돼 있는 거예요.

그라다 보니까 그게 말은 요래가 짧은 시간에 요렇게 이야기를 하지만은, 고 일이 일어나고 과정 과정에 일어나는 고 상황들은, 그것은 상상을 하기가 힘든 그런 상황입니다. (중략) 그때 당시에도 앞에, 아까 그 과정 중에서 처음에 발족하고 그 오기 전의 과정에 조직이 몇 번 바뀌었던 게, 한전에서 사람들이 금전과 지연과 혈연, 이런 것들로 사람을 매수해가지고 자꾸 바꾼 거예요. 넘어가 버려서……. 그 과정별로 '아, 요-는 돈 있으면 되겠다', '요기는 자식들 이용하면 되겠다', '요-는 혈연을 이용하면 되겠다' 하는 식으로 했는데, 유일하게 우리 면에는 우리 회장님이나 ○○○ 어르신이나 여자분들이 정신력이 강해서 버텼던 거예요. 이게 없었으면은 버틸 리가 없었죠." 남, 60대

한국 전역에 전승되는 구전(口傳) 이야기 중에는 '단혈(斷血) 이야기'라는 것이 있다. '단혈 이야기'는 예부터 나라를 구하거나 세상을 구할 큰 인물은 땅의 기운으로 난다는 관념에 토대를 두고 있다. 이 이야기는 예전에 이 땅을 침략한 외부 세력이나 조선을 식민지로 삼았던 일본 제국주의자들이 큰 인물이 날 땅의 기운이 모여 있는 혈자리를 끊어 버리기 위해 쇠말뚝을 박아 두었다는 내용으로 시작된다. 이야기의 말미는 외세의 침략이 끝난 뒤나 해방 후에 사람들이 이 쇠말뚝을 뽑기 위해 이 산 저 산을 찾아다녀 마침내 다 뽑아 버렸다는 내용으로 마무리되기도 하고, 한두 군데 뽑지 못한 쇠말뚝이 남아 있다는 내용으로 이어지기도 한다. 어떤 이야기에는 '아직 뽑지 못한 쇠말뚝 때문에 이 땅에 큰 인물이 나지 못한다'거나 '쇠말뚝을 마저 찾아서 뽑아 버리면 세상을 구할 큰 인물이 날 것'이라는 말이 덧붙기도 한다. 송전탑 건설 반대 운동에 참여한 주민들 중에는 송전탑을 이 쇠말뚝과 같은 것으로 인식하는 이들이 많았다.

"월산 사람이 카는데, 일제 시대에 산세가 좋아서 큰 인물이 난다고 캤다 카더라고. 그캐가 산이 가운데에 잘쑥한 부분이 있는데, 옛날에 일본 사람들이 와가 그 자리를 폭파했다 카데. 쇠말뚝을 앞쪽에다 박았는데 박

은 자리를 못 찾아서 못 뽑는다 카더라고. 그란데 인자 마 더 큰 쇠말뚝을 갖다 꽂은 텍이지." 남, 80대

"요 화악산이 밀양의 주산이라꼬예. 중심산, 줄기지 줄기. 그란데 마 일본 사람들이 옛날에 산만디에(산꼭대기에) 쇠꼬챙이 박던 거맨키로(것처럼) 저래 철탑을 세와 뿌이 우에 되겠는교." 남, 60대

"일본 놈들이 옛날에 좋은 산마다 댕기믄서 쇠말뚝 박아 논 거 알지예? 그거 마 뽑다 뽑다 다 못 뽑았다는 말도 내 들었다. 뽑은 쇠말뚝만 해도 수백 개가 넘는다더라. 저 한전 놈들이 하는 짓이 왜정 때 일본 놈들 하던 짓이랑 똑같다이끼네." 여, 70대

이 이야기는 상처받은 민족적 자부심에 대한 이야기일 수도 있고 일본 제국주의 식민 지배의 부당함을 폭로하는 이야기일 수도 있다. 그런데 이 이야기에 깃들어 있는 다른 정동은 훼손된 땅의 기운을 회복하여 혈자리가 복구되었을 때 나타날 새로운 미래에 대한 기대와 희망이다. 여기서는 '큰 인물'에 대한 기대로 표현되었지만 한 명의 영웅을 기대한다기보다 이 '큰 인물'은 그 자체로 부당함이 사라지고, 훼손되고 상처 입은 모든 것들이 회복되는 미래를 상징하는 존재다. 이 이야기에서 인물은 구체적으로 형상화되지 않으며 시종일관 강조되는 것은 땅의 기운이다. 탈송전탑 탈핵 운동의 주체들이 송전탑을 보고 이야기 속의 쇠말뚝을 떠올린 것 역시 같은 맥락에서 이해할 수 있다. 송전탑은 저 이야기 속

의 쇠말뚝처럼 땅의 정기를 막아 훼손함으로써 다가올 미래를 올 수 없게 만드는 현재의 폭력이고 죄악이다. 송전탑은 땅의 기혈을 막아 반드시 오고야 말 어떤 미래를 올 수 없게 만드는 것이므로 쇠말뚝처럼 뽑아내야 하는 대상인 것이다. 그리고 저 쇠말뚝 같은 송전탑을 뽑는다면 막힌 혈맥이 뚫리듯 산천의 피가 돌고 그 생동감 넘치는 핏줄의 기반 위에 생명이 살아 숨 쉬는 새로운 미래가 올 것이라고 주민들은 믿고 있다.

이 '단혈 이야기'에는 자신이 살고 있는 지역, 그 지역의 땅에 대한 자부심이 깃들어 있다. 밀양의 탈송전탑 탈핵 운동에 참여한 주민들에게 이 '자부심'은 중요한 활동의 동기가 된다. 자부심은 자신이 살고 있는 지역이나 마을로도 이어지지만 자신과 관계 맺은 사람이나 자신이 살아가는 터전으로도 연결된다. 그리고 이것은 자기 자신이 이 사람과 터전을 지키기 위해 어떻게 해야 하는가에 관한 사명감이나 소명 의식의 내용으로도 이어진다.

"옛날부텅 우리 거 여 몇(몇) 대 조까지 이어서 살았는데 몬(못) 살게 돼가 있으니께네, 누구 원망 안 하겠나. 우리는 국가에 돈도 안 바래고, 어 그 아무것도 안 바래. 안 바랜데, 내 땅 내 꺼리(몫) 묵고 살동(살게) 놔둬. 전기만 안 들어오고 가만 놔두마(내버려 두면) 내가 내 가랑(내 몫을) 먹고 살도록, 우리는 도움 아무것도 안 받고 내 돈 하나도 안 받아도 구십 살 살든 팔십 살을 살든 고향 놔두만 원망 안 하고 말 안 한다.

뭐 할라고 내 국가에 돈 바래고 뭐 돈 바래. 안 바랜다. 와 바라노. 우리 묵고 살고, 내 논으로 묵고 사는데……. 땅 깔믄 땅까지……. 근데 이 저

개자식들이 저 지랄 해가지고 우에 사노 말이다." 여, 70대

. "시어른한테 '아버님 제가 할게요', 그 한마디 때문에 이만큼 죽기 살기로 시작했어요. 우리 시아버지 돌아가실 때 내 손 꼭 붙잡고 부탁하시거든요. 우리 집안이든 고향 선산이든 뭣이든 암튼 '니가 지키라' 이래가 내가 그러겠다고 약속했거든요. 우리 아이 너이가(넷이) 얼마나 말리는지, '너희 할 일을 내가 한다. 근데 너희 와서 싸움하고 안 도와줘도 된다. 나한테 오지 마라. 내가 하다가 엎어져 죽어도 내가 할 일 해야 한다' 그랬어요.

내가 시어른한테 그 대답 한마디 한 게……. 내가 이럴 줄 알았으면 내가 죽었으면 죽었지 대답 안 하지. 이거 들어올 줄도 모르고 고향 잘 지키고 선산 잘 지키고 손님 대접 잘하고 그러면 되는 줄 알고……." 여, 80대

'밀양 할매'를 움직이고 버티게 했던 자부심은 자신이 살아온 삶과 살면서 지켜 온 것들에 대한 자부심이기도 하다. 그리고 이것은 자기 자신과 자신의 삶에 대한 자존(自尊)이다. 한국전력과 국가가 자행한 일들은 밀양에서 살아가는 이들의 인간적 존엄과 자존을 건드렸다. 사람을 오로지 돈으로 환산되는 합의서 한 장의 가치로 전락시키고 몇 푼의 돈과 힘으로 자신들이 살아왔던 마을살이의 터전을 산산히 조각낸 것은 분명히 사람됨과 사람살이의 자존감을 훼손하는 일이었다. 더구나 내가 낸 세금으로 월급을 받는 경찰들이 휘두르는 폭력과 한국전력 용역 인부들의 폭언, 그리고 오래도록 한 터전에서 살아온 이웃들에게 받아야 했던 모욕과 멸시는 그 자체로 '존엄'을 건드리는 일이었다. 그렇기 때문에 주민들

은 더욱 물러설 수 없었다.

"우리 집에도 한전 놈 두 명이 찾아왔어요. 이 양반이 마당에 있으니까 딱 서서 얘기하데. 내가 거름을 싸게 퍼서 이거 덮어쓰고 갈래 그냥 갈래 하니까 '안 됩니다. 안 됩니다', 그래가 '안 덮어씌울 테니까 얼른 가라' 그랬어. 그러고는 우리 집에 안 찾아와." 여, 70대

"한전 놈하고 사장하고 왔거든. '할머니, 할머니' 하길래 '당신이 사장이요, 뭐요?' 하니까 한 놈은 전무라 뭐라 하던데, '할머니는 보상은 얼마나 받을랍니까?' 하더라. '나는 백억을 줘도 안 받는다. 백억을 줄 놈도 없고 안 받는다. 당신네 고향 사는 고향에, 500년이나 살던 고향에 조상들 산 고향에 세우게 하겠나, 못 세우게 하겠나?' 했더니 '할머니 안 되지요' 캐. 그래서 내가 '너는 안 되면서 왜 그러나' 하니까 '할머니 흥분하지 마시고, 할머니 소원대로 해 드릴게요' 해. 그래가 내가 '백억을 주도 여기 좋은 자리는 못 잡는다' 하고 또 한 마디, '우리 여기 선조 조상 누운 자리다. 다 누워 있다' 카이, '할머니 그게 백억보다 더 힘들어요' 이라는 기라." 여, 80대

송전탑 건설을 반대한 주민들은 자신들이 지키고자 한 것이 어느 정도의 부동산 값어치가 있는 땅, 혹은 돈으로도 바꿀 수 있는 재산이 아니라고 말한다. 일구어 온 농토는 곧 그들의 삶이고 자신이 살아온 삶의 의미이기 때문이다. 따라서 그들이 원하는 것은 나의 존엄과 자존, 그리고 내 삶의 의미와 가치를 지키는 것이지 내가 소유한 땅의 경제적 가치가 하

락하는 데 따른 금전상의 보상이 아니다.

"많이 지친 것도 있고……. 거의 다 지금도 마을에 돈 다 받은 사람도 있지만, 난 그래도 내 자신을 꿋꿋하게 지켰다고 생각합니다. 그런 자부심은 있습니다. 내가 내 생을 걸고 돈 몇 푼에 안 넘어간 거거든요. 우리 동네 할매 한 분 ○○댁이 와가지고 '나는 돈을 받았지만 그래도 지조 있게 마을을 지켜줘서 고맙다' 이래 말하더라고요." 남, 60대

"나는 마 뭐 누구한테도 부끄러운 기 없다 생각합니다. 즈그들은 돈도 받고 돈 받고도 받았다는 소리도 못 하고 그라고 있지만 그기 다 떳떳하지 않아서 그런 거 아입니까. 우리 아-들이 '우리 엄마 옳다', '잘 살았다' 캅니다. 이래 찾아오는 사람도 많고 한 거 보믄 '우리 엄마 잘 살았다' 이기라. 잃은 것도 많지만 얻은 것도 많아예. 뭐 다른 것보담도 내가 내 자신을 지켰다 아입니까. 지는 그걸로 충분하다 봅니다." 여, 60대

부끄럽지 않은 길을 가니 내 옆에 모여드는 사람들이 있었다. 밀양 탈송전탑 탈핵 운동에 참여한 주민들은 자신들이 지금까지 싸워 올 수 있었던 힘이 '연대'에 있었다고 말한다. 지금 밀양에서는 80대 후반의 어른도 20대 초반의 활동가도 모두 '연대'의 가치를 확신한다. 이들은 모두 밀양에서의 싸움을 통해 '연대'의 힘을 확인했고 '연대'하는 과정을 통해 운동가로 성장했다. 그리고 다른 싸움의 현장에서, 다른 싸움에 임하는 사람들에게 연대하며, 자신들이 믿어 의심치 않는 '연대'의 의미와 가치

를 공유한다.

"연대자들 오믄 엄청 힘이 된다꼬. 쪼그마한 아-들까지 와가 같이 흙 져 날라다가 같이 황토방, 저 사랑방 만들었잖아. 사람이 북적북적하고……. 힘든 줄 몰랐어. 연대자들 때문에 싸운다니까……. 희망을 잃고 있다가도 연대자들 오믄 다시 희망이 막 생겨. 그래가 희망을 갖고 싸우는 기지. 연대가 희망이라는 걸 그키 알았다 카이." 여, 60대

"바느질 연대자들이 맨 처음에는 여기에 데모하고, 여, 저, 도와주러 와 가지고 경찰들과 대치해가 싸우고 할 때 몸을 갖고 같이 싸웠던 애들이라. 그때는 바느질 안 했어. 그래가 산에 가서 우리 동네 사람들이 농사를 짓고 하니까 사람이 다 부족하잖아. 그래 세 사람 팀을 짜가지고 인자 A팀이 오늘 가면, B가 내일 가고 막 이런 식으로 했어. 그럴 때 인원수가 한 세 사람, 네 사람밖에 안 되니까 그, 부족하잖아. 그러니까 애들이 오가(와서) 그 몸을 갖고 대치해 줬어. 그때는 바느질 안 했어.

매일 산에 올라가서 그 했어, 그 연대자들이. 그러니까 연대자들도 매일 다 못 오, 못 오니까 오늘 한 다섯 사람 오믄, 내일 한 여섯 사람 오고 이렇게 해가 산에 올라갔어. 그리고 또 우리가 경찰관들과 대치해가 싸울 때 이런 거 다 연대자들도 했어. 그래 쟤네들이 인자 구속되고 그랬는 거야. 막 경찰관이 밀고 그러니까, '왜 미느냐? 할머니 보호한다' 카고 이래 보호하면, 인간 바리케이트라 카나? 뭐 그거 있지? 이렇게 하면 자기네들은 무기를 갖고서 하는 거라, 바리케이트를. 우리는 인간 몸을 갖고, 할머니 보

호한다고 요래 하고……. 밀치면 걔들이 밀치니까 가만히 못 있어. 자기도 밀칠 것 아이가. 아 그러면 '한 달 구류, 한 달 뭐, 벌금 얼마' 이런 식으로 해는 거야. 그래갖고 쟤들 인자 다 고생했어." 여, 80대

"그래도예, 한가족 같애에. 나, 우리는 다 같은 처지 아입니까. 똑같은 처지다 아입니까. 그 사람이나 우리나, 뭐……. 그래, 내도 지금도 그래. 나는 대구 이런 데도 참 병원 한번 쓱 가면 대구 시청 앞에 가면, 참 이래서가 있는 사람……. 전에 같앴으면 '저 사람들 왜 서지?'……. 저거는 아니지만 '뭘, 나라에 무슨 원망이 있어서 저거 데모를 하느냐'고 이카지.

지금은 아니거든. 지금도 내가 생각하면 우리 동[우리 마을 싸움] 쉬고 내가 저거 좀 해 주고 해면 좋겠는데 '내가 바뻐서 대구 못 가겠다' 카면서, 속으로 그래 생각하지. 아이고, 지금도 경주대병원에 거 가면은, 그거 저기 저 이름 뭐꼬. 저 노조 하, 그거 하는 사람 있어예. 비정규직이지예. 그거 참 안됐어요, 보면은. 응.

다 같은 처지 아입니까. 그런 사람들이 힘이 없어서 그래 되잖아요. 우리도 힘 없어서 이래 됐잖아에, 예? 그것도 힘만 있으면 안 그렇다 아닙니까. 그래, 전부 다예. 데모하는 사람들이 테레비에 나오면은 '저거 배가 불러 저 칸다'고 캤다 아입니까. 그런데 지금 가만 생각하이께네 전부 다 사정이 있고……. 다 같은 우리 또, 우리도 똑같은 처지라예. 힘없는 사람이 전부 다 그거 권력자에 의해……. 높은 사람들은 그런 거 안, 그런, 그런 거 없잖아예." 여, 70대

'밀양 할매'들은 자신들의 처지를 미루어 지금 한국에서 자신들만의 싸움을 이어 가는 사람들을 이해하고 그들의 마음에 공감하기 시작했다. 그 공감의 마음은 우연히 병원에서 마주친 1인 시위자나 파업 중인 비정규직 노동자를 만났을 때 '내가 우리 마을 싸움만 아니면 하루라도 대신해 줄 텐데'라는 구체적 실천의 마음으로 이어진다. '밀양 할매'는 탈송전탑 탈핵 운동가이면서 한국 사회 모든 싸움의 현장에 있는 사람들의 동지이자 연대자가 되었다.

"안타까운 게 우리야 살날이 많다고 보고 나이 드신 어르신들이 뭔 짓이냐고요. 우리 말 듣고 남으신 건 아니지만도 우리 말 듣고 아무것도 모르시고 나오셨잖아요. 그러면 이걸 우리가 풀어 줄 입장인 거예요. 나는 그게 항상 죄책감이 내 가슴을 누르고 있는 거예요. 이분들을 어떻게 할 것이냐는 거예요." 여, 60대

"아이다. 우리도 다 지줌(제각각) 생각이 있어서 나오는 기지. 돈 몇백 받아묵고 목숨을 내줄 일이가. 니 때문도 아니고 누구 때문도 아이라. 다 송전탑 때문이지. 그라이 마 내 소원은 하나라. 송전탑 꼭대기 올라가서도 외칠 수 있어. '송전탑 뽑아 주세요' 하고." 여, 70대

"나는 이거 왜 만드노 하면, 철탑에 저거 한 번만 올라가 죽었으면 소원이 없을 것 같아서……. [청중(옆에 앉은 주민): 올라갈라꼬?] 어, 여기 올라갈라꼬, 그래 이거 만든다. 몬 올라가서 지금 한이 맺혀 있거든. 철사로 내 여게 안 만들었나. 요기 지금 여기로 타고 올라갈라꼬, 지금. 올

라간다." 여, 70대

지금 '밀양 할매'의 첫 번째 소원은 '송전탑을 뽑는 것'이다. 밀양 탈송전탑 탈핵 운동에 참여한 주민 모두의 소원은 이것 하나일지 모른다. '밀양 할매'는 자신이 살아 있을 때 송전탑이 뽑히지 않을 수도 있다고 생각한다. 그래도 포기하지 않고, 자신이 '지는 싸움'을 하고 있다고 생각하지도 않는다. 그들은 젊은 연대자를 만날 때마다 '너희가 있어서 괜찮다'고 말한다. '내가 죽더라도 너희가 할 것이고 너희가 죽더라도 그 다음에 누군가가 할 것이기 때문에 괜찮다'는 것이다.

사실은 아무것도 괜찮지 않다. 이미 여러 명의 '밀양 할매'가 세상을 떠났고 많은 분들이 아픈 몸으로 살아가고 있으며 또 많은 사람들이 여전히 분열된 마을 안에서 찢어진 관계 속에 고립된 채 살아가고 있다. 지난 폭력의 기억과 자존을 저버린 이웃들의 모습이 머릿속에서 모두 사라진 것도 아니다. 여전히 한국전력이 밀양에서 무슨 일을 벌였는지 정확히 아는 사람도 없고 잘못했다고 사과를 하는 이도 없다. 텔레비전에서는 연일 전문가와 정치인들이 나와 원자력 발전이 최고라고 말하고, 동네 사람들은 '송전탑 들어서면 죽는다더니 아직도 살아 있냐' 조롱한다.

그렇지만 괜찮다. 우리가 살면서 분투하고 노력하는 대부분의 일들은 우리가 살아 있는 동안 이뤄지지 않을 가능성이 높다. 이미 인류 역사의 오랜 과거로부터 지속해 온 싸움이 지금도 계속되고 있는 것을 보면 이것은 분명한 사실이다. 더 중요하고 존귀한 가치일수록 이 가치를 지키기 위한 싸움은 치열하고 그 싸움의 목표는 금방 실현되지 않는다. 평화와 공존, 존중과 평등 등의 가치는 여전히 실현되지 않았으며, 이 때문에 지금도 수많은 사람들이 이 가치를 실현하기 위해 분투하고 있다. 평화는 이미 수백 년, 수천 년간 분투해 온 목표이며 평등 역시 최소한 인류가 수백 년의 시간 동안 실현하기 위해 노력해 온 가치다.

싸움은 이루고 성취하여 획득하기 위해서가 아니라 그렇게 해야만 하기 때문에 하는 것이다. 내 마음이 가리키는 방향이 그러하기 때문에, 내가 함께할 사람들이 걸어가고 있는 방향이 그러하기 때문에 걸어갈 수밖에 없는 길인 것이다. 실현 가능성이 높지 않은 일이라 하더라도 그 싸움의 목표가 옳다면 그것이 미래다. 그런 의미에서 탈송전탑과 탈핵은 언젠가 올 수밖에 없는 미래다. '밀양 할매'만이 아니라 지금의 내가 살아있는 동안에 뽑히지 않을지라도, 언젠가 송전탑은 뽑히고 말 것이다.

'밀양 할매'가 저 높은 송전탑에 올라가 온몸의 힘을 다해 '송전탑을 뽑아 달라' 외치기 전에 그렇게 높은 곳에 올라가지 않고도 그 간절한 목소리를 들을 수 있는 방법은 없을까. 송전탑 아래에서 아주 작은 목소리로 말하더라도 그 목소리를 듣기 위해 귀 기울이는 이들이 있다면 '밀양 할매'는 송전탑 꼭대기에 올라가지 않을 것이다. 소곤소곤 들릴 듯 말 듯 작은 소리로 말하는데도 열심히 들어 이를 실천하는 사람들이 있다면 어느 누구도 찬바람 부는 높은 곳에 올라 온몸을 다해 외칠 일이 없을 것이다.

'밀양 할매'는 귀엽고 사랑스러운 할머니도 아니고 안타까운 폭력의 희생양도 아니다. 그보다 더 높고 고귀한 곳에 '밀양 할매'의 이름이 있다. '밀양 할매'는 한국 에너지 정의와 탈핵 운동 역사의 새로운 페이지를 만들었고, 그들의 싸움은 아직 끝나지 않았다. 그리고 기후 위기 시대

기후 정의를 향한 실천은 에너지 정의를 실현하고 기후 부정의를 극복하는 데서 시작된다. 인류 역사가 나아가는 길에서 지금 현재 가장 중요한 과제 중의 하나가 기후 정의의 실현이라면 여기 그것을 가장 먼저 앞장서서 주장하고 실천한 이들이 있다. '밀양 할매'는 탈송전탑 탈핵 운동가이고, 이들은 이미 오래전에 다음 세대 인류와 지구상의 모든 생명체를 위해 기후 정의 실천의 첫발을 내딛었다.

교육공동체 벗

교육공동체 벗은 협동조합을 모델로 하는 작은 지식공동체입니다.
협동조합은 공통의 목적을 가진 사람들이 모여서 만든
권력과 자본으로부터 독립된 경제조직입니다.
교육공동체 벗의 모든 사업은 조합원들이 내는 출자금과 조합비로 운영됩니다.
수익을 목적으로 하지 않기에 이윤을 좇기보다
조합원들의 삶과 성장에 필요한 일들과
교육운동에 보탬이 될 수 있는 사업들을 먼저 생각합니다.
정론직필의 교육전문지, 시류에 휩쓸리지 않는 정직한 책들,
함께 배우고 나누며 성장하는 배움 공간 등
우리 교육 현실에 필요한 것들을 우리 힘으로 만들고 함께 나누고 있습니다.

조합원 참여 안내

출자금(1구좌 일반 : 2만 원, 터잡기 : 50만 원)을 낸 후 조합비(월 1만 5천 원 이상)를 약정해 주시면 됩니다. 조합원으로 참여하시면 교육공동체 벗에서 내는 격월간 교육전문지 《오늘의 교육》과 조합통신을 받아 보실 수 있습니다. 출자금은 종잣돈으로 가입할 때 한 번만 내시면 됩니다. 조합을 탈퇴하거나 조합 해산 시 정관에 따라 반환합니다. 터잡기 조합원은 벗의 터전을 함께 다지는 데 의미와 보람을 두며 권리와 의무에서 일반 조합원과 차이는 없습니다. 아래 홈페이지나 카페에서 조합 가입 신청서를 내려 받아 작성하신 후 메일이나 팩스로 보내 주세요.

홈페이지 communebut.com
카페 cafe.daum.net/communebut
이메일 communebut@hanmail.net
전화 02-332-0712
팩스 0505-115-0712

교육공동체 벗을 만드는 사람들

※ 하파타순

후쿠시마 미노리, 황지영, 황정일, 황정원, 황이경, 황윤호성, 황영수, 황봉희, 황규선, 황고운, 홍지영, 홍정인, 홍순성, 홍세화, 홍성근, 홍성구, 홍서연, 현복실, 현미열, 허창수, 허윤영, 허성실, 허성균, 허보영, 허광영, 함점순, 합영기, 한학범, 한채민, 한진, 한지혜, 한은옥, 한송희, 한성찬, 한석주, 한민혁, 한만중, 한날, 한길수, 한경희, 하주현, 하정호, 하정필, 하인호, 하승우, 하승수, 하순배, 탁동철, 최희성, 최현숙, 최현미, 최진규, 최주연, 최정윤, 최정아, 최은희, 최은정, 최은숙, 최은경, 최윤미, 최유리, 최원혜, 최우성, 최영식, 최연희, 최연정, 최승훈, 최승복, 최수옥, 최선자, 최선경, 최봉선, 최보람, 최병우, 최미영, 최류미, 최대현, 최광용, 최경미, 최경련, 채효정, 채종민, 채민정, 차종숙, 차용훈, 진현, 진주행, 진용웅, 진영준, 진냥, 지정순, 지수연, 주예진, 주순영, 조희정, 조형식, 조현민, 조향미, 조해수, 조진희, 조지연, 조준혁, 조정희, 조윤성, 조원희, 조원배, 조용진, 조영현, 조영광, 조영실, 조영선, 조여은, 조여경, 조성희, 조성실, 조성배, 조성대, 조석현, 조석영, 조남규, 조경애, 조경아, 조경삼, 조경미, 제남모, 정희영, 정홍윤, 정현숙, 정혜레나, 정춘수, 정진영a, 정진영b, 정진규, 정종헌, 정종민, 정재학, 정이든, 정은희, 정은주, 정은균, 정유진a, 정유진b, 정유숙, 정유섭, 정원탁, 정원석, 정용주, 정예슬, 정애순, 정보라, 정미숙a, 정미숙b, 정명옥, 정명영, 정득년, 정대수, 정남주, 정광호, 정광필, 정광일, 정관모, 정경원, 전혜원, 전정희, 전유미, 전세란, 전보애, 전병기, 전민기, 전미영, 전명훈, 전난희, 장주연, 장인하, 장은정, 장윤영, 장원영, 장우재, 장시준, 장상욱, 장병훈, 장병학, 장병순, 장근영, 장군, 장경훈, 임혜정, 임향신, 임한철, 임지영, 임중혁, 임종길, 임정은, 임전수, 임수진, 임성빈, 임선영, 임상진, 임동헌, 임덕연, 임경환, 이희옥, 이희연, 이효진, 이호진, 이혜정, 이혜영, 이예린, 이현, 이혁규, 이향숙, 이한진, 이하영, 이태영, 이치형, 이충근, 이진혜, 이진주, 이진숙, 이지혜, 이지향, 이지영, 이지연, 이중석, 이주희, 이주영, 이종은, 이정희a, 이정희b, 이재익, 이재은, 이재영, 이재두, 이임순, 이인사, 이은희a, 이은희b, 이은향, 이은진, 이은주, 이은영, 이은숙, 이유엽, 이유승, 이유선, 이유미, 이유경, 이유진a, 이유진b, 이월녀, 이원님, 이용환, 이용석, 이용기, 이영화, 이영혜, 이영주, 이영이, 이연진, 이연주, 이연숙, 이연수, 이승헌, 이승태, 이승아, 이슬기, 이수현, 이수정a, 이수정b, 이수미, 이성희, 이성호, 이성재, 이성채, 이성숙, 이선표, 이선영a, 이선영b, 이선애a, 이선애b, 이선미, 이상훈, 이상화, 이상직, 이상원, 이상미, 이상대, 이병준, 이병곤, 이범희, 이민정, 이민아, 이미옥, 이미숙, 이미라, 이문영, 이명훈, 이명형, 이동철, 이동준, 이동범, 이다연, 이남숙, 이난영, 이나경, 이기규, 이근철, 이근영, 이광연, 이계삼, 이경화, 이경은, 이경욱, 이경언, 이경림, 이건희, 이건진, 윤희연, 윤흥은, 윤지형, 윤종원, 윤영훈, 윤영백, 윤수진, 윤상혁, 윤상일, 윤규식, 유재을, 유영실, 유수연, 유병준, 위양자, 원지영, 원문희, 원성제, 우창숙, 우지영, 우완, 우수경, 오중근, 오정오, 오재홍, 오은정, 오은경, 오유진, 오수진, 오세희, 오민식, 오명환, 오동석, 염정신, 여희영, 여태진, 엄창호, 엄재홍, 엄기호, 엄기옥, 양해준, 양지선, 양은주, 양은숙, 양영희, 양애정, 양선아, 양서영, 양상진, 안효빈, 안찬원, 안지윤, 안준철, 안정선, 안옥수, 안영신, 안영빈, 안순억, 심은보, 심우향, 심승희, 심수환, 심동우, 심나은, 심경일, 신혜선, 신충일, 신창호, 신창복, 신중희, 신중식, 신유은, 신유진, 신유은정, 신성연, 신미정, 신미욱, 송호영, 송혜란, 송한별, 송정은, 송인혜, 송용석, 송승훈, 송수연, 송명숙, 송근희, 송경화, 손현아, 손진근, 손정란, 손은경, 손선영, 손민정, 손미숙, 소수영, 성현석, 성용혜, 성열관, 설은주, 설원민, 선휘성, 선미라, 석옥자, 석경순, 서지연, 서정오, 서인선, 서은지, 서예원, 서명숙, 서금욱, 서강선, 상형규, 변현숙, 변나은, 백현희, 백승범, 배희철, 배주영, 배정현, 배이상현, 배영진, 배아영, 배성연, 배경내, 방득일, 방경내, 반영진, 박희진, 박희영, 박효정, 박효수, 박환조, 박혜숙, 박형진, 박현숙, 박철호, 박진환, 박지영, 박지교, 박지희, 박지홍, 박지원, 박중구, 박정희, 박정미, 박재선, 박은하, 박은아, 박은경, 박용빈, 박옥주, 박옥균, 박영실, 박연지, 박신자, 박수진, 박수경, 박소현, 박성규, 박복선, 박미희, 박미옥, 박명진, 박명숙, 박동혁, 박도정, 박대성, 박노해, 박내현, 박나실, 박기웅, 박고형준, 박경화, 박경이, 박건형, 박건진, 박건오, 민병성, 문용석, 문영주, 문수현, 문수영, 문수경, 문성철, 문명숙, 문경희, 모은정, 맹수용, 마승희, 류창모, 류창도, 류재향, 류우종, 류명숙, 류대현, 류경원, 도정철, 도방주, 데와 타카유키, 노영현, 노경미, 남효숙, 남정민, 남은정, 남윤희, 남원호, 남예린, 남미자, 남궁역, 나구환, 김희옥, 김규라, 김훈태, 김효미, 김홍규, 김혜진, 김혜영, 김혜림, 김현진, 김현주a, 김현주b, 김현영, 김현실, 김헌택, 김헌용, 김해경, 김필임, 김태훈, 김태원, 김찬영, 김찬, 김진희, 김진주, 김진숙, 김진, 김지훈, 김지혜, 김지원, 김지운, 김지연a, 김지연b, 김지미, 김지광, 김중미, 김준연, 김주영, 김종현, 김종진, 김종원, 김종욱, 김종성, 김종선, 김정식, 김정삼, 김재황, 김재원, 김재민, 김임곤, 김임곤, 김이은, 김은식, 김은주, 김윤자, 김윤우, 김원예, 김원석, 김우영, 김용훈, 김용양, 김용만, 김요한, 김영희, 김영진a, 김영진b, 김영주, 김영아, 김영삼, 김영모, 김연정a, 김연정b, 김연일, 김연미, 김아현, 김순천, 김수현, 김수진a, 김수진b, 김수정, 김수연, 김수경, 김소희, 김소혜, 김소영, 김세호, 김성탁, 김성숙, 김성보, 김선희, 김선철, 김선우, 김선미, 김선구, 김석규, 김서화, 김상혁, 김상희, 김상원, 김상윤, 김봉석, 김보경, 김병희, 김병희, 김범주, 김민주, 김민선, 김민곤, 김민결, 김미향, 김미진, 김미숙, 김미선, 김문옥, 김무영, 김묘선, 김명희, 김명섭, 김동현, 김동일, 김동원, 김도석, 김다희, 김다영, 김남철, 김나혜, 김기훈, 김기언, 김규태, 김규빛, 김광민, 김고종호, 김경일, 김가연, 길지현, 기세라, 금현진, 금현옥, 금명순, 권혜영, 권혁천, 권태운, 권자영, 권유나, 권용수, 권미지, 국찬석, 구자숙, 구월희, 구완희, 구수연, 구본희, 구미숙, 광흠, 곽예영, 곽현주, 곽진경, 곽노현, 곽노근, 공현, 공영아, 고순식, 고진선, 고은경, 고운정, 고영주, 고영실, 고병헌, 고병연, 고민경, 고미아, 강화정, 강현주, 강현정, 강한아, 강태식, 강준희, 강인성, 강이진, 강은영, 강윤진, 강영일, 강영구, 강순원, 강수돌, 강성규, 강석도, 강서형, 강경모

※ 2024년 1월 8일 기준 727명

※ 이 책의 본문은 재생 용지를 사용해서 만들었습니다.